通向欧洲之路

吕克·范米德拉尔－著
任轶 郑方磊－译

LE PASSAGE À L'EUROPE
HISTOIRE D'UN
COMMENCEMENT

Luuk van Middelaar

東方出版中心

图书在版编目(CIP)数据

通向欧洲之路 /（荷）吕克·范米德拉尔著;任铁,郑方磊译. —上海:东方出版中心,2016.11
ISBN 978-7-5473-1010-6

Ⅰ.①通… Ⅱ.①吕… ②任… ③郑… Ⅲ.①政治—研究—欧洲 Ⅳ.①D750.0

中国版本图书馆 CIP 数据核字(2016)第 207214 号

上海市版权局著作权合同登记:图字 09-2013-299

Published with the support of the Dutch Foundation for Literature.

通向欧洲之路

出版发行:东方出版中心
地　　址:上海市仙霞路 345 号
电　　话:021-62417400
邮政编码:200336
经　　销:全国新华书店
印　　刷:上海书刊印刷有限公司
开　　本:890×1240 毫米　1/32
字　　数:328 千字
印　　张:14.125
版　　次:2016 年 11 月第 1 版第 1 次印刷
ISBN 978-7-5473-1010-6
定　　价:56.00 元

东方出版中心邮购部　电话:(021)52069798

“可是总得要打一仗吧？”安德烈公爵问道。

“如果人人都想打，那也就只能打一仗了，但是要知道，没有什么东西比时间和忍耐更为强大，它俩无所不能。”

——托尔斯泰（Tolstoï）《战争与和平》

—— 译者序 ——

2013年，经马振骋前辈推荐，我们欣然接受了本书的翻译工作。对于在欧洲留学十余年的我们来说，曾经的学习与生活均深受欧洲一体化的影响：无论是欧盟高等教育领域学生交流项目——伊拉斯莫奖学金计划（Erasmus Mundus — Scholarships and Academic Cooperation），还是法郎到欧元的转变，亦或是申根协定带来的旅行便利。我们好奇并思考这样一种欧洲政治秩序的起源是什么。而作者吕克·范米德拉尔（Luuk van Middelaar）正是以哲学家和历史学家的视角从发端到当下讲述了欧洲一体化进程这一缓慢而又影响深远的重大事件。他避免了传统历史教科书式的陈词滥调，透过一个甲子以来缔造欧洲新秩序的政治人物们的经历，探究一个欧洲政治体清楚存世之前，欧洲政治的性质究竟为何物。

必须承认翻译这样一本历史与哲学相融合的学术书籍具有相当难度。因此，我们的合作注定不同于常见的各自承担某些章节的分工方式。全书所有文字都是我们随文讨论共同完成的。究其原因，不仅是为了奉献风格一致的译文，更是为了传承知识和逻辑上的准确性。或许正是由于我们固执于这一点，整个翻译过程变得漫长而艰辛。在此感谢东方出版中心、荷兰历史出版社（Historische Uitgeverij）和吕克·范米德拉尔先生给予时间上的宽容，使我们能更好地完成本书的翻译工作。

本书作者先后在巴黎索邦大学和法国高等社会科学研究院留学多年，精通法语，并全程参与了本书法文版的翻译。他特意建议我们从伽利玛出版社（Editions Gallimard）2012年出版的法文版本转译。在全书翻译过程中，我们还得到了上海交通大学法籍教师 Laurent Lesage 先生的大力帮助，特此感谢。

任　铁　郑方磊

2016年7月14日于上海

目 录

第二部分　命运的多变

第三部分　寻觅公众、赢得公众

——前　言——

本书力图记述政治欧洲(l'Europe politique,意指政治一体化过程中之欧洲,或遥指将来确实实现了政治一体化的欧洲联盟,在全书各处[包括书名中]作者经常简称 l'Europe,而实指 l'Europe politique,对于这些地方的 l'Europe,译者根据上下文酌情译为"欧洲"、"政治欧洲"、"欧洲政治一体化"、"欧洲联盟"等。——译者注)的诞生。它回避任何思想偏见:既不拥护也不反对。在我看来最好的政治哲学是由马基雅弗利(Machiavel)、孟德斯鸠(Montesquieu)或托克维尔(Tocqueville)所践行的:它不是一种具备普适性质的规范思想,而是一种(经常是个人的)以当时现实经验为基础的、对政治状况的思考。

欧洲一体化的狂热拥护者恐怕要失望了——他们希望在以下篇章里读到只有加强欧盟委员会和欧洲议会才能改善"效率"和"合法性"的内容。一如那些欧洲一体化的质疑者也可能失望一样——他们希望从本书中寻找一个超越国家之上的机构"侵害"国家主权的新证据。这两类人可能都受害于同一种误解。无论他们为之痛惜还是为之高兴，他们似乎都认为欧洲的游戏首先是在布鲁塞尔进行的。但其实欧洲的政治渗透到所有成员国政府、议会、司法机构的核心和人民的心中，并在那里革新。国家的圈子是先于欧洲联盟的。

从另一个角度来看，本书还是完全政治的。它尽力改变通常的说法。作者希望在本书里把我们置身于时间和空间中，寻求将蕴含在海量实际材料中的历史进程展现出来。

但是当下的金融危机动摇了统一货币这一政治欧洲的物质核心和符号核心，人们急切地想知道政治欧洲将如何从这一考验中脱身。当前的纷乱是否将迫使各成员国向一个“真正的”欧洲政府迈进，迫使它们实现一些人热切希望而另一些人强烈诋毁的“联邦制飞跃”？相反地，为了克服现有的困难而进行的大量政治活动是否将成为结束的前奏、成为在黑夜笼罩欧洲联盟二十七国前的最后的烟火？以下文之叙事为据，我们既不打算推进第一个假说，也不试图推进第二个假说。不会有分裂，因为欧洲是坚固的；不会有革命，因为欧洲是有耐心的。虽然充满危机和悲剧，欧洲政治秩序的起源是一件缓慢的事件，并不按事先预想的道路来走。

我正巧在一个优越的观察位置上目睹了欧元危机。2010年1月1日，就在希腊欧债危机作为重大事件发生之前几周，我放弃了自由撰稿人的身份而成为欧洲理事会常设主席的笔杆子。他正准备到任后的第一次峰会，会上二十七国的国家元首或政府首脑准备讨论就业问题和经济增长问题。

雅典无力应对债务这一紧急事件打乱了大会的议程。2010年2月11日早晨，第一次峰会已经正式开始了，应该主持会议的主席却还在他的办公室里（离我的办公室只有30步远），出乎意料地和希腊总理、德国总理、法国总统关在一起，以寻求一个能同时稳定市场、希腊游行示威者和德国公众舆论的共识，但又不能因此使欧洲的团结受到质疑。这是多么令人生畏的困难任务啊。

本书呈现的是2009年出版的荷兰语版本的更新。是否必须因为风暴肆虐、气候突变而重新审视原版的所有内容呢？不，因为欧洲应对重大事件和冲击的方式正是本书的焦点。恕我冒昧地讲，从这个角度看，欧元危机是意外来临的"真实条件下的测试"。2010年以来正在发生的灾难以及随后的事态发展，让我此前希望阐明的欧洲联盟政治的真正本质变得前所未有的清晰和明显。

让我们从这个基本特征说起：共同生活的政治原由最终击败了经济利益（这是一个人们希望相信的事实，但任何人在危机所引发的评论中读到的，都表明事情并非如此）。当然，金钱在国家间关于债务、银行或救助基金的谈判中扮演很重要的角色。但是，保障统一货币这一先决选择是另外的范畴——正如在柏林墙倒塌这一重大事件之后，选择建立统一货币的范畴。比起放弃欧元的金融成本这一不利因素，保障统一货币的原因是更深层次的；对于德国、法国还有其他国家来说，这关乎它们与历史的关系，关乎它们各自在欧洲大陆的位置，关乎如何看待未来：打破欧洲圈子是不可想象的。这些纯政治的理由确确实实完全与市场逻辑无关。对这些政治理由的不理解本身滋养了危机，就像伴随着这种不理解的、时间性之间的不兼容，比如操盘手点击鼠标的瞬间性和二十七国漫长的立法程序之间的不相称。因此欧洲联盟将自己经受考验。欧洲联盟不能证实它强烈的生存意愿，正被推向高风险的区域，被迫认为它只有等到自我伤害的时候才会重新发现和重新确定最初存在的原因，并从中汲取常常是意想不到的资源。

除了这个基本特征外，我们还揭示了欧洲联盟历史中一直存在的三大力量，它们在当前的危机中起着作用：难以置信的自新能力；政府首脑们不情愿的影响；与前两者相反的、公众的觉醒。

第一股力量：欧洲联盟在事件压力下非凡的自我改变能力。在希腊动荡中，某些确定性消融了，某些"禁忌"和"警戒线"被越过。欧洲财库的开启、预算规则的改写、欧元区峰会的制度化、对三个成员国财政监督的实施、高达 7 500 亿欧元的救助基金、意图对于《里斯本条约》进行修正（人们原以为这一条约至少可以服务一代人），这还没有算上许多国家里关于是否比这些措施还要走得更远的公共辩论。受必要性和紧急性的驱使，在利益和政治文化冲突的动摇下，尽管没有任何个人能具备全局眼光、能作出全盘计划，欧洲联盟还是消解了冲突并以深刻改变的方式从中走出。但是显而易见的是，通过革新走出困境这一过程中的混乱和其间通常发生的连续妥协所引起的不满，让人们几乎无法考虑到这一革新所代表的功绩。

考虑到欧洲的联合最初锚定于一个规则系统之上，因此这样的改变是值得注意的。确实是多亏了一个合约和一些制度，创始成员国才希冀对它们的相互关系重新赋予友好原则和可预见性。而这样的合约和制度是在1914至1945年的战争之后被批准的，所以甚至可以将它们评价为富有想象力的举措。这一策略就是在特定经济领域互相携手，但是当面临意外情况和需要进行集体行动时就遇到限制障碍。任何计划和条约都不能预测历史的丰富创造力，更不用说准备贴切的答案了。在过去的六十年里，动力来自于对确定的渴望和面对变化的需要之间，或者还有对法律的“德国式”遵守和对政治行动的“法国式”向往之间。2010年，为了能够对希腊实施援助，欧洲联盟绕开了被德国称赞却不被法国欣赏的所谓“不援救”条款(方法就是在条约中补充了两句话)，这一方式便是欧洲式规则与事件之辩证关系的完美例证。

第二股力量：各国领导人逐渐的影响。欧洲的发展不仅仅是赋予欧洲联盟机构更多权力；它也要求各国政治人物承担更大的责任。在现今的金融风暴中，恰恰是各个国家或政府首脑以非常明显地方式负责“危机的管理”：如欧元区紧急峰会、通过媒体大力宣传的领导人之间关于债务的电话会谈等，尽管许多相关领导人应该是更希望把烫手的山芋留在财政部长们的手中的。在布鲁塞尔的圈子里，我们通过这一变化可以觉察到成员国对机构权力的掌控：虽然这个解释有一丁点儿过于简单化。在共同事务中各国行政长官们的作用增加了，这意味着通过货币，欧洲真正到达了各国政治生活的中心，许多国家政府在其中为生存而采取措施。如果不是希腊总理，还能是谁会在自己的国家推行并维持财政紧缩的举措？如果不是德国总理，还能由谁来为应该帮助困难国家的观点做公众说服工作？当一个决定事关共同货币的基础、事关国家经济的命运或者巨额保证金，由某个政府首脑通过与其他国家的首脑商讨来对此负责是很正常的。与其将此视为真正的“欧洲共同体”信仰的倒退而痛惜这种介入，不如把它看待成由诸事之外力变成共同冒险的事业的前进信号。

由此我们谈到第三股力量：与上述方向相反的、公众的觉醒。最终决定危机出路的，是说服公众的政治能力。六十年来，我们试图通过各种方式让人们对欧洲感兴趣：旗帜和歌曲、议会的直接选举、补助、自由通行和其他好处。大部分这些努力换来的不过是在没有麻烦的时候的无所谓，少数时候的愤怒和极少数时候的感激。欧元危机的悖论在于：一方面它加剧了国家间的紧张，尤其是在债权国和债务国之间，因此削弱了所有这些为了塑造“欧洲人”所作出的客观努力；但另一方面，它制造了前所未有、令人惊讶的情形：从 1945 年以来，欧洲各国人民从未如此清醒地意识到他们的命运息息相关。从此，在整个欧元区，没有人不知道希腊财务造假、爱尔兰经济泡沫和意大利债务会对每个人的就业、退休和储蓄产生不良影响。经济上的互相关联，也是政治上的互相关联：在一个特定的时刻，2011 年，斯洛伐克议会关于欧元稳定基金的投票结果成了全欧洲报纸的头条，就像以前，芬兰的某个联盟合约里包含的要求、德国某地区的表决结果或者希腊宣布全民公决一样，欧洲公共事务是存在的，但它首先是通过各国的国内辩论而构建的。有些知识精英从这些变化中看到了“欧洲政治的重新民族国家化”，而恐惧地回想起1930年代。我们能否建议他们暂且考虑到欧洲不仅仅是“布鲁塞尔”，而是所有成员国的集合，建议他们从所描述的现象中看到还是比较受欢迎的“各国政治的欧洲化”呢？

本书产生于这样一个信念：谈论欧洲的方式，在人们对这一话题没有兴趣上负有部分责任。因此出于文字和政治的原因，笔者选择在写作中坚决摒弃行话。比如，除了注释之外，读者看不到任何缩略词，这些无法发音的缩写是制造法律和政治教科书的标志。我们不写 UE（请看区别），而是说 l'Union（在大众话语层面，法语 l'Union 比缩略词 UE 更常用。——译者注），如此等等。《通向欧洲之路》一书更容易令人信服的著述方式是，不试图向专家们证实他们已经知道的事。尽管显然会提及一些相关的条约和制度系统，本书也完全不是法学家或政治家写的那种书。它更是哲学和历史学家的著作，这样的学者认为政治的真谛只有在时间中才能被理解。

我与欧洲的“相遇”，解释了我思维方式中的某些特点。其开端可以追溯到我在巴黎学习政治哲学的时期。2001年3月的一个早晨，我得从布鲁塞尔坐火车去和当时在任的欧盟委员会荷兰委员吃午饭。为了度过火车上的一个半小时，我随身带了本读物：《我知道什么》系列丛书中的一本小册子

《欧洲联盟》。这本以极简方式解读与欧盟相关的各种缩略词的128页的小册子，让我在机构丛林中找到了自己的位置，引导我在“民主的欠缺”的奥秘中入门（欧洲宪法的反对者认为，随着欧盟权力的加强，欧洲政策的决策集中到由各国政府首脑组成的欧洲议会和部长会议上，从而使各国人民失去对欧洲政策的发言权，是为“民主的欠缺”。——译者注）。一年之后，我开始在这位荷兰委员的办公室调研实习。接连担任不同的职位，我在布鲁塞尔待了两年，有足够长的时间来学习入门者的语言。

我在布鲁塞尔的日子也是一段政治学习的时光。暗含的规则、在每句话和每个行为背后可觉察到的两层或三层实质、机构间的敌对、为了占据某个谈判桌上的某个位置而产生的“生死攸关”的冲突、媒体的泄露、时间和期限的游戏：想要抓住所有这一切的重点，最好是在现场。“我们为崇高的事业而工作”，我周围的这种气氛必然给我留下深刻印象。欧盟委员会在报纸公告、宣传手册和各种信息宣传中向大众宣扬“无国界的欧洲”、“团结互助”、“欧洲分裂的终结”的好处。我们还向那些被想象成“欧洲联盟公民”的大众发表教化式的论说，而不期待他们的任何反应。

2005年春，法国和荷兰关于欧洲宪法条约的全民公决，使我从另一个角度来考量这一面对大众进行宣扬却从容地不期待其回应的后果。当时我是荷兰议会自由派主席的顾问。从我到海牙开始，荷兰政治人物对欧洲的看法就让我惊讶：在他们的思想里，欧洲联盟是占领的强权。在欧洲政治和大众之间的紧张，与两个政治世界之间的紧张是对称的。

我带着最初的直觉开始写这本书：我觉得许多现有的关于欧洲的叙事和分析都偏离了本质。这让我希望以新的论述代替它们。我希望在布鲁塞尔机构的内部世界、欧洲大陆的国家及个人的漫长历史之间建立起联系。怎样做到确实而精准？我当时还不知道。思想的形成和表达要利用语言和事先存在的概念。我们当然可以无限地调整和重组它们——就像勤勉的专家们做的那样——但是它们所持有的、凝结在它们之中的涵义继续支配着思想。发现新事物新思想的首要条件在于抛弃我们认为已知的事物和思想。不这样的话，语言就会欺骗我们。但是当我们试图将一个直觉塑造成型时，怎样才能不迷失呢？

如果历史停止，政治就失去所有的必要性。政治是一种工具，利用它人们可以试着对历史不间断的进程获得集体理解。因此，我们不可能在脱离时间这个变化的大提供者和时间经验的情况下理解政治。这就是我所找到的摆脱文字及其习惯含义之成规的指南。也就是写作的时候从不忘记历史的两大基本维度：时间和经验。我们在橱窗里看见的用稻草填充制作的野兔标本，从来不会告诉我们野兔是如何获取食物和在树林里跳跃的；对于那些寻求理解一个政治系统变化和运作的人，在 t 时刻有价值的图表和其他图解，也总是完全说明不了太多问题的。当然，我们可以说："这是脸那是脚"，或者"这是选民那是法院"，但是我们总是错过让生活变得富有吸引力的推动力：激发行动的、络绎不绝地变化的情况。

“长时间的生活能让人积累经验”，德国前总理阿登纳(Adennauer)在离开政界两年后的89岁时写道：“经验引领着思想和行为；没有什么能代替它，政治上更是如此，即使是天赋的智慧也不能。”

本书寻求详述一段历史的开端、叙述那些制造和占据了欧洲政治圈的人的思想和行为方法及手段。这些人包括各国的政治家和外交官、在欧洲舞台上顶着各种头衔的活动家、欧盟委员会委员、欧洲议会议员、各种机构的官员和法官等。他们留下的痕迹被记者和历史学家写入了演讲和辩论、回忆录或者发言中。我同时也用到了我在后台的亲身观察以及我与许多资深人士的谈话。

欧洲是由一个条约和随后的许多决定建立起来的，它是政府间谈判而得的成文的结果。法律语言是其存在之不可或缺的一部分。我们可以把这些合约看作资料——如此多的值得尊敬的法律规定，抑或是恼人的规则。但我们也可以像考古学家那样，试图将重大事件和事件发生前的对峙公之于众。条约和正式宣言，部分地产自政治关系和政治意愿的结晶。每一个词都有着深厚的含义，比如一个机构的命名，如“大会”(Assemblée)或“议会”(Parlement)，被国家圈所选择的自我指代的称谓，如“共同体”(Communauté)或“联盟”(Union)，或者明确有权坐上谈判桌的人的资格的条约条款。这样一来，藏在欧洲法律词汇后的政治经验宝藏就得以公开，这也可用来说明法国伦理学家茹贝尔(Joubert)的建议，他认为“在最小的事物中看到最大的关系”为好。

占据主导地位的思想框架，其力量大抵是这样的：它们要么就是阻止新叙事的出现，要么就把新的叙事从我们的视野中抹去。但是我觉得直接抨击主导思想的框架是愚笨的做法，因为这样所能达到的效果不过是恰恰证明了它们的强势。我更喜欢追随美国哲学家理查德·罗蒂(Richard Rorty)的建议：“好的哲学极少局限于展示赞成或反对某种建议的理由。总的来说，它应该包含一场两套词汇间的言明或不言明的战斗，一套是已骨化的词汇，另一套是人们怀有期待的、正在形成中的词汇”。这位哲学家接下来的言论完美地总结并鼓舞了我的雄心：“对于我想摈弃的词汇，我将不会给出任何摈弃的理由。我更希望尝试着展现出人们如何能使用我所主张的词汇来描绘所有的话题，而使得这些词汇变得吸引人。”

《通向欧洲之路》一书讲述欧洲国家整体如何努力成为欧洲大陆的政治体现、这一变化中的政治体是怎样诞生的、它怎样变换形式、怎样填补某些空白、怎样寻求一种声音和怎样忍受“公众氧气的缺乏”。我用“通向……之路”(passage)一词有三个理由：首先为了展现一种在时间和某些方向上的运动；其次为了避免惯用说法(如“一体化”、“建立”)的弊端；最后为了强调这个政治体的转变和“过渡礼仪”的类似性(过渡礼仪[les rites de passage]与书名 *Le passage à l'Europe* 都含 passage 这个词。——译者注)。这些礼仪，这些在个人生命的突变时刻保障其象征性延续的仪式活动[出生、洗礼、结婚、加冕……]，阿诺德·范根纳普(Arnold van Gennep)在一个世纪前就分析了它们，让我们对能连接一个阶段与另一个阶段的这些中间形式有了更敏锐的观察。因此，那些位于两者之间的事物，类如界限、大门、桥梁这些出现在欧元纸币上的符号，将在本书中扮演首要的角色；因此，必须区别一步和一跃的至关重要性；因此，必须关注机关和机构的命名和改名。

《通向欧洲之路》，本书所述即此，因为它探索一段被重大事件推动的、缓慢的起源，而不寻求给出最后结论。欧洲不可被简化为布鲁塞尔、卢森堡、斯特拉斯堡的几平方公里的楼房。欧洲处于一个过程之中。而我们与它同在。

导　论

话语不仅仅是反映了统治之斗争或统治之系统的东西，还是人们为之斗争、以之斗争的东西，是人们力求占有的权力。

——米歇尔·福柯(Michel Foucault)《话语的秩序》

1. 关于欧洲的三种话语

专家间关于欧洲的长时间争论、欧盟规章条例的闲谈、教授讲授的环境法课程、报刊上的政治版面：关于欧洲所具形式转瞬即逝的言语，形成了政治欧洲所引起的政治斗争的一部分。喋喋不休的长篇大论并不单纯。就像福柯说的那样，话语不仅仅是斗争的反映，它也是斗争游戏的筹码之一。

政治事件完全不使用中性的“科学”术语。比利时人是否构成一个“民族”？俄罗斯是一个“民主政体”吗？英国和土耳其是否属于“欧洲”？这些问题与其他诸如“太阳是恒星吗？”“人类是哺乳动物吗？”这样的问题是截然不同的：我们没办法通过科学大会来干净利落地解决这些问题。但这并不意味着，任何一个拒绝成为服务于这个或那个政治原因的观念学者，都不得不保持沉默。

有时，是时间给了问题出路。以法国和阿尔及利亚的冲突(1954—1962)为例：对阿尔及利亚人来说，这是一场“独立战争”；对于巴黎，则是一场“国内战争”。两者立场显然无法调和。是历史的结局让前者占了理。随着时间的推移，法国人自己也承认这是一场“独立战争”。美国的南北战争(1861—1865)则以另一种结局收场：因为是在位的中央政权取得了胜利，所以人们保留了这是一场“国内战争”的看法。

而本书所探讨的主题，历史还未给出结论。欧洲整体与其成员国(本书第一部分)、外部世界(本书第二部分)和个人(本书第三部分)的关系还没有明确。那么现在是否延迟所有评价的做法更合适？不，因为有两条道路提供给我们。首先，在不忘记我们置身于历史变化之中的情况下，对已经逝去的时间、对过去 65 年发生的事实和事件着手进行尽可能好的解读，这是可能的。而这也是本研究最主要的部分。其次，可以绘制一张政治话语的对峙图，权衡它们的强弱，考虑它们产生的作用。本导言概述这一方法，以避免一种天真的想法：根据这种想法，政治语汇之所指乃是这些语汇之外的实在。

国家，公民，官僚机构

在大量和欧洲政治有关的话语中，我们可以区分三种意识形态话语。我们用以下的名称来指明：“国家的欧洲”、“公民的欧洲”和“官僚机构的欧洲”。传统上与这些分别对应的是：联盟主义、联邦主义和机能主义。每一种话语都偏好一个或几个特定的欧洲机构，采取一种政治风格和特有的做事方法，集中在某些学术的基础上。每一种话语和历史时间都保持一种特别的关系。

“国家的欧洲”这种话语所阐述的是：对欧洲政治最好的方式是各国政府间的合作。这些国家在保留各自主权的同时，在必要时，在关乎所有这些国家的领域采取共同的措施。只有拥有权力和足够行动力的国家才能加固欧洲的团结。这种话语一点都不喜欢常设的中央机构，它更信赖在外交会晤时各国政府首脑和部长间的特定的会见，就如同 1814—1815 年维也纳会议的方式。它的主要目的是欧洲最大多数国家间的和平以及它们各自人民的幸福。此外，一些欧洲联盟主义的辩护者，还向往其各自民族的光荣的盟主权。

“公民的欧洲”这一话语则制造截然不同的语言。为了看到一个联邦的诞生，它希望人们从各国的行政、立法和司法权中拿出一部分权限，并移交给欧洲政府、议会和法院。以美国的共和制为例，这些中央机构不经过各州即对公民直接行使职权。它的合法性建立在欧洲选举上。因此，这种话语对于一个代表公民整体的议会和一个欧洲公共舆论寄予了很大的希望。正如国家话语的代言人不是国家本身，公民话语的代言人也不是（各国）公民。它主要涉及一些认为自己能以新（欧洲）公民名义发言的作家和知识分子们。活生生的公民并不总是知晓以他们的名义所提出的建议，也不一定期待这些建议被采纳所将产生的后果，但这些事实并没让作家和知识分子们灰心。这些联邦主义者的终极目标是被视作一个政治统一体、甚至是文化统一体的民主社会。

至于“官僚机构的欧洲”的话语，它向我们谈论的是各国具体职能向一个欧洲行政机构的转移。其目标和指导方针被认为由各国以书面形式确认，但这一框架一旦建立，中央行政机构的权力就希望以自治的方式运行。这种话语认为，政治生活是一种表面的、被大大高估的现象。在这一视角下，造就数百万人日常生活的、无处不在的经济、社会力量，显得比政府、议会和人民间的民主游戏要根本得多。因此，一个欧洲统一体可能产生于每个人各自的利益和习惯的缓慢结晶。一个理性的官僚机构应该能引导这样一个过程。如果机能主义者能将官僚机构维持在位的话，他就能不再需要所有可见的最终目标。

这三种话语都能在特殊的环境中找到各自的起源：君王权力、公民思想和行政文书。“国家的欧洲”这种话语可上溯至欧洲国家系统的出现。在15世纪，波希米亚国王波蒂布拉德(Georges de Podiéhrad)震惊于土耳其人的推进和君士坦丁堡的陷落(1453)，给其他天主教君主们寄了一封信，这是一个政府理事会的计划，所有国家都在会议中拥有一席之地。作为路易十三(Louis Ⅻ)的顾问，黎塞留(Richelieu)在毁灭性的三十年战争期间提出了类似的建议。但是，一俟1648年确立和平，欧洲国家就以遵守某种权力平衡而不是以国家联盟的方式组织起来。几个世纪中，这个系统以总体上满足君主和执政者为目的而运行。只有到了被丘吉尔(Churchill)称为“第二次三十年战争”①的悲惨战争的末期(1914—1915)，国家联盟的想法才又一次被欧洲各国国家元首或政府首脑们——尤其是丘吉尔和戴高乐(de Gaulle)——重新推动。

“公民的欧洲”直到法国大革命以后才出现。1789年(特权等级与第三等级的)决裂加强了某些作家和思想家对一段共同文化和过去的感受。因此，诺瓦利斯(Novalis)、伯克(Burke)、基佐(Guizot)分别将欧洲视为基督教、自由和文明。1814年，哲学家圣西蒙(Saint-Simon)提出了一个欧洲议会系统计划。1849年，新的

① Winston Churchill, 20 février 1944, lettre à Joseph Staline; Winston Churchill, 7mai 1948, discours au congrès européen de la Haye: www. ena. lu.

民主革命的一年之后，维克多·雨果(Victor Hugo)推进了“欧罗巴合众国”的说法——这是完美的联邦主义口号。第一次世界大战后，奥地利伯爵古登霍夫-卡莱吉(Coudenhove-Kalergi)因支持“泛欧联盟”、一个试图团结“不是国家，而是人”的组织，吸引了人们的注意。一些学者如阿尔伯特·爱因斯坦(Albert Einstein)、托马斯·曼(Thomas Mann)、纪尧姆·阿波利奈尔(Guillaume Apollinaire)加入了这一主张，同样还有法国部长阿里斯蒂德·白里安(Aristide Briand)和科隆市长康拉德·阿登纳(Konrad Adenauer)。但是只有到第二次世界大战期间，“公民的欧洲”这一话语才引起更广泛的反响。在反抗民族社会主义的过程中形成了一个“欧洲运动”，它联合了意大利人、比利时人、荷兰人、挪威人、法国人、瑞士人、南斯拉夫人和德国人。

“官僚机构的欧洲”这种话语在1945年后才出场。它的第一批代言人是高级官员。让·莫内(Jean Monnet)明显是最有影响力的，这位商人在两次大战期间从事美国、英国和法国间的紧密的物流合作，还在1920年代初为日内瓦的国际联盟工作。我们还能想到荷兰银行家约翰·威廉·贝延(Johan Willem Beyen)和法国经济学家罗贝尔·马若兰(Robert Marjolin)。前者对1944年国际金融和货币系统的建立作出过贡献，是一个不属于任何党派的外交部长，他在十年后又推进了欧洲共同市场的创立。后者在1948年成为欧洲十七国分享马歇尔计划援助机构的最高官员，之后，他担任了多年设在布鲁塞尔的欧洲行政权力机构的副主席。

第二次世界大战结束后，人们就“欧洲观念”进行了很多争论。1950年，“官僚机构的欧洲”的想法成为了政治现实。十二年之后，尽管它在全速运转，欧洲经济共同体执委会主席瓦尔特·哈尔斯坦(Walter Hallstein)就这些话题阐述道：“这个世界的本质必须对人们习惯听到的词比如'政治'和'经济'进行重新定义、重新分界，甚至取消这两者间的语义学的边界。"①

以欧洲国家、公民、官僚机构为名的争斗，不断产生出新的力量关系、新的意识形态结晶和新的词汇。代表性的例子有可追溯到1979年的"三角制度"的概念。它指的是遵守欧共体执委会（欧盟委员会的前身。——译者注）、欧共体部长理事会（欧盟理事会的前身。——译者注）和欧洲议会间的平衡，在这三个欧洲机构中官僚机构、国家和公民三股力量得以实现。以修辞学眼光来看，"三角"一词是出色的。它通过规定一种平衡来调解相互冲突的立场。另外，它还对政治选择给出了一个数学的理由。

随着时间的推移，我们看见有关话语的三种混合体的诞生；如今是它们决定着思维的方式。这三种混合体通常被称为"超国家主义"（官僚机构和公民）、"政府间主义"（官僚机构和国家）和"立宪主义"（国家和公民）。前两种形式是最老的，它们几十年以来支配着辩论。在布鲁塞尔和某些学术圈里，人们都以超国家主义与政府间主义的对抗来衡量在欧洲出现的每一个制度变化。从多角度来看，这种对抗观都已经完全不再与欧洲的运作相符。由于"超国家主义"与"政府间主义"的不足，"立宪主义"在1990年代出现，提出了涉及欧洲所有公民及所有成员国的欧洲公共生活情况的解读。

学科的局限

语言包含一种从第一层即词汇层面就运作的限制。以本书主

① Walter Hallstein, *United Europe. Challenge and Opportunity*, Cambridge, Harvard University Press, 1962, p. 58.

题为例，用什么字眼来定性？有多个关于欧洲的体词在使用："一体化"、"建设"、"统一"、"合作"等等。就算它们都属于描述层次的语言，每个也都具备其特有的反响和强制内容。"一体化"令人想起类似化学的过程，以整体融合结束；"建设"让人想到一个历史之外的工地，在那里所有东西都有待建造，每个人都要为大厦添砖加瓦；"统一"意味着一个政治方案，而不细述它将自愿形成还是被迫形成；最后，"合作"强调成员国作为自治个体的永久性。这就是人们对这些词汇的感知。几十年来支持"欧洲一体化"的荷兰政府，在 2005 年的全民公决否决了欧洲宪法后，开始在正式通告中使用"欧洲的合作"这一说法；而法国政府即使在国民投票反对欧洲宪法后，还继续捍卫"欧洲的建设"，这些是说明问题的。

三种话语都诞生于事先设定好的想法——欧洲应该或不应该像什么样子——"国家的欧洲"、"公民的欧洲"和"官僚机构的欧洲"这三种话语的标准是公开的。尽管如此，我们还是要指出它们三者中的每一个都和某些学科持有特别关系，这些学科当然都喜欢表现其分析性。这个状况是值得思考的。我们是否应该注意到在每一个研究欧洲的学科中都存在一种不自觉的政治立场？是什么政治立场呢？

"一体化"、"合作"、"建设"三词提供了一个出发点。每个词都表现出和上述某种基本话语或其某种混合形式的一定亲和性。每个词都在某些学科流行起来。每个词都给这些学科提供了评估事物状况的量尺和组织学科所制造知识的真理类型，也就是说，提供了结果、意愿和形式。

"官僚机构的欧洲"得到"一体化"派专家——也就是经济学家（"一体化"说法的设计者）、社会学家和政治学家——的支持。从一开始，他们就对"官僚机构的欧洲"及其运作方式所倡导的对世界的看法感觉良好。这些人是机能主义之父。从1950年以来，他们测量、评价、调查所有中央行政权力机构所欲运行之内容：贸易流动、汇率、消费者行为、公众意见的形成、旅游的品味、工业标准或行政实践。因为要测量一体化程度，在这个语言领域，相比不可预测的事件，人们更偏好可预测的政策规则。

至于“国家的欧洲”这种话语，人们可求助于用与“合作”相关的词汇来描绘事物的学者。对此最为精通的是历史学家和国际关系专家。他们的思考从国家和各自的人民出发。他们很乐意关心战争与和平、权力与国家利益、旗帜与选举。他们信任事实和常理。他们的工作在于导演一出戏、创造或重塑一些人物、从复杂的波折中得出一个故事。出于这个意图，他们喜欢提出一个黑暗的世界——遥远的过去或地缘政治的丛林——从那里出现他们的英雄、国家。这个方法必须以意愿为前提。从这一点来看，大多数的历史学家忠于将他们的学科和19世纪的民族国家联系在一起，在他们看来，政治的欧洲是一个闹剧。因此，他们倾向于将这样的叙事视作“宣传”：叙事中，几个世纪以来在黑暗中出现的英雄不再是德国、法国或英国，而是这可笑的欧洲。在有文化的欧洲怀疑论者中，这类人群占有最大份额。他们得到国际关系学科的支持，如果国际关系学科的代表人物重视欧洲机构，那经常是为了证明这些机构只不过是其主人的木偶。

“公民的欧洲”这一话语和任何学术团体都没有紧密联系。在欧洲公民还没有产生的情况下，这个思想试图在“建设”的想法上寻求支持。这个语词当然来自一定数量的作家和学者，但更多的是来自法律实践者。和其他所有学科相比，法学与规则创造力的亲近度要高得多。更确切地来说：正如经济学家和社会学家的知识来自具体的结果、历史科学讲述公众意志的形成和运作，法律话语适用于源源不断的、某种形式下的未知或不受控制的情况。

直到1952年对于欧洲官僚机构都是正确的东西，在此后四十年中对于欧洲公民依然有效：欧洲公民此前还并不存在，它那时最多有个幻想中的存在。1992年的《马斯特里赫特条约》赋予欧洲公民以法律地位。“宪法造了一个空壳。”当时的批评者这样说道。这些批评者忘了，法律思想就是专门创造这些空泛形式的，然后才一点点向其中填补内容。这就是为什么欧洲公民的言论，就算总是得到哲学家和学者的支持，很大程度上仍受惠于法学家。只有法律规则能将一个概念转化成制度事实。

当然，“官僚机构的欧洲”、“国家的欧洲”和“公民的欧洲”这三种话语不总是有一样的回响。1950年后的欧洲政治过程中充满了变化，这些变化确定了各个变化中占优势的话语，而这些话语则提供了“最值得阅读书籍一览表”。在某个特定时刻，一个学科看到一些东西（事实）或给出一些理由（标准）是其他学科看不到和设想不到的——当我们知道了这一点，我们也就能够理解前面所说的这个现象了。

“官僚机构的欧洲”话语思想的得势与失势，便反映了上述变化的清晰图像：美国政治学家，厄恩斯特·哈斯（Ernst Haas），该话语的创始者之一，在1958年的《欧洲的统一》一书中，研究了年轻的共同体在什么样的程度上以及如何在其成员国内部改变政治行为。该书为此比较了党派、工会、工业家在1952年和1957年对欧洲煤钢共同体所表示的意见。根据哈斯的观点，欧洲的统一围绕着经济利益运作，政治思想不扮演任何角色。哈斯（Haas）这个公认的官僚机构派的思想家判断说：“是经济技术人员、规划人员、创新的工业家和工会活动家让运动前进——而不是政治家、学者、诗人和作家。”①一开始，他的分析范畴（超国家的企业家、行业一体化的开放性逻辑）被布鲁塞尔的机构热切地接受，那里的人们愉快细致地研究民族国家的衰落。但是在纷乱的十年之后，气氛变了：哈斯被迫承认他的理论低估了地缘政治情况和社会经济变化对一体化进程的影响，同时被低估的还有政治忠诚的潜力以及享有特殊威信的民族国家首脑的潜力。一言以蔽之：“戴高乐证明了我们是错的。”②

“官僚机构的欧洲”话语得等到1980年代中期才又占得上风。新一代的政治学家抛出了治理这一概念。这个时髦的词蕴含了这样的假定：在听取了产业部门和职位部门的相关利益者的意见之后，专家完全有能力在传统的领土和民主框架之外作出决定。中央行政权力机构感激地接受了这些理论——只需想到政治学家詹多梅尼科·马约内（Giandomenico Majone）的《管制欧洲》（1996）一书或者弗里茨·沙尔普夫（Fritz Scharpf）《治理欧洲》（1999）一书的情况就知道了。在布鲁塞尔，政治说客们很高兴地看到人们突然将他们视作欧洲文明社会的当然代表。

至于“国家的欧洲”话语所代表的思想，因其观望主义的性质，它尤其是通过驳斥其他两种话语的过头的期待而获得了满足。这一思想的信奉者看到1960年代戴高乐在欧洲的行动确认了他们的思想。国际关系专家美国人斯坦利·霍夫曼（Stanley Hoffmann）这样解释这一点：“政治是一个意愿问题……欧洲人应该更好地表现出他们克服现有分歧以及建立一个共同体的意愿，否则事情还将

① Ernst B. Haas, *The Uniting of Europe: Political, Social and Economic Forces 1950－1957* [1958], Stanford, Stanford University Press, 1968, p. 4.

② *Ibid.*, p. XXIII。

以相同的方式继续：欧洲各国分别行事而不是像捆绑在一起，像一个多少有点统一的团队。”①他一点都不相信欧洲民族国家的消失迫在眉睫。欧洲各民族国家对于没法独立完成的军事或经济的所有计划，应当可以找到一个“不必切腹自杀”就能实现的方法。

另外，“国家的欧洲”话语思想的代言人们最近并不厌于对“官僚机构的欧洲”话语思想信奉者的要求进行论战。根据英国历史学家艾伦·米尔沃德(Alan Milward)的观点，欧洲共同体的建立非但不意味着民族国家的终结，反而拯救了它。为了捍卫其观点，他提供了一些相关时期关于煤炭生产、贸易和农产品价格的数据。“欧洲的一体化并没有用另一种治理方式代替似乎过时的民族国家，它是各民族国家自身为了达成其目标而进行的创造，是民族意愿的举动。”②根据同样的思想，美国政治学家安德鲁·莫劳夫奇克(Andrew Moravcsik)提出：“一体化的进程既没有代替也没有绕开各民族国家领导人们的政治意愿，而是体现了他们的政治意愿。”③

相反地，在“公民的欧洲”话语思想中，人们开始将欧洲层级视作一个超越其组成国家的整体。根据这样的立宪研究方式，欧洲政治研究离开了其诞生领域，即国际关系领域，而进入到另一个此前还未探究的领域，即法律和政治理论领域。

---

① Stanley Hoffmann, congrès de Bellago, 12 - 16 juin 1964, cité par Alan Burr Overstreet, *The Nature and Prospects of European Institutions. A Report on the Second Carnegie Endowment Conference on International Organization*, *Journal of Common Market studies*, 1965, 2, p. 131 - 132.

② Alan S. Milward, *The European Rescue of the Nation-State*, Londres, Routledge, 1992, p. 18.

③ Andrew Moravcsik, *The Choice for Europe. Social Purpose and State Power from Messina to Maastricht*, Londres/ New York, Cornell University Press, 1998, p. 4.

在事实和规范方面，立宪主义者在司法形式上找到了第一个基准点。美国学者约瑟夫·韦勒(Joseph Weiler)强调说，虽然从1960年代以来，欧洲政治系统的确具有政府间的特征，但是司法系统，由于各国接受了欧洲法院的几项创新性的判决，而采取了联邦的形式。因为这两种现象是被截然不同的学术共同体评述，所以政治家眼中的欧洲和法学家眼中的欧洲是完全不同的。韦勒因其中间角色而引人注目，他向两方解释了某些司法形式如何掩饰了政治力量——这是一些人忽略而另一些人更喜欢否认的东西。

随后，欧洲宪制理念面临着一个无法绕过的基础：公民。立宪计划的制定者因此转向了议会，其话语引向欧洲的民主、身份认同和公共空间。德国哲学家尤尔根·哈贝马斯(Jürgen Habermas)对这些假说进行了解读，他在1995年写道：欧洲的民主不可能诞生，“除非欧洲规模的公共领域随着一个共同政治文化而发展：利益联结的公民社会、非政府组织、公民运动等；当然，还要有一个适应于欧洲舞台的政党系统”①。这就是在这些圈子里，人们不认为是空想的条件。

应当指出，一些代表公民的理论家没有完全指望欧洲议会。比如政治哲学家拉里·西登托普(Larry Siedentop)在《民主在欧洲》(2000)一书中为一个由显赫的各国议员组成的欧洲参议院的机构进行了辩护。遵循孟德斯鸠的思想，他认为避免欧洲联盟成为一个官僚帝国的危险的最好方法是优先考虑权力的分散。积极的公民性和对宪法形式重要性的觉悟意味着对一切中央集权的阻

① Jürgen Habermas, *Remarks on Dieter Grimm's "Does Europe need a Constitutions?"*, *European Law Journal*, 1995, 3, p. 306.

拦。西登托普为欧洲精英不知道“政体”[①]对于公众生活质量的决定性影响而表示遗憾。在他看来，这个问题被忽略是因为政治对于经济的从属。并且他以英国首相的事例来证明这一点：1985年，玛格丽特·撒切尔（Margaret Thatcher）出于贸易考虑同意修改欧洲条约，之后当她认识到政治后果的重要性就对此深感后悔。

2000年5月，关于欧洲政体的思考从学术圈再一次转移到了政治圈。对于欧洲确定的最终目标是什么，政治圈一直保持沉寂。德国部长约施卡·菲舍尔（Joschka Fischer）在庆祝欧洲机构成立50周年的一次讲话中打破了这一沉寂。他的言论成为一场外交和宪法论战的开始。最终达成的宪法条约被看作是“国家的欧洲-公民的欧洲”混合话语的胜利。

六十年来，要求在以下三方面产生了结晶：官僚机构的政治、各民族国家对权力的争取、公民代表对权力的争取，换言之，即政策、政治和政体。与之相关的话语和学科提出“三组阅读书目”，每组读物都以各自的方式打磨人们的认知并完美地共存。同时，根据福柯提出的话语理论，选择符合一种政治选择的阅读书目，无论人们希望不希望，看来都已被纳入国家范围的组织和团体、欧洲范围的组织和团体以及这些组织和团体各自的代表们所从事的斗争中。有关的各学科明确描述了一个“真情实景”——关于政治的消失，民族国家的活力，甚至关于民主的状况——通过这个情景可以察觉到之前出现的焦虑和渴望。

如何摆脱这一思想限制？不可能吗？除了用这落空的客观性要求来换取懒惰的相对主义，是否就没有别的办法了？

① Larry Siedentop, *Democracy in Europe*, Londres, Penguin, 2000, p. 35.

大事件的裁决

政治是一场在现在连接永远开放的未来和从未封闭的过去的游戏。这个历史性给出了抓住各种意识形态对与错的关键。为了更好地限定“意识形态”一词的概念，我们可以引述雷蒙·阿隆(Raymond Aron)的说法：“等待时间裁决的预测。”[①]既然根据定义未来是开放的——事情的状况，在现代民主中，在意识形态的多样性和政党的斗争中得到了表达——某种政治展望就可能得到实现。这是意识形态话语有道理的地方，也是它存在的理由。但是一旦这个不确定的“未来”穿过“现在”这个针眼，并融入“过去”这个永恒不变的组织，评判含有“未来”的话语的时刻就到了。由此，衡量许诺和行为之间的距离、衡量某些人描绘的吸引人的理想化世界的图像与确切事实之间的距离，就成为可能。换句话说，这是意识形态有错的地方，并迫使它总是在自我更新。正是因为这一点，特别是自从未来图景与苏联“实际存在的社会主义”所经历的现实之间存在巨大差异以来，“意识形态”一词有了贬义的反响。

就其一方面合理地诉诸未来，另一方面可能被历史证否的情况而言，关于欧洲层面的话语是意识形态的。因此这三个基本的话语——“公民的欧洲”、“国家的欧洲”和“官僚机构的欧洲”——在第二次世界大战后的头些年达到它们的意识形态顶点是一点都不奇怪的，也就是说在这个时期，在人们面前有一个未来，但是缺少“实际存在的欧洲”。但是，一旦第一个欧洲机构成立(1950)，话

① Raymond Aron, *Introduction à la philosophie de l'histoire. Essai sur les limites de l'objectivité historique*, Paris, Gallimard, 1948, p. 313.

语就要接受新的事实和事件的考验。这一状况对于这两方面是等价的：一方面是标准话语，被迫修正其愿景；另一方面是与标准话语对应的学科，必须调整其看待世界的方式。在这期间，三种话语中没有一种能保持其综合的力量和对当下欧洲联盟的信心。有时一些学者会给它贴上“自成一类”(*sui generis*)的标签，这是表示“独特事例”的行话。当作一个托辞，我们提出欧洲联盟是个“谜一般的组织”，似乎“只有法学大家或极少数专家会解读”。[①]

但是为什么人们不从这种历史脆弱性中吸取一些教训呢？比如：停止将政治的固有历史性放在括号中，停止把政治的固有历史性当作不幸无法克服的偶然(“外在因素”)或者是一个太晚宣判的法官，并在有关欧洲的讨论中给予政治的固有历史性一个选择的位置。这要求人们对于事物过程中意料之外的断裂，也就是事件，抱有真正的关心。这些事件难道没有在政治实践本身中占有中心的位置吗？在这一点上，约翰·波科克(John Pocock)提出的政府概念的定义是完全合适的：“……一系列能处理意外事件的安排”[②]。政治是一种形式，社会在其中随机不确定性地运行。

因此严肃对待政治家的经验是适当的。因为最有能力的政治人物知道他们的命运取决于时间的浪潮。英国首相哈罗德·麦克米伦(Harold Macmillan)就以最好的方式表述了这一观点。一位年轻的记者问他在执政期间最担心的是什么，他回答：“大事件，亲

① Hendrik Vos & Rob Heirbaut, *Hoe Europa ons leven beinvloedt*, Anvers, Standaard, 2008, p. 13.

② J. G. A. Pocock, *The Machiavellian Moment. Florentine Political Thought and the Atlantic Republican Tradition*, Princeton, Princeton University Press, 1975, p. 27.

爱的孩子，是大事件。”

三种话语中的每一种都抱有阻止承认这种政治的历史性的幻想。“官僚机构的欧洲”话语的思想家们的幻想令人印象深刻：他们简单粗暴地将时间停止，这使得他们生活在非政治化的现在时里。对于他们来说，欧洲是一个“活实验室”(哈斯语)，政治是在不变的条件下为取得具体问题的结果和技术解决方案而进行的活动。而“公民的欧洲”话语的思想家们则向往一个完全不同的未来：他们建议欧洲采用联邦政体，服务于和平和民主，期待人们一下子就采纳他们的想法。由于诉诸一个未知事物，他们处于一个易受批判的位置，一个被视作“信仰者”的位置。“国家的欧洲”话语的思想家们把他们确信的东西建立于过去之上。对于他们而言，欧洲包含在数百年国家意志的延续之中，当然，是以其他方式。他们为之骄傲的是其持有的欧洲怀疑论。

从理论上来说，我们有理由对立宪主义多有期待，它是“国家的欧洲”话语和“公民的欧洲”话语的混合形式，是对过去的意识和对新事物的渴望的混合形式。在实践中，欧洲立宪主义却只在对未来感兴趣中表现出对战后联邦主义精神的继承。

知名历史学家马克·布洛赫(Marc Bloch)谈及“不同年龄间的团结”：“在不同年龄间的相互可理解性真正具有双重含义。对现在的不理解必然产生于对过去的无知。但是如果我们对现在一无所知，而竭尽全力地理解过去，可能也同样是徒劳的”。[①] 在我们眼下进行的变化和事件中，历史它也在发展变化。

---

① Marc Bloch, *Apologie pour l'hisoire ou Métier d'historien*, Paris, Armand Colin, 1952, p. 13.

2. 涵盖“欧洲”的三个领域

1876年11月，俾斯麦(Bismarck)在一封他刚收到的信的空白处草草写道：“高谈阔论什么欧洲，是错误的。欧洲只不过是个地理的概念。”德国首相的生气源自外交谈判：“我总是在那些试图获得外国强权的让步而不敢以自己的名义要求让步的政治家口中听到‘欧洲’一词。”①尽管欧洲一词具有某些地理或文化含义，但是那时没有人能够以欧洲的名义发言。这样一个作为大陆的欧洲，没有议会、没有法院、没有货币、没有银行、没有官员、没有旗帜、没有政府、没有权利、没有人民。

如今许多政治行动者以“欧洲”的名义作决定。不但没有人嘲笑他们，他们的措施还大多被执行，被视为自然而然的事情。但是，我们不得不指出在这个整体中不同代表之间的敌对。尤其是以欧洲的名义发言的不同方面，包括聚会时的各国政府首脑、欧盟委员会和欧洲议会的主席、欧洲法庭、法德两大国或英法德三大国。难道人们不是经常遇到“以……的名义”这个俾斯麦试金石的挑战吗？当事情变得极为烫手时，比如当美国入侵伊拉克时，国家间的意见不也是分裂的吗？当1945年以来战争第一次在欧洲大陆爆发，当南斯拉夫解体时，“欧洲”难道没有觉得无能为力？大多

---

① Otto von Bismarck, novembre 1876, cité par Timothy Garton Ash, *In Europe's Name. Germany and the Divided Continent*, Londres, Vintage, 1994, p. 387; Otto von Bismarck, novembre 1876, cité par Manfred Brunner, *Ein europäisches Volk gibt es nicht*, *Die Welt*, 30 juin 2000.

数的人难道不是并不知道在布鲁塞尔发生的那些事？如今难道不是还有欧洲国家没有加入欧盟吗？在今天，从政治上来说，欧洲是而且还将保持是一个空的概念。

作为政治实体的欧洲，其存在本身已经带来非常严峻的问题。地理边境、法律合约、历史事件、政治抱负、文化传统和社会实践，在观察家的头脑里向各个方向乱窜。所以有必要进行一定的概念澄清，至少要将某些种类的思想集合，同时避免把某些种类归并简化为另一些种类。

这一实用主义方法可从这里出发：对欧洲各国组织其关系的不同领域进行区分。我们提出三大领域。它们像同心球那样圈圈叠加。每个领域都有自己的运动原则和安排原则。每个领域都保有特别的规则和礼节，在暴力等级方面从战争和武力威胁下降到否决和多数同意。每个领域以它自己形成的形象、由行动者的某些精神状态、由特定的公众来显示其特征。

第一，外部领域。它的边界是以地理和历史（用模糊的方式）划出的。它集合欧洲大陆所有的主权国家，也就是人们几个世纪中所称的“欧洲协同”。它的内在运动来自对每个国家对其各自利益之追求的安排原则，尤其是力量平衡和国土边界的安排原则。

第二，内部领域。它是1951年签订的一个创始条约的产物，它自称为共同体。对于其成员国来说，它涵盖了一个行动场地，其范围由法律规定，但还在不断扩展。它的内部行动原则是一个对未来的想法：“欧洲计划”。其安排来自于国家间签订的条约，也就是创始条约。

第三，中间领域。它在共同体成立之际，马上以出人意料的方式诞生于另外两个领域之间。这个中间世界，长时间以来不被人察觉，难以用法律术语来确定。这可能就是人们没有给它起名的原因。但它并非不占据一个重要的位置。这是“成员国”的中间领域。在这个领域里，运动诞生于每个国家对于各自特殊利益的寻求（就像外部领域一样），但同时来自于不断加强的公共利益意识（惊奇所在）。主要安排原则是各成员国对共同体的隶属，但力量平衡和法律也起到作用。这个领域是一个中间世界：由于其特殊性，它有时与外部领域交叠，有时与内部领域交叠。同时，在功能方面它也是一个中间领域：它的作用在于建立关系、启动事件、进行转型过渡。

正是在这些转型过渡中，各成员国发现了这个既不在内部领域又不在外部领域的中间领域的特有实质。当成员们作为一个圈子一起介入这个中间领域，它们就成为“欧洲”的发动机。

外部领域和内部领域

大陆的、外部领域的性质和本质，即传统欧洲之整体的性质和本质，是建立在力量之上的。这是——从前是君王和大公的，如今是或多或少民主的政府的——主权国家的世界，各主权国家以各自人民的名义捍卫国家的权力和利益。这里既不存在欧洲集体也不存在集合各国并超越各国的整体。

“欧洲协同”自 16 世纪起就存在了。国家间的政治关系在力量平衡中形成，在地理边界和同盟关系中清晰可见：不成文的规定使这个系统运作。每一场战争或战争的威胁都打破这一平衡，得通过会议时的商谈、让步和折衷来重新调整。三十年战争后的威斯特法伦和谈（1648）和拿破仑战争后的维也纳会议（1814—1815）作出了最重要的国界调整和修改。最近作出重要国界调整和修改的则有一战后达成《凡尔赛和约》（1919）的巴黎和会。

令人印象深刻的是，这种会议系统接替了邀请各国参加的主教会议。最后一次这样的大型主教会议是在君士坦丁堡陷落(1453)后由教宗庇护二世(Pie Ⅱ)召集的——一种类似欧洲危机峰会的会议于1459年在曼托瓦举行。由主教会议向国家间会议的过渡是这样一个缓慢变迁的标志：欧洲从一个由教皇自上而下的神学政治统治下的基督教欧洲，转向加入了世俗的、水平的、或结盟或敌对的博弈中的主权国家的集合。神学家交棒给了外交家和法学家。不再是由“逐出教会的雷声和主教会议的结论”来强制达成一致同意，而是通过“说服、解释和谈判的艺术”[①]来达成一致同意，从中诞生了现代欧洲外交。

欧洲国家间的关系在新生的国际法的框架中发展起来。这可以来解决一些问题，比如大使的外交豁免权、某些国家和地区的中立、外国国民在本国国土上的权利。这些规则在欧洲国家与非欧洲国家之间的关系中没有被观察到——而且殖民地的人民也能够体验到这一缺失。这就是为什么人们从18世纪起就开始谈论“欧洲公共法律”，它的规则大部分被遵守，但不是成文的和强制的。在维也纳会议上，为了捍卫法国的利益，塔列朗(Talleyrand)数次使用“欧洲公共法律”一说——这引起了沙皇和其他各方的愤慨。[②]

边界是外部领域里的决定性因素。这首先涉及不同国家间的国界。地图上的国境线是现代国家的表达，表现了其对于国土、对

---

① Marc Fumaroli, cité par Lucien Bély, *L'Art de la paix en Europe. Naissance de la diplomatie moderne XVIe – XVIIIe siècle*, Paris, PUF, 2007, p. 21.

② Charles-Maurice de Talleyrand, cité par Adam Zamoyski, *Rites of Peace. The fall of Napoleon and the Congress of Vienna*, Londres, Harper Press, 2007, p. 270 et p. 290.

外和对内之统一的国家主权。国界同时也在时间和空间上限制宗教和世俗战争，这些战争在过去很容易扩散。换言之，国土边界具有平抚战争的功能。经验表明，国界使得国家在边境上的外部压力越少时，对内给予公民的自由就越多。

除了国家间的边界，还有欧洲与非欧洲世界的边界，它从未非常清晰。诚然，人们有分享一个历史的、文化的欧洲空间的意识，但在地理上它没有严格的区划——1700 年的时候没有，如今也没有。为了属于欧洲，必须想要并且能够表现出对此感兴趣和取得其他成员国同意。欧洲大陆的边界一直模糊不清。因此，在 1648 年，除了“英国国王、俄国沙皇和奥斯曼苏丹”[①]外，所有欧洲的君主和国家首脑派代表参加威斯特法伦和谈。然而一个半世纪之后，1814—1815 年在维也纳，英国和俄国却在谈判桌上扮演最重要的角色。很久以来，土耳其是否“欧洲国家”，这一点一直模糊不清。从 18 世纪起，奥斯曼帝国就希望可以在“欧洲协同”中拥有一席之地。为了朝这方面前进它甚至还进行了司法改革。最后，在 1856 年，土耳其因为其在克里米亚战争中的作用和法英两国的压力，获得了作为回报的其渴望已久的“欧洲国家”[②]的身份。小结一下：从地理的角度来看，欧洲和它之外的地区的边界不是任意的（比如人们从来没有要求德国、法国、意大利证明其欧洲性），而对于模糊不清的部分，人们是通过政治来解决的。

这个外部领域——以黎塞留、梅特涅（Metternich）或者俾斯麦为代表人物——构成了 1945 年后的欧洲创建者所要挑战的历史

---

① Lucien Bély, *L'Art de la paix en Europe*, *op. cit.*, p. 225.

② Fikret Adanir, *Turkey's Entry into the Concert of Europe*, *European Review*, 2005, 3, p. 395 - 417.

限制。在过去的三十年里，该系统没能成功阻止其自身的毁灭。力量平衡自行炸毁。另外，一些小国家在强国们热衷的没有怜悯的斗争面前，无能为力，它们厌倦于此，积极抓住美国霸权所提供的机会来改革欧洲关系。

除了作为历史限制，这一外部领域也是当代的现实。当 1969 年 3 月有人在法国总统夏尔·戴高乐(Charles de Gaulle)私密的办公室里询问法国会如何阻止德国在欧洲大陆上的崛起时，他可能是这样干脆地回答的："用战争。"[①]当 2008 年 2 月塞尔维亚的科索沃省单方面脱离塞尔维亚并被法、英、德等国承认为独立国家时，一位俄罗斯大使曾经威胁要诉诸武力。当同年 9 月欧洲联盟和乌克兰(从 1991 年起从苏联独立出来)联合时，承认了其(地理上的)"欧洲国家"的身份，但这只是向它渴望的(政治上的)"欧盟国家"的身份前进了一大步。当 2008 年 12 月克罗地亚想要向加入欧洲联盟迈出一步时，它的邻国斯洛文尼亚阻止了其步伐，这一欧盟成员国要求首先解决十八年以来悬而未决的关于亚得里亚海岸的边界争议。

直到今天，在欧洲大陆，国家间的关系一部分在完全的力量平衡、战争和边境争端的政治背景下进行。法律，尤其作为包含战争与和平法的国际法而享有地位。在这方面，完全和过去一样，没人能以"欧洲的名义"发言而不被一个当代俾斯麦来告诫。

内部领域，作为共同体的欧洲，在性质和本质上由一个条约来决定。它也与外部领域形成鲜明对照。像罗伯特·舒曼(Robert Schuman)和保罗-亨利·斯巴克(Paul-Henri Spaak)这些创建者的

① Charles de Gaulle, 1er mars 1969, cité par Henry Kissinger, *The White House Years*, Londres, Weidenfeld & Nicolson, 1979, p. 110.

第一目标在于，与建立在武力运作上的政治彻底决裂，实现一个在欧洲国家关系上的重大改变。这首先与法德关系有关，世代相传的敌人在不到七十五年间的三次毁灭性的战争中敌对。欧洲和平的理念和外交筑堤的工程相联系。在欧洲三十多个国家中，有六个参与了向这个方向前进的第一个计划：欧洲煤钢共同体。它在一个有限但确定的范围内实现了上述理念。

这一创始条约(1951)与传统的条约不同。因为除了常规的相互的义务外，它约定建立两个由既不代表所在国政府也不代表所在国议会的人组成的机构。这包括一个根据欧洲普遍利益来做决定的高级公署(后来成为欧盟委员会)和一个负责监督条约遵守情况的法院。突破存在于此。创始人之一的舒曼(Schuman)为了强调这个条约所寻求的与国家间外交的区别，在条约签订的时代写道："从此，条约不仅得建立义务还要建立机构，也就是建立一些拥有专有和独立权力的超国家的组织。这些组织不是部长委员会或者是由所属政府代表组成的委员会。在这些组织中，没有需要仲裁和调解的国家利益的冲突，这些组织是为区别于每个所属国家的目标和利益的一个超国家的共同体服务的。(联合起来的)各民族国家的个别利益融合到了共同利益之中。"①

在内部领域对其自身勾勒的图景中，欧洲不能从国家间的利益冲突中诞生。因为国家间的利益冲突实在太激烈，第二次世界大战的创伤还没医治好。因此要坚持尽可能地站在民族国家领域的立场之外。高级公署能作出各成员国承诺服从的正式决定。另外，共同体承认由高级公署所代表的对内对外的法人资格。诚然，赋予一个结构以法律形式，这看起来可能只是一个简单的步骤，但

① Robert Schuman, *Faire l'Europe*, *Revue de Paris*, avril 1951.

是从这个结构能产生出新的东西，并且这样的事已经发生。

“共同体”（法语 communauté，德语 Gemeinschaft。——译者注）一词由德国代表团的一位法学家提议使用。他依据的是经典社会学中的“Gemeinschaft”（一种稳固长久并构成身份认同的联盟）和“Gesellschaft”（更多灵活更少约束的契约）的对立，这是德国知识分子所使用的经典对立语汇。这个词的选择表现了雄心壮志。对于它的提出者，共同体只代表一种方法，最终目的在于欧洲的统一。另外这个词还表现出人们看待国家的方式：在法律层面上的平等个体。人们避开在现有力量间所有的不同想法，所有关于力量平衡、外交魔术盒的想法。条约的规章制度促使大家作出由“共同体精神”支持的共同努力。

对于内部领域，秩序和某些基础来自条约。现在仍然如此，欧盟委员会和欧洲法庭只有根据条约的某个条款、根据“法律基础”或者正式权限才能独立行事。这既是赐福也是诅咒。说赐福是因为条约有效地提供了一个坚实的基础。以条约的名义，欧盟委员会可以作出创举，而且欧洲法庭可以宣布判决。说诅咒是因为很多内部领域的代表，特别是在欧盟委员会和议会内，喜欢钻空子来规避条约。难道不是还有数不清的、但不走运没有被条约提及的地方需要“欧洲”赶紧来负责吗？

内部领域的改变原则是对于未来的某种想法：“欧洲计划”。从建立之初起，这个计划就不再是一个空想的任务，而是六个国家协作的工地。这涉及思想家们所宣称的关于整个欧洲大陆计划的前哨和预先支付，内部领域的欧洲以某种方式“用信贷”过活。内部领域从计划中获取双重使命。第一，扩展已占有的政治行动领域（初期有：煤炭、农业、商业等）的空间到相邻领域，人们谈论将欧洲的“建设”推进得更远或这样或那样的政治“共同体化”。第二，地理扩张，在它的内部集中更多的国家，无疑是为了在某一时刻涵盖欧洲大陆所有国家。今天，现有的成员国只是"更广阔欧洲的先行者，只有还没加入的国家才能确定欧洲的边界"①。小心地接近第一个目标，这是吸引人的，而且有时能成功。但为了着手进行诸如迎接新国家之类的根本改变，内部领域不得不需要一个新的条约。

在内部和外部领域，秩序和运动的原则以同样的方式连接。在外部领域，运动由国家发起，有时能引起边界纠纷，甚至是战争，在此之后，和平和力量平衡重新建立，边界得到确认或被改变。在内部领域，活力源自"欧洲计划"，后者导向了一系列在条约框架内或空白上所实现的创举，其中有些创举是在后来通过修正条约才成为了正式条例。我们处在一个无休止的循环之中。尽管人们经常是事后才不舒服地惊讶发现，边界的调整产生自包含着新战争源头的大会(1919 年的《凡尔赛和约》)，1945 年以后的欧洲条约却是事先包含了对它自身进行修正的热情邀请。

这是一个伟大的原创。"欧洲计划"的运动原则被作为总则在条约文本中重申。因此，在 1951 年，创始条约的序言中谈到一个"有组织和有活力的欧洲"、"建设"和"人民之间更广泛和更深入的共同体的首要基础"。② 也就是说：未完待续。因此，内部领域的革新虽然主要是原秩序的中断，但同样是为确认原秩序的精神而建立。这使得 1951 年《巴黎条约》、1992 年《马斯特里赫特条约》，与从 1648 年《威斯特法伦和约》到 1919 年《凡尔赛和约》的各种和

① Jean Monnet, 1954, discours devant l'Assemblée parlementaire de la CECA, cité par Jean Monnet, *Mémoires*, Paris, Fayard, 1976, p. 460.

② 《欧洲煤钢共同体条约》(CECA)前言。

平条约完全不同。

这种在运动和秩序之间、计划和条约之间的联系，确定了内部领域的思想。在内部领域，人们生活在使命和权利之间。

成员国的中间领域及其会议桌

经过了六十年，创始者的梦想还没有实现，这是个事实。“欧洲计划”的工地上虽然有了一些成果，但是还没有达成欧洲的统一。这个论据早就应该引起我们对于中间领域的注意，这个领域以不被察觉的方式与共同体并行诞生。所有人都因太注意其他事情而忽略了它。“国家的话语”的理论家满意地认为任何改变都没有发生，而在共同体的圈子里，人们则焦急地等待布鲁塞尔的欧盟委员会和斯特拉斯堡的欧洲议会取得欧洲行政和立法机构身份的日子，但是政治变革的进行却在别处。既不在机构的内部领域，也不在大陆的外部领域，而在这两者之间，在成员国的领域中。这个由创始时刻赋予的始料未及的好处被观察者忽略。因为它并不符合占主导地位的语言和各种思想框架。但是这个中间领域向我们显示了它是欧洲政治的主要源头和欧洲政治接力的第一棒。这就是为什么它在本书中占有重要的位置。

从 1952 年 9 月开始，自六个创始国部长们的第一次会议后，他们发现他们所分享的，比一个简单的条约多一点：他们坐在了同一张桌上。高级公署的某位成员也得以正式地在共同体委员会的会议桌上占有一席。而当他们在那里谈论煤炭和钢铁时，他们注意到可以谈论比条约里规定的更宽泛的其他主题。比如，在 1950 年底，人们有了以下想法：好，既然所有六个国家都在，为何不去分析世界的现状呢？

这个问题导致了无休止的争论。共同体派的政府(以荷兰和比利时为首)说：不，我们不可以这样做，我们只有权在这个条约所规定的范围内共同行动，离开它就重新回到了外交，我们都还记得不遵守条约这一做法在 1914 年和 1939 年把我们引向哪里。国家派的政府(以戴高乐领导下的法国为首)说：围绕着世界局势进行圆桌会谈，极好，但条件是没有这些共同体机构的人员参与，对外政治与他们一点关系都没有。双方都不抱有任何折衷的想法。支配着两大阵营的不信任使事态走向了僵局。

直到 1970 年，六国才找到出路。是一位说法语的比利时外交家成功打破了“化圆为方问题”[①](经典的欧氏几何无解问题，在此比喻解决上述问题的困难性。——译者注)。自此以后，决定了各国外长们每年开两次会来讨论包括美国、中东和苏联在内的世界局势；为了支持这一举措，成立了一个由高级官员组成的委员会，但它不设中央秘书处，这个委员会会议比外长会议召开的次数多一倍。这就是人们所称的“欧洲政治合作”。人们找到了迷人的中间形式。与欧共体部长理事会定时会议要求各国部长们每月在布鲁塞尔或卢森堡聚会不同，这些会晤是在担任共同体轮值主席国的首都举行的。

有些部长严格地区分这两个会议。这样，在 1973 年，人们上午在哥本哈根开会谈论集体对外政策，下午在布鲁塞尔欧共体部长理事会的框架里研究共同体事务——丹麦政府为全体与会人员提供了一架飞机。这种漫画家们最喜欢的夸张举动让成员国领域(即中间领域)和内部领域并行运动的方式变得清晰可感。

---

① Philippe de Schoutheete 谈到 Etienne Davignon 时所说，2008 年 6 月 11 日与本书作者的访谈。

这些摩擦不是孤立的。我们可以用欧元的产生或者说国家间的第一次货币合作来作说明。一切开始于 1969 年。德国总理维利·勃兰特(Willy Brandt)“受到让·莫内的鼓励,在相关部长的请求下,非常谨慎地”①——用他自己的话来说——提出了统一货币的想法,以完善欧洲货币基金。最终,欧洲货币基金将由不同成员国的货币储备共同组成,以提供共同政策的杠杆。某些形势,以及法国的坚持,让这一基金在欧洲货币出现之前很久就建立了,但由于德国这一平衡力量,它具有一个很朴实无华的形式。这是一个折衷的模式。

德国联邦银行,六国中最强大的中央银行,为勃兰特的诺言感到遗憾。它担心布鲁塞尔机构的干涉会让它丧失独立——而且更为关键的是,在欧共体执委会内部掌管货币事务的传统上是某个法国人。这样,在共同体条约之外的六国央行协议的基础上,欧洲货币基金于 1972 年成立。一位经历过那个时期的银行家回忆:“由于包揽欧洲货币基金事务对于欧共体执委会有困难,它就坚持要求欧洲货币基金以欧共体部长理事会规则为基础。中央银行——可能将欧共体执委会的怯懦归因为布鲁塞尔惯有的官僚本能——最后接受在已签订的央行协议上加上一条规则。然而一旦这条规则被接受,对中央银行来说很意外的是:欧共体执委会的部门告诉它们欧洲货币基金不再建立于央行协议之上,而是从此以后归欧共体的规则管辖。这也就意味着从此以后欧洲货币基金的所有改变将依赖由欧共体执委会提议的、由欧共体部长理事会所作的决定,中央银行的角色被削减为简单的咨询者。”②这个经验是

① Willy Brandt, *Begegnungen und Einsichten 1960 1975*, Hambourg, Hoffmann & Campe, 1976, p. 322.

② André Szász, *De euro. Politieke achtergronden van de wording van een munt*, Amsterdam, Mets & Schilt, 2001, p. 73 - 74.

有用的。银行家们觉得不愿意屈从于“欧洲计划”的剧情。作为回应，他们为基金所提供的只剩下一些管理任务。至于他们希望探讨的深层问题，则选择聚集在另外一张桌子上来讨论。当然，他们的聚会是在一个非正式圈子的框架内，而不是在条约的制度下进行的。

欧洲语言为我们准备了能够表现中间领域特殊性的一个美妙的名录：它与成员国数量有关。欧洲共同体一成立，人们就谈论到“欧洲六国”(l'Europe des Six)、“六国”(Six pays)或更简单的“六”(Six)。然后，随着新成员的到来，人们说到“九”、“十”、“十二”，这样一直到现在的“二十七”。语法也起到作用。比如可以用复数阳性和省略方式这样说：“*Les* Six *ont* décidé”(意为“六国决定了。”*Les* 和 *ont* 分别体现了名词主语“六”[Six]是复数名词短语六国[Six pays]的略称，所以冠词和动词用复数形式。——译者注)。并非总是可以将这个说法改为“*La* Communauté *a* décidé”(意为“共同体决定了”。La 和 a 分别体现了名词主语“共同体”是阴性单数名词。——译者注)。因为成员国整体所作决定的对象有可能就是共同体本身(在这种情况下，如果将前一种表述替换为后一种，就会出现类似“共同体决定了共同体”这样的表述。——译者注)。因此，熟练使用的说话方式能使我们抵达这个看不见的领域。实用的规则：在所有不可能用“欧洲共同体”代替“六国”(或代替“各成员国”、“各首都”、“各国政府首脑”)的情况下，就意味着行动是发生在中间领域而不是在内部领域，比如“六国开始和英国进行谈判”或“六国在关于新的欧共体执委会问题上达成一致”等。

在中间领域的活动首先产生于成员国们试图捍卫它们各自的利益。这一点儿也不奇怪；这是所有国家的人民对其民主政府的期待。诚然，六国建立了一个共同体，但它们继续是欧洲国家整体的一部分。1952年后，法国、德国、意大利、荷兰、比利时和卢森堡并没有从欧洲地图中被划去。每个国家在欧洲大陆和世界上（它们中的四个有殖民地）都保留着其位置，每个国家都有各自的宪法规则、政治文化、语言和习俗、利益和历史。它们没有转变为一个新的、政治上成为整体的联邦。的确，在一个划定范围的经济领域中它们的利益混杂在一块，但在此之外它们还是老样子。另外，甚至在刚刚萌芽的欧洲建设领域上，即在农业和商业方面，也没有任何一个国家能容忍损失。

在成员国领域，为了对抗民族国家私利，施行了三条安排原则。起初，情况很像我们在大陆领域观察到的那样：运动由利益斗争引起，安排是力量平衡的结果。本身，这一平衡的出现代表了对共同体思想家的失望。根据条约，国家原则上是平等的。但在六国的谈判桌上，很快就出现这样的事情：比如法国会提出一些荷兰和比利时无法接受的要求（德国因其举足轻重的地位，本来也可以提出这类要求，但德国人显得更好说话，尤其是把他们和法国人放在一起看的时候）。在成员国的会议桌上，力量平衡具有毋庸置疑的作用。

但面对所有的期待，这个平衡的严峻现实因第二条和第三条安排原则而变得缓和。第二条安排原则是：以成员国身份隶属于共同体这一政治事实。这一点是根本性的。欧洲共同体的良好运转是为了所有成员的利益。尽管某些人声称共同体存在于成员国之外，但它其实不存在于成员国之外，它将总是愈加实在的、紧密交错的利益具体化（首先是经济利益）。从某些方面来看，成员国一个个都黏合在一起。当1965—1966年前所未有的危机来临时，它们发现事实上它们离不开同一张桌子。作为强国的法国曾试图离开，但在七个月以后还是回到了它"空着的椅子"上。从某种意义上说，各成员国不得不待在一起——这是各国政府从没真正成功地让各自的人民所理解的困难现实。第三安排原则：法律。在外部领域原来就有国际法，它也可缓和国家间关系，但在它一旁，又有新的共同体法律钻进了中间领域。这一独特现象让所有人吃惊。一位德国法学家在1965年指出了这一现象。他发现六国政府在此期间因为条约而作出的数十项决定恰恰是以完全将自身明确地摆在条约之外的方式作出的。这包括欧洲经济共同体执委会委员和欧洲法院法官的任命、建立辅助机构、加快一体化进程、与其他国家签订协议等事务。总之就是各国政府以欧洲经济共同体成员身份，却又在共同体之外，以"成员国全体"的名义决定的事情。根据这位法学家的观点，这些决定位于共同体法和国际法之间。他把这些决定描述成法律的一些"没有逻辑也没有后果"的混合形式，它们将成员国连接起来又培育着共同体法律。① 这些一直存在的混合形式，强调了一种在传统外交和共同体生活之间根据自身规则发展的领域的存在。

重要的是，不要把这些观察意见简单地视为某种法律上的雄辩。一般来说，法律和外交形式用于表达政治关系。它们因此提供了进入看不见的力量的通道。我们不能事先驳斥说缺乏法律逻辑是一种错误。事实上历史几乎不响应逻辑。也许最好是在形式上的矛盾中看到相反力量存在的迹象。以围绕着欧洲"宪法条约"(2004)的热议为例：许多法学家带有讽刺意味地拒绝接受这一说

① J. H. Kaiser, *Die im Rat vereinigten Vertreter der Regierungen der Mitgliedstaaten*, *in* Walter Hallstein & Hans-Jürgen Schlochauer (éd.), *Zur Intergration Europas. Festschrift für Carl Friedrich Ophüls*, Karlsruhe, C. F. Müller, 1965, p. 120 et p. 115.

法，他们指责术语本身存在矛盾，其中一位法学家甚至说这是个"法律怪物"[1]。的确，根据法学正统，条约的逻辑和宪法的逻辑——国际法和公法——是不相容的。但是当二十五国精疲力尽的谈判结束时，当人们面对这个"宪法条约"，如果有谁自以为这是政治家缺乏宪法知识的结果，那么显然是理解力不够。更为明智的做法是将这一令人好奇的法律事实看成政治折衷的反映，甚至把它当作一种引起我们思考冲突力量有哪些的刺激。

运动，由各成员国捍卫各自利益所产生；安排，是各成员国对于欧洲共同体的隶属、力量平衡和法律的结果。我们可以这样描绘中间领域自身的活力特征，但还要补充一点：各成员国对欧洲共同体的隶属不仅表现为缓和成员国之间的关系（安排），它还是共同与外部世界打交道的发动机（运动）。随着时间推移，各成员国发现：除了它们各自的利益，由于它们对于欧洲共同体的隶属，也分享着其他国家的利益；随着成员国数量的增加，分享的利益也随之增加。一方面，这些共同利益与欧洲共同体的良好运作息息相关。由于内部领域无法自行起动，它需要不时地被刺激。但也有这样的情况：各国应当希望或者本来希望作为一个封闭的圈子来与外部世界打交道，比如与美国或日本的贸易关税谈判，或与英国关于它加入欧洲共同体的讨论。外部世界或者事态要求在类似情形下存在一个代表六国的对话者。比如，由欧共体执委会与部长会议紧密地交换意见，代表六国与外部世界进行贸易谈判；这一协议由共同市场的共同对外价格产生。但有些国家断然拒绝欧共体执委会在对外政治领域以所有成员国的名义发言。这些国家也被

---

① Dominique Rousseau, *Les constitutions possibles pour l'Europe*, *Cités*, 2003, 1, p. 14.

迫自己创造出别的东西。

转折点发生在1974年，欧洲理事会(Conseil Européen，现又称欧盟首脑会议或欧洲峰会等，请读者注意与“欧盟理事会”[Conseil de l'Union Européen，又称 Conseil des Ministres，即部长理事会]区分。——译者注)创立，这是一个各成员国政府首脑的定期集会。在最初的几年里，就举行了八次峰会。各国领导人利用这个机会寻求共识、解决问题，推进欧洲共同体建设，在国际关系方面交换不同观点。这是一种再传统不过的外交形式，是“1814—1815年维也纳和谈”的更新，并仅限于成员国。每一次都是由法国发起，通常是在和德国交换意见后。而小国们则担心铁腕政治人物通过峰会进入共同体生活中，将带来预想不到的后果，损害条约司法框架所提供的稳定。

在1974年12月的峰会上，吉斯卡尔·德斯坦(Giscard d'Estaing)总统成功地为领导人会议确定了形式、制定了一些规则。不管是条约还是公众都没有要求举行领导人会议。这是一场政变。九个国家的国家或政府首脑从今以后每年聚会三次，其中的两次——源源不竭的欧洲折衷的创造力——在轮值主席所在的国家，一次在欧洲共同体机构其中的一个所在地，布鲁塞尔或卢森堡。在十年时间里，欧洲理事会实际上成为欧洲共同体最重要的作决定的组织。只有在这个会上，才可以解决成员国关于共同体财政、新的计划或新成员的加入的纷争。

欧洲理事会明确地处于欧洲共同体之外。在内部领域，人们害怕首脑圆桌是“危机在政府间蔓延”的温床，它表现为一个噩梦般的形象，“在共同体鸟窝里的杜鹃鸟蛋”。[1] 这样的隐喻表现出人

---

① Johannes Linthorst Homan, cité par Jan Werts, *The European Council*, Londres, John Harper, 2008, p. 17.

们对于分隔领域的东西是多么的敏感。在欧洲共同体这方面，人们放心地看到形式上政府首脑们不作任何“决定”。在首脑峰会上达成的政治协议实际上只有之后在部长理事会上通过，才具有限制力量。在很多年里，共同体的法学家坚持重申欧洲理事会不是一个“机构”，不可以让它变成一个机构。他们拒绝面对眼前的事物。政府首脑会议处于在此期间出现的布鲁塞尔金字塔的顶端。数不清的各国官员的会议组成了金字塔的底部，之上是每周一次的各成员国大使及其副手的会议，再上面是每月一次的外长会议和技术性（经济、农业等）部长会议——整个金字塔的顶端由每三个月一次的政府首脑会议圆满完成。成员国的圈子就此组织起来，欧洲理事会是这个圈子最高的制度表达。

的确，这个机构看起来在外部领域和内部领域的中位运行得很好。1980 年初，一位敏锐的观察家写道，因为政府首脑们的欧洲理事会强势上升，欧洲共同体成员国“获得了恰适其用的机制，可以将共同体改变成真正的欧洲协同”。一个实际现实阻碍了这一潜力：“但是对于共同体来说不幸的是，卡斯尔雷（Castlereagh）和梅特涅（Metternich）现在的后继者，被迫因为这样或那样的原因贡献出很大一部分时间来为奶酪的价格、德国和英国对微小而不平衡的共同体财政的贡献水平或者法国养猪户的问题争论不休，而不是用来思考人们原以为会令各成员国感兴趣的一些重大政治问题。”①

无论如何，在“欧洲协同”和“欧洲计划”领域的中位，自此出现了所有成员国的会议桌，其议题的重要性等级涵盖了从冷战到山

① Peter Ludlow, *The Making of the European Monetary System*, Londres, Butterworths, 1982, p. 21.

羊乳酪的复杂跨度，这是一个十分出色的机制。

跨领域的过渡

欧洲政治的三个领域互相间保持各种关系。人们一方面在各成员国的中间领域和欧洲大陆的外部领域之间，另一方面在各成员国的中间领域和欧洲机构的内部领域之间发现两个过渡点。采用常用法律术语来说，这两个过渡点的关键分别是：其他国家的加入和条约的修改。为了作出这些最重要的决定，成员国正式地像一个集体那样行动。各国政府一起作决定，但应由各自的人民分别批准。可以这么说，关于这两个问题的其他程序也是这样的。另外，关于加入和修改的两个条款在后续的条约里也都有出现。①

在1957年创始条约的序言里，六国热情邀请"分享其理念的其他欧洲人民"加入。我们甚至可以在后面的条文中读到："所有欧洲国家都可以要求成为共同体的成员。"②这一安排源自欧洲与外部世界的其他关系中所不存在的一个东西：对待欧洲国家和对待非欧洲国家的区别——虽然人们从没有停止扩大欧洲国家的名单。在创始者身上，我们可以感受到归属于同一个地理和历史区域、作为"欧洲协同"的继承者的强烈意志。创始条约中的这个小句子具有深远的影响。随着时间的推移，在政治游戏中，给予一个国家入场券成为了非常令人垂涎的奖励。这些在1961—1973年之间展露无遗，在这段时间里，英国努力接近欧共体，法国反对并

① 《欧洲煤钢共同体条约》(CECA)第96和98条；《欧洲经济共同体条约》(CEE)第236和237条；《欧洲联盟条约》(TUE)第48和49条。

② 《欧洲经济共同体条约》(CEE)前言和第237条。

与其他五国争执，最后六国和英国达成共识。在1989年柏林墙倒塌后，欧共体（及后来的欧盟）允许其邻国加入的承诺，重新成为了欧共体/欧盟成员国处理与邻国关系的特别工具。

在修改条约方面，成员国同样是集体行动。二十多年来，欧洲从一个条约踉跄地迈向下一个条约——这样从《马斯特里赫特条约(1992)》一直到了《里斯本》条约(2007)。在这个寻找适应历史情况的形式的旅途中，有很多陷阱，这可以用内部领域需要革新的困难来解释。如果没有所有政府和所有人民的意愿，这一切都不可能完成。用宪法术语来说：所有成员国一起，隆重地聚集；政府和人民，是欧洲的构成力量。只要有某一个国家的人民否决了其政府参与达成的协议，整个机制的运作就被阻塞运作——1992年的丹麦，2001年和2008年的爱尔兰，2005年的法国和荷兰——这些事实表明了这个圈子相对于成员国的虚弱。但人们每次都能找到解决方法，这些事实又证明了它的力量。

这里给热衷法律的读者们提供一个细节：在两个程序之间有微妙的区别。尽管在修改条约方面，各成员国是在政府间会议的框架内商谈——也就是说一个从传统外交那里吸取的形式——，但是它们是在理事会上，也就是说作为共同体的机构，商讨新国家的加入。这是一个明显的区别。因为当一个国家要求加入时，如果各国在政府间会议的框架里围坐在一张桌子边，成员国和候选国之间的形式区别就消失了。那就需要每个国家以各自的名义老生常谈“1648年的《威斯特法伦和约》”，而不是现成员国以确立的整体的名义与候选国谈一遍就可以。当修改一个条约时，问题则与前面的情况相反。具体地说，如果各国作为欧洲共同体及其机构内的部长理事会根据条约来行事，那么所有国家都失去了行动自由（也就无法修改条约了）。这样，成员国圈子占据和划定其领域的方式就很清楚了：当涉及原则，面对内部机构领域时，它表现得像是属于外部领域；当面对外部大陆领域时，则表现得像是属于内部领域。

各成员国作为整体，是欧洲所具形式的主人；而作为个体，它们又脱离开欧洲。通常，成员国圈子是难以被察觉的。但是当情势有要求，而且要求所有人都听见成员国圈子（即中间领域）的声音时，内部领域就要屈服于它，外部领域也要听从于它。

“以欧洲的名义”

欧洲政治的两个新领域（参阅上文，即原有的“外部领域”之后的“内部领域”和“中间领域”。——译者注）的出现让我们重新考虑代表的问题。从此以后，有人或有机构能“以欧洲的名义”发言吗？

在外部大陆领域里，什么都没有改变。和俾斯麦的时代一样，没有人能够令人信服地诉诸欧洲。但在内部领域以及成员国的中间领域里，又如何呢？这么多的政府首脑、法官、议员、部长和欧洲委员对我们说“欧洲这么说”或“欧洲那么想”，却没有真正说服公众，一些人甚至还想要掌握另一些人的话语权，怎么会这样呢？

其实，政治体制根据定义是不可见的。从来没有人看见过罗马帝国或大不列颠王国。人们所看见的，是人们在其中实施权力的楼宇、田野中的防御工事、地图上划出的分界线、风中飘扬的旗帜。这些可见的代表物致使我们承认它们所代表的东西也一样存在。甚至更好地，当士兵们以“罗马的名义”作战或部长们以“大不列颠的名义”签署条约时，我们就准备接受这些不可见的实体是能发言、能行动的。我们看不出为何欧洲就不可以是这样的。

哲学家托马斯·霍布斯(Thomas Hobbes)为这个代表机制提供了一种解释。在《利维坦》(*Leviathan*, 1651)一书中,他把国家设想为一种人造的东西、一个政治体、一个“人物”(personne)。这是一种非常具有挑衅性的、与城邦及后来的王国是来自上帝的想法决裂的观点。根据霍布斯的观点,国家是一个以民众名义发言和行动的“人造的人物”(personne artificielle)。

至关重要的一点是:发言和行动是在公众中发生,在世界的舞台上上演。霍布斯没有忘记,他指出:拉丁语 persona 究其词源本义是“乔装”和“表象”,在口语中扩展出了引申义“戏剧表演中表示角色的面具”。最早的“personnes”,是演员,是角色扮演者;随后,这个术语在语言中发展为用来指其他替别人发言或行动的代表,比如法庭上的律师。在之后的论证中,霍布斯忽略了这个词应该用在剧场上。但是,这个起源对于声称以民众名义发言的“政治人物”(personne politique)来说是很重要的。这个“人物”扮演的角色得有说服力,其代表性必须成功。“全世界是一个舞台”(“All the world's a stage”,莎士比亚名句。——译者注)。

至此,可以将政治视作对“以……的名义”的征服而把问题(problématique)逆转。问题(question)是不变的:要求“以……名义”发言的人能被接受吗?如果能被接受,那么是被谁接受?没有一位专家或法官能裁断这场争论。最后作出裁断的,是民众。因此,要知道是否存在一个作为政治体的“欧洲”,最合理的方式是检验是否有自然人能以令人信服的方式声称以欧洲的名义发言和行动。

谁要求“以欧洲的名义”发言和行动的权利并被公众接受?这是个值得探讨的问题。回到欧洲政治的三个领域。外部地缘领域已经不用考虑,只剩下人们想要的内部领域和人们不期而至的成员国中间领域。两者都要求“以……名义”发言和行动的权利。内部领域显得喜好以欧洲条约、欧洲计划或欧洲公民的名义发言。而中间领域，性质上更为模糊，有时它会以各成员国整体和它们各自的人民的名义发言。

先看内部领域。它看起来是有希望(“以欧洲之名”发言和行动并被公众接受)的。从某种角度来看，脱离了民族隶属、在共同体机构中工作的人能“以欧洲的名义”发言。这一可能性是一个了不起的转折点，如同经历了解放一般。煤钢共同体高级公署第一任主席让·莫内自己就是这个转折的一个里程碑：以此身份他在1953年收到了第一张欧洲通行证，这个机构的成员和雇员所拥有的通行证——需要提醒大家的是：当时从卢森堡前往盟军管辖下的德国是需要签证的。这张因时势而制造出的文件被以非常正式的方式交给莫内。他要求自己的一位助理把他的法国外交护照递给他。“我们现在可以烧掉它了。”①莫内这么说道，惊呆了周围的官员们。而他已成为了欧洲人。

欧盟委员会——煤钢共同体高级公署及随后的欧共体执委会的继任者、欧洲法院和欧洲议会，都因“以欧洲的名义”而存在。但没有什么能阻止一位当代俾斯麦向它们询问：“事实上，你们以谁的名义发言?”而它们所作的回应并不能真正令人信服。

在欧洲机构中，欧洲法院无疑占有最重要的位置。它以欧洲条约的名义发言，也就是说以内部领域来源的材料的名义发言。以此为基础，面对各成员国、各国公民和其他机构时，它具有一定的权威。法律，是它的话语。另外，因为一个出色的司法计策，它

① Jean Monnet，1953，2008年8月13日 Edmund P. Wellenstein 在与作者的交谈中所转述。

成为了创始条约的正式解释人。从此，它以条约精神的名义发言——换句话说以欧洲建立时的精神的名义发言——而不仅仅是以条文本身的名义发言。因为在内部领域中，这个建立的时刻被视为近乎神圣性质的“菲亚特”（fiat，天主教神学中用这个词来表示人类对上帝意愿的自愿接受，或自愿接受的时刻。——译者注）。创始条约被视为近乎神圣的书籍，欧洲法院因其要求而获得了“圣职”般的权威。这对于它完成主要任务是有用的：以话语和长袍——不过没有佩剑——来值守法律。

欧盟委员会诉诸双重的“以……的名义”。当它关注规则的遵守时，它以欧洲条约的名义发言；当它提出一些建议时，它同时以欧洲计划的名义发言。这后一个任务在它看来最为令人激动。它的政治使命——与行政任务不同——存在于计划本身。在法律层面，这被解释为“专有的发起权”，这一权利委托欧盟委员会提出政策建议，并与垄断紧密相关。欧盟委员会作为政治家以欧洲的名义发言时的那个欧洲指的是未来的愿景。

自然，欧洲法院的法官不需要和各国政治权力机构商议就作出裁定，也不会被它们纠缠。欧盟委员会也从这样的“分权”中获得了中立。对委员们来说，接受某个成员国的指令是被明令禁止的。[①] 但这并不意味着委员们不应考虑所属国的利益。他们的任务在于提出一些平衡的、可被所有成员国接受的建议，有时在各成员国中间作调解。反过来说，这意味着他们不能以某个成员国的名义发言。一个细节向我们揭示了这一点：某次会议时，有位委员想要谈谈关于他的国家的一些东西，他微笑地将之称为“我最了解的国家”——这引来了他的同事们的微笑，意味着他们觉察到并排

① 《欧洲联盟运作条约》(TFUE)第245条。

除了危险。这样的准则使得欧盟委员会作为整体确立了自己“以欧洲的名义”发言的位置。

以条约和计划的名义发言的有欧盟委员会，但是谁以欧洲的人们的名义说话呢？他们要通过议会参与其中。从性质上说，一个议会是一个代表体。欧洲议会不以条约和计划的名义而以欧洲公民的名义发言。三十多年来，议员由公民直接选举产生。这是辐射整个内部领域的非常强大的潜在政治象征。欧盟委员会和欧洲法院也从公民的存在中获得了某些力量。此外，应当提升面对外部世界时欧洲议会扮演的角色，即便只因为它向任何一个想要向团结的欧洲公民说话的人提供了讲台：比如欧洲各国政府首脑、非欧洲国家首脑或某个“崇高”事业的国际保卫者——如近些年有英格丽德·贝当古(Ingrid Betancourt)等。

但是，公民形象隐藏着一个弱点。欧洲议会想要以其名义发言的“欧洲公民”还不存在。后果就是，欧洲议会被欧洲法院和欧盟委员会超越。当可以依靠条约的术语或计划的想法而不用担心这些抽象的“代表”们唱反调时，和有血有肉的个体的情况就有所不同了。议会代表制需要被代表者的积极作用；需要被代表者表现出对于欧洲公共事务的关注，并且愿意表达反对意见。诚然，人们指出了在欧洲议会与各种组织——代表行业利益并仅以某些团体的名义发言的组织——之间交流甚多，但全体公众只有极少的与欧洲议会沟通的渠道。“以人民的名义发言”而人民却不知道被其代表，任何这样的代表都不处于强势的地位。面对这样的危险，人们已经把欧洲公民身份的概念视作欧洲计划的一个组成元素。

在成员国圈子里，“以……名义”的运作方式完全不同。在这个圈子里，绝不能说以条约、计划或公民的名义发言。没有人是“中立”的，每个参与者都有与其紧密相关的国籍。请相信这个出身是一个诅咒。但如果说内部领域的潜在力量事实上隐藏着一个弱点，中间领域的弱点却隐藏着一个优势。当它发言时，它的“以欧洲的名义”的说服力是最强有力的。

在部长理事会中，每个人以他所代表的国家的名义发言。在大使们的会议桌上，不同政府对其大使的指令没法消除，这些指令是争论存在的原因。尽管部长理事会表面上是众多共同体机构的一个，其他机构还是以怀疑的态度看待它。内部领域的观念学者自问道：坐在这张桌子周围的是一些“真正的”欧洲人吗？还是人们只关注本国利益？难道人们不会看到外交实践偷偷在运作？作为解决方法，条约建议部长理事会以多数部长通过的方式作出越来越多的决定。这样可以减少决议因国家利益分歧而停摆的危险并促进欧洲信念的培养。在实践中，部长们冒险丢开这一解决方法。大家更希望避免用投票的方式强加大多数人的选择，害怕自己有一天处在少数人的阵营。对这一解决方法的拒绝，表达了成员国领域的特性和力量。事实上，部长理事会在共同体机构内占有一个特别的位置。内部领域这一条约和计划的领域，和中间领域这一成员国圈子的领域，以可以察觉的方式在此交叠。

正是这种交叠让部长理事会成为欧洲的有效发言人。一切的关键在于组织方式：圆桌会议，由主席以主要的主人形象来主持。我们当然需要一位这样的人来召集和主持会议，但同时更重要的是，需要这样一个人来面对其他共同体机构。尤其是面对欧洲议会：不可能同时让六位部长都发言。当面对欧盟委员会时，情况不完全是这样，因为欧盟委员会在大多数情况下（并且在所有级别上）在部长理事会会议桌上占据一个席位；但是部长理事会至少还是需要一位被委任的人（主席）向欧盟委员会参加理事会的这位代表传递文书之类的东西。

从定义上来说，这位主席缺乏任何欧洲层面的合法性，因为他有一个既定的国籍。成员国用轮值主席制作为解决方法。每六个月，小锤子从一个椅子传到下一个。最终，以字母先后顺序完整地传一圈。当只有六、九或十个政府时，每个国家每五年至少能当值主席一次。主席身份拥有一定的威望，但当起来却并不容易。经验显示，以桌上全体人员的名义发言是多么地困难。那些还没有意识到这一点的人却只期待小锤子传向他们。

部长理事会能以与会政府的名义发言。每位成员必须“有资格代表他所代表的国家政府”[①]。很快就出现了分理事会：农业部长的农业理事会、交通部长的交通理事会……这些理事会以行业利益峰会的名义发言。对于统领全体的事务，则有一个集合外交部长的“总体事务理事会”。他们也代表各自的政府。按照各国宪法，不是所有部长都能以其所代表的成员国的名义发言。条约没有预备一个在最高政治层面能代表所有成员国的主体的存在。

当1974年以欧洲理事会形式创立首脑峰会时，各国首脑们捞了大便宜。他们“以欧洲的名义”的地位得以树立。在所有的整体性代表中，只有欧洲理事会能与外部世界的政治丛林相较量，只有它面对共同体内部世界时能提高共同体的权威。它的强势不取决于正式的权限，而在于它与公众的强有力的联系，及其影响事件的能力。为此，它利用了和内部领域的一点重叠——内部领域在首脑圆桌会议上是可见的，因为有欧共体执委会（及后来欧盟委员会）主席的出席；因此，欧洲理事会能在共同体内部世界引导来自外部的运动。

我们期待政府首脑们除了代表各自的政府还能代表各自的议

---

① 《欧洲共同体条约》(CE)，第203条。

会，以便于他们“以（各自的）人民的名义”发言——这不是一个偶然，因为每个首脑的这种能力在选举刚成功时达到了顶点。这意味着欧盟首脑会议原则上能以全体人民的名义发言。由此，轮值主席也是最近才被赋予了发言人的角色。当获得桌上同事的同意时，当值主席能够以所有人的名义面对外部世界。相反，他却不那么容易以所有人的名义面对全体成员国的人民。事实上，因为他本身在桌上以他自己国家人民的名义占据了位置，他必须进入到其他同事的领地来触及其他成员国的公众。往往是那些来自一个大国的轮值主席——科尔（Kohl）、密特朗（Mitterrand）、布莱尔（Blair）、默克尔（Merkel）、萨科奇（Sarkozy）——才能成功面对整个欧洲民众。

欧洲理事会“固定主席”的设立是一个重要的创举，从 2010 年起实行。占据这个职位的人，是从（前）政府首脑圈中选择的，任期至多五年，他必须放弃在自己国家层面上所扮演的政治角色。因此，他原则上是中间领域具备以下特征的第一位自然人：仅以各国人民的名义，既对外部世界又对内部公众发言，并且同时不以自己所在成员国的名义发言。事实上，欧洲理事会主席潜在地获得了比以条约、计划和公民名义发言的欧盟委员会主席更强有力的发言权，或比以欧洲公民名义发言的欧洲议会主席更强有力的发言权。从此人们得以卸去所有民族涵义重负的“以欧洲的名义”，即便它的根源在内部领域。这一发言权极大地加强了中间政治领域。这一创新同时也能更好地将成员国圈子与外部世界区分开来。

霍布斯告诉我们：“当许多自然人被一个自然人或法人所代表时，这些自然人就变成一个法人。”只有时间才能表明这种欧洲的政治化身是否能令人信服并得以维续。一切都取决于相关的人物

(第一位被选为固定主席的是比利时人范龙佩[van Rompuy])、事件及与公众的互动。

炼狱的诞生

在讨论这些问题的文献中,很多都试图将大陆外部领域和条约内部领域对立起来。一边是“欧洲”(Europe),另一边是“欧盟”(EU-rope)。人们怎么就忘记了在大陆外部领域和欧洲计划内部领域之间的成员国圈子?人们怎么就不能好好考虑中间政治领域的行动、力量、组织?

第一个可能的解释在于主导思想框架的力量。从1950年起,超国家—政府间——或共同体—政府间的二元对立原理主导了关于欧洲政治的思考。总的来说,这些思想框架分别对内部领域所表现的自我形象,和人们在外部领域中坚持的权力和利益争夺表现出喜爱。政府间主义满足于自命不凡的讽刺、假装的漫不经心——“从俾斯麦以来,欧洲没有任何新变化”;超国家主义则不断地创造大量的篇章。内部领域是一个文字工厂。这对条约本身、规定和其他指导意见或者还有无数他们提出的建议而言,是理所当然的做法,而且,围绕这一切,对欧洲计划的方法和目标的细节书写与不停证明而言,也是有益的。许多学者情愿被这布鲁塞尔的声音所吸引——以及被相应而生的资助所吸引——可以预料这一定会招来他们对手的讽刺,但这些对手却未必能证明他们的讽刺是合理的。①

---

① Cris Shore, *Building Europe. The Cultural Politics of European Intergration*, Londres, Routledge, 2000, p. 28.

中间领域，能够分别与另外两个领域有所交叠，但只有随着时间推移才获得了一定的独立，但在这些争执中却没能找到一个稳定的位置。超国家思想急切地排斥成员国领域，要把它放进外部领域；政府间思想倒是感激地接受了这个礼物，却是为了给它一个死亡之吻（评价它毫无新意）。

但这一解释并不完全令人满意。中间领域并不只被这些竞争的话语声音所“掩盖”。如果是它仍然不被看见和不被命名，也同样是因为它彻头彻尾的政治性。它像水银那样无法被抓住、沉重却又便于使用。中间领域在领域间的运动中、在与其他两个领域的连接中发现了自己的特效性。决定性的论据是：各成员国发现就算它们不愿意，也必须一起守住入口处的大门。这样，它们感觉像一个俱乐部。这样一来，它们既不属于条约的剧本，又不属于各国自己的领域。这个在时间中的特殊位置让成员国圈子无法被抓住。当必要时、当不确定的未来要求一个共同的答案被确立时，成员国圈子才显现出来。

这就是为什么承认欧洲政治的中间领域并抓住它所赋予的机会的，首先是那些希望汇集外部领域的历史力量和内部世界的优点的各国政治家——首先是法国和德国政府的首脑。他们对这个中间领域所抱有的期待，是某些自由而不是限制。对于为这个中间领域而工作的很多其他国的政治家，优势显得没那么明显。不管他们愿不愿意，他们也被赋予双重职务，国家的和欧洲的。首先是国家的职务，他们每个人的政治位置，通常是他们垂涎已久的、多亏了选民才得到的战利品。然后是欧洲的职务，一种额外奖励，当然很惬意，但是是被强加的。后者毫无疑问是特权，它打开了通向更广阔环境、通向更高级政治游戏的大门。同时，它提醒人们注意欧洲首脑圆桌所代表的、首脑们不大好意思毫无拘束地提及的约束。

作为总结，以下运用一个类比来阐明本书所基于的思想运动。欧洲人思考问题习惯于运用位于两极中间的“第三方”、一个解放思想和行动的第三方——比如在军人和教士之间的第三类人、在国家和人民之间的议会、从命题和反命题中提取的综合等等。“第三方”的最好例子无疑是炼狱，像中世纪时在地狱和天堂之间所筑造的那样。这座炼狱为可被宽恕的罪恶提供了场所，在救赎的视角中则为惩罚提供了场所。同时，它对最后人们始终在善与恶之间迂回的这种人间生活有巨大的解救功效。

在其出色的随笔《炼狱的诞生》(*La Naissance du Purgatoire*, 1981)中，雅克·勒高夫(Jacques Le Goff)指出12世纪的神学家是如何一点点地允许思考这一中间场所。打破地狱—天堂，人地狱者—被救赎者的对立，代表一种深刻的观念动荡。考虑到彼世在中世纪的重要性，这一突破触及存在的所有方面，触及对时间和空间的认知。这不是一蹴而就的。炼狱只是逐渐地在神学解释中，比如皮埃尔·勒尚特(Pierre Le Chantre)修士的解释中或甚至在祈祷中，获得其观念的可靠性。最终它在信徒的头脑中占据了享有特权的位置。这一变化的最佳证据，是但丁(Dante)在《神曲》(*La Divine Comédie*)中划分了地狱圈、炼狱山圈和天堂圈。

欧洲政治的三个领域的日常活动让人想起这一框架。为了乐趣，仅仅为了乐趣，来读一段雅克·勒高夫书中的片段，读的时候，用欧洲国家来代替基督灵魂，用战争和暴力的外部地缘政治领域代替地狱，用充满希望的内部领域代替天堂，用欧洲政治意外创立的成员国中间领域代替炼狱：“中间地带，炼狱在很多方面是中间地带。在时间里、在个体死亡和最后判决之间的缝隙中。炼狱没有足够长的犹豫就不能固定在这个暂时的空间……炼狱在人间的时间和末世的时间之间游移不定……炼狱也是在天堂和地狱间滑动和扩张的特有的间隙空间。但两极的吸引也长时间作用于它。为了存在，炼狱必须代替前天堂(pré-paradis)……它首先必须从地狱分离出来，很久以来它是与地狱没有明显区别的一部分，是高级地狱。在这个天堂和地狱之间的摇摆中，人们猜想炼狱的重要性对于基督徒来说不是微不足道的……彼时的新世界的到来是漫长而困难的。最后炼狱不位于一个真实的、完全的中间。它是预留给未来的被选中者进行完全净化的地带，它倾向于天堂。作为一个偏移的中间地带，它不位于中心，而在朝向上方的间隙中。"①

---

① Jacques le Goff, *La naissance du Purgatoire*, Paris, Gallimard, *Folio Histoire*, n° 31, 1991, p. 16－17.

第一部分
会议桌上的秘密

多数同意的表决规则，其本身就是一种约定的确立，并且以至少有过一次全体一致同意为先决条件。

——让-雅克·卢梭(Jean-Jacques Rousseau)《社会契约论》

向多数同意表决过渡

一个国家是如何诞生的？

现代政治哲学不讨论起源之谜。人们更喜欢谈论在一个已经建立的国家中的权力和代表，而不是它的建立；更喜欢谈论权力的分割和限制，而不是它们的来源。这个概念上的忽视形成了一个严重的缺憾。当美国人在2003年为了大胆地消灭专制君主而入侵伊拉克时，他们显然还没有很好地思考过建立新国家的问题。这个国家于是陷入无政府主义和国内战争。好像只有当一个政治体消失时，人们才发现，重新建立一个政治体是多么困难；它的存在越是显然，它的诞生就越是神秘。

一旦这个神秘之事突然发生，被创建的政治体就倾向于作为显著的事物而出现。当人们把它的诞生建立在一个美好的故事上

（比如由一只母狼喂奶的罗慕路斯和雷穆斯、大宪章的制定、攻占巴士底狱等）时，这样的做法就更为便利。这样的故事——遮盖裸露事实的葡萄树叶——使得人们忘记由历史断层留下的创伤。这样，内容并不可靠的建立者的神话，加强了显著性这一特性，没有它，一个政治体就不能运作。相反地，建立在具体事实上的一个开端的历史——偶然、断层、琐事或者暴力——则破坏这种显著性。

从16世纪到18世纪，欧洲伟大的政治思想家们绞尽脑汁地思考这个建立的问题。国内战争和宗教战争动摇了已建立的秩序。像霍布斯、洛克（Locke）和卢梭之类的哲学家们，急切地想要知道如何引导人们放弃一部分他们的个人自由来换取安全或集体权力的增加。为了这个目的，他们精心设计了一个自然状态的假设，自然状态被看作是人类一个原初的、暴力的、没有法律的情形。人们通过一个社会契约与维持秩序的国王或国家相联系而离开这个原始的状态。这是把建立之谜置于史前的时间来解决这个问题。

人们可以把主权国家的地缘政治丛林和在国家诞生前个体们所置身其中的假设的自然状态进行比较。同样对于这些国家，问题在于它们是否可以一起获得——如果可以，以什么方式——安全和权力的增加，而放弃一部分个体们各自的独立。

欧洲国家能以什么样的跳跃方式来使得它们离开自然状态？或者，像洛克说的那样：应该在大公或国家间的联盟中集合什么样的条件，以使得人们能谈论一个包含它们的政治体？

对于霍布斯、洛克和卢梭来说，这个关键问题的答案在于：决定过程从全体一致同意过渡到多数同意。在这个过渡中，整体获得比（各）部分（之和）更大的存在，“一”取代了“多”，制定宪法的权力让位给制定完毕的宪法所规定的权力。

尤其是约翰·洛克（John Locke），在其《政府论第二篇》（1690）

的很多页中都强调建立和多数同意的决定过程的根本联系。如果大多数票不能把政治体连接起来，政治体就会自动解体。一个维持个体否决权的建立契约是没有价值的。缺少多数同意表决的政治体是不存在的。回到个体否决权相当于回到自然状态。

在《利维坦》(1651)中，托马斯·霍布斯将从“多”到“一”的过渡描述为代表形式的结果。只要当一个人能以大多数人的名义发言时，政治代表制就得以运作。在由许多个人组成一个法人的情况下，比如在一个议会或评审团里，多数派应该胜出。否则就会有这样的风险：人们有可能因为“不同意见和个人利益”而产生一个“哑巴”代表，这在“战争时期”[①]是尤其有害的东西。欧洲联盟2003年春天在伊拉克冲突时就有这样的经验。伦敦和马德里的“打仗去”不可避免地与巴黎和柏林的“胆小鬼”相对立。霍布斯理论向我们解释了为何在几周时间里，欧洲对外事务代表哈维尔·索拉纳(Javier Solana)都保持缄默。

至于让-雅克·卢梭，他对建立时刻一方面和基本规则作了区分，另一方面和日常政治事务作了区分。在《社会契约论》(1762)中，他讨论了建立的问题，认为建立只能是全体一致同意的结果。在某一时刻，全体必须一致同意由多数通过来表决，这个时刻就是：“100个人想要一个指挥者，他们有权替10个不想要一个指挥者的人投票吗?”卢梭马上总结道：“多数同意的表决规则，其本身就是一种约定的确立，并且以至少有过一次全体一致同意为先决条件。”[②]同时他指出，在由共同法律将人们组成一个社会前，人们很少有可能在整体中辨别出共同法律的好处。国家是人民的先决

① Thomas Hobbes, *Leviathan*, L. I, chap. 16.

② Jean-Jacques Rousseau, *Du contrat social*, L. I, chap. 5.

条件,人民又是国家的先决条件。这里作者受困于恶性循环,而这个循环是所有政治体建立的关键问题。他认为只有暴力能超越它,除非人们诉诸一个更高级的、神圣的机构。

在卢梭看来,一旦国家建立,事情就会完全不同。没有什么可以阻止以多数同意表决作出紧急或无关紧要的决定。在其《论波兰政府》(1771)中,卢梭重提著名的、所有波兰议会代表都拥有的反对权。他认为,这个权利在修改关于国体的根本法律方面是完全正当的,但是一旦它介入行政决定过程中就涉及滥用——它从公共自由的保卫者,变成为对已建立秩序的破坏工具。同时他也将此权利看作"政治体在形成中或完美时是好的,但当政治体要作出改变时就是荒谬和灾难的,(但)总有改变要做,尤其在一个被强大和有野心的邻国包围的大国里"①。

这个提醒没有任何用。在波兰经历动荡的时期,反对权的滥用导致了国家的灭亡。在1772年,就在该书出版的一年后,波兰的三个强大的邻国,奥地利、俄罗斯和普鲁士瓜分了波兰。在1795年第三次被瓜分之后,这个国家在地图上被抹去长达一个多世纪之久。从此,波兰议会的方式是宪法思想的稻草人。

如果在今天,卢梭可能会说:每一个欧洲国家都拥有否决权,它们不组成一个政治体;争执和瘫痪窥伺着它们的共同创始。而建立一个欧洲整体的最短路径就是从全体一致同意到多数同意表决的过渡。在过渡前:拥有主权的每个国家都能在任何时刻阻止任何共同决定的产生。在过渡后:联盟拥有了主权,因为每个国家在任何时刻都可能处于少数。跳跃,这是向各国发出的邀请。但

---

① Jean-Jacques Rousseau, *Considération sur le gouvernement de la Pologne*, L. I, chap. 9.

这是否并不像人们认为的那么简单呢?

当专家们谈论欧洲时,否决一词很容易从他们的嘴里说出——在官僚机构的话语和公民的话语中,它尤其被视作一种阻碍;而在国家的话语中,则被视为谈判的武器。关于"扩展有效多数表决"、"双重多数表决的新计算"或者为了"促进联盟的反应能力"的多数表决的重要性的争论,不一定重视这些首要的问题。人们差不多忘记了真正重要的是什么——不过,这不正是所有行话的结局吗?在这个问题上,霍布斯、洛克和卢梭对我们是有启示意义的:他们让我们记起向多数表决的过渡建立在欧洲的建立和统一之上。

这是一个什么样的过渡?如果说是从之前到之后、从国家否决的丛林到一个团结的欧洲的简单跳跃,这样的图景是骗人的。如果深入到起源之谜中去,则显得更复杂得多。当然,欧洲在过去的六十年间部分地是根据多数表决的理论组建的,但成员国并没有忘记用否决与它对抗,也不是没有导致出人意料的后果。

本人有如下四条初步意见。第一,得将欧洲联盟与国际货币组织、联合国或世贸组织之类的国际组织区分开来。在后一类组织中,很多多数表决的决定有限制的价值——尽管多数原则在有些情况下被消减了,比如在联合国安理会,最重要的成员国拥有否决权。尽管如此,成员国不认为参加这一类组织会危及它们的政治自由。这是因为这类组织和机构的工作是为它们服务。相反,欧洲联盟不仅仅是面对成员国,而且面对它们的公民提出权利和义务以及与共同政治未来有关的叙述。事实上,它对于成员国而言,不再仅仅是一个为它们服务的机构:一定程度上来说它表现为成员国的竞争对手。当传统的国际组织待在成员国之外,欧洲联盟越来越给出(想要)合并它们的印象。人们由此理解某些人在这样的情形下所表达的惊恐：看到他们的国家“如同咖啡中的一块糖”（捷克总理克劳斯[Klaus]）般融解在欧洲中，或经历着“一段千年古老历史”的结束（英国反对派领袖盖茨克尔[Gaitskell]①）；从来没有人疑虑他的国家加入比如国际卫生组织会伴随如此彻底的后果。这个区别使得人们理解为何多数表决问题在联盟内部显得更加逼人和致命得多。

第二，我们可以印象深刻地看到，在欧洲，一致同意与多数表决的对立并不等于是“要么全都有，要么什么都没有”。投票的方式根据议题变化，并非没有经历一些几十年来人们争论不休的例外。目前，联盟处于两个极端之间——可以说一半在自然状态之中、一半在自然状态之外。但是，人们注意到一个单向的趋势：人们取消一些否决权而没有（重新）引入任何新否决权。因此，这样的过渡只能是一个跳跃。人们显然需要时间。我们看见，这个“期间”不是浪费的时间，它在进行着的变化中显示出了这段时间的重要性。

第三，既然涉及需要时间，自然就有这个问题：从什么时候开始。人们惊奇地看到欧洲的建立并不按逻辑过程展开。宪法逻辑区分两个层次：首先是创始条约及其修正的层次；然后是在这个条约框架中作出通常决定的层次。如同卢梭一样，人们期待首先出现使得独立的政治体得以创立的具体创始条文，只有在这之后，才根据多数表决的原则出现立法。但是，在欧洲，次序是相反的。这就是为何本书的第一章所讨论的是在作出通常决定中向多数表决

---

① Václav Klaus, 1994, *in* Carlos Reijnen, *Op de drempel van Europa. De Tsjechen en Europa in de twintigste eeuw*, Kampen, Boekencentrum, 2005, p. 15 et 357; Hugh Gaitskell, 3 octobre 1962, *in* Brian MacArthur (éd.), *The Penguin Book of Twentieth Century Speeches*, Londres, Penguin, 1999, p. 319-321.

过渡，而在随后的两章回到创始条约及其修正。

这个非常独特的次序严重地使得作出一个好的创始叙述变得复杂起来。事情本身在时间里展开这一事实不是无法处理的：人们可以借助路径的隐喻，一条在联盟前布满落叶的延展的道路，引导着从全体一致同意走向多数表决。人们可以遐想一个史诗，在这故事里主人公在“全体一致同意的断头台”①的不断威胁下，一个个推倒所有障碍。联盟就像赫拉克勒斯（Hercules，古希腊神话中的大英雄，力大无穷。——译者注）一般。另一种可能：选择一个含心理学预设的情节，以成长小说的方式着重于成员国对于摆脱“国家自私”②之必要性的意识的逐渐觉醒。成员国被看作一个个威廉·迈斯特（Wilhelm Meister，歌德小说中的主人公，故事讲述其意识觉醒的成长之路。——译者注）的集合。在上述每一个方式中，人们都处于一个单线编年叙事中，这种叙事让我们认为：最关键的那些选择，比如战争与和平，都是在道路的尽头作出的。但既然实际顺序是相反的，而且相似场景的复临一再地打断这些直线叙述，要把它写成一部有说服力的故事显然是不可能的；人们更多地是作出第二选择，写一部充满闪回的、以变化的叙事角度为轴的小说。这一困难肯定会加重欧洲在公众眼中混乱的印象，并突出显示了政治家很少有讲述事件的才能。

第四，同时也是主要意见：多数表决作出的决定，像我们将看到的，不管作为刺激或威胁手段还是作为意识形态测试，都决定性地影响了欧洲的建造。同时，人们发现对于保证一个欧洲政治体

① Bettino Craxi, 29 juin 1985, *in* Jan Werts, *The European Council*, Amsterdam/Atlanta, Elsevier, 1992, p. 281.

② Paul-Henri Spaak, 11 décembre 1951, *in* Paul-Henri Spaak, *Combats inachevés. De l'espoir aux déceptions*, Paris, Fayard, 1969, p. 51.

的创建，单有它的话，既不必要也不充分。它不是必要的：因为大部分最重要的决定，在今天是成员国全体一致同意的结果；它不是充分的：因为多数表决所作出的决定，如果少数派国家和其人民不接受的话，是没有价值的，或者会被视作受了外国的统治。考虑到这两个评定，成员国明白了，为了作为“欧洲”而运作，把所有活动转移到机构的内部领域是无用并且可能不受欢迎的。为了作为整体向一个个作为个体的成员施加压力，事实上存在其他办法。简而言之：在关于否决权的思想斗争和政治危机中，由各成员国所构成的整体，加强了机构的内部领域，并且学会了将自身当作一个圈子来看待。

第一章 跨 越

全体一致同意……通常是多数表决规则之前的决定方式……它凝结为一个程序规则，达到一种由个体作用于全体的权力。但是这只有在最后阶段或衰落阶段才会产生……在此之前和在其他情况下，寻求一致的必要性还代表着一种联系、表现为否决的反题：人们想要相互统一意见，并且应该相互统一意见。

——A. J. P. 塔默斯(A. J. P. Tammes)《国际组织章节》

1951年4月18日，巴黎，在法国外交部的大钟厅，创始国签署了建立煤钢共同体的条约。罗伯特·舒曼，东道主部长、前政府总理，其职业生涯始于当时还属于德国的洛林地区，也就是说在1914年之前。阿登纳总理，75岁，以外交部长身份与会，他为了这次政府间会议亲自从波恩动身——这是1932年以来德国政府的成员参加的第一个这样的会议。意大利代表是卡罗·斯福尔扎(Carlo Sforza)，文艺复兴时期统治米兰及其周边地区的家族的后裔。出席者还有：比利时人范泽兰(van Zeeland)，战前两次担任首相；卢森堡人约瑟夫·伯克(Joseph Bech)，四分之一个世纪以来国际舞台的活跃分子；荷兰人迪尔克·斯蒂克(Dirk Stikker)，啤酒商和自由派政治家。之前的日子里，这些人不停地商讨悬而未决的几个问题。最后几小时里通过的修改是如此之多，以至于到最后时刻，条约的正式文本都没准备好。

最后，大家找到了一个很简单的办法。六国部长，由阿登纳以德国名义排在第一，依次在一张白纸上添加了他们的签名。协议的精神是协议文字的最好保障。欧洲就这样以一张白纸的形式诞生。

创始条约规定了一个对于通常决定从“一致同意”到“多数表决”的跳跃。签署它，就是加入其中。对于一些决定，比如煤炭的价格或煤矿的关闭，一开始只要六国中的大多数持同一观点，就认为所有国家都持有该观点，少数的相反观点则忽略不计。在这样的情况下，全体统治了部分，整体获得了一个独立的形式。这样看来，1950 年 5 月 9 日舒曼计划所构想的欧洲，就通过《巴黎条约》的签署而诞生了。

1951 年 4 月时，很多事情还处于模糊状态。成员国整体将呈现怎样的形态？谁以它的名义表达？它与创始国保持怎样的关系？不同的国家和不同的个人，所期望的答案是不同的，而且答案并没有在条款中表现出来。只是久而久之，它们出现了，作为偶然事件或者作为斗争的成果。在欧洲计划的提出和欧洲最终诞生之间所流逝的那些月份中，一个趋势还是显露了出来；同样的事情发生在 1955—1957 年的“复兴”期间：分两步走，国家政府占据了会议桌的中心位置。然后有两个事件对给予欧洲一个意料之外但决定性的形势作出了贡献：这个过程的第一个重要时刻是始于 1963 年的悄无声息的司法革命，第二个时刻是 1965—1966 年史无前例的政治危机，它的影响深远。这两个例子中的关键在于整体和部分的关系。

1. 会议桌上

首先，让我们回到1950年5月9日。让·莫内，煤炭和钢铁共同体的发明者，希望看到尽可能独立于成员国的欧洲机构的出现。在这些事情上，决定权属于一个"超国家"的高级公署，国家政府向其出让部分主权。在条约的框架中，这个高级公署作为一种联邦政府参预事务。抗衡势力可以由上诉法院来实施，比如法庭。这个非常具体的计划有一个更为广大的目标。在舒曼和莫内看来，在一个确定的经济领域分享的主权构成了"迈向欧洲联邦的第一步"①。

利害关系是清楚的，但出路却不明显。在1950年夏天的巴黎的商谈中，法国人得到了德国人对其计划的全力支持。相反在伦敦，人们甚至不想谈论这些问题。艾德礼(Attlee)首相公开形容高级公署如同它所表现的那样是"没有人任命、不向任何人负责的不负责任的机构"②。因此，英国人没有前往巴黎。荷兰、比利时、卢森堡的代表，尤其是荷兰人，质疑莫内设想的高级公署会导致对煤炭产业实施"一个真正的专政"。③ 但是，最终他们出席了谈判，由

---

① Robert Schuman, Déclaration du 9 mai 1950.

② Clement Attlee, *in* Paul Van de Meerssche, *De Europese integratie, 1945 –1970*, Louvain, Davidsfonds, 1971, p. 122.

③ Dirk Spierenburg 给荷兰外交部长的信, 29 mai 1950, *in* Dirk Spierenburg & Raymond Poidevin, *Histoire de la Haute Autorité de la Communauté européenne du Charbon et de l'acier. Une expérience supranationale*, Bruxelles, Bruylant, 1993, p. 13.

此就接受了超国家决定的原则。

在国家政府应归属于什么位置这个问题上，意见冲突加剧了。根据莫内的观点，一旦高级公署建立，国家政府就被要求将规则的实施权交给高级公署。迪尔克·斯皮尔伯格(Dirk Spierenburg)，荷兰谈判者，认为把规则的实施权交给公署官员而政府没有发言权是不谨慎的，而且煤炭产业的状况对于各国政府必须对各自人民负责的经济生活整体不是没有影响的。莫内转而支持这一想法，条件是部长们“一起”商讨：“您把我说服了，”他向斯皮尔伯格明确指出，“要帮助这些部长接触环境。”①因此，1950 年 7 月 12 日，人们突然看到一个新的欧洲机构的出现：部长理事会。人们赋予它咨询的权利和使某些高级公署的决定生效的能力。由此，部长们保留了对事情的一定控制而又相互限制，这正是莫内所要求的。

人们有了欧洲机制的第一个形式：一个超国家的权力机关、一个部长理事会、一个议会和司法控制。剩下要知道的就是这个可笑的小虫子的肚里有什么东西(如何运作)。原来的最终目标，即舒曼所提出的联邦，没有在条约的条文中出现。取而代之的是，创始者希望建立各国人民之间的“一个更宽更深的共同体的最初的基础”②。

1952 年 9 月，欧洲机构在卢森堡开启。在公署成员旁边，有一张会议桌为国家政府保留。莫内和斯皮尔伯格的新想法运行起

---

① Jean Monnet, *in Een sneeuwveld in 1942. Vraaggesprek met drs. M. Kohnstamm*, *in* A. G. Harryvan, J. van der Harst & S. van Voorst (éd.), *Voor Nederland en Europa. Politici en ambtenaren over het Nederlandse Europabeleid en de Europese integratie, 1945 - 1975*, La Haye, Instituut voor Nederlandse Geschiedenis, 2001, p. 92.

② 《欧洲煤炭和钢铁共同体条约》(CECA)序言。

来。"实际上，部长们表现得全情投入，"一位见证者明确表示："他们迅速地作为'俱乐部'行事，在他们非常有限的制度权限之外。"①以未被预见和条约之外的方式，成员国的中间领域在刚刚创建的时刻就突然出现了。

事实上，它在理事会第一次会议时就已经产生了(1952 年 9 月)。"从莫内这个高级机构的主席身上——尽管他身材矮小——流露出了与他高级职称相称的权力。隆重的仪式、节日的气氛、晚宴，所有一切——这么说吧，都是为了令您惊诧不已。"②在这样的氛围里，六国外长，提前通过了一个关于欧洲军队的条约——尽管签署者相同但条文是不同的，决定要制订一个为了实现"欧洲政治共同体"的法规计划。六国一起通过了这个高度政治性的决定，与煤炭和钢铁有很大区别。因此，作为共同体机构而成立的部长理事会，迅速作为这个欧洲圈子成员最喜欢的商议机构而树立了威信。

另一个重要事件仅一年后就发生了。因为西欧战后的第一次经济萧条，部长们在理事会中表示有必要进行共同形势分析并总结危机对煤炭和冶金工业的影响。条约对这个议题没有任何规定，也就是说理事会在这一议题上没有权限。比利时部长迪维厄萨(Duvieusart)提出一个解决方法："(部长们)作为'在理事会中的政府代表'③来做这件事。"这样，人们进行了一个关于消费者购买力的调查，高级公署的统计部门负责了煤炭和钢铁之外的其他领

---

① Edmund P. Wellenstein，2008 年 8 月 13 日给作者的信。

② Jelle Zijlstra，*Per slot van rekening*. *Memoires*，Amsterdam/Anvers，Contact，1992，p. 55.

③ Jean Duvieusart，*in* Edmund P. Wellenstein，2008 年 8 月 13 日给作者的信。

域。这个方法卓有成效：在10年里，它让六国在条约之外作出了十几个决定。这是之后一位敏锐的德国法学家谈到的国家法和共同体法之间的混合型，它刻画了年轻的成员国中间领域的特征。①

创始条约签署几年后，这六个国家重新回到会议桌旁。谨慎态度主导了谈判。事实上，一个关于欧洲军队的雄心计划在此期间失败了——让·莫内退场。在1955年到1957年之间，六国起草了一个关于欧洲市场的条约。它的内容比现行的条约宽泛得多。协议不再只是关于某个特定的行业，而是可能涉及每个国家经济生活的整体，工业和农业排在首要位置。相反地，从形式的角度看，1957年的条约则更为微小。条约仅限于经济方面，既然这不是“为一个欧洲人民之间不断紧密的联盟建立基础”②的意愿，因而没有在序言里提到哪怕是一点儿激昂的政治目标。

制度机制本身表现得更为有节制。人们保留了同样的机构，只是修改了力量对比。高级公署没有了，现在叫做委员会——这是一个更低微的措辞。委员会的主要任务是观察规定和阐述建议。得回到部长理事会来决定后续任务。对于很多的计划，比如农业，人们满足于达成原则性的共识，真正的规则还有待制定。“人们不必害怕高级公署或委员会，因为它仅限于执行规则”，这样的理由这次不再有效。条约虽已不是一张白纸，但也向开放的未来提供了一个空间。国家间不说是永久的也能说是长期的谈判，在不久的将来显出轮廓。理事会的决定权只能是更为显著。政府

---

① J. H. Kaiser, *Die im Rat vereinigten Vertreter der Regierungen der Mitgliedstaaten*, in Walter Hallstein & Hans-Jürgen Schlochauer (éd.), *Zur Integration Europas. Festschrift für Carl Friedrich Ophüls*, Karlsruhe, C. F. Müller, 1965, p. 115.

② 《欧洲经济共同体条约》(CEE)序言。

的会议桌从此占据了决定过程的中心位置。

当然,在部长会议进行的讨论要遵守精确的脚本:"共同体方法"。这个脚本让委员会垄断了有利于欧洲市场建议的提议权。理事会能在其决定不偏离委员会建立的范围里以多数表决这些提议;因此,成员国对此置之不理的唯一办法就是一致反对。在四年、八年甚至更久之后,这个部长会议的多数表决结果将在许多场合都有效。小国家尤其表现得对于接受多数原则有好感。它们认为市场如此需要确定的立法从而使得普遍利益论证了否决权的扭曲。最后,就实现了一个制度平衡的功绩。

各国确定在不久的将来进行多数表决投票,该决定是一个既成的事实,随后产生了深远的影响。在一位亲历者看来,"超国家"一词在布鲁塞尔公爵夫人谷城堡的谈判时没有被任何人提出。① 另外,它也一点儿都不会发生,因为政府占据了中心位置。尽管如此,多数表决还是投票给予成员国整体以一个潜在的超政府的概念。但是由条文设立的在时间上的推迟掩盖了在整体和部分间从不缺乏的内在冲突。这使得一位法国谈判者把《罗马条约》形容为"小心翼翼地保持模棱两可的条约"②。

因此,在"舒曼宣言"和《罗马条约》签署之间所度过的7年中,国家政府在欧洲政治的中心筑起了巢穴。虽然共同体的最初设计者把国家政府撇在一边,但它们还是首先获得了咨询权和批准权(1951),然后是决定权(1957)。从此,部长们不再是每三个月会谈一次,而是作为理事会至少每个月会面一次。

---

① Robert Marjolin, *Le travail d'une vie. Mémoires 1911 - 1986*, Paris, Laffont, 1987, p. 293.

② Jean-François Deniau, *L'Europe interdite*, Paris, Le Seuil, 1977, p. 67.

另一个显著的事实是六国大使获得的地位。他们每个星期和委员会代表聚会一次来谈论日常事务和为理事会作准备。这个从1953年起就身处两列火车或两架飞机上的外交官小团队，从1958年算起，构成了一个位于布鲁塞尔的"成员国常设代表委员会"。这个委员会表现了共同体生活的一个重要环节。大使们在布鲁塞尔代表他们国家的利益的同时，也在各自首都代表共同体的利益。他们中的一位以幽默的语气谈论他们的"共同体的私生子"[①]，委员会事实上是在条约之外建立的，直到1965年才进入法规。

这个作用于外交和政治边界的大使圈子，很快就具有了神话般的能力。在委员会内部，他们用机智平息了许多成员国之间的冲突，并且用不断地谈判来解决其他的冲突，来估计和重新平衡纠缠彼此的经济利益。"必须出结果"，这个强烈的义务推动着它们。不管怎样，有如此多的措施要共同采取，以至于只有最重要的事务才被传递给部长，因为他们每个人在各自国家都有很多工作。一开始，在共同体圈子里，某些人怀疑大使们破坏了唯一有资格向理事会递交建议的机构的权力，即破坏了委员会的权力。但慢慢地，人们意识到这个团队在首都和布鲁塞尔之间构成了不可或缺的交结点。

所有当事人都证实了大使们之间的特殊氛围。在大使们中，激情的辩论家们学会了互相欣赏。尽管他们花很多天来争论，他们也会一点点地树立一个现象体的精神。高傲的戴高乐主义者伯格纳(Jean-Marc Boegner)，在这个会议桌上占据了十一年的位置之后，在告别时发出这样的言论："我爱这个委员会……就像我们每个人都爱它一样。这么说吧，就像海员爱他的船，就像农夫爱他

① Jean-Marc Boegner，3 février 1972：www. ena. lu.

的田地或葡萄园……我觉得事实上我们这个圈子的特征是它让我们在其中完全展示自己的能力……我同时认为如果我们爱这个委员会……其情感基础是我们在这里都是平等的。”①这个“平等的圈子”——被欧洲理论的纯粹主义者中伤为“魔鬼的发明”②——作为成员国的中间领域所表现出的首批形式之一，没有人预见它的出现。这是成员国间信任增长的表现。

部长间（每个月）和大使间（每周）没有间断的交流极大地在成员国中促进了同属一个俱乐部的情感。因此，各国政府能坐在同一会议桌上是根本基础。新生的欧洲政治体因此在让·莫内最初设想的稀薄的联邦空气中更能生存下去：它事实上能够承担对六国人民的责任。

1957 年奠定的那些新基础强化了两个问题。第一，当共同作出一个决定时，一个国家政府的意见具有什么价值？当它反对其他四五个国家想接受的一些东西时，它的力量源于什么？也就是说，它涉及多数表决的宪法问题。第二，在共同作出的决定和由每个成员国自行采取的决定之间建立怎样的关系？部长们能在布鲁塞尔理事会中选择 A 而一回到各自在巴黎、罗马或海牙的政府就选择 B 吗？这就提出了一个优先权的问题。人们是在科学、政治和法律中来解决这些问题。但在上述两种情况里，关键在于共同决定所基于的限制，在于圈子整体与被分别看待的成员国间的关系中。从 1958 年起，这两个问题成为对抗点，决定了各成员国与整体的关系。

---

① Jean-Marc Boegner，3 février 1972：www. ena. lu.

② Marinus van der Goes van Naters，vers 1962，rapporté par Charles Rutten，29 novembre 2006，interview：www. ena. lu.

以通常的二元思想来考虑，六国只有两条路可走：有优先权的多数表决（超国家主义）和没有优先权的一致同意（政府间主义）。然而以更为实用主义的观点看，人们还可以考虑两个组合：没有优先权的多数表决和有优先权的一致同意。也就是说，大钟厅里的会议桌上的白纸上可以填上的内容有四种可能性。

事实上，事件证明了意识形态模式是错的。相关专题的著作通常以超国家主义或政府间主义这两个术语来总结问题，但是实际情况并非是在一些情况下取道于超国家主义、在另一些情况下取道于国家间主义，而是成员国把同一件事情做了两次。通过两次处理，它们选择了取最大共同限制的办法。最后结果就是：整体有优先权，但成员国要一致同意。

这些选择是在卢森堡作出的，一个是通过 1963 年 2 月 5 日的法院决定，另一个是在 1966 年 1 月 29 日政治协议的框架中。在这关键的三年中，人们通过淘汰另外三种可能性而最终选定了上述道路。正是在这个意想不到的结果的延续中，欧洲至今还“活着”。

2. 精　神

六个创始国没有为欧洲法规和各国法规之间可能出现的冲突预备解决方法。如果一个部长支持他的同仁来通过一项共同决定，但在其本国框架中他没有遵守这个决定甚至是破坏这个决定，那么会发生什么？这是可能会出现的事情。人们可以将这种情况视作一个简单的事故、一个虚弱的时刻。其他一些人——如同扮演看门狗角色的欧共体执委会——则有可能转向欧洲法院使得纠纷得以解决。但在冲突表现得更为严重的情况下呢？如果一个国家辩解说，违反欧洲法规的基础是建立在其国家议会通过的某个法律上甚至是建立在宪法之上的，那么该怎么办？两个法律规定短兵相接，该是哪一个优先？

在国际法中，通常是一个国家自己决定其履行对于其他国家之义务的方式。不遵守这些义务会导致其他国家在国际法庭要求该国作出解释。如果我们把这个情况置于1960年的欧洲：欧洲法院有资格判决一个不遵守共同体规定的国家，当其他国家或欧共体执委会在欧洲法院起诉该国，人们会认为原告占理，被告则会被限制采用其本国所立法律。问题在于这个传统的纠正方法在共同体框架内是否够用。它给欧共体执委会压加了额外的重负，并在共同市场中造成了持久的干扰。

很快，某成员国的一位法官就遇到了这一困境。在1960年代初，范根德 & 洛斯公司从联邦德国运输许多吨的塑料原料到荷兰；面对关税的提高，该公司以《罗马条约》为理据，向一位荷兰法官申诉此事。荷兰财政部则坚持认为考虑到国家的某些规定，提高关税是完全合法的。犹豫不决之中，这个荷兰法官开始向位于卢森堡的欧洲法院询问关于该事件所隐含问题的意见：面向成员国的欧洲条约是否也给予个人他们能利用的权利？人们所预期的是一个否定的回答，那样的话案件就解决了。但是事情发生了意想不到的转变。

对于范根德 & 洛斯案件的司法法院的判决在欧洲法律的历史上具有里程碑意义。很多的法律教材强调卢森堡的法官表现得多么“有远见”、“有勇气”或者还要加上“有所创建”，而这些书本急急忙忙地强调司法机关直率地从条约获取了结论。这至少是一个令人迷惑的论证。凭什么一个规定的实施是具有创建性的？这个反论触及了问题的核心。1963年2月5日的判决因法院的“克己”而成了一个戴上了“影响力皇冠”的“过渡时刻”。就算很难向人们对这个案件的通常阐述加入什么东西，在头脑中了解一件事的来龙去脉来判断其影响程度也是很重要的，不是以法律学说的里程碑的名义，而是作为在成员国和其整体之间的政治关系中的突破。

法院在原告和被告之外还接待了欧共体执委会的观察团和比利时、德国及荷兰政府的观察团。后者一致反对判决，它们认为：条约只在国际法的观点上连接各成员国。如果我们中的某个国家违背条约的规定，其他国家或欧共体执委会可以去卢森堡的法院上诉，但是一个公民在任何情况下都不能向某国法院提起诉讼。我们（各国）希望保持做自己的主人，这是由布鲁塞尔、波恩、海牙（各国政府）发出的信息。而欧共体执委会，如同对待范根德 & 洛斯案一样，则持相反观点，认为个人面对违反欧洲市场规定的对手时，也有权享有保护。

1963年2月5日，七位法官作出了一个令人惊讶的决定。首先，欧洲法院采取了与成员国所提出的程序相反的方式，它宣布有权限回答与国家司法有关的问题。由此保证了它的话语权。之后，它表明对于所提问题的答案不仅取决于条约的明确条款，也取决于创始条约的（以重要性顺序排列）“精神、结构和措辞”。这样一来，欧洲法院创建了一个话语空间。在由此唤起的《罗马条约》的三个方面中，“精神”承担了创造性的部分，见证就是判词中精彩的关键片段：

> 鉴于欧洲经济共同体条约的目标是建立一个其运行直接关系到归共同体管辖的人的共同市场，意味着这个条约所构成的不仅仅是创始签约国之间相互义务的协议；

> 该设想在条约序言中得到确认,条约超越政府,面向人民……
>
> 另外还应指出在共同体所集合国家的国民被要求通过欧洲议会对这个共同体的运行进行合作……
>
> 欧洲经济共同体构成一个国际法的新的司法秩序,为了这个秩序的利益,成员国限制了各自的主权——尽管只在很有限的领域;从属于共同体的不仅仅是成员国,还有它们的国民。①

这样,只用了几句话,欧洲法院便以一个简单的“目标”为起点,创建了“一个新的司法秩序”。授予个人使用共同体法律的权利并不意味着共同体法律向个人完全敞开了大门,而是说国家司法必须保障欧洲法规得到遵守。因此,对于范根德 & 洛斯公司所提出的进口税提高问题,荷兰法官由于手中有条约而必须作出裁定。

凭什么这个判决是革命性的?法学家们从这个判决中看到了他们行话所称的“直接效力”的诞生,这个原则使得个人能在某些情况下绕开国家直接诉诸欧共体条约,这是很重要的一点。它以不常见的方式,协调欧洲司法原则和国家司法原则。这个判决对于个人与欧洲的关系有着重要的影响。通过一个简单的战略性运动,欧洲法院在共同体法律的运行中把两个群体连接到各自的任务和利益上。首先,每个成员国的所有法官从此也是欧洲法官。人们期待法官不是在卢森堡法院内,而是从他办事的司法权限,从最低到最高的各级权限、并且无论涉及什么司法领域,都来实施欧洲法规。然后,经济生活的所有行为者——生产者、商人、雇主、消

① Cour européenne de justice, arrêt Van Gend & Loos, 5 février 1963.

费者——从此能够限制各成员国遵守有关规定。欧洲法院并不是在碰运气，有判决书段落为证，该段指出“个人对于保障其利益的警惕”构成了赋予欧共体执委会和成员国之检查权力的有用补充。七位法官中，有一位直截了当地承认说：“当某个个人向法官请求他所拥有的、条约所赋予给他的权利得到承认，这不仅仅关乎他的个人利益，他由此变成一种共同体的辅助人员。”[①]一夜之间，数百个法院和上百万名原告变成了为欧洲服务的机构和个人：从法律社会学的角度来看，这个判决是一个很大的成功。

然而，这并不是范根德 & 洛斯案件判决的主要政治意义所在。法学家们有时候会忘记一个根本的条件，该条件事实上位于这个新原则之前。除非各成员国接受置身局外，宣布关于个人与欧洲之间直接司法关系的法令才有机会成功。判决的天才之举完全在于法院行事的胆量。法院敢于与创始国的意愿相对立——其中三个当场表示反对——将创始条约的精神放在比条约文本更高的地位上。非常明显，这不过是虚张声势。因为，有谁能说出这个精神是什么？谁能断言法官比创始签约国更适合以这个精神发言？如果人们从一开始就要求创始签约国接受共同体的目标包含了条约构成的“不仅仅是创始签约国之间相互义务的协议，而是比这还要多的东西”，可能它们当时就已经退却了。这样看来，法院在此事上玩得很大并且还赢了。所有成员国都屈从于它的决定。从这个同意开始，而不是在此之前，共同体变成了“一个新的司法秩序”。在过渡期，法院把自己任命为创始精神的第一发言人。

范根德 & 洛斯案判决所构成的政治成功建立在与时间游戏的聪明方式上。1963 年 2 月 5 日，法院成功地以新的独立的司法秩

---

① Robert Lecourt, *L'Europe des juges*, Bruxelles, Bruylant, 1977, p. 260.

序为名实现了“政变”,声称这实际上起源于条约——但没有人知晓是否真的是这样。这个计谋掩盖了对现状的破坏。更详细地说就是：这个计谋使得人们能够把弥补创始时刻所呈现的断层的日期倒填为创始时刻的日期。法官们站在他们的立场,以某种方式鼓励成员国们说：这不是一个向前跃进,你们知道,你们早就破釜沉舟了。

从成员国们认为它们通过了大桥的时刻开始,从六个创始国承认法院是欧洲创立事业的发言人这一时刻开始,成员国们在法律上被驯服了。从范根德 & 洛斯案的判决之日起,高级法院能毫无困难地以 1957 年作为虚拟的起源,制订各种加强整体立场的原则。尽管法学家们的工作——这个勾起他们欲望的工作——以那时为起点,但我们所感兴趣的主要是 1963 年 2 月 5 日这一原始过渡时刻的各种“衍生物”。

之后的各个阶段中,有一个因其重要性而显得与众不同。正如我们前面说过的那样,法院采摘了由它的判决所创造的新形势的第一个果实：也就是人们所称的欧洲法律的“直接效力”——尽管我们刚刚看到果树实际上是在各成员国给予法院完全的自由去采摘那天才种下的。在范根德 & 洛斯案件中,欧洲法院没有一上来就在另外一个原则——欧洲法律对国家法律的“优先”的重大原则—采取立场。本身来说,欧洲法院本来是可以屈服于欲望,立刻当场收获这个果实的。但是,既然荷兰宪法肯定国际条约优先于国家立法,何必要真的这么做呢——那样也就太贪婪了。欧洲法院宁愿等到一个更有利的时刻才采取行动。

多亏了一位意大利消费者与国家电力公司的纠纷,机会很快就出现了。这次,一位基层的法官同样认为在两个规定之间存在冲突的危险：他希望知道是否某些欧共体条约的条款优先于事后的意大利法律规定。同样，相关国家政府强烈质疑这个诉状的法律依据。该纠纷导致了 1964 年 7 月 15 日的判决，它和 1963 年的判决同样出名。作为对范根德 & 洛斯案件的延续，7 位法官确定说：

> 与普通的国际条约不同，欧洲经济共同体条约建立了一个特有的司法秩序……
>
> 事实上，各成员国通过建立一个无限期的、拥有一个自己的机构、法人、司法能力、国际代表能力的共同体的方式……，这些（成员国）限制了（尽管只是在有限的领域中）各自的主权。
>
> 鉴于这个来自于共同体源头的规定整合进了每个成员国的法律，更普遍地说，条约的术语和精神整合进了每个成员国的法律，可以推论：如果成员国反对一个被它们在相互的基础上接受的司法秩序，采取一个事后的、单方面、对其不可抗辩的措施，它们是不可能使这样的措施得到承认的……
>
> 鉴于共同体法律的优越性被条款……确认……
>
> 鉴于由条约所产生的法律是这些因素整体的结果、来自一个自主的源头，因此这些由条约所产生的法律因其原始的特殊的性质，不能被视作在司法上与一个（成员国）内部法条相对立……除非共同体司法基础本身被质疑。①

这个判决没有那么轰动，因为它只是重申了 1963 年的判决，同时漂亮地构建了自我确认。在列出的第一个理由中，欧洲法院

① Cour européenne de justice，arrêt Costa-ENEL，15 juillet 1964.

自我修正：考虑到所有情况，作为司法秩序的欧洲法律不属于“普通”的国际法，它是自主的。在第二个理由中，法院使用了与创始有关的新因素——至少是在范根德＆洛斯案件判决中没有被用到的因素——以加强这个自主的司法秩序。这样，对于欧洲法院，为了通向共同体法律优先的原则，诉诸条约精神的时刻来到了，首先以限制性的术语来表达（没有国家优先），然后以肯定的术语表达（欧洲优先），最后镇定地得出结论。简而言之，欧洲法院开始先是巩固地上的果树，然后以条约精神的名义，采摘了令人垂涎的果实：欧洲司法秩序的地位在各国的司法秩序之上。

成员国会再一次任凭欧洲法院虚张声势吗？一开始，不是所有的国家都屈服。大致要十年才使得六国正式通过它们最高司法或宪法机构，例如法国制宪委员会和比利时最高法院，承认共同体法规的优先。欧洲法院的“政变”由此甚至成为其惯用手段。各创始国在 1963—1964 年突然懂得了 1957 年所签署的内容被认为包含什么，而事实上，与这些创始国不同，那些要加入的国家在加入之前就知道这对于它们涉及什么。所有后来加入的国家——从 1973 年加入的（英国、爱尔兰、丹麦）到 2007 年加入的国家（罗马尼亚和保加利亚）——，在它们加入欧洲秩序的时候，都被要求承认卢森堡判例。创建时刻的精神没能吓退它们，因为它们自己实现了跳跃。

就算之后人们经历了其他的交火，司法机构间关于日常决定的斗争都以对欧洲秩序有利的原则来解决。比如，当法院受理因为成员国中的强国德国在 1990 年引入只针对外国驾驶员的过路费的诉讼时，就是如此解决的。一位德国部长，在法庭上努力地为所谓的“养路费”进行辩护，甚至穿上了长袍。可是法院直截了当地判决这项收费与竞争规定相违背；德国政府就屈服了。全体共同作出的规定一旦被采用，它们就连接到每个成员国，而且这些规定的实施可以强加于顽抗者。

作为本节的结尾，让我们听听一位欧洲法院前院长，也是1963和1964年两起关键案件七位法官之一的辩词。这是一个精彩巧辩的样本，在其中采用了创始精神和事物的性质来支撑（欧洲法规）优先的显著原则："我们已经制订了这么多的条约和规则，花费巨大地建立了这么多分布在布鲁塞尔、卢森堡和斯特拉斯堡的机构，难道是为了在一个书面签订的条约下，某个成员国能够轻易地阻止业已颁布的共同规定的实行？这样的尝试近乎荒谬，这显然不是缔约国签署条约时所希望要的……这正是我们大多数国家的法院和法庭的衡量，它们或明确或含蓄地，把'共同体法律是共同的'视作自然而然的事，共同体法律因此应该优先于每个成员国的法律。但即便是如此明显的事情，说了还是比不说好，尤其是当这一原则已经有可能在这儿或那儿遭到质疑的情况下。"①

3. 空着的椅子

1965年刮起了席卷欧洲六国的风暴。在长达几个月的时间里，法国缺席于布鲁塞尔的机构并威胁要退出创始条约。两场选举——一场是9月在德国，另一场是12月在法国——主导了这场冲突的发展方向及其在1966年1月产生的结果。最后，六国中的任何一个都并不完全满意，但又都能够宣称获得了胜利。唯一明

① Robert Lecourt, *op. cit.*, 1977, p. 284.

显的失败者是会议桌上的第七方。

两种欧洲秩序观之间的潜在紧张导致了冲突的爆发，从中可以看到第一次欧洲宪法危机。这一段前所未有狂风暴雨以及所有国家重返会议桌之事，是欧洲经过了一个根本的过渡时期的标志。为了不要太快地限于这样或那样的思想框架，把事件(危机和折衷)的过程展开来看看不是没有用的。

通常，人们将危机的结局，即 1966 年 1 月 29 日的卢森堡妥协，视作欧洲政治发展停滞的开始。的确，六国事实上在很长一段时间里把条约所拟定的剧本扔在一边不管。但同时，它们也觉察到它们不能随意地离开欧洲会议桌，而去到自由的外部领域。其中有一个国家曾经试图这么做，但七个月后又回来重新坐上了它那把“空着的椅子”。在条约的内部领域和外交的外部世界之间，一个有自己的约束规则的中间世界突然出现。对于这个成员国的中间领域，1966 年 1 月的妥协代表了该中间领域的初次亮相：这是六国对一个条约之外的共同存在的承认。恰恰是以这个略微不合宜的、声望不佳的协议为基础，经过后来的几十年，欧洲才能转变为政治体——不是作为布鲁塞尔内部领域而是作为总是更加紧密团结的成员国整体(一种过渡形式)。

危机和妥协

危机的焦点在于从 1966 年 1 月 1 日开始实行的多数同意表决程序。这个日期写明在《罗马条约》中。(原则上)成员国从 1958 年起有十二年的时间来搞好一个共同市场。这个时期被分为三个为期四年的阶段。如果说从第一阶段到第二阶段的过渡，在 1962 年年初关于“过渡决定”的大量激烈争论中进行，那么从第二阶段到第三阶段的过渡应该是自动进行的。预计从这个时期起，欧洲经济共同体部长理事会在关于例如谷物价格、商业协议或资本运作的关键问题上以多数同意方式进行表决。这将引起成员国和成员国整体之间关系的急剧改变。但是以什么样的方式呢？

在布鲁塞尔，人们满怀信心地期待这一时刻。在成员国意见全体一致的情况之外，如果不是欧洲经济共同体执委会，还有谁可以以欧洲的名义发言？至少欧洲经济共同体执委会主席瓦尔特·哈尔斯坦是这么想的。1962 年 4 月，这位前法学教授在一大圈美国大学教师面前陈述初生的布鲁塞尔机构的正统性："对于通常的程序，欧洲经济共同体使用多数同意表决的原则；全体一致同意的规定，作为过去经验里的一块绊脚石，保留在特殊情况下使用……另外，随着人们在条约过渡时期中前进，多数同意表决日渐成为部长理事会做决定的准则。"[①]换句话说，得把成员国全体一致同意的决定程序视作伴随建立阶段完成的最后一跃。此外，哈尔斯坦相信欧洲经济一体化将超出简单的经济领域。它创造出一种新的政治动物，[②]一个政治体。在年轻的共同体中，他所主持的机构承担一个驱动角色，甚至是智囊角色。持有这样的观点，是为了将机构定位为一个欧洲政府的代表。使用"行政权力"这样的技术表达，他至多与禁忌的术语保留了极小的距离。

同样地，在巴黎，人们意识到 1966 年 1 月 1 日的临近。从 1958 年开始，戴高乐将军重返国家事务。与所有预期相反，他严格遵守条约，并且在关系法国农业利益的范围内，他也盯着其他成员

---

① Walter Hallstein, *United Europe. Challenge and opportunity*, Cambridge, Harvard University Press, 1962, p. 23.

② *Ibid.*, p. x.

国要求同样这么做。这当然与任何一种超国家原因的热爱完全无关;第二次世界大战的老英雄没有忘记在新闻发布会上作出解释,这次发布会令人印象深刻。例如,在人们把"作为祖国的欧洲"这样的表达错误归于他,戴高乐1962年5月15日向新闻界澄清说:"祖国是一个人类的、情感的因素,但是我们是基于行动、权威和责任的因素来建立欧洲。那么这些因素是什么呢?是各个国家!……我已经说过,并且我再一次重申:在目前这个时刻,不可能有除了各国的欧洲之外的其他形式的欧洲,当然,神话、虚拟和滑稽表演另说。"关于多数同意表决的议题,他说:"在目前这个时刻,没有办法使得外国大多数能限制顽抗的国家。"①

这并不是一个简单的修辞练习。在戴高乐将军的要求下,一位法国部长在1963年研究了使《罗马条约》所含有的"联邦潜在性""不活动"的方法,首先针对的是多数表决的决定程序。一位秘书的疏忽让这份机密记录意外出现在一份报纸上。法国关于一个欧洲政治联盟(1961、1962)的计划也同样被视作把欧洲经济共同体置于大成员国控制之下的企图。因此,各方提前知道了其他各方的观点和意图。

1965年春天,事情的发展加速了。3月中旬,欧洲经济共同体执委会主席正式访问美国。他分别在白宫和五角大楼会晤了约翰逊(Johnson)总统和美国国防部长。这一创举,这一对国家安全的神圣不可侵犯的领域的入侵,开创了一个真正的先例。还有一个事实值得注意:哈尔斯坦住在通常仅招待政府首脑的布莱尔国宾

---

① Charles de Gaulle, conférence de presse du 15 mai 1962, *in* Charles de Gaulle, *Mémoires d'espoir*; *suivi d'un choix d'allocutions et messages sur la IV*^{e} *et la V*^{e} *Républiques*, Paris, Plon, 1994, p. 792 - 793.

馆。另外，私下里有消息传播说，委员会主席回答一位记者关于他的职权合理的适用之处的问题时，用了这样的表达："就像是欧洲总理"①。这些自负的言行实际上透露了欧洲经济共同体执委会整体的兴奋状态。在一位怀疑派的法国委员看来，他的大多数同仁认为荣耀的一天正在临近，并且渴望一个新的网球厅誓言②(Serment du Jeu de paume，或译网球场宣言，是一份由 577 名法国三级会议第三等级代表和少数第一等级代表于 1789 年 6 月 20 日签署的誓言。——译者注)——在 6 个月之后，人们确实宣誓了，但是这个誓言在宪法上与网球厅誓言完全两样。

3 月 22 日，欧洲经济共同体执委会签发了一个雄心勃勃的措施清单，这份清单一旦被成员国接受，就会实现执委会所寻求的政治飞跃。哈尔斯坦和荷兰委员曼斯霍尔特(Mansholt)是影响力的杠杆。他们巧妙地把农业资助、共同体财政和议会权限这三个主题连接起来。概括地说来就是：欧洲基金会分阶段付钱给农民，农业和工业产品的进口税直接汇集在一个欧洲金融机构里，并且在斯特拉斯堡，议会在基金的用途上被赋予优先话语权。第一个部分原则上几乎没引起争论；第二个部分则令人惊讶，因为预计金钱的入账从某一时刻起将大大超过支出，并且欧共体执委会垄断着对于这些钱的用途的建议权；至于第三部分，则因允许议会反对一至四个成员国意愿来修改财政预算而引人注目。哈尔斯坦违反规程，两天之后在斯特拉斯堡全体大会的某段议程里公布了这个清单——大会在那时还是由各国议会代表组成的——这甚至是在向

① Walter Hallstein, mars 1965, *in* John Newhouse, *Collision in Brussels. The Common Market Crisis of 30 June 1965*, Londres, Faber & Faber, 1967, p. 86 - 87.

② Robert Marjolin, *op. cit.*, p. 343.

六国传达这些信息之前。这样一来,欧共体执委会便直接面对议会,并且在公众舆论看来,没有考虑各国政府。各国部长们因此便失去了一部分行动自由,他们极为不满。作为主席国的法国比其他国家更感受伤。

部长理事会在1965年6月28日至30日于布鲁塞尔议会宫进行了决定性的争论。冲突集中在是把清单中的三个部分视作整体来讨论(意大利、德国、荷兰支持这一点),还是可以只满足于单独就第一部分达成协议(法国的意见)。法国人所关心的只是在7月1日会议闭幕前达成关于农业补助的协议,而坚持不掉进欧洲经济共同体执委会张开的政治陷阱:以第一部分作为诱饵来招揽成员国支持另外两个部分。意大利、德国和荷兰代表团则很希望就共同体的资产和议会的财政预算权扩大讨论。这三个政府在它们各自议会所施加的压力下行事,议会的合理观点是寻求在欧洲层面上拿回它们在国家层面上失去的发言权。对于意大利人来说,还要加上前述农业协定结果令人失望这一问题。荷兰人总是不放弃他们反对法国的态度,这是就算没有几个世纪也有几十年的常态。联邦德国方面采取了一个新立场,从1963年阿登纳总理离开以来,人们觉察到法德关系事实上的变冷。比利时和卢森堡则寻求获得一个折衷。在一个如此错综复杂的局面里,部长们在6月28日这个周一里几乎不能从关于财政规定的简单技术谈判中脱身。

6月30日这个周三,谈判直到下午才重启。很多人预想会经历一场马拉松式的会议,并看着主席按常规在晚上12点暂停时钟,以使得讨论可以继续,直到达成一致。意大利人范范尼(Fanfani)重申罗马希望给予议会财政预算的特权。德国国务秘书拉尔(Lahr)支持这一主张。对此,顾夫・德姆维尔(Couve de Murville)以法国的名义严肃地向同仁提出警告:如果人们不考虑获得关于农业的新的财政规定的必要，将“不再有共同体”①。接着，他又以理事会主席的身份，建议把讨论限制在财政负担分配上。支持他的只有比利时人斯巴克。执委会主席哈尔斯坦坚决地捍卫他的计划。然后德国部长施罗德(Schröder)第一次也是最后一次发言：他重申支持执委会计划的所有三个部分，并宣布德国议会刚刚在下午全体一致通过要政府支持斯特拉斯堡议会的解决方案。关于财政规定，没有人为一个不适宜的延期而辩护，但施罗德不理解为何人们在7月1日这个时间点的琐事上争论不休，他觉得这只不过是一个随意的期限，并没有“千年”②的意义。在施罗德这个决定性的发言之后，众人便去晚餐了。

当这些先生们晚餐回来再开始讨论时，离午夜12点只有一个半小时了。法国人企图解决意大利人有关财政规定的问题，但没有成功——法国财政部长吉斯卡尔·德斯坦的提议被意大利同仁否决了。在零点二分，议会宫的灯灭了。这时已经是7月1日。零点三十分，顾夫·德姆维尔总结了各方的立场，没有人认为有必要增加任何内容。七位代表团团长在一间房间里闭门讨论一小时。赛完了一局。两点，作为理事会主席，顾夫·德姆维尔召开了通常作为此类会议结束的新闻发布会。他宣布了一个严重危机的开始。稍晚些，在同一天的早晨，爱丽舍宫宣布法国决定对会议确定无疑的失败给出“司法、政治和经济结论”。③

---

① Maurice Couve de Murville, 30 juin 1965, *in* John Newhouse, *op. cit.*, p. 113.

② Gerhard Schröder, 30 juin 1965, *in* John Newhouse, *op. cit.*, p. 117, John Lambert, *The Constitutional Crises 1965 - 66*, *Journal of Common Market Studies*, 1966, 3, p. 209

③ Communiqué de presse de l'Elysée, 1er juillet 1965, in *Bulletin CEE* 8 - 1965.

戴高乐没有虚张声势。7月6日，他在巴黎召回他在部长理事会几乎全部的代表，直到新的秩序产生。法国对共同体的抵制——或者马上被称为“空出椅子的政策”——成为事实。没有人料到法国会这么做。在农业委员看来，戴高乐对欧洲条约的违背让“自希特勒之后的最大灾难”①在欧洲大陆蔓延。这个夸张的说法显露了当时盛行的对于未来的不确定感。

1965年6月30日标志着这场宪法危机中的一个节点。法国的离开改变了利害关系。欧洲经济共同体执委会提出的三部分计划被清除了，哈尔斯坦高估了他的王牌手段。现在大家所面临的甚至是共同体生存的问题。冲突到达了戴高乐从一开始就希望引导到的那一高度：成员国之间的对立。这个事件里，某些当时代的人先前的推测被证明是精确的：法国总统寻求一个中断。对于有关财政规定的危机，法国当然是有其正当权利的，而这个危机则为它提供了“一个出乎意料的借口”②。行动所暗藏的目的在于在通向多数表决决定的道路上设置障碍。后来，顾夫·德姆维尔曾吐露，在此前一个月他就和戴高乐将军会谈讨论如何从不断产生的冲突中获得好处：“他的首肯鼓励了我，于是我回到布鲁塞尔并炸毁了桥梁。”③

剩下的是了解其他国家的反应。比利时人的第一反应是回到

---

① Sicco Mansholt, aux alentours du 17 juillet 1966, *in* Johan Merriënbier, *Mansholt. Een biografie*, Amsterdam, Boom, 2006, p. 327.

② Charles de Gaulle, 28 juillet 1965, *in* Alain Peyrefitte, *C'était de Gaulle*, II, 1997, Paris Fayard, p. 296.

③ Maurice Couve de Murville, 16 décembre 1988, *in* Jean-Marie Palayret, Helen Wallace & Pascaline Winand (éd.), *Visions, votes and vetoes. The Empty Chair Crisis and the Luxembourg Compromise Forty Years on*, Bruxelles, Peter Lang, 2006, p. 58.

双边外交谈判的途径上；斯巴克看到他一生的事业受到威胁，打算做中间人。但是，在北大西洋公约组织的会议外围，德国人和荷兰人阻止了他。在预计9月举行的临近的立法会选举前，德国总理埃哈德(Erhard)事实上一点儿也不希望和戴高乐谈判。7月7日，在一次国事访问中，他恳求担任半年轮值主席的意大利人“作为共同体面对危机”[①]。此前一天，法国刚刚正式要求取消下一次部长理事会会议。意大利没有考虑法国的要求，仍然在同一个月举行了预定的会晤。尽管比利时和卢森堡有所保留，五国——自这时起人们这样称呼它们——就此在7月13日聚集。它们宣布它们举行的会议是合法的：是不出席会议的法国违反了它的义务。这个程序上的反击具有重大的象征意义：欧洲在其缔造者之一缺席的情况下继续存在。同时，它对抗了戴高乐的策略，后者的目的在于通过双边外交获得一个新的暂时解决办法。

五国还是不够齐心协力吗？它们共同对抗的对象，最好的象征莫过于9月9日戴高乐举行的假后新闻发布会。在导言中，他对于超国家的欧洲毫不留情，把委员会称作“技术官僚、无国籍的、不负责任的集会”，将其在春天里提出的建议定性为“僭越”。接着，他给出了他对危机的解读：“6月30日在布鲁塞尔关于农业财政规定所发生的事，不仅揭示了我们大多数合作者对于农业进入共同市场的保留态度，而且还揭示了在条约中某些原则的错误和歧义……这就是为什么危机不可避免，迟早要发生。”[②]

法兰西共和国总统描绘了多数同意表决规定对于法国来说的

---

① Ludwig Erhard，7 juillet 1965，*in* Jean-Marie Palayret，*op. cit.*，p. 116.

② Charles de Gaulle，9 septembre 1965，*in* Charles de Gaulle，*op. cit.*，1994，p. 931 - 932.

危险：巴黎至此所获得的，比如在农业领域的收获，将会在任何时刻被质疑。欧洲经济共同体只有在“一个人们不能预计的时间之后”[①]才能重新运作。是法国外交部长作出了实际的结语：在国民大会上，顾夫·德姆维尔宣布人们不能满足于一个关于农业补助的规定，而是要重铸创始条约。[②]

在此期间，五国间的外交接触向波恩趋同，快速前进。在德国，路德维希·埃哈德(Ludwig Erhard)的基督教民主联盟赢得了9月19日的选举胜利。因此，政府能坚持自己的立场。第一个为五国提供机会的是10月25日的部长理事会会议。在意大利轮值主席的挑动下，五国回击了戴高乐。在带有尊重和坚决印记的宣言中，它们重申了对于创始条约的忠诚：“各国政府……认为，对于共同体所面对的问题，其解决方法应该在条约和机构的框架中被找到。”[③]同时，它们邀请法国列席部长理事会的一次特别会议，而欧洲经济共同体执委会将不出席这一会议——这是条约的条文已经预备了的一种可能情况。考虑到第六个成员国对于这个机构的批评，这是五国对第六个成员国的重要让步；这一措施因哈尔斯坦对于其他各国而言也是“一个讨厌的参加者”[④]而变得易行。但是最令人印象深刻的事情，是五国达成了一个在会议总结报告中没有提到的秘密协议，但它们还是通知了法国人：这是一个严肃的宣言，它提出创始条约不能被修改。五国部长签署了这个宣言，每人

---

① Charles de Gaulle, 9 septembre 1965, *in* Charles de Gaulle, *op. cit.*, 1994, p. 933.

② Maurice Couve de Murville, 20 octobre 1965, *in* Jean-Marie Palayret, *op. cit.*, p. 256.

③ Conseil de la CEE, in *Bulletin CEE* 12 - 1965.

④ Pierre Pescatore, *The Luxemburg Compromise*, *in* Jean-Marie Palayret, *op. cit.*, p. 243.

保留一个复本。从此，这五个国家，被一个誓言连接起来，在这一危机时期以一体行事。这不同于1789年的“网球厅誓言”，而是真正的宪法誓言。

接下来就是等待12月法国总统大选的结果。戴高乐在第一轮选举进行前一个月才提出参选。在一个浮夸的电视讲话中，他要求选民给予他“大力支持”；他相信自己在第一轮就能够以绝对多数票胜选。然而他失算了。没有人预料欧洲危机的影响会作用于法国总统选举。10月底，拥有五百万会员的最大的农会号召投反对票给现任总统，这代表大约五分之一的选民。农民疑虑会看到在共同体消失的同时补助也消失。商界认为最为重要的是找到一个快速解决危机的办法。另外五位角逐总统职位的候选人都充分利用了欧洲局势所引发的担心。让·勒卡尼埃(Jean Lecanuet)最为大力地强调超国家主义——欧盟创始之父莫内也给予了他支持。可以说是从零开始，中间派在第一轮获得了15%的选票。戴高乐经历了巨大的失望：他的得票率没有超过45%；他周围的人一度害怕他会弃选。第二轮与他对垒的是社会党人密特朗——戴高乐了解其对手在维希政府任职的历史，但没有利用这一点来对付他——密特朗以“欧洲候选人”的形象投入选战。戴高乐将军最终以55%多一点的选票获胜；但这不足以抹去第一轮的耻辱。他这下再也无法掩盖下述事实：只有少部分法国人支持他的欧洲政策。

危机最后一幕的钟声响起。在两轮竞选之间，戴高乐通过他的总理通知五国法国接受其邀请。何种外交形式合宜的问题又一次被提出。五国希望以理事会形式来聚集，法国人则想要一个政府间的会晤。人们找到了一个折衷的办法：那就是1月17—18日在卢森堡举行的会议。这是法国的要求——拒绝把布鲁塞尔作为集合地点——同时又选取一个对五国来说具有某些欧洲涵义的城市。为了更好地强调这一点，它们选择了市政府大厅，在那里，1952年莫内召开了第一次高级委员会会议。理事会秘书长的出席对于会议的共同体性质是一种支持。如同计划的那样，欧洲经济共同体执委会不出席。

以法国政府的名义，顾夫・德姆维尔向与会各方递交了两个议题。第一个议题关乎欧洲经济共同体执委会的风格。法国人事先拟订了一个他们希望机构遵守的规定的清单：其范围从接见除了六国之外的大使(只在理事会出席的情况下)应有的礼节，到在提建议时要遵守的优先顺序(首先是成员国，然后才是议会和公众)。这个礼节规章透露了法国对于布鲁塞尔官员的礼节主张是多么的厌恶。尽管五国觉得这些规定中的一些甚为可笑，作为六位部长代表的大使们，还是很容易就不挑衅的行为方式达成一致，并将与欧洲经济共同体执委会一起研究。

第二个议题是更加根本的。它导致一个直接的"是—否"交锋。法国要求就涉及重要国家利益的情况拥有否决权，而五国拒绝承认。最简单的方法，在顾夫・德姆维尔看来，在于从创始条约中取消多数表决决定程序。但是因为批准一个这样的修改对于意大利或荷兰议员来说显然不可行，所以他们要求一个替代的解决方法。五国方面拒绝签署一个会损害《罗马条约》的文本。意大利人科隆博(Colombo)公开表达愤怒，德国人施罗德和荷兰人伦斯(Luns)则低声埋怨表示不满。否决权意味着共同体的"瘫痪"，这几乎是伦斯打算做的唯一评论。[①] 比利时人斯巴克，以调解人的姿

① Joseph Luns, *in* Secréariat du Conseil, *Compte rendu de la réunion du Conseil extraordinaire des Communautés*, *17－18 janvier 1966 à Luxembourg*, p. 3.

态，坚持要求遇到不同意见时大家要“非常冷静地”[①]寻求解决，建议考虑一个多轮会议的机制。但是当研究在极端情况下以投票来决定的可能性时，会议重新陷入僵局。法国绝不接受这个可能性，而五国则是非此不可。于是会议中断了。

1月28日和29日，还是这些人在理事会聚集，还是在卢森堡，而气氛则轻松得多，可以说是“春天般的”[②]。顾夫·德姆维尔面带微笑，施罗德火气没那么大，荷兰部长伦斯提出了建设性的论说。讨论只涉及否决权/多数表决同意的问题。然而还是必须要走出僵局。以司法的观点来看，并且人们也要承认这点，这次在一天半的谈判之后，各方立场矛盾依然是不可调和的。但同时，达成一致的政治希望也是真实的。各方只有两个选择：要么把纠纷点当作不存在，要么直接处理纠纷点。对此，斯巴克主张不要蒙住脸。一个激烈的争论随之而来。六国部长仍然以通过一个共同宣言来结束会议，宣言由主持理事会的卢森堡人皮埃尔·维尔纳(Pierre Werner)在午夜后不久公布于众。让我们再来读一下这段被人们称作“卢森堡妥协”的文字：

多数表决程序：

1. 根据条约第2条，当欧洲经济共同体执委会建议可进行投票多数表决情形事关一个或多个成员的很重要的利益时，理事会成员将努力在合理的期限内达成能被所有理事会成员采纳的、尊重其相互利益和共同体利益的解决方案。

---

① Paul-Henri Spaak, *ibid.*, p. 4.

② Secréariat du Conseil, *Compte rendu de la réunion du Conseil extraordinaire de la CEE et de la CEEA*, 17 - 18 et 28 - 29 janvier 1966 à *Luxembourg*, p. 1.

2. 与上一段事项相关，法国代表团认为当涉及非常重大利益时，讨论应当一直持续到取得一致同意为止。

3. 六国的代表团共同确认：在和解没有完全达成的情况下应该怎么做，关于这一点的分歧继续存在。

4. 然而，六国代表团认为这一分歧不会阻止共同体工作根据正常程序重启。[①]

在签署这个协议的同时，法国决定重新占据它在理事会的椅子。五国的部长自豪地向各自的议会宣布条约没有受到任何破坏；在海牙，约瑟夫·伦斯(Joseph Luns)满足地评价谈判以“平局”[②]结束。在巴黎，戴高乐也满意地向他的政府宣称：“超国家主义消失了。法国保住了自己的主权。”[③]围绕会议桌的又是六个国家了。

过渡

1965—1966 年的宪法危机在欧洲一体化的进程中是一个决定性的时刻。对这一时期，人们通常的叙述集中在五国于 1966 年 1 月 29 日向法国让步的内容，也就是否决权(协议第 2 点)。一般认为，这样巨大的代价在随后至少 20 年中束缚了决定程序。实际上，六国决定在共同道路上继续前进(第 4 点)以及它们行事的方式显得更为重要。

---

① Session extraordinaire du Conseil de la CEE, in *Bulletin CEE* 3 - 1966

② Joseph Luns, *in* Johan Merriënboer, *op. cit.*, p. 334.

③ Charles de Gaulle, 2 février 1966, *in* Alain Peyrefitte, *op. cit.*, p. 620.

发生了什么？在条约领域之外，六国对自身作了一个共同的根本规定。对于成员国，这是一个防止多数统治权的人寿保险，有助于共同体的持续。类似地，在思考过后，美国人在宪法之上附加了《人权法案》(1791)——一系列用于保护公民个人面对联邦国家和公民多数意愿的修正案；同样地，在欧洲，经过考量，国家在面对其他多数国家意愿时有权利保护自己。只要把“卢森堡妥协”作为一个重要的宪法时刻就足矣。这是《人权法案》的欧洲变型。

但这还不是全部。具有重大意义的是，这个协议是违背五国的意愿签署的，它们希望共同体没有污点；这个协议也是违背巴黎意愿的，它更乐意回归国家间的传统关系。在内部和外部领域的规定之间的史无前例的冲突由此产生了一个欧洲政治的空间。当然，这个空间此前已有所存在，但它这次扩大至此，并第一次被承认。这就是为什么可以把“卢森堡妥协”视作对中间领域存在的正式承认。同样也可以说：这是每个国家在圈子成员和条约签署方这两种身份之间的折衷。

但人们不是这样看待事情的。根据被共同接受的叙事，人们从 1966 年起实践着一个否决权，它使得欧洲的决定程序瘫痪至 1980 年代。在占主导地位的共同体的视角中，这个情况不是令人希望看到的，是不合法的。人们或许也偏于拒绝妥协。一位欧洲法院前院长巧妙地坚称他不知道危机的存在，“因为法律走自己的路”[①]。他的继任者之一把“卢森堡妥协”称作“共同体法律的不自然因素，注定要逐渐消失”[②]。至于欧洲经济共同体执委会秘书长

---

① Andreas Donner, 1966, *in* Johannes Linthorst Homan, *Wat zijt ghij voor een vent. Levensherinneringen*, Assen, Van Gorcum, 1974, p. 268.

② Pierre Pescatore, *The Luxemburg Compromise*, *in* Jean-Marie Palayret, *op. cit.*, p. 245.

则一脸严肃地担保说:“卢森堡协议里什么都没有。”[①]在欧洲内部领域,人们谈到妥协时,就好像那是一个悲哀的反常、一个暂时的例外、一个传说。作为与之相反的一面,戴高乐对“卢森堡妥协”的看法在教科书里也到处被阐述,把它介绍为国家间正常关系的重启和一个“长久和现实的安排”[②]。这个解读暗示强制的政治否决权重新给予每个国家操作自由。

通过这些徒劳无益的对立,这两个学派在某种意义上延续着1966年1月29日前的“是—否”对立。根据这两派的观点,在妥协中什么都发生不了,什么也改变不了。这两种视角中的任何一种都没有抓住这个事件对于欧洲秩序的现象级的影响。通过一种奇怪的作用,妥协使得成员国投票如今成为惯常之事(对于持“国家的欧洲”观念的学者来说不可理解),并且“卢森堡否决权”依然是笼罩在会议桌上的威胁(对于“官僚机构-公民”混合话语的持有者来说是不可想象的)。当人们进行行动领域的区分时,这样特殊的情况就出现了。在内部司法领域和外部地缘政治领域之间,钻进了成员国的中间领域——这一领域是不为人知的、双重性质的、出产丰富的。

向多数表决的过渡起了催化作用。六国承诺从1966年1月1日起放弃它们关于许多立法问题的否决权。六国中的五个准备好跨出这一步。强迫顽抗者被证实是不可能的。破裂的威胁依然存在。“卢森堡妥协”的天才之处在于六国可以长久地推迟关键的(政治)决定而作为共同体跨越1月1日的(司法)门槛。从1966年

---

① Emile Noël, 1967, *in* Jean-Marie Palayret, *op. cit.*, p. 251.

② Paul Taylor, *The Limits of European Integration*, New York, Columbia University Press, 1983, p. 40.

1月30日起，欧洲一只脚在建立河流的一边而另一只脚在另一边。这个长时间持续的跨行加强而不是削弱了欧洲。

“卢森堡妥协”在圈子整体和分别对待的成员国之间建立了新关系，放在卢森堡协议前的一连串事件的背景下来看，这一点显得更为清晰；它们包含在条文之中并被之后的事件确认。让我们来研究这三个前后接续的时刻。

卢森堡会议之前

就在卢森堡决定性的会议之前，六国之整体的身份地位得到了两点确认：关于欧洲代言人职能的不确定性被驱散了，并且条约的基座得到了加固。

随着1966年1月1日这个向多数表决跃进的确切日期的临近，代言人问题变得至关重要。在否决权被取消后，由谁“以欧洲的名义”发言、由谁“以欧洲的名义”行事？历史事件给出了人们事先没有预计到的答案。在1965年春天，哈尔斯坦明显打算把这一角色赋予欧洲经济共同体执委会，这是一个经不起危机的意图。戴高乐认为在法国缺席的七个月中，没有人能以欧洲名义发言。但是事实也同样让他思考。历史事件证明双方都错了。其实，是成员国整体，聚集在理事会，成为欧洲的发言人。

危机产生了一个失败者，是毋庸置疑的：欧洲经济共同体执委会。哈尔斯坦和他的合作者们虚张声势的手段在春天遭到失败；他过多地泄露了他们的政治憧憬。这个机构可以说在后续的事件中不再扮演任何角色。它缺席卢森堡决定性的会议也显示了这一点，一旦冲突涉及共同体的基础，人们甚至不承认它中间人的角色。一个全然技术性的专业角色，在六国面对政治危机的情况下是没有任何作用的。最后，哈尔斯坦主席是事件的唯一受害者；在法国的要求下，他的任期不再延长。人们毫不掩饰地把欧共体执委会带回它作为服务机构的角色中。得等待很多年——实际上是1985年雅克·德洛尔(Jacques Delors)的到来后——它才重新找回自信。

戴高乐的解读与哈尔斯坦不同。在戴高乐看来，法国一旦缺席，便使共同体失去了它的政治存在："只要我们的椅子还是空着的，所有的会议都将毫无意义。①"在他看来，欧洲一体化的进展暂缓了，并且六国之间重新保持了1950年前的那种关系。但是事情的发展与戴高乐坚持捍卫的这一观点背道而驰。

从7月13日起，作为共同体生活的中心亮相的，是理事会。考虑到法国的缺席，这必然是令人惊讶的。这实际上正是秘密之所在。在危机中，理事会承担了两项职责。首先，每月的部长会议和每周的大使会议充当五国讨论的平台。五国明白，只有继续调和它们的立场，并且不使它们分裂，才能赢得与巴黎对立的神经战争。一种属于同一个俱乐部的强烈归属感在大使级层面无可争议地存在。其次，五国在理事会中像六国般行事。当然，在有椅子空缺的时期，它们只作出不重要的决定，而缺席的国家通过书面形式使之生效，但这恰恰使得欧洲机器没有停止下来。在行政层面，法国继续合作，并牙齿咬得咯咯响地看着在政治层面发生的事。11月，顾夫·德姆维尔部长用贬低性的言词谈到一个"伪理事会"，意思大概是它和一个伪沙皇一样缺乏合法性。② 与之对立地，在五国

---

① Charles de Gaulle, 1er juillet 1965, *in* Alain Peyrefitte, *op. cit.*, p. 290.

② Maurice Couve de Murville, 13 novembre 1965, *in* Jean-Marie Palayret, *op. cit.*, p. 68.

看来,是法国人违背了条约,而五国的行动象征性地加强了理事会。在理事会成员中的一个缺席的情况下,成员们发现圈子继续在成员国之外存在。空着的椅子更好地凸显了会议的独立存在。

第二,加强了基础。巴黎希望修改创始条约,而五国则表达了对于该文本的忠诚。同样,在这一点上,卢森堡会议之前的事件使得我们可以把成员国和它们组成整体之间的关系看得更清楚。

即便说戴高乐对《罗马条约》中让他不愉快的内容心知肚明,他也没有提出真正清楚的替代解决方案。在10月中旬,他向荷兰大使吐露说,事情对他来说并不重要,只要程序局限在书面交流。在内部,他表现出对一个没有"签名、批准等等"①的政府共同宣言的偏好。很明显,爱丽舍宫打算签订一个使得六国能依之修改条约的政府间协议,换句话说,打算绕开创始文本中的修正条款。

对于五国来说,这可是丑闻的来源。在顾夫·德姆维尔为一个欧洲秩序的"完全修正"进行辩护的几天之后,五国秘密宣誓要保持条约不受破坏。这个宪法誓言带来这样一个后果:它把共同体更牢固地锚定在成员国的政治生活中。在这个例子里,修改条约的繁复程序,尽管后来它经常被人们视作是对共同变化的阻碍,但实际上却充当了防线。对于条约的修订,需要签署国政府的一致通过,还需要各签署国议会或人民的批准,欧洲整体可以从这双重的一致中获取信任的增加。多亏了五国,不用再担心欧洲整体因各国政府的任性而处于被摧毁状态。欧洲因此不再有被一笔划去的危险。

同样有赖于成员国的人民,创始条约得以加强。议会和人民

① Charles de Gaulle, 15 septembre 1965, *in* Alain Peyrefitte, *op. cit.*, p. 300.

在危机进程中扮演的角色是特别惊人的。是意大利、德国和荷兰议会向各自政府施加的压力让6月30日的冲突变得不可避免。是12月5日的投票结果限制了戴高乐的操作余地并强迫巴黎接受协议。在欧洲秩序的视角下来看法国总统大选,代表了一个范根德 &洛斯判决所提出的理论的清清楚楚的具体化,根据这个理论,创始条约"高于政府,以人民为目的"。总之,当五国政府宣誓忠诚于条约文本时,六国人民确认了条约精神。

关于发言人和创始条约的战斗让天平偏向于同一方向。通过这两个问题的结合,欧洲整体在1965年7月至12月之间,相对于成员国获得了足够的独立性来越过1966年1月1日这一关键日期。在创始成员国之一缺席的情况下,欧洲整体能保持一个声音并保住它的根基。正是在这个基础上,"卢森堡妥协"才能显得成果丰富。

文本

"卢森堡妥协"文本的表达在多大程度上支持我们的这个解读呢:对于欧洲秩序整体,一个决定性的过渡时刻比一个简单的否决权能走得更远?

从第一个条款,可以得出所有代表团认为:当一个问题对于一个国家是非常敏感的时候,有必要谈判直至获得一致同意。在这种情况下,就算条约允许,也没有哪个政府打算任其自然地通过投票来表决。因为每一方都知道多数表决可能带来的坏结果可能有一天也会落到自己头上。讨论涉及谈判的期限,却没有达成确定一个具体期限的规定。斯巴克建议限制在三轮会议,该建议被顾夫·德姆维尔否决了。最终,人们一致同意使用"在一个合理的期限中”这个弹性的用语。这个表达方式表示提供时间，但又不是同意事情可长期拖延。

争议存在于条款2和条款3中。在即便通过延长讨论之后还是谈不拢的情况下该怎么办，各方未达成一致。法国认为在这种情况下根本不用提是否形成一个决定，这便回到说每个成员国对于棘手的问题具有否决权这样一个其他国家似乎并不同意的观点。这一分歧在“卢森堡妥协”的文本中表达了出来，却没有被解决。文本没有说否决的权利，而是说单方面诉诸否决。或者用一位荷兰高级官员的措辞来说就是：“五个合作伙伴注意到第六个合作伙伴将违反条约。”[①]对此一位法国高官回应说：“另外五国能做什么？在1966年1月1日后以多数表决作出决定，发现法国拒绝实施，然后就违反条约传讯它到卢森堡的欧洲法院？事情是可以想象的，但是是荒谬的。这样共同体就碎裂了。”[②]卢森堡的谈判者们聪明地把冲突的解决方法留给实践——事实上每个人都知道接下来会发生什么事情。

正如人们预计的那样：否决权在事实层面上得以运作。1966年，当法国第一次提出根本利益以阻止多数表决所作出的决定，其他国家屈服了，并履行了“卢森堡妥协”的承诺。在那时而不是在那之前，在“卢森堡妥协”的文本中预期的诉诸否决事实上变成了否决的权利。这是法国人的专有权利吗？当然不是。虽然五国之间相互承诺不援引协议的文本，但实际情况显示它们无法遵守一个如此高尚的要求。它们也利用这一王牌，其他国家也承认这一可能性。“卢森堡否决”不是一个国家的特权，它成为所有国家的

① Johannes Linthorst Homan, *op. cit.*, p. 266.

② Robert Marjolin, *op. cit.*, p. 349.

权利。

第四个条款，也就是最后一个条款，是和解性质的条款，它结束了空椅子危机。它具有根本的重要性。谈判约束战胜了纠纷。共同体从冲突中存活了下来，六个国家一起重聚为“六国”。

对于文本整体，“妥协”是人们所能选择的最好的修饰语。然而在专题文献中风行的是：不无讽刺地指出六国没有达成“事实上的妥协”，而至多是“同意存在分歧”。① 这很可能是许多专题作者把后一种安排类型看作品质更差的协定。但是，这样的蔑视一点儿也不严肃、不恰当。

从形式来看，这是一个政治协议，而且是有历史影响的协议。在七个月的模糊形势后，它把法国重新带回欧洲会议桌。更重要的是：因为它，这个危机不大可能再次发生。因为自此以后，威胁要退出整体这一手段由于没什么效果而显得不可靠，这是巴黎所意识到的。因为每个成员都拥有潜在的否决权，看来欧洲整体破裂的危险便极度减小了。

从内容来看，文本体现了关于欧洲秩序的两种不可调和的设想。这一点本身并非微不足道。法国人承认他们没能成功修改的创始条约的司法现实。五国则承认不能以欧洲名义取代的国家关键利益的政治现实。“卢森堡妥协”迫使这两方在成员国的中间领域互相发生关系。这是一个必须的妥协，它创建了集体现实。它提供了一个空间——不仅是概念的空间，还是宪法的空间——来把各国集合到同一张会议桌上。

① Desmond Dinan, *Ever Closer Union. An Introduction to European Integration*, Basingstoke/New York, Palgrave, 2006, p. 51; Bino Olivi & Alessendro Giacone, *L'Europe difficile. La construction européenne*, Paris, Gallimard, *Folio*, p. 90.

有必要更加抑制某些人对于“卢森堡妥协”所表达的这种蔑视。总而言之，这种把它看作“同意存在分歧”的遗憾态度是不可理解的。这种协议类型难道不是所有政治体的基础吗？这个基础向一个共同体的成员提供了一个空间，在这个空间里，争端不会使共同体分裂，并且人们从古希腊时起就把这个基础称作“政治”。不同意见中的相同意见是一种未经修饰的“宪法”，有了它，所有方面和所有观点才能公开地竞争，这样的一个形式使得较量能有内容。把1965—1966年的事件表达成“宪法危机”的重要性自此最深刻地显现出来。一方已经预想了一个欧洲政府和议会，另一方不希望看到一个超国家的整体，两者的冲突通向了对于一个政治共同体来说必要的最小宪法：承认存在难以解决的冲突，只不过在本例中，冲突对立方是成员国，而不是公民。

如此行事，六国作为政治实体，摆脱了条约以及司法正确的束缚，其实司法正确与宗教正确相比提供的行事空间一样少。六国以政治的方式来进行它们的共同生活。这样来看，“卢森堡妥协”类似于一些历史性的协议：这些协议把最与各方相连的信仰放在一边，参与争斗的各方成功走出不时血腥的绝境，创建了一种共同政治生活的基础。同样，这个妥协几乎值得人们在欧洲政治体历史上给予它与1917年荷兰和解运动或者法国南特敕令同样的地位。

这一论述引发了新的问题。如果说“卢森堡妥协”为欧洲政治开启了一个空间，那么它是什么样的空间？难道它此前不存在吗？在被分开来看的一个个国家这边，并不存在创新。很显然，就算它们相互建立了关系，在它们相互建立的关系中也会继续捍卫它们各自的权力和利益。创新实际上存在于被作为整体来看的成员国一边。理论上，也是经过各方同意的，由欧洲经济共同体执委会代表的、尚在成长中的共同体,有条不紊地绕开政治不稳定的区域,力图将其决定建立在条约文本的基础上,向成员国发表基于义务、权利和权限的论说。不考虑它把这一弱点——一个机关职员的工作——转变为一个承诺:官僚机构的理念,根据它人们进入一个机构和政治的边界在全球水平上变得模糊的时代。“卢森堡妥协”在一个过于自我反省的世界中打开了第一个突破口,要求三个被忽略的政治概念能在欧洲整体中存在:利益、时间和权威。

“利益”这一用语,非常灵活变通,在文本中以各种文字出现。作为协议中共同的出发点,问题在于:当对于一个或多个合作伙伴而言,事关“非常重要的利益”时,要怎么办?因为人们把成员国视作合作伙伴,这里涉及——就算签署者避免明确这一点——这个利益是国家利益还是普遍利益。在欧洲政治传统中,普遍利益不是一个既定的论据:它既是一个持久政治斗争的关键之处,又是同一斗争的结果。因此,聚集在卢森堡的六国没有制订把“非常重要”的利益和其他利益区别开来的标准,这并不令人惊讶。如果制订了标准,那么就会阻碍它们刚刚借由其政治判断力所开启的道路——在某种意义上来说,这样一来,部长们将会把自己降格为办事人员的角色。然而这并不意味着“非常重要利益”的概念是完全随意的,随后的几十年证明了事实并非如此。我们还应注意到:五国抓住机会承认共同体的利益(见第一段最后一句)是令人印象深刻的:这是给予欧洲整体的一个礼物,而创始条约直到那时对于自己在这方面都是极其吝啬的。

第二个政治概念,即“卢森堡妥协”引入的时间这一概念,它和利益紧密相关,即文本所提的“合理期限”,各方承诺在这个期限内为利益斗争找到解决办法。这就赢得了时间,换言之,期限得以推迟。在这个文本中,成员国是在说:“到明天才达成一个协议”比

“今天使我们中的一个成为少数派”要好。这一条款的目的是为谈判打开大门。一旦既否决了多数表决(于内部领域)又放弃诉诸暴力和战争(于外部领域),在这种情况下,平等合作的伙伴要走出相互之间的障碍,实际上除了谈判还有什么办法?

传统外交不再有什么用武之地,这并不需要多少莫内和哈尔斯坦所设想的那种共同体的约束。在他们设想的共同体中,要解决的问题以专家治国论的方式提出,并且合作伙伴充满了共同体精神。在某种意义上,每个问题不管在技术上还是在道义上都有它“好的”答案,即由欧洲经济共同体执委会所明确表示的答案。在他们的这个逻辑中,没有给谈判留出位置,并且任何延迟的要求都相当于一个不良意愿的信号。但是实际进程显示出来的情况恰恰与此相反。从共同体成立的最初几年起,部长理事会及其主要的前会(大使会议)通过达成若干一揽子交易,突破了不止一个成员国之间的僵局。在关于农产品价格、财政义务和政治岗位的讨价还价中,理事会表现为欧洲王国相互交换地区、调整边界、安排联姻和结成联盟以达到“力量均衡”的近代和平大会的可敬继承者。实践同时表明,创始条约中所提出的所有成员国之司法平等并不确实。在会议桌上,不同成员国的发言,彼此分量并不相同。

在卢森堡协议中,五国违心地承认这个“不可缩减的外交”[1]作为共同体生活的一部分。自“卢森堡妥协”始,对用以纠缠各种不同利益的推迟和额外时间的要求成了欧洲政治的日常面包。但与1945年前的外交系统相比,发生了一个重要改变:大家让少数派守规矩的方式相对和气一些。构成威胁的不再是各方军火库里拥

① Claude-Albert Colliard, *L'irréductible diplomatique*, in Claude Berr *et alii*, *Mélanges offerts à Pierre-Henri Teitgen*, Paris, Pedone, 1984, p. 109 - 126.

有的大炮，而是悬在会议桌上的达摩克利斯之剑：投票。

第三个政治概念，权威，没有明确地在卢森堡协议的文本中写出。但是在五国默认支持法国对最终否决的要求中，它极可能起到了重要作用。各国政府知道，公布一个决定并不意味着它就会被人民接受。为了保证决定得以遵守，执政当局有可能对公民诉诸暴力。可以想象这样的敏感情况：某国人民抗议一个业已通过的欧洲措施，该国家在该措施表决中是少数派。一位议员抱怨农产品价格，因为他反对欧洲农产品价格是以多数表决而不是一致通过的方式来决定，顾夫·德姆维尔部长反驳他说："在比如面对德国的情况下，您真的认为多数表决的方式可能决定小麦的价格吗？您认为欧洲经济共同体委员会或者成员国会冒着招致德国农民反抗的风险来行事吗？"①共同体并无强制手段来反对某个个别政府的意愿来确保业已形成的共同体决定得以遵守。煤钢共同体的经验表明，将某个机构命名为"（高级）委员会"并不足以使之具备相关的资质。在"卢森堡妥协"中，五国在戴高乐施加的压力下承认了一个欧洲决定的权威取决于国家。

这样一个意识将一个政治维度引入了共同体，在此维度上，创始条约通过得稍快了一些。于当时再往前推 100 年，英国政治分析家沃尔特·白哲特（Walter Bagehot）简洁地阐述了这个问题："所有宪法都必须实现两个大目标……每个宪法必须首先赢得权威，然后才能使用；它必须首先赢得人们的忠诚和信任然后在政府工作中利用这一尊重。"②权威在先，只有在这之后才是行政。在

① Maurice Couve de Murville, *op. cit.*, 1971, p. 298.

② Walter Bagehot, *The English Constitution*, R. H. S., Crossman (éd.), Londres, Fontana, 1963, p. 61.

1965—1966年间，五国——欧洲经济共同体执委会也一样——有过这样的经验：无论谁希望建立一个欧洲政府，都不能以任何方式推翻这个建议。如果人们以白哲特的理论来看，《罗马条约》就只不过是用来帮助作决定的框架提纲、是一叠没有一致方向的行政规定。只有通过"卢森堡妥协"，六国才填补了空缺，从而将权威和行政牢固地连接起来。

"卢森堡妥协"的这三个政治元素——利益、时间、权威——以错综复杂的方式把欧洲秩序和国家秩序纠缠在一起，同时加强它们。政府组成了链环，它们承担着双重角色。在谈判之前，"卢森堡妥协"为它们提供保证：保证集体决定不会与国家关键利益相悖。在谈判过程中，它列出权利的同时也明确了这样一个义务：要花费时间来达成一个集体决定。一旦谈判结束，"卢森堡否决权"要求各国政府——既然在谈判中并未动用该权利——承担面对各自人民的责任。

正是这样的心理保证——拒绝采纳一项决定的可能性——使得一致同意变得可能。获得一致之必要性的功能因此就像否决权一样，但同时也像是一条纽带：人们愿意合作并且必须合作。

卢森堡会议之后

以上所述图景表明：各成员国未能实现一起向一致同意投票的跃进，但多亏了"卢森堡妥协"，这一跳双脚落在了缔造欧洲之河流的两侧。这个跨越阻止了缔造的中断。从1966年1月30日起，每个成员国都可以权衡是要抱哪条大腿：是依赖力量政治（使用否决）还是基于条约（服从多数表决）。

"卢森堡妥协"之前的事件和文本既已研究，接下来就是以此为基础思考“卢森堡妥协”之后的事件。在共同体内普遍被接纳的版本是这样的：从描绘妥协的有害影响开始，然后是它不可避免的衰落，最后是一个美好结局：由 1987 年生效的《单一欧洲法案》《Acte unique européen》所体现的向司法纯粹性的回归。在下文中，我们首先展开上述对卢森堡协议签署之后的解读。但是，“卢森堡妥协”带给欧洲的政治现实并没有消失，这个论点可以从两个方面来给出证明。一方面，我们证实“卢森堡妥协”直到今天还在担任成员国间谈判的（看不见的）武器的角色。另一方面，我们可以证明“卢森堡妥协”所引入的概念——利益、时间、权威——一点一点地跻身于条约之中。忽略这两个方面，就是不去看事情的要点：“卢森堡妥协”是使司法秩序向政治体实现的方式。

支配，衰落，完美结局？——1966—1987

首先让我们把目光投向“卢森堡妥协”所发挥的支配作用和共同体所提出的它随后的衰落。从 1966 年起，一种否决文化在部长理事会中持续。几乎所有的决定都以全体一致同意作出，包括没有涉及任何重要利益的决定。尽管人们在十五年间援引“卢森堡妥协”至多只有十几次，它仍然一直笼罩在会议桌之上。当某个合作伙伴表示持保留意见时，人们就赶紧中断讨论。这样，欧洲经济共同体执委会有几百个提议从来没有到达过终点。但是这种否决有一个任何人此前没有预料到的继发后果：放弃这些提议是完全不可能的，以至于这些卷宗在桌上保留了很多年。这就是为什么在可行的欧洲建设的图景中，无价值的文件同样聚集了起来。不管共同体法学家们怎么想，“卢森堡妥协”还是属于共同体生活的。

这也是英国人在加入欧洲经济共同体时的认识。英国政府认为“卢森堡妥协”是伙伴国要求它签署的法律原则的一部分——它只在这个确切情况下才愿意签署。与在欧洲大陆发生的事相反，英吉利海峡另一边的人们对承认一个条约之外的规定的存在并没有表现出任何困难。英国宪法不正是一套不成文的规定、约定和实践吗？这样来看，“卢森堡妥协”就像一个“宪法约定”，一个政治秩序中趋于发展的不成文的规定。①

人们曾经目睹了多次尝试，这些尝试旨在把否决实践限制在“卢森堡妥协”对此类实践所允许的范围之内。也就是说，使其成为一个保留给例外情况的武器，而不是人们随便可以打出的一张牌。在各国政府首脑于1974年以这种方式作出宣言后，人们注意到以多数表决作出决定的增加。人们也企图以书面形式记录一个政府诉诸否决的原因，是为了能够使得在公众看来，可以把阻碍的责任归咎于否决权。正是这样，气氛一点点地改变了。

1982年5月18日，发生了一件有着重大影响的事件。理事会进行了第一次反对某成员国意见的投票——事关农产品价格的年度决定。英国人因为另外一个议题（财政预算）的小争执而想要阻止这个议题的进程。其他国家不接受这样的手段。理事会的大多数成员认为，卢森堡协议所称的“非常重大利益”，应与正在谈判的议题有关，而不应联系其他议题。理事会的主席——比利时人——决定举行投票。伦敦成为少数派。英国人认为自己是共同体违反卢森堡协议的第一个受害者。一位英国前部长警示其他成员国说：如果十国不懂得共同体的运行和生存是与对卢森堡协议的遵守并驾齐驱的，那么共同体就会经历“墙倒众人

① Geoffrey Howe, *Conflict of Loyalty*, Londres, Pan Books/Macmillan, 1995, p. 407 - 408.

推”的命运。[1] 令人印象非常深刻的是：巴黎站在五国的一边。在投票结束时，法国农业部长断言法国政府没有放弃“卢森堡妥协”，并明确指出“让一个成员国使共同体运行瘫痪，这样的目的从来就没有过，也不能有”[2]。

这一时期是“卢森堡妥协”运行的转折点。一方面，人们从此要求政府为了说服理事会中的合作伙伴时，所援引的国家利益是严肃和适当的。仅仅是为了援引而援引，是不够的。另一方面，作为一个整体的共同体的利益，在每个成员国形成其判断的权衡过程中都将拥有分量。五国在1966年精心修饰过的小让步(《卢森堡条约》第一段末的文字)带来了成果。第一次，“利益”这一政治概念有利于欧洲整体而阻止了否决。

人们注意到的气氛改变可以从四个政治事实部分地得到解释。第一，从1979年以来，欧洲议会以全民投票来进行选举，这个机构马上发现理事会以多数表决作决定是其政治独立不可缺少的条件。欧洲议会开始摇摆，这没法使德国和意大利政府无动于衷。第二，在英国，玛格丽特·撒切尔在1979年开始执政。她随意阻止某些议题的行为激怒了合作伙伴。第三，在1981年，希腊作为第十个成员加入欧洲经济共同体，而西班牙和葡萄牙作为第十一和十二号在轮候。成员国数量如此增加也加强了不可能用否决来工作的想法。第四，在1981年，法国人第一次选出了一位能够不

① Geoffrey Ribbon, *The Times*, mai 1982, *in* Stephen Wall, *A Stranger in Europe. Britain and the EU from Thatcher to Blair*, Oxford, Oxford University Press, 2008, p. 14.

② Edith Cresson, 18 mai 1982, *in* Jean-Paul Jacqué, *L'évolution du triangle insitutionnel communautaire depuis l'élection du Parlement européen au suffrage universel direct*, *in* Claude Berr, *op. cit.*, p. 188.

需要借助戴高乐主义来统治的总统。这一背景将是决定性的。

密特朗的转变不是马上产生的。只有在社会主义试验出现波折后——转折发生在1983年，当他必须承认无法走出欧洲货币体系而不给国家经济带来严重的损害时——他开始在欧洲寻求新的屏幕，以放映他所代表的精神及其作为国家领导人这一政治地位的高度。在1984年6月欧洲议会选举开始的三周前，他在欧洲议会斯特拉斯堡总部的发言多次被掌声打断："在古老波兰王国的议会中，每个人都可以阻止决定，欧洲共同体作为一个复杂而又多样化的整体，怎么能根据这个规则来进行统治呢？人们知道它是怎样结束的。是时候重新回到一个更正常和有前途的实践方式了。法国政府，作为'卢森堡妥协'的始作俑者，已经建议将该协议的使用限制于特定情况中。法国宣布对于一些重要问题的投票，其实践将更经常地向条约回归。"①

这个隆重的发言是一个真正的对欧洲信条的公开主张，为戴高乐理论盖上了封印。不再有任何事阻塞通向多数表决程序的道路。"回归条约"这一口号在当时布鲁塞尔圈子中的声望令人印象极其深刻。这个口号其实是一个光鲜的谎言。因为它说要"回"到一个欧洲事实上从未到过的地方。戴高乐在1966年1月所拒绝进行的在未知领域的旅行，密特朗让它进行了，而这是为了回到港口。

卢森堡协议的另一部分天才之举正在于此：针对此前的一个错误的法律措施，它可以掩盖向多数表决的政治跃进。多亏了1966年开始的跨越进程，每个成员国可以不被察觉地把一只腿承受的重量换到另一只上。由此，欧洲"倒退地"建立了。

① François Mitterand, 24 mai 1984, discours au Parlement européen.

从此，事情开始加速发展。在1984年6月，在枫丹白露集会的各政府首脑任命了一个机构委员会开始工作：一年之后他们又再聚会，这次是在米兰。他们认为有必要对条约进行正式修正，计划在1992年创立一个内部市场。英国的计划——把这个必须的修正限制在一个不成文的"非正式协议"中，一个以"卢森堡妥协"为模式的条约之外的协议——遭到了其他国家的反对。（撒切尔的大臣豪(Geoffrey Howe)事后说："很多次，我向困惑的大陆议员团解释这个非正式的'英国'方法，对于他们来说，公约、宣言、庄严的法律、简单的法律，甚至宪法，是他们真实的存在理由。"[①]）在被命名为《单一欧洲法案》的新条约中，在所有成员国的支持下，人们在五个领域引入了多数表决程序。

这些有利于市场的规定同样影响了成员国与它们组成的圈子之间的关系。实际上，人们无法改变欧洲的内容而不触及它的形式。1987年7月20日《单一欧洲法案》生效之后的理事会第一次会议立刻显示了这一点。部长们决定设立一个新的内部规定。从此，当大多数部长表达投票的意愿时，理事会主席将被迫要求大家进行投票；以前，只有主席才有决定是否发起投票的权力。这样一来，坚定的多数就有办法让少数派的生活变得困难。

会议桌上的威胁——1987年至今

"卢森堡妥协"在1987年之后还继续存在吗？这是个涉及了近乎神学领域的纠纷的根源。

---

① Geoffrey Howe, *op. cit.*, p. 408.

许多共同体圈内人士认为终于摆脱了这根刺。这是一种被实践支撑的对事情的认知：(新的)决定程序已经启用。“卢森堡否决”在1985年最后一次被一个成员国援引，并且成功了。在这之后，不再有人质疑多数表决的原则，并且理事会内部也建立了关于投票的若干规则。

豪的观点与上述潮流相逆，这个英国外交大臣于1986年4月在众议院，为了说服议会批准《单一欧洲法案》而这样说道：“最终，‘卢森堡妥协’保持完整不变……这不是条约的一个规定；这是共同体中的政治现实的一个组成部分……而且它并没有以任何方式被《单一欧洲法案》影响”①。在1992年，当批准之后的条约时，无论是在伦敦的豪的继任者赫德(Hurd)还是在巴黎的皮埃尔·贝雷戈瓦(Pierre Bérégovoy)都有类似的说辞。他们通过说“‘卢森堡妥协’存在”来让它真的存在。

根据一种观点，卢森堡协议已经消失；而根据另一种观点，卢森堡协议以这样一种方式继续存在：它就像游荡在谈判桌上空的幽灵。这两种观点之间的矛盾是不可克服的。一方面是在理事会内部正在变化着的实践，另一方面是上述政治家们的宣言，暗示人们重新回到1966年法国的立场：“卢森堡妥协”被视为在紧要关头阻止投票的可能性、在关键利益受到威胁时的人寿保险，一个“《权利法案》”。

但是，在20年的时长里，很多事都发生了变化。在1966到1987年间，成员国利益明显地转移到欧洲整体一边，以至于求助于

① Geoffrey Howe, *in* Anthony L. Teasdale, *The Life and Death of the Luxembourg Compromise*, *Journal of Common Market Studies*, 1993, 4, p. 574－575.

否决越来越难实现。在1992—1993年,英国人想到过在双亲假期和工作时间的法令上援引卢森堡否决,但是最终他们放弃了,“因为这一操作可能会有害人害己的后果”①。于是他们转向欧洲法院来提出自己的疑义。威胁打一炮,这还是可能的,但是付诸行动,首先可能有损害自身立场的危险,甚至有巴黎和伦敦开始互相怀疑的危险。由“卢森堡妥协”开启的跨越不是没有影响的。事实上,成员国总是将更多重量支撑放在建立了的欧洲一边的腿上,但在河流的另一边,它们在地上保留这一只坚定的脚以备不可抗力的情况发生——这个条件使得每个成员国可以在需要时用它服务其人民。

虽然不再有任何东西阻碍通向多数表决的道路,一致同意依然是欧洲内部的规定。1987年以来,人们遇上的不再是“否决的阴影”而是“投票的阴影”。② 每位部长都知道:在谈判桌上作出一些让步来获得别人的让步,总比待在讨论之外而最后成为唯一的投“反对”票者要更为有利。同样,由于考虑到团结互助,并且为了预防意外结果,组成多数派的国家更希望把尽可能多的打算投“反对”票的成员国拉到自己一边。多数派通过它所提出的威胁来制造一致同意。这样,当事实上向多数表决的条约还没实现时,欧洲整体向成员国施加的压力已大幅增加。

在这个一致同意的共同体中,有某位部长援引“卢森堡妥协”的情况的时间间隔越来越长。“卢森堡妥协”的用途是:当某个部长为了显示他的国家对于某个建议所持的保留意见极其严肃时,

---

① Anthony L. Teasdale, *op. cit.*, p. 578.

② J. H. H. Weiler, *The Transformation of Europe* (1991), in *The Constitution of Europe*, Cambridge, Cambridge University Press, 1999, p. 71-72.

他就将它拿来作谈判武器。在这样的情况下,"关键利益"或"根本利益"的措辞就是代码。这样以含蓄的用语来表达的方式,对于通过用一个例外的办法、用延期的办法或用一个另外的司法上的巧妙手段来达成协议,显得特别有效。

甚至在如今,成员国也希望维持"卢森堡妥协"的生命。2006年2月20日,也就是签署它40年之后,波兰对于甜菜市场的改革提出保留意见,得由各国农业部长们对此批准一个协议。华沙希望为它的甜菜得到5 000万欧元的补偿。虽然波兰的合作伙伴提出异议说:不能为了一个这么微小的数额而拉响警报,波兰农业部长还是书面宣布他将援引"卢森堡妥协"。刚成为欧盟成员两年的匈牙利代表向在座的法学家们询问"卢森堡妥协"是什么。而巴黎和伦敦则一点儿也不需要人们解释。无论是法国农业部长还是他的英国同仁都从各自的政府首脑那里得到命令:出于原则支持波兰的否决,即便在他们的职责中他们应当支持关于甜菜市场的计划。

在农业理事会内,完完全全是一派混乱不清的局面。波兰部长骄傲地诉诸其国家的"关键利益"。但他仍然成了少数派,尽管有波兰、希腊和立陶宛的反对,计划还是被通过了。发生了什么?当值的波兰语—法语翻译明显不了解"卢森堡妥协",没有理解"关键利益"用语的影响程度,大概把它翻译成了"重大利益"之类的表述。对此法国和英国部长就可以毫无顾忌地忽略他们收到的指令而高兴地投票通过计划。在那时,可怜的波兰部长没有表达任何抗议,他可能认为他出的牌没起任何作用……如果他有更多欧洲程序的经验,他本可努力把事情提到欧盟首脑会议上去。

"继承者"——1974 年至今

一些人认为"卢森堡妥协"业已完结并且不再存在、不再是悬在会议桌上的威胁，但是他们很难否认其"继承者"的存在。"卢森堡妥协"所树立的"利益"、"时间"和"权威"的概念从 1966 年起一点点地形式化，与布鲁塞尔欧洲官僚部门的正统性相抗衡。同盟越来越政治化。

在这方面，扮演关键角色的是由国家或政府元首参加的欧共体首脑会议。其 1974 年 12 月的创立尤以用来清除来自"卢森堡否决"的阻碍。当部长们分散于各群体中（农业理事会、运输理事会、贸易理事会……）而无法脱身时，欧共体首脑会议代表扮演了作出最终决定的机构角色，在首脑会议上人们能基于所有人的整体利益来快刀斩乱麻。把决定权转移到政府首脑层面，一方面赢得了时间，另一方面更紧密地嵌合了各行业利益直到实现所有人都接受的一个协议。尤其是峰会，成为了众成员国作为整体与作为个体的各成员国进行谈判的论坛。

自不同部长开始"在投票阴影下"作出决定以来，可以看见在部长理事会和欧洲理事会之间出现了迷人的合作。当某位部长就某一行业利益受到变成少数派的威胁时，有时会用外交上的权宜之计来阻挠理事会作出决定，思量着他的首脑可能可以在下一次峰会时从他的同仁那里获得某些承诺。这一手段通常以非正式的方式进行，在某些情况下，其方式是阻止（任何一个）其他要求一致同意才能通过的议题，只要在这个议题中还有少数派。这样的例子之一是：保加利亚政府（2007 年 10 月）威胁只要欧洲中央银行没有批准西里尔字母拼写的欧元一词，就不在一个与黑山共和国有关的既定协议上签字。问题在之后的欧洲理事会中，以对索菲亚（保加利亚）有利的方式得到解决。

人们也经历了这一策略的剧烈变型。1996 年 3 月，英国爆发疯牛病危机，并且恐慌蔓延到了欧洲大陆，这时一个欧洲专家委员会主张暂时禁止英国牛肉出口到欧盟其他地区。这是一个引发伦敦愤怒的决定。相关的疫情和对于公众健康威胁之间的关系的科学论证是微薄的，特别是并不存在任何将牛肉以不同来源区分开的理由。欧盟委员会 5 月承认了这一点；但是在忧心忡忡的消费者的压力之下，一小部分禁止进口英国牛肉的成员国反对任何禁止的松动。狂怒之下，梅杰（Major）首相在下议院宣布了一项全面阻挠欧盟决定的政策。他要求他的大臣们只要冲突悬而未决就阻止所有需要一致同意的决定。英国的目的是要在之后的欧洲理事会的日程安排中把这个议题放在首要位置。这便是佛罗伦萨“疯牛病高峰会议”时所发生的情况。英国获得了满意的结果，梅杰首相随之结束了阻挠政策。首相在他的回忆录中辩护其阻挠政策——戴高乐将军“空椅子”手段的司法变型——是有意义的：“我遵守俱乐部规则来进行活动，但是俱乐部改变了规则。”[①]否认得自“卢森堡妥协”的指导规则，就等于背叛对俱乐部的归属感，这样的情感支撑着中间领域。

在欧盟对外政策中，人们给予这个诉诸欧洲理事会的可能性以正式的性质。在这一领域，大的方针政策由一致同意通过，但是某些关于具体实施的决定以多数表决通过——至少条约是这么规定的。《阿姆斯特丹条约》（1997）对于这一规则提出例外的方式是令人吃惊的：“如果部长理事会的一个成员宣称，其出于重要的

① John Major, *The Autobiography*, Londres, Harper Collins, 1999, p. 653.

(important)国家政治理由、并明确表明其有意在形成有效多数前反对一个决定的通过，就不进行投票。部长理事会可以以有效多数作出决定要求欧洲理事会为了达到以一致同意作出决定的目的来处理该事宜。”①

得将这个被称作“警报信号”的规定理解为“卢森堡妥协”的第一个“继承者”。它含有相同的因素：上升到国家利益层面的考虑便有权在时间上一直推迟到下一次人们以一致同意作出决定的峰会。在《里斯本条约》(2007)中，这个警报信号得以保留，但表达更为精确：“出于极其重要的(vital)国家政治理由、并明确表明”②——将“重要”替换为“极其重要”，是意蕴丰富的对“卢森堡妥协”的暗引。该条约对有关家庭法和刑法的立法包含有相似的警报信号。

“权威”，这个“卢森堡妥协”引入欧洲秩序中的第三个被忽略的概念，其表现方式不同于前两个概念。在1966年，各成员国承认欧洲的决定建立在国家权威的基础之上。戴高乐给过大家一个教训：人们在反对一个国家的意愿的情况下最后是无法将决定强加于它的，这个教训看起来不可动摇。欧洲机构一直没有配备使它们能够控制反抗的权威。现在我们知道，这样的情况并没有阻止决定程序通向多数表决——这个形势评定当会令戴高乐不快。因此，欧洲的决定不依赖于这些机构的权威——这是哈尔斯坦感到遗憾的——也不取决于分散的国家。另一个方案让人接受：如今欧洲的决定取决于作为整体的各国家。因此，新事物是：各国政府承担与这些决定有关的责任之意愿，包括在作为少数派的情况下。

① 《欧洲联盟条约》(TUE)，第23条第2款(阿姆斯特丹版本)。

② 《欧洲联盟条约》(TUE)，第31条第2款(里斯本版本)。

这等于说他们准备好在各自国家的议会和舆论前把这些决定作为欧洲的决定来捍卫。一旦事关以多数表决通过的措施，一国之政府，不论喜欢不喜欢，都有义务作为欧洲权威的代表来表现。这有深远的政治后果。它们在这个任务中遇到的困难事实上成为了进展踌躇的欧洲民众一体化的驱动力（见第三部分）。

两个由创始条约开启的根本宪法问题仍有待回答，或者说已有的答案都答得太早太草率，这两个问题在30年间得以提炼出来。首先，在范根德 & 洛斯案件（1963）之后的12年间，各成员国都承认共同体法律原则优先于各国法律原则。由此，各国在司法领域被驯服。欧洲成为司法秩序，法院是这个领域的发言人。接着，所有成员国逐渐接受它们是一个政治体的一部分，在这个政治体中，这个或者那个成员国都有可能成为少数派。

同时，所有国家都知道当一个决定对于它们来说无法接受时，大家会寻求一个集体解决方法，条件是它们所提出的理由是可信的。1966年，当欧洲通过至此最严重的危机后，它们获得了这一保证。即便后来签署的协议可以说从人们的思想中消失了，该协议所提出的基石却一直有效。对欧洲决定的遵守在任何情况下都取决于国家的意志。一致同意就是准则。这就是为什么与很多人设想相反，欧洲政治发言人不是欧盟委员会（及其前身欧共体执委会）；而是由部长理事会扮演了这一角色，之后它让位给了欧洲首脑会议（后为欧洲理事会）。

这就是条约执行的结果：一方面，分散的各个国家被欧洲驯服；另一方面，作为在整体里的各个国家，牢固地掌控着政治方向。多亏了因“卢森堡妥协”而变得可能的创建欧洲之进程中的跨越，欧洲可以表现为司法秩序和政治体。这是一个不论戴高乐还是哈尔斯坦都不承认的事实，但的确是我们的现实。

这就是会议桌上的秘密。共同的会议桌，在那里，俱乐部的归属以及条约的纽带变得比正式作出决定的规则更为重要，并且可以为每个属于共同责任的问题找到解决方法。这意味着只要有一个决定规则存在，无论是什么样的决定规则，它都有利于决定程序。压力催生了决定。

至于事情过程的方式——相互交换、开诚布公或把事情弄乱、在一张纸片上草草地写、在非正式场合的严肃交谈、当会议中断时在走廊上达成的交易或在某国首都精心酝酿——这都是另外一段历史。构成这段历史的这些小秘密也促进着欧洲会议桌上的成功，并且那些不在圈子里的人是无法知晓这些小秘密的。

第二章 跳 跃

那么在跳跃之前请充分考虑，因为一旦跨过了卢比孔河，就不再有退路了。

——琴蒂内尔(Centinel)

所有欧洲条约只有成功通过两扇一致同意的大门才能生效：首先是所有相关政府代表的签署，然后是通过公民投票或议会投票的途径得到全体人民的同意。在这两个步骤之间存在一个模糊的时期。如果虽然在政府层面已经给予同意，但某些国家不批准条约，那么事实上人们会怎么做呢？

2007年12月13日《里斯本条约》签署后，就进入了这样的一个时期。6个月后，事情发生了：爱尔兰人民投票“反对”。批准进程陷入瘫痪，那怎么办？

基本上有三种可能。第一种是保持司法上的连续性：单单一个“反对”就把条约毁了，那么就维持现状。第二种就是宪法上的决裂：那些投票“赞成”的人民——但从多少票数比例算起也是个问题——在缩小的欧盟框架内继续他们的道路而放弃其他人民。第三种就是政治上的强制：那些“赞成”的人向其他人施加压力以使得后者加入进来或接受新的解决方法。

事态根据相关情况以及“赞成”力量与“反对”力量的对比而发展。这样，相对较小的国家和相对边缘的国家，比如丹麦和爱尔兰，被迫分别在 1992 年和 2001 年组织第二次全民公决，但 2005 年时，法国和荷兰就不会这么做。这个区别表明：批准不仅是一个简单的司法问题。唯一一个签名的缺少并不能让修正的理由消失。

在批准方面，向多数表决的过渡意味着什么？它和什么相像？或者这样思考是否愚蠢？

1. 神奇的方法

这个问题曾经是 18 世纪最后 25 年里北美 13 个小州的问题。它们从 1776 年以来从母国英国中独立出来，对于进入国际舞台的最好方式犹豫不决：是作为一个整体还是分别地进入国际舞台。它们处事之决断在那时必然令古老的大陆外交家们惊讶不已。这段有魅力的历史为欧洲的建立提供了一面镜子。首先要明确一点：在这里我们并不打算进行美国建立和欧洲统一之间的整体历史比较。在这里我们只分析欧洲如同美国在 1787—1791 年间发生在司法-政治层面从一致同意向多数表决的跳跃，而不涉及其他更多话题。

为了能在过去的镜子里看到一些东西，必须不能忘记美国的建立时刻是被神话了的。故事大抵如下：在费城的一个夏天，在乔治·华盛顿(George Washington)的主持下，一些才华横溢的智者，比如詹姆斯·麦迪逊(James Madison)、亚历山大·汉密尔顿(Alexander Hamilton)、本杰明·富兰克林(Benjamin Franklin)等人，起草了一个至今还有效的宪法：一个未来世界强国的理想开端。这就是美国孩子在学校大致学到的内容。在欧洲，人们乐于这样解释这一成功：这13个州的人说同一种语言，这13个州刚刚摆脱英国的枷锁，它们自此组成联邦成为一个国家再正常不过了。这样推理，人们实际上是忘记了在联邦主义和反联邦主义之间的争论所得出的结果完全不是自然而然的。所以重温主宰这一开端的偶然事件、琐事、惹人注目的行动不是没有用的。

美国宪法在1787年5月到9月期间由13个州中的12个代表在费城召开制宪会议制定。只有一个小州罗得岛拒绝派代表。这次会议的目的是修正美国联邦条例。也就是修正1781年由13个州所签订的条约，这13个州在1776年独立之后，由这个协议开始，投身于相对不稳定的合作之中。签署者很快就指出中央政治、财政权力的弱小，他们打算完善联邦协定。制宪会议事实上企图设置一个新的政治体制。行政权、立法权、司法权、税收系统、奴隶问题、新闻自由——几乎所有议题都被谈及。人们激烈地谈判：在大州和小州之间，关于商人、种植者、船工、金融家的经济利益……但根本要点并不在于国家政府的形式，而在于这样的政府能否诞生的问题。虽然历史学家抹去了这个中心问题——也许为了不狠狠打击缔造的神话——它在事前其实远未得到解决。

美国宪法体现“政变”性质的条文在其第7条，也就是最后一条之中：“经9个州制宪会议的批准，即足以使本宪法在各批准州成立。”关于多数表决的这个规定是使旧秩序得以向新秩序过渡的神奇方法，这个神奇的方法开启了从多重向单一转型、从一个国家联盟向一个联邦国家转型的道路。

争论显示，实际上当时没有参加者意识到这个条文的影响。在1787年8月29日条文被涉及，讨论的焦点是一个门槛：对于一个新宪法的生效所必须的最小批准州数。宾夕法尼亚州主张简单多数,也就是说13个州中的7个州的签字。弗吉尼亚州更偏向三分之二多数,也就是9个州。康涅狄格州要求四分之三多数,也就是10个州。只有马里兰州的代表要求13个州全部批准:在他看来,不可能有其他办法来解除现行的联邦条例。

人们怎样来解决这个问题?投票!8月31日,人们投票确定门槛为9个。这个投票本身并不要求全体一致同意才能通过。在政治上,大革命有时在程序的隐蔽处隐藏。不论是在制宪大会还是在13个州各自内部进行批准的争论时,都没有人重提这个问题。但是这一条文构成了相对于现有秩序的根本中断。

马里兰的代表丹尼尔·卡罗尔(Daniel Carroll)仍然提出了一个问题。根据联邦条例,13个州不久前刚刚建立了一个"永久的联盟",在这个联盟中的每个州都保留有"它的主权、自由和独立";联邦条例另外还规定每个州,通过其议会,都拥有关于修改联邦条例的否决权。

因此,宪法的制定者在费城的所作所为远远超过了增加自己所被赋予的权力:他们与现行的司法—政治秩序作了决裂。这是多亏了包含在第7条中的分两个时期进行的运动。第一个运动:向多数表决过渡。旧的联盟在至少13个州中的9个接受新的联盟的情况下可以被解散,而不需要全体的同意。没有任何文字提及那些不批准新条款的州的命运。第二个运动:求助于复数的人民。制宪会议要求13个州议会处于游戏之外,并且把宪法提交给由人民特意为此事而选择的13个制宪委员会。制宪求助于这些人民所代表的隐蔽的制宪会议权力,这样就绕过了议会这个现行秩序的自然和合法的维护者。

为了给这个制宪政变加冕,费城的制宪会议在1787年9月12

日窃取了人民的发言权——这次是单数的人民——而让宪法的序言以著名的口号"我们,美利坚合众国的人民"作为开始。这就是人民创造国家和国家创造人民的精确时刻。

至此,人们就有了一个文本。但如果没有批准,其意义也就不怎么大。批准的过程在1787年9月17日制宪会议的最后一天和1788年6月21日由第9个州新罕布什尔州批准之日之间正式展开,充满着13和1之间犹豫、宣传、喧嚣的争论以及讨价还价,这还没算上两个"反对"。13个州中的9个批准了:到达了门槛。但两个最重要的州还没投票:纽约和弗吉尼亚。它们的缺席会让联邦被切成3块,有点像一个不包含法国和德国的统一欧洲。

两个州中的弗吉尼亚州先行动起来。种植园主们的这个富裕的州在6月2日至27日在里士满召开制宪会议。对抗是激烈的。他们怎么可以以一个单数的美国人民的名义制定一个宪法?反联邦主义者帕特里克·亨利(Patrick Henry)在开幕演讲中问道:"谁允许他们说:我们,人民,而不是我们,各州?……人民并没有允许使用他们的名义。"①三位有才华的联邦主义者——麦迪逊、马歇尔(Marshall)和伦道夫(Randolph)——与他对立相争。但发表英雄主义演说的亨利离取得胜利实际上很近了;精疲力竭的他最后还是放开了肉骨头,并以79对89票败北。

这样就有10个州已经批准。在此期间,在800英里以北,纽约州的制宪会议在波基普西由乔治·克林顿(George Clinton)主持召开。大多数人更倾向于"反对",但是汉密尔顿的精明和威胁在7月

① Patrick Henry, discours du 4 juin 1788 à la Convention de Virginie, in Bernard Bailyn, *The Debate on the Constitution*, II, Library of America, 1993, p. 596-597.

26日让“赞成”出乎意外地获得了胜利(30票赞成,27票反对)。这样就有11个州已经批准,两个大州也上了船。

4个月前罗得岛州缺席了费城会议,并反对组织一个制宪会议,这时其全民公决的结果是大多数投了“反对”票。8月初,最后一个制宪会议,北卡罗来纳州的投票结果同样是反对。最终结果是:13个州中的11个批准了宪法。在1789年4月,对于11个州来说,第一届美国联邦政府决然就任了。

两个“落伍者”认真地反思。1789年末,北卡罗来纳州第二次制宪会议通过了宪法:他们感受到了现实的力量。詹姆斯·艾尔德尔(James Iredell),北卡罗来纳州制宪会议成员,15个月前在第一次促使本州批准宪法时是这样解释的:“一位绅士说我们作决定时,应该当做好像没有任何一个州通过了宪法那样来作决定。这个一般性原则是对的,即便如此,我们也必须考虑自身的特殊情况。我们不能单独存在。”①不考虑历史背景是不可能的:而他的同胞这回才意识到这一点。罗得岛州一直顽抗到1790年5月才直面现实,跨出了这一步加入了联盟。

这些赞同结果确认了由宪法第7条所提出的批准原则。多次反复会使人在死胡同里打转。但这没有发生。反联邦主义者承认了他们的失败。旧的联盟大会自行解散。一个新的联邦大会取而代之,并有一位主席就职。接受这些事实的公众和政治家承认了两条原则的地位高于联盟条约:首先是每个州的人民的制宪权力;然后是整体相对于各部分的优先权。所有州在制宪中都好像联邦条例已经被废除那样运作。

---

① James Iredell, discours du 30 juillet 1788 à la Convention de la Caroline du Nord, *in* Bernard Bailyn, *op. cit.*, p. 916.

出人意料的是第 7 条的革命特征只引发了很少的争议。詹姆斯·麦迪逊，在费城很有影响，并且意识到正在进行的宪法中断，对此甚为惊讶。他使用一个笔名在 1788 年初的纽约报纸上承认制宪会议在以下这一点上背离了其所被赋予的任务："制宪会议没有提出获得所有州同意的计划，它建议了一个只由 9 个州提出和承担后果的计划。值得注意的是：这个反对意见虽然比其他反对意见都中肯，批评制宪会议的那些文章却最少援引这个意见。"①

尽管很少人强调这个反对意见，麦迪逊在文中还是把它好好地反驳了一番：他认为把 12 个州的命运和第 13 个州的堕落的任性联系在一起是荒谬的，更何况此事中那个爱反对的罗得岛州只拥有六十分之一的美国人口。在别的场合麦迪逊坚持说："要求 13 个州一致同意的批准会把所有州的根本利益交给一个成员的堕落的任性。"②他巧妙地反转了举证责任，并把所希望的结果——所有州——升格为标准，以孤立部分。为了论证未被全体一致接受的、违宪的联盟解散之必要性，他诉诸强大的保护者：借助于"事件的绝对必要性、自我保护的崇高原则、自然和自然的上帝的至高无上法则"③。他似乎很清楚其推理站不住脚，努力用叫喊声来掩盖对法律的违反。

反联邦主义者这边拥有正当的权利。但是如果他们专注于这个理由则很勉强。只有在马里兰州——这个州在费城会议上显得对现有秩序最为依恋，建议宪法的生效必须所有州都批准（没有被

① James Madison, *in* Alexander Hamilton, James Madison & John Jay, *The Federalist Papers* [1788]; Charles R. Kesler & Clinton Rossiter (éd.), New York, Penguin Putnam, 1999, n° 40, p. 219.

② *Ibid.*, n°43, p. 247.

③ *Ibid.*

采纳)——人们因宪法第 7 条而感到狼狈窘迫。充满热情的制宪会议成员路德 · 马丁(Luther Martin)——他以很少清醒严肃以及喜做无休止的古怪演讲而著称——在费城会议后向马里兰州议会报告他及其同事在费城讨论多数表决议题时无瑕疵地捍卫了马里兰州的反对立场。据他们说,多数表决是在人们拥有一个宪法时候所约定的原则,但当事关通过一个宪法或废除一个要摒弃的宪法时,就必须摈弃多数表决——废除宪法不能在没有“每个参加原始协议的个体全员一致同意”①的情况下发生。有鉴于此,进行通过 9 个而把 4 个留在河堤上的从 13 到 1 的跳跃,是令人气愤的。这个代表言之有理,但略显急躁,最终还是未被听从。1788 年 4 月 26 日,他亲爱的马里兰州以 63 票赞成 11 票反对投身于“人们为我们铸造的锁链”②——联盟的锁链之中。

为何旧秩序在人们的思想中留下这么少的印记呢?如果阅读当时的演说和辩论,读者并不会产生这样的印象:障碍因人民制宪权力的清晰意识而被克服。读者也不能认为人民让一个联邦阴谋给欺骗了。读者更多感觉到的是:危机的弥漫、改变的必要、一个不能错过的时刻的来临。

“每个人都说:有些事必须得完成。”③这就是波科克所谓的马基雅弗利时刻:当人民体会到国家是死的、并把命运掌握在自己手中的那个时刻。换句话说:新条约的批准之所以能达成,不是因为

---

① Luther Martin, discours du 8 février 1788 au parlement du Maryland, *in* Bernard Bailyn, *op. cit.*, I, p. 656.

② *Ibid.*, p. 661.

③ Patrick Henry, discours du 24 juin 1788 à la Convention de Virginie, *in* Edward C. Biddle (éd.), *American Oratory, or Selections from the Speeches of Eminent Americans*, Philadelphie, E. C. Biddle, 1846, p. 92.

一些人的宪法意图，也不因为一个政治上的漫不经心，而是因为历史意识的觉醒。

人们经历了一个如同跳跃般的过渡，这是一个重大事实。一些人明确地说："跳，是生存问题!"。另一些人则建议"谨慎点!"，比如一位反联邦主义的抨击文章的作者写道："那么在跳跃之前请充分考虑，因为一旦跨过了卢比孔河，就不再有退路了。"①美国人看见了卢比孔河，并跳过了它。1788 年 7 月 4 日，在宪法条文被第 9 个和第 10 个州批准后，各地人民举行了欢庆活动。在费城有 1 万多人的游行，人们高举着有 13 根柱子的希腊神殿模型，演说家庄严地发言，礼炮声在港口回响。

在大约 30 多个月的时间里，经过了许多谈判，但没有内战、没有分裂、没有任何外国势力的干预，所有的州都加入了新联邦。这是一个当然称得上迅速的转型，但绝不是一个瞬间的过渡。美国人，他们为了从多重到单一的过渡也花费了时间的。

2. 台阶上的东道主

在大西洋彼岸发生的先例让人得以理解在建立一个政治体时向多数表决的过渡是怎样进行的。第一个条件：如同费城的制宪会议成员在 1787 年 8 月更喜欢宪法第 7 条的虚张声势而非既存的

---

① 本章章首即引 Centinel 此文句(Centinel 为 Samuel Bryan 写此文章所用的笔名，*lettre à l'Independent Gazette*，5 nov. 1787)作为题词，in Michael Lienesch, *New Order of the Ages: Time, the Constitution and the Making of Modern American Political Thought*, Princeton, Princeton University Press, 1988, p. 145。

联盟规则，欧洲国家领导人可以在特定时刻反对现存条约、决定不需要所有成员国的一致批准就足以赋予其联盟一个新的形式。第二个条件：如同美国13个州各个州的人民分别在1787年9月至1790年5月间，在历史情境的压力下，以其行动接受了大多数批准的原则，欧洲各国的人民可以被引导承认缔造的跳跃这一事实。

1945年以来，欧洲很多人向往“费城时刻”。他们对第一个条件进行了很多思考。一些政治学家致力于以美国宪法第7条为样本寻找一个神奇的方法。但他们使用的枯燥无味的法律文风不能再让任何人上当：这个寻找事实上为一个关键的政治问题敞开了大门。直到1985年前，对“费城时刻”的向往没有带来什么成果，因此人们尚不需要思考第二个条件，即公众的接受。因为还没有明显的缔造时刻产生。成员国整体，在没有向多数表决的跳跃的情况下，仍然以令人惊讶的方式，成功向它们中那些单独提出“反对”者施加了压力。这样，成员国的圈子重新建立。

这里得进行一个区分。向多数表决跳跃有两个合适的时机：其一是在现在通过一个新条约时，其二是在未来修正一个条约的时候。在这两种情况里，各方都是把他们的法定权力交付给整体以至于能在制宪的逻辑中讨论缔造。但两者存在一个重要的区别：在第二种情况里，人们事实上可以合法地在缔造条约的时候以一致同意表决来规定未来可以多数表决来修正缔造条约——这是卢梭的选择，或者说还有路德·马丁在马里兰考虑的也是这种选择。在第一种情况里，其(重新)缔造的性质并无法隐藏起来，也不能掩盖它对现行规则的违反，在费城人们使用的就是这样的诡计。这条最捷路径的支持者好像被这样的思想所鼓励：“今天能实现的事为什么要推迟到明天?”——这里就是罗得岛，这就跳吧(这是伊索寓言“吹牛的运动员”中的一个句子，当运动员吹牛说自己曾在古希腊罗得岛跳出了超远的距离时，听众说“就当这里是罗得岛，这就跳来看看”。作者引用此句意指“就在此时此地做吧”。——译者注）。

从1951年以来所有的欧洲条约都根据一致同意的规则生效，一致同意本身也包含在条约文本中。总是有两个一致同意的时刻：首先是各国政府全体一致作出修正；然后，每个国家的议会或人民都要批准。这两个时刻中的每一个都有其强制性，该强制性根据背景变化，决定了向多数表决规则进行突破的机会。

首先来看政府一致同意的时刻。它们聚在同一张谈判桌上。所实施的强制力量根据其所涉及的缔造条约的不同而不同——是在实践意义上建立一个新组织的文本？还是一个修改现行条约的条约？不愿意建立缔造条约的政府可以或应该拒绝出席会议。1950年煤炭联盟建立时就是这样。英国人想接受罗伯特·舒曼的邀请，但事先完全拒绝与一个超国家的机构联系在一起。他们希望坐在会议桌上，但保留离开的权利。舒曼试图给予他们这个例外权利，但他的顾问让·莫内说服了他，说这对于共同体计划是致命打击：“事先听任一个组成方式可以取代法国建议的组成方式，这只会成为笑柄。如果是这样，很快就会既不再有共同规定，也不再有高级委员会的独立。”①巴黎由此排除了伦敦。在从零开始的情况下，提出倡议的一方处于强势地位。它大方地问道：“谁愿意和我们一起玩？”它可以要求对方按“你们要么愿意，要么不愿意”的逻辑作出选择。在这种谈判里，没有否决权可使用。抗拒者要么自己远离会议桌要么被排除在会议桌外；只有被说服的那些成

① Note du 31 mai 1950, *in* Jean Monnet, *Mémoires*, Paris, Fayard, 1976, p. 368 -369.

员可以留在会议桌旁。

修正一个条约时的情况则不同。拒绝所有改变的政府有可能（直到某个层面）以否决权来阻止一切。它拥有包含否决权的现行修正规则。支持修正的国家在这种情况下经常会威胁以缩减国家数目的团体来达成它们的计划。在2005—2007年的批准危机时，比利时首相和他的意大利同仁就曾鼓吹建立一个这样的"欧洲核心"——这是他们自我庆祝时所用的词儿。这样的设想方案并没有强行进行以多数表决通过的重建，而是建议创建一个缩小的一致同意的有限联盟。但考虑到司法的复杂性——解散现有的联盟本身也要求所有人的同意，此类威胁主要是被用来作为对顽抗者施加压力的手段。结果是大家继续谈判，直到达成一个所有人都接受的协议。因此，在政府的谈判桌上，多数表决突破并不顺利：这个问题没有在建立联盟的时候提出，而在修正条约时也几乎无法克服。

接着看看欧洲各国议会和各国人民批准的时刻。各国议会并不聚集在一张会议桌周围。与各国政府不同，他们既不在同一时间作出决定，也不共同作出决定。他们因此受到的情势压力就比政府稍小一些。尽管在形式上来说，一国议会的不批准便阻止了修正在整个联盟的生效，根据议会和人民所表达的对欧洲一体化的拥护，他们仍然已经在寻找欧洲缔造时刻的出发点。

因此，篡改否决权便经由制定条约如何生效的条款来启动。这是一个司法魔术。好了！人们这便有了向往的政治跳跃。按那些渴望政治跳跃的人的说法，几个词就足够解决问题。这些人还制定并明确了这样的计划，机构领域（内部领域）的代表尤其如此：在内部领域里，他们过得就好像跳跃已经完成那样，他们把国家的否决权视作为一种束缚，而把多数表决视作为人们所期待的自由的恢复。1984年，在第一次议员普选几年后，欧洲议会提出了一个关于多数表决的规定。该规定是一个计划条约的一部分，是在意大利欧洲议员阿尔提艾罗·斯皮内利(Altiero Spinelli)这个抵抗运动的英雄和一贯的联邦主义者的鼓动下被纳入的。这个做法的主意是：这个计划只要被简单多数国家批准——条件是这些国家占至少2/3的欧洲人口，它就可以生效。在1984年，这意味着：10国中有6国批准并且此6国中有4个大国中的3个就够了。该方法之所以被设计出来，是针对要“前进”的那些国家和某个或一小撮更“谨小慎微的”国家之间的裂痕——后者中所有人都能想到的当然有伦敦，因为这些年撒切尔从不害怕使用否决权。虽然这个计划得到了包括德国议会在内的各方赞扬，但各国政府从来没有真正认真地研究过条约生效条件的条款。

18年后，一些人以为“费城时刻”到来了，因为欧共体召集了负责制定(欧盟宪法)条约的大会，其代表除了来自各国政府和议会，还来自欧共体机构。在这样的会议上，人们必然要讨论批准问题。一致同意的规定并不能鼓励内部领域成员的雄心。另外，仅一个“反对”就可以毁灭几个月共同实现的工作成果，这样的前景不能让任何人高兴。马耳他，申请加入欧盟的候选国，很快噩梦般地代替了潜在的、荒谬的小顽抗者——就像是美国制宪中的罗得岛州的欧洲变体。在这样的气氛中，大会的不同成员制定了欧盟宪法的所有条约，其中规定了向多数表决的跳跃。

最初的提议来自法国参议员巴丹泰(Badinter)：“宪法将生效于第十五个进行这个程序的签署国递交批准正本后第25个月的第一天。”[①]在那时，2002年，联盟有15个成员并有10个国家马上

① Robert Badinter, *Une constitution européenne*, Paris, Fayard, 2002, p. 133 - 134.

要加入。因此这个规定可以被解读为一种勉励：在扩大联盟前，我们老的成员要整顿我们的制度事务。尽管欧盟条约在被最后一个成员国批准不久后就巧妙地生效，但巴丹泰条款规定了批准后还要有两年的时间才能达到(触及)此门槛。其想法可能是给犹豫者一段时间来考虑是否加入联盟，这有点像北卡罗来纳州和罗得岛州需要时间来加入美利坚合众国。

2002年，内部领域的首脑，欧盟委员会主席罗马诺·普罗迪(Romano Prodi)也曾就宪法提议一个"勇敢的"宪法中断。他的主意是与欧盟宪法一起提交给各国政府签署的，另外还有一个关于它如何生效的条约。签署该条约，就是接受欧盟宪法只要有四分之三的成员国批准就生效，并且承诺如果不能说服自己的人民(如果无法使本国人民批准欧盟宪法)就退出联盟。[①] 这个提议在司法上是巧妙的，但其构建过于以美国宪法第7条那样的形式为中心，却太少注意人民对退出联盟承诺接受与否。

这些内部领域的建议和鼓励诚然是热烈的。但跳跃，只有成员国能做。是它们承担着风险、是它们来判断被唯一一个顽抗的国家阻止的威胁是否真的比有一天自己被多数表决的利剑打击要严重。因为这关系到它们的根本利益。

另有一点值得一提。关于否决权之荒谬性的恐慌故事在2002年时没有一点儿事实支持。在不到20年时间里，成员国四次通过双重的一致同意大门共同开辟了一条道路：1986年(《单一欧洲法案》)、1992年(《马斯特里赫特条约》)、1997年(《阿姆斯特丹条约》)和2001年(《尼斯条约》)签署的条约能根据正规的要求被批

---

① Romano Prodi, *Préface*, *in* Alfonsa Mattera(éd.), *Pénélope: projet de Constitution de l'Union européenne*, Paris, Clément Juglar, 2003, p. 8.

准生效。更棒的是，由两个单独的“反对”构成的阻碍被成功解除了。顽抗者——丹麦和爱尔兰——没有把联盟作为人质。在它们的合作伙伴的压力下，这两个国家决定第二次向它们各自的人民要求支持他们之前拒绝的同一个条约。哥本哈根和都柏林在其中加入了一些解释，而这些解释对于其他国家没有任何司法后果；后者甚至还接受减免丹麦的一些义务。两国政府都赢得了第二次全民公决的机会。各成员国从这些经验中收获了一些信心：欧洲整体能使得那些胆小的国家通过大家的想法；还吸取了经验：在政治方面，一致同意的阻碍不是像法律安排让人以为的那样不能超越。某些形势对于个体成员来说可能是令人担忧的，但对于整体来说是令人放心的。

2002—2003 年在布鲁塞尔召开的欧盟制宪会议上，成员国代表和内部领域的代表第一次公开地就宪法的生效规定进行讨论。尽管要使得关于多数表决的不同提议获得成功还有很多的工作要做，但会议还有利于另外一个的宪法过渡时刻的产生，也就是使欧洲整体责任形式化。

这一创新在最后条款的初稿中就已经出现。在 2003 年 4 月初发给制宪会议成员之前由一个十二人主席团闭门会议敲定并由一个秘书处拟定，文本比照关于生效的现行条款，将其进行了必要修改，作为新条约的“第 G 条”：

> 1. 宪法条约应被各签约方根据其各自的宪法规则批准。批准正本应提交给意大利共和国政府。
>
> 2. 宪法条约将于________生效，条件是所有签署国都提交了批准正本，或者如果不是所有签署国都批准了条约，那么就是在最后一个批准条约的签署国递交正本后一个月的第一天。

但是，接下来的第三段有着一个令人惊讶的创新：

> 3. 如果从宪法条约签署算起两年后，五分之四的成员国批准宪法条约并且一个或几个成员国在进行批准时遇到困难，该问题将被提交给欧洲理事会处理。[①]

这是一个巧妙而重要的转折，其基础是区分批准失败的法律后果和政治后果。该方法并没有质疑一个“反对”将会阻碍新条约的生效。在法律方面，什么都没有改变：像一直以来一样，要求一致同意。创新在于在批准失败的情况下对共同政治责任的认可。这个结论可从两个因素得出：首先，人们把这个责任寄托给一个特殊的对象：责任不仅属于批准或不批准的国家，还属于中间领域的最高政治表达——欧洲理事会；接着，这个共同责任的产生有一个门槛：五分之四的国家已经批准。尽管司法上每个国家的否决权继续有效，但是有一个政治阴影向它扑来。事实上，这是关于缔造的责任向多数表决的过渡。

因为第三段的话，成员国为自己提供了某个东道主。这个东道主在台阶上等待并迎接迟到者，倾听他们为自己辩护的理由。这个东道主不拒绝任何人的加入。这个东道主甚至能要求——在迟到者拒绝跨过门槛而又必须出席的情况下——在屋内等待的国家重新出来，以便欢庆活动可以在室外非正式地重启。

在讨论最终条款的全体大会前，制宪会议的成员被允许提出修正建议。宪法生效条款的政治影响得到了所有人的注意。首先以书面形式引发的讨论特别引起了欧洲议员和那些小国的议员的

① CONV 647/03 du 2 avril 2003，art. G.

兴趣。前者按照它们的政治色彩(基督教民主党、社会党、自由派)组织起来,后者主要按照国家色彩(芬兰、荷兰、奥地利、葡萄牙)组织起来,其中一些国家的议员得到了它们政府代表的支持(比利时、卢森堡)。来自大国的代表,尤其是其政府代表,则保持缄默。

第G条提供了三个改变的开端。第一,人民表达的方式。人们提出了强制全民公决的想法。在制宪会议成员中,无论是笃信的联邦主义者还是最虔诚的反联邦主义者对这一磋商方式都甚为喜爱。双方都希望那些宪法里对决定性全民公决没有规定的成员国组织一个咨询性全民公决。联邦主义者强调向所有欧洲领土推广这一必要的人民磋商。欧洲议员迪阿梅尔(Duhamel)在头脑中已经有了一个日期:2004年6月的欧洲议会选举。他的同事福根胡贝尔(Voggenhuber)则建议:选票的统计不仅仅要按成员国统计选票,还要按整个联盟统计选票;得由欧洲议会主席宣布全部结果。尽管此二人都没有明确指出这个"欧洲结果"的地位是什么,但是在联盟层面上的全民公决仍然是把制宪权力交给欧洲公民整体的明显尝试,这是为了以更为坚固的基础阻碍一个或几个国家人民的"反对"。这是咄咄逼人的"我们,人民"(We, the people)的羞涩的变型——在费城制定的美国宪法序言里这毫不拐弯抹角的头几个词,成为宪法第7条向多数表决跳跃的必然推论。在布鲁塞尔的欧盟制宪会议中,没有人敢如此夸张地虚张声势。在投票结果里提出的欧洲人民的概念则显得更加令人有好感。

反联邦主义的一小撮人也完全认可联邦主义者向往的人民发言权。不过,对于这一小撮人——三位欧洲议员(一个丹麦人、一个法国人和一个英国人)、一位英国上议院议员和一位捷克议员——而言,这是一个复数的人民的判决。他们没忘记强调所有国家的人民都要批准的必要性。也就是说，25 个全民公决意味着 25 次获得"反对"的机会。丹麦人延斯-彼德·邦德(Jens-Peter Bonde)这个资深的欧洲一体化怀疑论者有足够的信心接受在不同国家同一天进行全民公决这一想法，以应对挑战。就好像是由他来负责确定决定性战斗的条件那样，他用一个更"欧洲"的日期来反击迪阿梅尔：2004 年 5 月 9 日，欧盟条约签署后的第一个舒曼宣言周年纪念日。在这场争论中的两个极端方期待着宪法枪战的开始。但武器分配并不平均："反对"一方有 25 颗子弹(25 个国家每个国家人民的"不批准"，都会导致反对方胜利。——译者注)，"赞成"一方只有 1 颗。

制宪会议的中心与西部牛仔式的民主计谋保持了距离。许多人更多地是在寻求成员国多数批准的突破。一位基督教民主党的欧洲议员就一个预备宪法条约在五分之四的成员国批准后即生效的修正案收集到了差不多 30 个签名。另外有两位自由党的议员拥有 20 多个签名支持相似的提议，不同的是该提议把门槛设定在六分之五的成员国批准。支持这些激进想法的不是制宪会议中的最重要的成员。由欧共体执委会前主席雅克·桑特(Jacques Santer)所代表的卢森堡政府，是唯一支持这一计划的政府。

修正案的第三个对象是与欧盟理事会角色有关的创新。后者在条约签署两年后在至少五分之四但并非全部成员批准的情况下负责欧盟宪法条约事务，这个主席团的提议让一些制宪派困惑了。立陶宛议会代表提出："第 G 条第 3 段强调了一个潜在问题但没有带来任何解决方案。"①因此应当删掉。卢森堡、荷兰和奥地利政府也建议删去该段。海牙明确视该安排为一个威胁，荷兰政府表示：

① Vytenis Andriukaitis, amendement à l'art. G, CONV 647/03.

“条约生效而没有荷兰王国的批准，这个可能性是不能接受的。”①(两年之后，在荷兰人民投票“反对”欧盟宪法条约后，荷兰首相采取了一个符合其修正案精神的态度：出结果的那天晚上，他急忙宣布欧盟宪法条约死亡，这样就等于不承认与第G条第3段所要表达的情形有关的欧洲共同责任。)卢森堡这个支持多数表决批准的国家所不满的，是另一个问题：第3段的安排将使得欧盟首脑会议在着手做任何事之前还要等待两年。

在签署吸纳10个新成员、扩大联盟的雅典条约之后一周，各方借机举行了制宪会议的全体讨论。不能让任何单个国家阻止联盟整体前进的想法得到加强：因为马耳他、塞浦路斯或拉脱维亚也有了否决权。看到这一危险，英国政府代表赶紧在讨论中心插上了一面红旗：“一个拥有25个成员的联盟不能被一个国家阻碍，这么说说是可以的，但是……如果修正原来的这些方案，将会是一个错误、是对于我们的民主合法性的一个挑战。”他接着补充说：“政治信用得自对于重要前进步伐采取全体一致同意的决定。”②多数表决批准的支持者没能拔出这面旗。深思熟虑之后，各国议会代表对于中断现行规则不再热衷，而各国政府代表热情减退更甚。

多数表决批准提案得到的支持如此之少，以至于主席团在制宪会议全体大会讨论后否决了它。至于欧洲共同责任，人们在后台就此进行了激烈斗争：制宪会议副主席比利时前首相让-吕克·德阿纳(Jean-Luc Dehaene)希望保留第G条的第3段，而会议秘书长英国外交官约翰·克尔(John Kerr)爵士则想要删除它。最后德阿纳获得了胜利，但是那句话不再包含在第G条中，而是作为政治

① Gijs de Vries & Tom de Bruijn, amendement à l'art. G, CONV 647/03.

② Peter Hain, 25 avril 2003, séance plénière de la Convention (*verbatim*).

宣言单独出现。这是一个必要的改编，正如一位法国参议员在讨论中指出的那样："如果关于宪法条约的批准出现问题，这个问题不能由条约本身来解决，因为根据定义，该问题出现时条约尚未能生效。"[①]上述第 3 段话从第 G 条中移出之后，变成了 2003 年 7 月制宪会议主席交给各国政府的条约计划中的"最终纲领的宣言"。没有神奇的方法，但是有一个共同寻求解决方案的勉励。

在 2004 年结束的爱尔兰主持的政府间会议上，该条款经历了严峻的考验。爱尔兰人对于他们在 2001 年"反对"后所遭受的压力没留下什么好印象(爱尔兰 2001 年全民公决否决了欧盟东扩的《尼斯条约》。——译者注)，所以很希望摆脱该条款。在达成最后协议之前不久，都柏林将句子重新写成间接引语。在一些争执之后人们可以在条约的正式文本中看到名为"30 宣言"的这句话：

> 大会指出：如果在签署制定欧洲宪法的条约后的两年期限结束时，五分之四的成员国批准了这个条约并且一个或几个成员国对于进行该批准遇到了困难，该问题将被提交给欧盟理事会处理。[②]

欧洲关于一个新条约生效的向多数表决过渡的努力暂时到此为止。令内部领域很失望的是，与现有的司法秩序中断的想法一样，这对于几乎所有国家而言，都是不能接受的。1787 年在费城只有一个州捍卫一致同意(马里兰)，而 2004 年的欧洲只有一个国家

① Hubert Haenel, 25 avrail 2003, séance plénière de la Convention (*verbatim*).

② *Journal officiel de l'Union européenne*, 16. 12. 2004, C 310/464.

为多数表决辩护(小国卢森堡)。各成员国还是牢牢站在它们在欧洲秩序中所占有的根本位置上。

值得注意的一点是:成员国承认对于一个新条约的共同政治责任。条约所附的“30宣言”是向多数表决过渡之努力的第一个成果。成员国个体的位置没有被动摇,但欧洲整体与之相比稍微被加强了。因此这儿不存在跳跃,但获得了宪法试验的认可。

当包含这句话的欧盟宪法条约在2005年5月29日被法国全民投票否决,3天后被荷兰全民投票否决时,各国的国家元首或政府首脑并没有等待两年才反应。打击实在太大。在2005年6月的欧洲首脑峰会上,人们设置了一个考虑期。一些成员国决定延迟批准。

在2007年6月的峰会上,人们向那些投“反对”票和延期批准的国家作出了让步:用一个可修正的条约取代了雄心勃勃的宪法条约。尽管人们同意重提“2004年政府间会议通过的宣言”①,欧洲理事会的法律部决定“30宣言”不再有效。没有人要求把它重新加入新条约,也没有人询问为何删除它。因此,《里斯本条约》(2007)没有台阶上的东道主。

① Conclusions du Conseil européen 21－22 juin 2007, Annexe I, point 24.

第三章 桥　梁

一个国家没有变革的办法就没有保存自身的办法。

——埃德蒙·伯克(Edmund Burke)

1. 条约的主人

政治体的改变规则一点儿也不是无关紧要的：它们揭示了政治体是什么。

第一个问题：这些规则是否存在。与所有现代宪法相反，摩西从西奈山带来的十诫没有包含任何修正规则。十诫质在永恒，但宪法不能对历史潮流装聋作哑。这些宪法修正规定使其能够吸收某些事件或变化，但同时也为自我否定打开了大门。其关键之处乃是政治体在时间中的位置。

第二个问题：这些改变发生的难易度如何？政治秩序，它是刻在大理石上般难以改写的，还是人民情绪突变的玩物？宪法有一个明确的特征，是它不能简单地由立法者修改。或者根据美国联邦最高法院首席大法官马歇尔(Marshall)的经典表述，它是“国家的最高法律”是因为它“不能由普通方式修改”①。这样看来，根本规则与一般规则之间的等级差异并不在于其内容，而在其抵抗改变之能力。改变根本规则被称为修正；改变一般规则谓之立法。这种抵抗能力同时决定修正一个政治秩序和建立一个新政治秩序之间的关系。人们事实上在根本规则中区分了可以修改的那些与不可触动的那些。例如：不管人们进行怎样的宪法修正，法国始终是一个共和国②；回归君主制只能由政变产生。如果一个条约不区分永恒不变部分与可改变部分，那么对它进行的所有修正在形式上都是（重新）建立。

第三个问题：谁决定政治体的革新？对于这个问题，区分原始的缔造者（例如一个民族或国家团体）与在建立时所创造的机构（例如议会）十分重要。正如首先于1789年提出这一重要区别的西哀士（Sieyès）所说，创始条约“不是法定权力（pouvoir constitué）的作品，而是制宪权力（pouvoir constituant）的作品”③。在对其根本进行修正时，一些政治体诉诸原始缔造者（们），通过征求人民意见或者通过其领地的所有部分一致同意的方式；另外一些政治体则把修正权交给法定权力，例如交给被赋予了一定制宪权力的一个特别国会。只有在第二种情况下，才算得上主动自我革新的、摆脱缔造者束缚的、用自己羽翼飞翔的政治体。“谁决定”这个问题对于独立政治生活的程度是重要的。

---

① Cour suprême américaime, *Marbury vs. Madison* (5 U. S. 137), 24 février 1803.

② Constitution de la Cinquième République française, art. 89 (*De la révision*).

③ Emmanuel-Joseph Sieyès, *Qu'est-ce que le Tiers Etat?*, Jean-Denis Bredin (éd.), Paris, Flammarion, 1988, p. 128.

欧洲在行动上如何处理"是否"、"如何"以及"由谁"这三个高度政治性的问题呢？提出"是否"这个问题是因为尽管所有欧洲基本条约都包含修正规则，但是实际上每当人们认真地援引这些规则，就立刻引发了激烈争论。是在修正的门闩被开启(1985)之后，而非在此之前，人们才能推动"怎样"和"由谁"这两个问题。

同样在这个领域，从一致同意向多数表决的潜在过渡既如同刺激又如同威胁一样在进行着；再一次，这个过渡主要不是由内部领域的权威所表现，而是由成员国中间领域的强化来表现。这个微妙的区分揭示了联盟的性质。成员国不会让自己被排除在外；相反地，它们发现了作为欧洲整体来运动的方法。

在详细重述斗争的两个关键时刻之前，让我们先看看原始的司法情况。在1957年的缔造条约中，六国用以下条文确立了修正规则：

> 任何成员国政府或者经济共同体执委会可以向理事会递交用以对现行条约进行修正的计划。
>
> 如果理事会在咨询了全体大会并且在必要时咨询了执委会后发出了召集成员国政府代表大会集会的同意信，理事会主席则召集此会，以对现行的条约作出修改，并对所作修改进行共同同意的裁决。
>
> 修正案在被所有成员国根据各自的宪法规则批准后生效。①

上面提出的三个问题在条约里得到了一个明确无歧义的司法回答。首先，条约是可以被修正的：欧洲有能力应对一开始时就准备好的预留方案里所谓的"没有预料到的由实际经验所带来

① 《欧洲经济共同体条约》(CEE)第236条(罗马条约版)。

的困难”①。其次，修正程序事实上比作出一般决定的程序更加费力，欧洲因此正式承认在修正和立法之间存在区别——但并不是在建立和修正之间存在差别。最后，关于谁在哪个阶段拥有发言权，修正程序在给各方巧妙地分配了角色之后展开，其过程包含一个序幕和接着的三幕。序幕：发起的权利不仅留给成员国个体也留给共同体执委会。第一幕：打算或不打算修正的决定属于理事会（一个机构）。第二幕：关于修正内容的决定属于各成员国政府集体（缔造者）。第三幕：使得修正生效的决定，根据最后一句的意思含蓄地所指，取决于各国政府（个体）、它们各自的议会或人民。序幕开球、第一幕开局、第二幕谈判、第三幕批准。初初看来，最后两幕是决定性的。如果是这样的话，这就是说联盟本身没有发起自我革新，最多只能说是缔造国全体一致发起了革新：这是革新，但不是自我革新。换言之，欧洲并非以自己的羽翼飞翔。

在关于欧洲秩序性质的争论中，这个论据扮演了重要角色，根本问题在于欧洲联盟是不是一个“像其他组织”一样的国际组织，或者说它是不是比那些组织“更胜一筹”。快速观察后，人们可以说官僚机构/公民混合话语的持有者寄望于法定权力（欧洲机构），而国家话语的维护者则寄望于制宪权力（成员国）。前者支持说欧洲联盟是一个独特的创造，因为其法院、委员会和议会被赋予了前所未有的作用。相反，后者提出欧洲联盟完全是一个经典的、相互合作的主权国家之间的协会，同时修正规定也证明了这一点。人们完全理解国家话语持有者把这个理由当作论战的王牌。成员国的修正权力是根本的，并且机构的权力只是来自成员国。理论上说，没有什么阻止成员国，只要它们全体一致，决定在朝夕之间清

① 《欧洲煤钢共同体条约》(CECA)第 95 条。

除委员会或法院，甚至全部建构。成员国对修正权力的垄断还让德国宪法法院称成员国是“条约的主人”①。

但是，事情并没有那么简单。人们太少注意到欧洲修正规则的特殊性。修正规则对于一个共同协议欲实现修正所要达到的要求远不是自然而然的。佯谬在于：大多数所谓的“其他类似的”国际组织的创始条约（例如联合国宪章或国际货币基金组织章程）能由多数成员国表决——有时甚至是在成员国中最有影响的国家投了否决票的情况下——来修改。这个现实与布鲁塞尔意识形态的种种陈词滥调相抵触，它使得“联盟是独特组织”观点的维护者为多数表决辩护，而“联盟和其他一般组织一样”观点的支持者只有以全体一致同意作保证。显然，在欧洲，有另外的情况——这两方都没有注意到的情况——在发生。

一个共同协议修改的约束机制在两个过渡时刻得以成形。在1985年，人们第一次使用修正规则（“是否”）；在2002—2004年，人们修改了修正规则（“怎样”和“由谁”）。在这两次，欧洲整体在各成员国没有丧失各自立场的情况下相对于其成员国个体强化了地位。因此，可以对德国宪法法院的表述稍作改正说：成员国整体是“条约的主人”。

2. 米兰政变

1985年6月28—29日，十国政府领导人峰会在斯福尔扎城堡召开。在这个从前米兰公爵统治的广袤地区的雄伟城堡里，意大

① 12 octobre 1993, BverfGE89, 155, § 112 (*arrêt Maastricht*)

利总理贝蒂诺·克拉克西(Bettino Craxi)精彩地扮演了其理事会主席的角色。其他重要角色有他的同仁英国首相玛格丽特·撒切尔、希腊总理安德烈亚斯·帕潘德里欧(Andreas Papandreou)和德国总理赫尔穆特·科尔(Helmut Kohl)。其他人——比利时人、丹麦人、法国人、爱尔兰人、卢森堡人和荷兰人——也提出了他们的想法。至于西班牙和葡萄牙总理则作为观察员出现在那里,因为他们的国家准备作为第 11 个和第 12 个成员加入俱乐部。所有人都由各自的外长陪同。刚上任六个月的欧共体执委会主席雅克·德洛尔和他的副手是列席的最后两人:25 位男士和一位女士聚首于斯福尔扎官邸。第二天,1 公里远处,在市中心的哥特式教堂前,成百上千名联邦主义者,挥舞着白底上装饰着绿色字母 E 的旗子,为拥护一个“欧洲联盟”的创立而游行,欧洲议会主席向他们发表讲话,而意大利军乐队为了烘托气氛演奏着贝多芬的欢乐颂。

米兰峰会的焦点在于人们是否要修正共同体的创始条约。从 1958 年以来,成员国与在罗马制定的规定共存。在这期间,背景发生了改变,并且同盟成员从六国增加到九国,再增加到十国。在此前的十五年间,政府首脑们提出并重申他们希望给予共同体一个“政治”底座。根据这个精神,法国人推广了“欧洲联盟”这一措辞。但这时人们还停留在美好话语阶段。

1984 年春天,事情开始有了发展。斯特拉斯堡的欧洲议会在 2 月正式接受了由意大利人阿尔提艾罗·斯皮内利(Altiero Spinelli)拟订的联邦条约计划。德国联邦议院对此计划的投票结果几乎是一致同意;意大利和比利时议会同样显示了热情。剩下的只有政府会否做些事情。推动来自担任理事会轮值主席国的法国。5 月 24 日,弗朗索瓦·密特朗(François Mitterrand)在欧洲议会前宣称法国“准备好”“研究和维护”斯皮内利计划,并且开始关于条约修正的讨论。[1] 在枫丹白露峰会上(6月25—26日)实现的突破则更为显著。在一个往昔的帝国和王国的王宫里,各国政府首脑对于英国应缴份额这个五年来腐蚀共同体生活的问题,达成了一致意见。这对于所有各方来说是巨大的宽慰!从此人们可以面向未来。

还是在枫丹白露,人们同意设置一个负责机构改革的委员会。密特朗选择莫里斯·富尔(Maurice Faure)这个曾经代表法国签署了《罗马条约》的人作为其个人代表参加这个委员会:明显地,法国总统非常重视这个重建的时刻。在1985年3月,该委员会倡议一个"质的跳跃":各成员国的共同意愿必须通过"一个真正的政治实体,即通过欧洲联盟"[2]来表达。该委员会两个最主要的建议是:在部长理事会增加多数表决决定的数量,以及组织一个政府间会议就建立欧盟进行谈判。

关于第一个问题,放松否决的实施,所有国家原则上都同意。就连伦敦也表示接受多数表决决定。至少在决定有利于撒切尔鼓吹的欧洲内部市场计划的范围内如此。争论在于这样的变化是否必须对条约进行修正。在英国人看来,欧共体首脑会议内的君子协定就够了。在欧共体执委会看来,只要90%需要进行的立法必须由一致同意才能成立,那么内部共同市场就是一个幻想;换句话说,得改变至少几条条文来使得在1993年1月1日前能够通过差不多300条必需的立法。第二点——欧洲是否应该成为一个政治联盟——可以另行讨论。但是,这两点通向同一个问题:是否必须

---

① François Mitterrand, discours au Parlement européen, 24 mai 1984.

② Comité *ad hoc* pour les questions institutionnelles, *Rapport au Conseil européen (Bruxelles, 29 - 30 mars 1985)*.

组织一个政府间会议来进行条约修正？这成为米兰峰会的焦点。

一开始，会谈的结果是非常难以预料的。事实上出现了两个阵营。比荷卢、爱尔兰以及东道国支持修正。对于克拉克西(Craxi)而言，意大利的主持要成功，就得达成关于联盟的原则协议。此外，他这个来自社会党的总理与来自基督教民主党的外长安德烈奥蒂(Andreotti)进行竞争，以在有利于欧洲建设问题上做得比后者更多，因为几乎整个意大利议会都热情拥护欧洲一体化——除了新法西斯党，所有意大利政治党派都参与了6月29日星期六在教堂前的联邦大游行。反对的阵营聚集了丹麦、英国和希腊。撒切尔认为在市场之上的修正是无用和不受欢迎的；她担心某些人激发起的雄辩达成了限制性的文本。至于丹麦政府，议会阻止它向布鲁塞尔出让任何附加的权力。雅典希望利用否决来得到一些经济利益。很大的未知数，是法国和德国所要采取的立场。

为什么他们的立场不为人所知？因为巴黎和波恩在秘密合作撰写一个欧洲条约，只有担任轮值主席的意大利人得到了知会。法国人想要改善十国在对外政策上的合作，其方法是成立一个"欧洲联盟秘书处"，这是一个中央组织，其顶端中有一个首脑负责引导包括欧盟委员会在内的各个机构。至于德国人，他们希望削弱否决权并给予欧洲议会更多的权力，尽管这两个意图在条文中并不明显——暗地里的传闻是人们认为波恩同意建立欧盟的计划因为它的外交部长汉斯-迪特里希·根舍(Hans-Dietrich Genscher)正在追逐欧洲联盟秘书长这个新职位。德国和法国本打算对此草案秘而不宣，直到米兰峰会开始时再由轮值主席意大利人把它拿出来作为谈判的基础，但是这个目的彻底失败了。就在前往参加米兰峰会前不久，科尔总理在德国联邦议院争论时露出了马脚。当反对者指责他没有充分维护欧洲的利益时，他炫耀地说他正在致力于法德倡议的工作。为了帮助科尔总理摆脱困境，巴黎被迫确认一个条约计划的存在。在罗马，理事会主席只得选择严正谴责这种做法；而小国和欧共体执委会，由于召开政府间会议以修正条约将破坏它们如此喜爱的共同体方式，则狡猾地乐于看到这样的计划被扔到了垃圾桶里，看到两大国令人惊讶的手段以惊人的失败结束，并成为第二天报纸的头条。

当所有与会者在6月28日聚集在斯福尔扎城堡时，没有人知道这一天将给人们带来什么。玛格丽特·撒切尔以为在早上面对面的会晤时说服了贝蒂诺·克拉克西：一个政府间会议是“无用的”。① 她在大家面前重申了自己的观点。在她看来，最好是趁大家在一起的时候赶紧解决问题，而不是在之后的一个日期在同一张会议桌上再讨论，并且还不得不通过十国议会的批准。考虑到英国最近的态度，这个君子协议的建议遭到了某些怀疑。朱利欧·安德烈奥蒂(Giulio Andreotti)在关于欧洲合作伙伴之间良好操行规则的陈述中表达了这样的怀疑。对此，撒切尔向他叫嚷说：“停止你那糟糕的辩驳吧！”②比荷卢三国的首相们更加克制，但并非更不坚决，他们强调指出限制性司法协议和“加强共同体机构”的必要性。赫尔穆特·科尔强调拥有一个强大的欧洲议会之重要性。弗朗索瓦·密特朗试图修复前一天的损失，但并没有放弃设立“欧洲联盟秘书处”的想法，在优先遵守由《罗马条约》所规定的投票规则这一问题上他则似乎是加入了撒切尔一边。欧共体执委

① Margaret Thatcher, *The Downing Street Years*, Londres, HarperCollins, 1993, p. 549.

② Giulio Andreotti & Margaret Thatcher, 28 juin 1985, *in* Charles Rutten, *Aan de wieg van Europa en andere Buitenlandse Zaken. Herinneringen van een diplomaat*, Amsterdam, Boom, 2005, p. 167.

会主席为实现一个内部市场而改编条约的三个条款进行辩护。而克拉克西对战场一览无余,他坚持在米兰总要在某些问题——不管是什么问题——上达成协议,然后将来在政府间会议时重新讨论剩下的问题。行政首脑拜托他们各自的部长——安德烈奥蒂、迪马(Dumas)、根舍(Genscher)、豪等人——找到死胡同的出口。在夜幕降临时,英国和法国媒体认为伦敦成功避免了条约的修正。

就是在这个时候,开始了一个神话的建构。根据他自己的说法,德国外交部长根舍那晚睡不着,草草地写了几页纸。他一边按习惯洗漱,一边匆匆地通过洗澡间半开的门向他的一位助理口述了他的思考。这张"浴室纸"(Badezimmerpapier)成了峰会最终结论的起源。① 而雅克·德洛尔则说他的人也工作了一整夜,并且是他们向克拉克西递交了后来解决一切问题的"独特想法"②。

第二天的早上,当欧洲联邦主义者汇集在大教堂广场时,密特朗和科尔按惯例一起吃工作早餐。牛角面包和带壳煮的溏心蛋往往可以使得很多事情找到解决方法,但在这一天不是这样。法国总统不理解为何意大利人把所有事情都加速了。德国总理低声抱怨着回答说他们应该在年底前完成推进政府间会议。当他们和同仁们重新开始会议时,外长们的报告在桌上等着他们。报告是这样开始的:"……欧洲联盟启动:成员国将就欧洲联盟所将采取的形式达成一个条约。"③该想法立马被否决了,于是从零重新出发。实用主义的英国人希望避免例如"联盟"这样的大词,并希望把讨论局限在作决定上,这在他们看来是让共同体前进的最好方式。

---

① Hans-Dietrich Genscher, *Erinnerungen*, Berlin, Siedler, 1995, p. 373.

② Jacques Delors, *Mémoires*, Paris, Plon, 2004, p. 215.

③ Projet de conclusion du Conseil de Milan, 29 juin 1985, in *Libération*, *Les hauts et les bas du sommet européen*, 1er juillet 1985.

气氛变坏，接下来会议中断了几次。丹麦人保罗·施吕特(Poul Schlüter)和希腊人安德烈亚斯·帕潘德里欧反对一切对条约的修正。渐渐显露出来的是好像只有杰弗里·豪(Geoffrey Howe)爵士的建议有机会达成一致同意。这个建议只涉及很少的事情，没有提及联盟，但是有改善决定程序的好处。在一个推迟了的午餐之后，巴黎和波恩几乎已经抵挡不住符合现实的英国极端保守派的魅力。

这个调解传到了意大利人的耳朵里，但是调解阻碍了他们自己的计划。在第N次中断后，在星期六下午快结束时，贝蒂诺·克拉克西(Bettino Craxi)作出了一个惹人注目的举动：在欧洲国家/政府首脑会议存在十年以来，首次出现了会议主席要求投票表决的情况。克拉克西解释说：召开一个政府间会议是一个简单的程序问题，因此这个问题可以以多数表决作出决定。

会场仅仅安静了一秒，就迎来了暴风骤雨般的爆发。丹麦首相施吕特(Schlüter)使用“违反”①一词来指责克拉克西的提议。帕潘德里欧(Papandreou)抗议克拉克西的要求并提出说该投票事务并不在日程安排中；他用到“政变”②一词来形容克拉克西的提议。希腊对克拉克西怨言颇深，以至于威胁要退会。撒切尔震惊而狂怒，她的发言人在事后说：“首相不仅仅是生气，而是真正的火山爆发。喀拉喀托火山爆发跟这相比都不算什么(1983年位于印尼的喀拉喀托火山爆发是人类历史上最大的火山爆发之一。——译者注)。”③在一片混乱之中，人们还是隐约看见了一个妥协的可能性，该妥协既包含英国建议的对一致同意规则的非正式放松，又包含

---

① Poul Schlüter, 29 juin 1985, *in* Jean De Ruyt, *L'Acte unique européen*, Bruxelles, Editions de l'université de Bruxelles, 1987, p. 62.

② Andreas Papandreou, 29 juin 1985, *ibid.*

③ Bernard Ingham, 29 juin 1985, in *The Times*, 1er juillet 1985.

召开一个政府间会议来决定是否修正条约。但是已经被激怒的帕潘德里欧要求人们在两者之间作选择，威胁说如果不这样的话他就退会。克拉克西面前有一个选择：马上放松一致同意决定程序的实施或借机进行政治革新。很可能是考虑到他与基督教民主党外长的竞争以及会场外的游行，他选择了第二个解决方案。在此期间，英国人发现意大利人所援引条款的行动必须事先与欧洲议会磋商，他们好像突然间变成了欧洲议会的朋友一般，指责意大利人违反了程序。克拉克西反驳这一指责说正式的决定可以日后（与欧洲议会磋商后）再做，但他要求现在进行投票。投票结果是：德国、比利时、意大利、卢森堡、荷兰，然后爱尔兰，最后还有（有所犹豫的）法国宣布支持政府间会议的召开。反对国有丹麦、英国、希腊。7 比 3：欧洲整体以多数表决决定着手进行革新。

夜晚到来，当联邦主义者的绿白色烟火在斯福尔扎城堡上闪耀时，关于克拉克西政变影响的第一波评估也正在进行。人们将看到欧洲分裂？有了一个新的开始？或陷入绝境？分裂并不纯粹是个假想。科尔和密特朗两人都把峰会称为有益的时刻、揭示每个国家为什么做好了准备的真相的时刻。同样，在老斯皮内利周围的人也认为两个国家团队之间的宪法断裂是完全可能的。比利时首相维尔弗里德·马尔滕斯（Wilfried Martens）则宁愿乐观一些，谈论说这是欧洲共同体历史的一个转折点。卢森堡人雅克·桑特表现得更为谨慎：是由他作为理事会主席从 7 月 1 日星期一开始来把碎片重新黏合在一起的。在这段时间内，玛格丽特·撒切尔在媒体上发怒说："如果我们不能在这里作出决定，还有其他什么会议能使我们做到这一点？"[1]不过她还是缓和了口气，并说她

① Margaret Thatcher, 29 juin 1985, in *The New York Times*, 30 juin 1985.

会派一位代表到政府间会议上“阐述我们的观点”。帕潘德里欧也承诺这么做。只有施吕特不松口，因为丹麦议会不允许他这么做。许多人认为会议可能达成不了任何事情——这是周一早晨所有英国报纸的共同观点。与此相反，内行的外交家们已经看到阻碍将能以怎样的方式被越过。一位不愿公开身份的外长谈到撒切尔时宣称：“如果人们成功地把她引到食槽边，她最后还是会喝水的。”[①]

事实就是这样。从米兰回来以后，英国首相评估了事况。英国经济在诸如交通和金融服务领域之类的欧洲市场诞生后能获得很多。撒切尔打算为此付出代价：加强欧共体执委会和欧洲议会，增加理事会中以多数表决作出决定的数量——尤其是在否决权有利于贸易保护主义倾向的领域。和英国一样，希腊和丹麦也出现在谈判桌上。西班牙和葡萄牙也参与其中，尽管他们还在加入欧共体的等候室里。政府间会议没有意外障碍地举行了。米兰的紧张气氛很快地消退了。没有人提及分裂的可能性。从 12 月 2—3 日起，十二国政府首脑在卢森堡就一个新条约达成一致。

令希望吸引公众的法国人和意大利人很失望的是，这些会谈的结果被命名为“单一欧洲法案”，一个故意的难以理解的名称。建立一个联盟的想法没有在分歧之中存活下来。德洛尔为了让这个主意被撤销，使用了一些手段。他的“烦恼”是看到欧洲被撕裂成两半：一边是建立在《罗马条约》之上的经济，另一边是对外政策合作方面的形式化。[②] 使用“单一欧洲法案”这个表达的目的是消除欧共体执委会和比荷卢的疑虑，他们坚持一切都要在唯一的共

---

① Un ministre dse Affaires étrangères, 29 juin 1985, in *The Financial Times*, 1er juillet 1985.

② Jacques Delors, *op. cit.*, p. 217.

同体框架内实现。最后，人们把“联盟”这一用语放回到序言中。对修辞不甚计较的英国人也对这个解决方法满意。

在签署阶段中，事情变得有点复杂。丹麦政府没有得到国会的多数支持以委任其参与谈判，于是决定以全民公决方式来征求选民意见。在意大利，在阿尔提艾罗·斯皮内利的影响下，失望情绪盛行，因为欧洲议会的权力的增加甚为有限，而建立联盟的大业再一次延迟。意大利议会要求克拉克西政府只有在欧洲议会准许条约之后才能签署条约——欧洲议会根据条约将在修正上获得否决权，而这是意大利议会缺少的。要求最高的是希腊人：他们只有确信其他 11 国将签署条约时才会签字。为了避免努力被枉费，理事会（当时在荷兰的主持下）决定求助一个非常规的程序——一个分为两阶段的签字仪式——来进行签署工作。《单一欧洲法案》于 1986 年 2 月 17 日在卢森堡以一个简单的仪式由 9 个国家先签署。在欧洲议会通过了一个支持决议以及在丹麦全民公决“赞成”之后，最后 3 个成员国于 2 月 28 日在海牙也同样签署了该法案。于是所有国家都上了船。

在批准进程中，出现了一个最后的障碍。在最后一刻，爱尔兰最高法院认为政府在签署法案前本应该组织全民公决，并且事实上政府现在仍然必须这么做。在爱尔兰人民的“赞成”之后，《单一欧洲法案》于 1987 年 7 月 1 日生效。在米兰引人入胜的启航的两年之后，欧洲整体已经主动地进行了自我革新。

在 1985 年 5 月还显得是不可能的事情——比如伦敦和哥本哈根接受条约的修正——如何能这么快地成为政治现实？欧洲从此如何多次成功地通过要求如此之高的自我更新周期？

在 1985 年 6 月 29 日星期六下午，发生了一件特别的事情。一位见证者记忆中的投票就如同“一个历史振荡的时刻”，如同“把一个特别深刻的政治现实移入了一个人们不会认为被允许的框架内"[①]。尽管3个成员不断激烈地讨价还价，十国还是被卷入了从此什么都不能阻止的同一个革新运动中。这一切的关键存在于程序的隐蔽处，在一个被忘记的条约规定中。这个与多数表决有关的法律细节对于欧洲来说有历史性的政治后果，这个细节就是狂怒的帕潘德里欧当时马上就抓住并作为其反击的论据："政变"。几十年的风平浪静之后，接着是一个不断变化的时期，扎根于条约让位于共同考虑时间长河的可能性。这是一个巧妙的过渡时刻。

当贝蒂诺·克拉克西令人惊讶地在米兰强行促成了一个获得多数同意的决定时，确切地说到底发生了什么呢？人们经常把这个场景作为关于欧洲首脑会议历史的轶事或作为一系列条约修正中引人注目的时刻来叙述，但并没有理解其深刻意义。[②] 力求叙述事情的"正常"进程，教科书忘记了在人的一生中——同样在机构的生命里——所有决定性的转折都是一个例外时刻的结果。这个片段实际上不仅仅是个轶事，它在以下两条发展路线之间建立了重要的联系：行政权的形成和变化的能力。克拉克西揭示了欧洲政府领导人的双重资质并让这两方面资质随着时间的推移在不同方向上分别显露。由此，他为欧洲的持续革新开启了道路，同时赋予共同体以最高权威。

欧洲政府领导人的双重资质是这样的：国家或政府首脑既（各自）是制宪权力的代表又（共同）是法定权力的代表。这似乎是玛

① Jacques Keller-Noëllet，2008年12月16日，与作者的访谈。

② Fiona Hayes-Renshaw & Helen Wallace, *The Council of Ministers*, Basingstoke/New York, Palgrave, 2006, p. 55; Martin Westlake & David Galloway, *The Council of the European Union*, Londres, John Harper, 2006, p. 187.

格丽特·撒切尔即便是在米兰会议后也一直没有理解的,她的意见就反映了这一点:为何另一个会议会带来解决方案?不过,这另一个会议可不是随便什么会议。在米兰,各国领导人作为事实上的欧洲机构而聚集;但在卢森堡的政府间会议时,他们则作为主权缔造者的代表在会议桌旁就坐。

自从1974年欧共体首脑会议出现以来,这个区分就已存在,当然,是以潜在的状态存在。此前还没有人把它从沉睡中摇醒。令人印象深刻的制宪权力还处于被成员国的法定权力掩盖的状态。撒切尔很可能不是唯一一个将米兰会议视作1814—1815年维也纳和谈的变形的领导人:他们认为这样的会议上,人们或谈判或交换观点,并且各国领导人从来不曾处于少数派地位,他们达成一致意见、作出决定。在共同体的开始阶段,欧洲峰会就是这样运作的。欧洲理事会所构成的创新可以说是看不见的,因为它通过保留"峰会"的叫法来延长这一实践。欧洲理事会同时与其他欧洲机构一样要尊重共同体权利,其成员要包括欧共体执委会主席,并应向欧洲议会汇报每一次会议的内容。另外,各方在创立首脑峰会时就同意在必要时政府首脑可以占据他们部长的位置并由此正式组成一个更高规格的理事会、一个共同体组织。领导人的商议事实上十年来都位于一个门槛上,一条腿放在一个世界,另一条腿放在另一个世界:在这条腿的世界里他们是成员国中间领域的主人(没有由条文设立),而另一条腿则放在内部领域(由条文建立)的世界里。在米兰,这个双重性突然被公开揭示出来。通过要求政府首脑投票——并通过获得他们的同意——克拉克西让欧洲理事会干脆地跨过了门槛,从此以不可否认的方式成为一个欧洲机构。

在米兰会议之前几周,在波恩举行了一次七国峰会,科尔、撒切尔、克拉克西和密特朗已经扮演了非常重要的角色。法国总统是唯一一位反对尽早开始就美国人鼓励的贸易协议进行谈判这一建议的领导人。他威胁说:“如果这些峰会不回到最开始的形式,法国就不会再来参加。我们不会因为在一个机构中成为少数派而感到受伤。但是,这里不是一个机构,我们在这里是为了更好地互相了解和协调我们的政策。就这样。”[①]让我们把这些和米兰会议作个比较:米兰会议上玛格丽特·撒切尔本可以一字不差地像密特朗说过的这样说。但是她没有这么做,而是听从了法律顾问的意见,接受进行投票,由此承认欧洲理事会是一个机构。这个机构对于同样的政府围绕于同一张会议桌旁的“惯常的”理事会而言补充了什么?这是个合理的问题。在职能方面,它们区别重大。在欧共体部长理事会会议上,各国部长就行业问题和利益作决定——农产品价格、进口关税、捕鱼份额等等。随着议题越来越重要并且总是越来越紧密关联,实践显示为了解决问题、避免停滞,必须要求助于唯一有决断能力的政府首脑。这样的情况时有发生。随着欧洲理事会的创立,人们习惯地把行政领导人牵连进去。从此以后的法则是:如果首脑们也解决不了问题,那就没有人能够做到了。与此同时,人们期待首脑们能够让各自的人民遵守峰会上达成的协议。因此,他们只有在一起才拥有足够的权力来作出超越技术框架的决定,并像在国内政治生活中的行事那样在共同体政治生活中行事。

第一次欧洲秩序革新几乎相当于一个生死攸关的措施。因为,不管其内容是什么,仅凭其发生这一事实就改变了成员国之间

① François Mitterand, 4 mai 1985, *in* Jaques Attali, *Verbatim*, I, Paris, Fayard, 1993, p. 806.

关系的性质：直到革新发生之前，欧洲秩序都是静止的、服从于起源的（《罗马条约》），然后它产生了运动、产生了历史、随时间发展而变化。换言之：欧洲整体变得更加政治了。

所有人都明白：这一步，只有成员国领导人能做。人们不能把自己国家在欧洲内部的未来交给部长，就算交给总理也不行。就在飞去米兰之前，科尔总理向德国联邦议会指出了联盟对于其国家、对于欧洲的历史重要性。此前一天，爱尔兰总理加勒特·菲茨杰拉德（Garret FitzGerald）在都柏林完成了同样的任务。在峰会后的那一周里，这两人和大部分与会国家领导人一样，都向议会报告了峰会情况。在这个时刻，国家或政府首脑每人都在各自国家的人民面前有了一个新的角色：十国领导人攀登上米兰的顶峰，尽管有所争执，但下山时，同属于一个俱乐部。朝夕之间，同样还是这些人，现在以欧洲的名义发言。

这正是克拉克西虚张声势的行动的精妙之所在。米兰投票在欧洲革新和各国领导人的平台之间打造了一个联系。峰会从一开始对任何参与方都没有契约约束的山上野餐，变成了一个聚会，而聚会结束下山时政府首脑已经带上了在政治上把他们联系在一起的铭文。这个突然转变发生了，而且是作为对随着时间发展的欧洲秩序身份这一生死攸关的问题的回应而发生的。米兰投票解锁了修正事宜，赋予了首脑理事会作为能以欧洲整体名义面对不同人民承担这样责任的唯一机构的合法地位。

这个迷人的政治突然转变的基础是一个司法机制，而在这个司法机制里，最小的机关、最小的词都是有效用的。在这里不妨重温一下创始条约中关于修正程序的规定。相关的决定分三幕进行，每一幕让不同的演员上台：首先是是否发起修正的问题（这一幕的演员是理事会），接着是修正的具体内容是什么的问题（这一幕的演员是政府），最后是该修正生效与否的问题（这一幕的演员是人民）。克拉克西的功绩在于引导领导人以多数表决方式回答了“是否”的问题。在随后的两幕中，各国的政府和人民保留它们的否决权；尚未有人质疑这个否决权，而它也是成员国自我保护的部分源泉。最终，整个机制还是开动了。革新的实际进程如下：

第一幕，第1场：突破（米兰，1985年6月29日）

诉诸多数表决决定，克拉克西把欧洲理事会伪装成普通理事会，推动其跨过门槛进入内部领域。对于一个政治体而言最根本的问题——变或不变——从此建立在法定权力上。各国政府首脑整体不能再把这个问题抛给别人。

秘密：伪装为简单决定程序的政变。

第一幕，第2场：约束（伦敦、哥本哈根和雅典，1985年7月）

从米兰回国后，英国、丹麦和希腊的政府首脑没有对他们的议会说：上周六在意大利我们成了少数派，但请相信在6个月以后，在那个讨厌的卢森堡政府间会议上，我们可以动用否决权来达到我们的目的。不，不论是撒切尔还是施吕特抑或是帕潘德里欧，都不得不请求他们的议会支持欧洲理事会作出的决定：但施吕特没有获得其希腊议会的支持，因为他在没有得到授权的情况下就去参加了米兰政府间会议。

秘密：就算那些成为少数派的人也应该承担已作出的决定所带来的责任。一旦其他国家开始讨论欧洲整体的未来，最好来到会议桌上占据自己的座位。不这样的话，就有看着其他人采取各种措施而让自己最后处于两难境地的危险：要么照单全收，要么下船。必须占住自己的位子，而不逃避在国内解释为何要这么做的义务。

第二幕：谈判（卢森堡，1985年9—12月）

实际情况表明：一致同意这一条件对于达成协议并不构成阻碍。一旦各方聚集在会议桌旁，否决权的锋刃就已有所折损。拒绝讨论是再容易不过的事，而一旦开始了争论，那么就几乎不可能坚持拒绝同意任何事情。只要所有政府坐上各自的位子，“我给你/我从你那里拿”的游戏就开始了，并且总会达成一个妥协。当然，这个妥协通常伴随着一些东西：其中最常见的是议定书，其他东西有例外规定、单边宣言以及一些过于复杂的文字修饰，以说明某些人曾提出不同要求但最后还是妥协接受作出的决定。经验指出：联邦主义者和法学家会将各方达成的妥协文本定性为“不够的”，甚至是“可怕的”。但这一点儿都算不上是灾难性的。使得各方都留在船上的整体政治力量并不把法律逻辑放在眼中。

秘密：一旦人们对于是否进行修正问题给出“是”这个回答，就总是会面对下一个问题：具体修正内容是什么？只要一切都有变化的可能、一旦各方在头脑中都有要捍卫的东西，那么让事情失败在政治上就是不可能的。甚至还会走得更远：与会各方的威信要求必须达成一个“结果”，否则各方就要招致等待在外的媒体和公众的嘲笑。外界施加的压力帮助协议圆满完成。

第三幕：批准（雅典、波恩、布鲁塞尔、哥本哈根、都柏林、海牙、里斯本、卢森堡、马德里、巴黎、罗马，1986—1987）

政府首脑在第一幕时以全体聚集的圈子的名义给出了出发的信号，并且在第二幕时以各自国家的名义和其他成员达成一个协议，在第三幕时在议会和/或人民面前以这个双重角色出现。这解释了各个首脑在峰会最后对媒体所说的陈词滥调：“这对于法国是好事，对于欧洲是好事”；“这对于英国是好事，对于欧洲是好事”；“这对于荷兰是好事，对于欧洲是好事”。一方面，这个双重帽子让他们(作为政府首脑)以国家利益来捍卫变革的需要;另一方面,这对于他们(作为欧洲理事会的成员)事实上增加了为自己的提议笼络多数同意的义务。如果一国议会或人民“反对”理事会的决定,那么该国首脑在下次首脑会议上在其同仁眼中就会少一些信任分。团队就会以尖刻的警言来攻击他:“他没有得到自己选民的支持!”总体上看,扮演双重角色是足够有用的:自米兰会议以来,有103次某个政府首脑要求他的议会或人民支持一个新条约,后者有97次在第一次投票就给予支持。

秘密:无论作出的是什么样的修正决定,各国首脑都可以在本国支持它说:“这对于欧洲是好事,并且对于我们国家也是好事。”只有同时包含这两个部分的信息对于公众来说才是有吸引力和可信的。只提整体的利益(比如说“对于欧洲而言是历史性的一天”)会很快引起媒体的批评和反对:你们抛弃了国家利益,并且被其他人说的一切都很顺利的话所欺骗。反之,只把事情作为国家胜利来介绍,就等于丧失了以可信的方式来捍卫妥协的合理性的可能。这个妥协不一定是全体一致同意所达成的决定,但所有峰会都有一个妥协作为结果。从马斯特里赫特回国时,英国首相梅杰狂喜道:“决定性的!”他差点儿就在关于条约的投票中输了。

这四个秘密的结合使得在1985年,在宪法现状维持了差不多30年后,克拉克西能通过政变越过障碍。自从人们向内部领域提出革新是否必要的政治问题、并且人们以多数表决对此问题作出回答以来,欧洲便处于持续的重建之中。在第二和第三幕进行时,是代表制宪权力的政府每次都以一致同意来决定变革的内容,并由人民决定它的生效;从这个意义上说,成员国们是条约的主人。但他们不再让条约保持一成不变。严格地说,不能说欧洲在1985年后是自我革新,但是欧洲看起来是由自身发起而处于运动之中。

3. 冲突和迂回

欧洲整体变成了一个具备某些革新权力的政治体。这一事实在欧洲舞台引入了新的行为者：各个国家的宪法法院。每次条约修正，这些最高级别的判决者——英国的上议院、德国联邦宪法法院还有法国宪法委员会——都要审查修订了的欧洲条约与国家宪法规定的关系。它们的政府向欧洲整体转移了的权限是否比宪法所规定的更多?

这关系到如果新奠定的欧洲基础与国家宪法相抵触会发生什么。哪一个优先于另一个？在这里，对于修正，重新出现了在1960年代在立法方面遇到的问题。人们陷入左右为难之中：当某项欧洲规定与某成员国的法律冲突时要怎样决定？条约至上——这是欧洲法院在1960年代对当时遇到的问题所给出的答案。但是对于修正的情况，人们却不能设想采用相似的解决方案。这个区别对于成员国圈子的运作是很重要的。

首先回顾一下关于立法的战斗。由于1963—1964年欧洲法院的政变，欧洲规定战胜了国家规定。因此，所有在这个层面的冲突变得不再可能。当两个规定有冲突时，从此是布鲁塞尔或卢森堡拥有优先权。在12年的时间中，所有成员国都通过它们最高国家司法机关的意见承认了这一原则。

但是，有一个初步的小争论宣告了后来将会发生什么。在著名的1974年判决中，德国宪法法院通过提出某些条件来限制优先规定：一般来说，欧洲法的确优先于德国法，但是在事关由宪法所提出的方案或保障时，则并非自动如此。在这个事件中，德国联邦宪法法院作为德国人民根本权力的捍卫者而介入——考虑到一些战后的禁忌，尤其是纳粹实践过的安乐死和流产，这个角色是很沉重的负担。因此，向共同体移交权限所导致的规定不能超越德国宪法所提供的保护，至少当欧洲层面没有提供替代的保护方法时是如此——这是卡尔斯鲁厄(指德国联邦宪法法院，它一开始就特地设立在卡尔斯鲁厄而不设在联邦首都，以彰显其独立性。——译者注)的法官们所传递出来的信息。这是通过预先制止的办法与欧洲趋势所做的决裂。这是划下了一条界线，说：只要这个宪法保护不被保证，我们就保留宣布一项欧洲规定在我们国家不适用的权利——"当存在一项欧洲规定并且在该规定与我们宪法所规定的一项基本权利相冲突的情况下"①。

在卢森堡和布鲁塞尔，这条判决打击了不只一个人。这在快速前进的"独立"欧洲司法秩序中是很大的一个窘迫。德国联邦宪法法院没有任何理由认为条约本身威胁到了德国宪法所规定的基本权利，或者从1957年起就应该将这一点告知天下。对于卡尔斯鲁厄而言，这是为了警惕未来在欧洲层面根据条约所作的权限移交决定的后果，如果国家议会没能对此发表意见的话。假如这些新规定影响到了基本权利，德国联邦宪法法院就将介入。

该法令实际上的威胁并没有它看起来的那么大。最后，双方相互靠近，随着时间发展，互相避免了正面冲击。作为对德国最高法院发起的挑战的回应，欧洲法院就德国联邦宪法法院所质疑的问题创立了一种宪法保护。在1986年，在第二个"Solange"判决中(本页脚注1是所谓的"Solange-Ⅰ"判决，此处为所谓的"Solange-Ⅱ"判决，两个判决的核心意思都可以用一个"Solange"[德语"只

① 29 mai 1974, BverfGE 37, 271, §56 (*Solange-I*).

要……就……”]句式来表达。——译者注)，德国联邦宪法法院提出，只要上述欧洲法院创立的宪法保护相当于德国宪法所提供的保护，它就放弃保留宣布一项欧洲规定在其国家不适用的权利。

在2000年人们又跨出了新的一步。在德国政府的提议下，根据1999年在科隆举行的欧洲理事会作出的决定，各成员国一致同意建立一个欧洲人民基本权利目录。由来自各国政府、各国议会和欧洲议会的代表加上一个欧盟委员会委员组成一个制宪大会，在曾担任过德国总统以及德国宪法法院主席的罗曼·赫尔佐克(Roman Herzog)的领导下，负责这个任务。此人是德国政治和司法最高权威的化身，通过这项任命，意在使其服务于保证德国公民在欧洲层面的宪法规定的基本权利。2000年，十五国通过了《欧洲联盟基本权利宪章》，这些基本权利的地位从此得以稳固。在这欧洲法律和基本权利相交叉之处，冲突的危险似乎被摆脱了。

但是问题还是没有彻底解决。在欧洲法和德国宪法之间有可能发生其他冲突。

自1972年以来，进行着一个或多或少被大家忽略的特别的变化：共同体虽未迅速革新条约但仍以根本的方式扩大了自己的权限。因此，这是所谓“轻微的”修正。这一机制在巴黎峰会(1972)上被政府首脑们所施行。他们对把欧洲建设的“工地”扩展到能源、环境还有地区政治等领域达成了一致，并邀请欧共体执委会草拟相关提议。有如此多的议题在条约里都没有相关规定。解决方法在于利用一条迂回的法律道路，即所谓的“弹性条款”①。当市场

① 该条款最初是《欧洲经济共同体条约》(CEE)的第235条，先是变成了新版《欧洲经济共同体条约》(CE)的第308条，然后变成了《欧洲联盟缔造条约》(TFUE)的第352条。

看起来必须借助一个条约没有规定的措施时，在各国政府同意的情况下，就可以援引这个条款。对于各国政府而言，这是一个避免通过条约所规定的修正的实用方法；这样它们就不需要征求议会的意见。作为更高的欧洲使命与官僚本性调和的结果，欧共体执委会并没有对扩大行动领域感到不乐意。它与政府一起由此让国家议会出局。

人们可以在比利时人卡雷尔·范米尔特(Karel van Miert)笔下了解到这种情况的具体发生方式。他在1989年初被任命为负责交通的委员后，被召到欧共体执委会主席雅克·德洛尔的办公室，对于当时的情景他这样写道："德洛尔在他面前展开一张用水笔划出交通大干线的欧洲地图。这是一个为了实现例如高铁交通之类的基础设施建设的大计划。我向他指出这不在欧洲共同体的权限之内。空中、道路、铁路、水路等交通运输的确是欧共体的权限，但是关于基础设施的政策，还是牢固地属于各国。'忘了这些吧，'德洛尔对我说道：'尽快研究欧共体执委会可以在这方面做的事情，从而更好地协调不同的网络。'……他没有向我说两遍的必要。"①

如果以很宽泛的标准来解读该途径，可以说通过它诞生了许多欧洲权限，包括与市场毫无关系的领域里的一些权限，如给予非成员国的紧急救助。因此，一位权威的美国法学家在这个问题上能够提出：从1972年峰会开始，"不再有任何主要的国家活动在宪法上能不受共同体活动的侵袭"，并且"不再有任何具体权限领域

① Karel van Miert, *Mijin jaren in Europa. Herinneringen van een eurocommissaris*, Tielt, Lannoo, 2000, p. 34.

能排除在以第235条的名义行动的共同体之外"①。

这个变化尤其是在德国引起了担心：这可由联邦共和国的结构所解释——联邦的权限和州的权限都由宪法所确立。德国公众对于创立或赋予权限之权限所具有的重要性有着敏感的意识。这是一个德国人称之为"权限-权限"(Kompetenz-Kompetenz)的超级权限。面对取道于波恩—布鲁塞尔的欧洲革新的迂回道路，各州认为其权限可能被导引至消失，在它们看来共同体窃取了超级权限，这是它们不能接受的事情，也是代表各州的联邦参议院、另外还有联邦宪法法院所担心的事情。

从1987年起，冲突逼近。在米兰峰会后，成员国圈子以意想不到的方式享受到了独自运动的权力。整体除了通过暗门可以扩大行动领域，从此它还可以使用入口的大门来改变自身。这时欧洲是否拥有修正的权力了呢？

德国宪法法院没有在第一时刻——也就是《单一欧洲法案》通过时——拉响警报，而是在第二次机会来的时候才这么做。曼弗雷德·布伦纳(Manfred Brunner)就关于欧洲联盟的条约(1992)向德国联邦高级法院起诉。原告认为这个条约侵犯了德国公民的权利。由于欧洲权限的增加，"在德国的权力事实上就不再由整体德国人民的民选代表来实施"②。更严重的是，联盟看上去是自己赋予了自己这个超级权力，因为新的条约规定："联盟具备必要的手段以达到其目的并顺利实施其政策。"③这还不够清楚吗？原告质问道。这不再是一条迂回道路，而是一条大道。原告申诉的核心

① J. H. H. Weiler, *op. cit.*, p. 54－55.

② BVerfGE 89, 155, §37.

③ 《欧洲联盟条约》(TUE)第F条第3款。

是德国人的投票权和公民资格的价值被削弱了。在他看来，德国联邦议院和参议院的代表们本应该在接受《马斯特里赫条约》之前先征求德国人民的意见。

1993年10月，德国联邦宪法法院向原告提供了一个详尽的回答：马斯特里赫特判决。完全和1974年一样，法院确认：德国还是欧洲联盟的一部分。诚然，原告请求被驳回了——德国就这样成为十五国中最后一个批准条约的国家，但事情并没有就这样彻底结束。这些法官的意见还包括应该保障有活力的国家民主。他们宣布布伦纳(Brunner)的诉状是可受理的，而不是直接就将其退回。法官们的判决里说，人们可以想象这样一个转移："联邦议院权限的实施转移给了一个由政府建造的欧洲联盟或欧洲共同体机构，其程度如此之深，以至于与公民相关的国家权力的民主合法性不可或缺的最低要求将不再被满足"。但这"还没有"成为现实，因为联盟还是一个由条约制度连接的组织，是一个国家间的同盟。①德国作为"条约主人"之一，有离开条约的可能。因此原告的担心没有存在的理由。至少目前来说是这样的。人们可以预期在下一次条款修正时宣告类似诉状成立——这是法院的警告。这是一个没有实际后果的警告。德国最高法院的法官们没敢引发一次严重的政治危机。

"这是一个新的'Solange'判决吗？"这是专业性的报纸所关心的问题。事实上，1993年的判决事关一个更为重要的赌注：从德国民主内部的宪法保护来看德国民主的未来。另外，马斯特里赫特判决施加给未来更为沉重的假设。1974年的方法可以用"只要A不发生，就没有冲突的危险"这样的句式来表达。这是一个长久

① BverfGE 89, 155 §§63 et 90.

地被防止着的危险，因为这里的“只要”条件预计了“有一天会突然发生”的可能。相反地，1993 年的方法提出：“只要 B 在，就还没有冲突的危险”。考虑到联盟所采取的、并且通过条款来强化的方向，这是一个增加着的危险。与修正条约能力相关的原则性冲突出现在不久的将来。

在 2009 年，人们以为揭示真相的时刻到了。那一年，卡尔斯鲁厄的法院宣布两年前由德国政府签署的《里斯本条约》不违反德国宪法。与上一次一样，这次措辞的表面严厉程度大于其实际执行。法官认可批准的条件是德国议会加强其对于政府的控制。同时他们划出了联盟的发展界限：每个成员国应保留决定自身经济、文化和社会关系形式的空间。令某些布鲁塞尔观察家惊讶，甚至惊恐的是，德国联邦宪法法院延续了在其之前判决中就开始显现的推理。在德国联邦宪法法院看来，不可能看见一个欧洲政治体的诞生：各成员国依然是条约的主人；得保留每个国家的民主生活。该推理中的突出元素是其对于欧洲议会民主意图以及对于指令要求德国议会担负欧洲事务责任的明确质疑。事实上，“里斯本判决”以两个相反的方向为目的：它旨在保护国家政治的同时将其向欧洲利益靠拢；它限制欧洲的演变并要求对变化有发言权。由此，卡尔斯鲁厄的法院在其对内部领域的怀疑之上又添加了其对欧洲中间领域的承认。

条约修正权限所引发的紧张没有消弭。欧洲法院在 1963—1964 年描绘的关于立法冲突的解决方法（欧洲条约优先）对于修正事宜而言既不再可能也不受欢迎。

根据制宪权力和法定权力，各成员国是“条约的主人”。它们一起拥有“权限-权限”或超级优先权。将该推论应用于不同国家的宪法法院（或实施相当职能的机构）和欧洲法院之间关系上，便赋予国家法院优先权。人们有时根据欧洲法院享受建立在“欧洲法独立”上的超级优先权而对于国家法院的优先权提出异议。但这是忘记了欧洲法院的这个司法权限是由创始条约的恩赐而存在。如果创始条约被成员国修改,法院是不能利用该权限来反对修正的。

因此,德国法官们所采取的立场并不令人满意。当他们下结论说在基础发生冲突的情况下国家解释优先于欧洲解释时,他们简化了状况:他们谈论的到底是哪一个欧洲?共同体的基础不是由欧洲机构确立的,而是在条约之外由各成员国共同确立。换句话说,卡尔斯鲁厄并不是与卢森堡冲突,而是与各国政府——包括波恩/柏林在内——的整体冲突。关于修正权力的战斗并非在内部领域也不在成员国之间展开,而(还是)在中间领域这个双重角色的世界中展开,例如在作为缔造国的德国和作为欧洲圈子成员的德国之间。

我们谈论的冲突完全是欧洲建立的一部分。它并非注定要表现为事故。应当关心和接受司法方面的或其他方面的紧张。所有司法上的冲突都需要政治上的对话——在司法权限之间,在欧洲机构和成员国之间,在成员国互相之间。

当理智、智慧、延时都不能防止一个宪法冲突时,还可以让它恢复平静、还有(成员)国处理条约之外关系的国际法、还有它们都隶属于联盟的政治事实。欧洲法律说到底还是建立在该事实之上的。最后,每个成员国都有避开欧洲十字路口和掉头的自由。如果之前对这一点还存有小小的怀疑,它也已经被最新的联盟条约(2007)所解除,条约规定:“所有成员国都可以根据本国宪法规定退出联盟。”①

① 《欧洲联盟条约》(TUE)第50条。

4. “天桥”

在门闩于1985年在米兰被开启之后，人们以越来越快的节奏对欧洲秩序进行四次革新：1986、1992、1997和2001年。革新是否必要这一根本问题不再被提出。每个条约都事先确立关于自身修正的讨论。人们诉诸一个无疑是借自谈判桌的隐喻：遗留。人们在阿姆斯特丹（1997）讨论马斯特里赫特（1992）的遗留，在尼斯（2001）讨论阿姆斯特丹（1997）的遗留。因为直到这时盘子也还没空，政府首脑们认为应该改变方法，于是人们开始考虑“谁”和“如何”的问题。

欧洲领导人们发起了一个试验。2001年底，他们聚集在比利时国王位于拉肯的宫殿里，同意创立一个大会。他们给这个政治大会一年的时间来重新思考欧洲条约。令人印象深刻的特点是：大会既由各国政府和议会的代表又由欧盟委员会和欧洲议会的代表组成；制宪权力和法定权力混合在一起，包括在会议室中也是如此，因为所有人都按姓名字母顺序就坐。

一开始，大多数政府把该大会视作无害的咨询组织。它们没有阻止其成立，因为它们自己将在2003—2004年政府间大会上作出决定。推动建立该机构的比利时和德国完全将其视作一个严肃的行动者。这个含糊的身份引发了某些紧张，它突然引出了关于修正条约内容权力的纠纷：从此，将由谁来进行革新？它也重新引发了关于另一个根本问题的争论：欧洲政治体接受改变的难易度如何？

该大会设想的规则大部分被政府取用并出现在今天的《里斯本条约》中。它是否在修正方面能过渡到多数表决并从而为内部领域加冕？不，还不到这个程度。但是，人们选取了最不出人意料的道路，找到了使得成员国圈子可以对成员国个体施加政治压力的司法形式。

“谁”这个问题自然构成了这些变化的催化剂。在拉肯，要求百来位政治家思考欧洲未来的政府首脑们应该会料想到，这些人会赶紧想要以欧洲的名义发言。

从最初几天起，“关于欧洲未来的大会”就被改名为“欧洲制宪大会”。诚然，这是一个字眼上的小修改，但却是一个改变世界的办法：思考团队转变为制宪大会。类似于之前费城的名士们(1787)的做法，大会主席吉斯卡尔·德斯坦为增加大会的权力而努力；在2003年夏天，他已能够交给各国政府一个宪法的全盘计划。但是，虚张声势并没有产生良好的效果。如同请求制宪大会直接把宪法寄给13个州的乔治·华盛顿一样，吉斯卡尔要求政府首脑们向各自的议会或人民介绍宪法计划，但是这位法国前总统的要求没有获得华盛顿那样的成功：欧洲领导人对于该计划发生了争吵。然后，批准失败了，各成员国决定在2007年取消所有具备宪法性质的条文。所谓的欧洲制宪会议面对各国政府和各国人民彻底失败了。它必须接受这一点：各成员国并不打算出让关于欧洲根基的权力。

当然，当制宪会议就未来的修改(换言之，就将来的宪法)进行思考时，并不知道这个结果。各成员国在修正之前的条约时对修正规则保持缄默，但是坚固的心理动机和强大的内在原因推动着制宪会议修正这一巧妙的解决办法；对于制宪会议而言，修正向多数表决过渡相当于欧洲新开始的最美丽的标志。如果内部领域没有公认的修正权力，未来的宪法的命运就可能与当下的宪法对其自身的命运所担心的一样，即其只不过是被政府阴影笼罩的讨论团队。这些因素也解释了某些人在修正讨论中表现出的活力甚至可以说是激动情绪。一些制宪会议成员认为形势要求为不经各国一致同意的联盟自我革新作紧急的辩护。

他们想法的出发点是既有规则以及在序幕(发起修正议题)和三幕(是否计划修正的决定，修正内容的决定，修正生效的决定)中对角色的特别分配。对于其中的每一个阶段，制宪会议成员都有创造力地提出了各种变型。一位英国保守党人所提出的变型甚为有趣：在第一幕中，欧洲首脑会议从此应该一致同意决定召集政府间会议。这个消除其党派前党魁撒切尔18年前在米兰所遭失败的企图没有找到共鸣。它甚至在比利时的要求下遭到反对，后者提出该决定应由政府首脑以多数表决作出。人们不会把大门再闩上。

关于第二幕，即条约的修正内容，大会有很多的思考。这一幕正是制宪会议和政府间会议两者之间的竞争冲突的自然场地。大会依赖于一个共有的感情：一个像我们这样的制宪会议，作出了很好的工作，是后人可以追随的榜样；“人们终于从总理公署的秘密中走出，公开谈论欧洲的未来”，他们以这样的说法向自己的工作致敬。这样的热情如果来自欧洲议员和委员，那一点都不令人惊奇。但是它还得到了国家议员这一代表性最广泛的团体的支持。在这之前，他们只能满足于等待各自的政府向他们介绍(政府间)谈判的结果。至于政府代表，他们只有违心地支持。

在这个完全一致之下仍然隐藏着制宪会议议员之间的原则对立。谁真正拥有修正的权力，是制宪会议还是政府？一些人希望彻底取消政府间会议。另一些人则期待不那么激进的解决方法而是让天平倾向制宪会议就可以，例如要求政府对于制宪会议的提议以加权多数表决。换句话说，制宪会议派的对手所质疑的事正在发生：联盟自我革新能力的增加。德国保守派维尔梅林（Würmeling）支持成员国继续做“条约的主人”，因此在所有成员国向联盟移交主权的问题上都应由成员国自己决定，这意味着“联盟的组织或代表不能参与条约修正的决定”①——将法定权力踢出局。

大多数制宪会议成员并不怎么担心是否符合正统的宪法观念。听听看奥地利政府代表费恩莱特纳（Farnleitner）怎么说的：他宣称“原则上赞成”制宪会议但同时认为成员国仍然应该是“条约的主人”。在此类观念所富有的弹性的鼓励下，会议主席团赞美制宪会议所创建的经验却又没有侵害政府的特权。宪法条约计划确定：未来将由制宪会议向政府间会议提出“建议”，而由后者来解决问题。

一时难以解决的大会内部的内在紧张（大会是制宪大会或只是咨询机构？）几乎发展到了大会之外。大会所采用的办法是一个很不正统的权宜之计，但是的确回应了形势。文本在宪法和条约之间周旋，由同样模糊的既纳入制宪会议又纳入了政府间会议的修正规定所补充。在这条战线上，被革新与自我革新之间的张力发展为由条文所确认的宪法休战。作为由政府设置制宪会议的必然后果，关于修正条约内容之权力的战斗则在第二幕的下一场演出时继续。

在讨论将来如何批准宪法的第三幕时，人们的精神振奋了一些。未来的宪法可由大多数国家批准而生效的突破性建议出现

① Joachim Würmeling, amendement à l'art. F, CONV 647/03 du 2 avril 2003.

了，就如同决定性宪法测试一般。“一致同意”相当于达成一个经典条约，“多数表决”则是向宪法的开放。这就是为何这个想法既得到内部领域代表的支持，也得到制宪会议副主席、意大利前总理、宪法教授朱利亚诺·阿马托(Giuliano Amato)的支持。他向一位同僚吐露“如果人们保留一致同意的要求，那么作为宪法教授的他将自杀”[1](他的对话者明确指出作为政治家的朱利亚诺·阿马托将活下来)。

实际上做了建立的事，但并不将此彰显出来，这是阿马托和联邦主义者的目的。从法律上看，这是能成立的。在未来以多数国家批准来生效比起当下就建立而言，前者更容易为之辩护。它不包含对既有规定的违反，也不包含任何向前的跳跃。它以对于现有条约的全体国家一致同意批准为手段，是转到一条无障碍的道路上去的方法，是一座从旧秩序道路通向新秩序道路的桥梁。

但是，这样一座桥梁相比于在原有道路上跃进的优势对于争论只产生了很少的影响。交锋的还是原来对立的两个阵营。一边是议员团队，由欧洲议会议员及各国议会议员组成，他们建议设置五分之四或六分之五的国家批准即可生效这样一个门槛；另一边是政府团队，英国、爱尔兰和瑞典政府提出议员团队的提议是不可能的，否则就不必要进行任何其他讨论。2003年4月底，英国人海因(Hain)在所有可能通向多数国家批准即生效的桥下放置了炸弹：他拒绝签署任何类似于空白支票的条约。如果说多数表决修正在法律上只是一座桥梁，它在政治上却是一个跳跃。这是伦敦不愿意进行的跳跃，无论是当下还是未来。

---

① Jean-Luc Dehaene, 12 juin 2003, *in* Olivier Duhamel, *Pour l'Europe*, Paris, le Seuil, 2003, p. 125.

全面阻止的威胁又出现了。人们所找到的出路是对“较重大的”和“较轻微的”批准程序进行区分。最后，形成了一个逐渐发展起来的宪法条约的构想：它由几个部分组成——第1、2和第4部分关于宪法安排，第3部分关于政治安排，该构想非常受各方欢迎。它看起来可能赢得许多这样立场的制宪会议成员：他们坚持新宪法仍须按既有规定所有国家都批准才能生效，并且为此愿意考虑在各种政策底座上放松一点。这样，在“是否”和“由谁”这两个问题之后，“如何”革新这一根本问题首次得到考虑。

因其关于多数表决的计划撞了墙，联邦主义者坚决地捍卫“轻微”事项程序想法的某些要素：此类程序以多数表决决定，无需批准——只要能有所达成就好。除了议会代表和欧盟执委会代表之外，这个计划还吸引了几个政府例如比利时、荷兰和芬兰。能够发展一个引导某些政策而没有议会阻碍的空间，这在它们看来是个便利。通过此类迂回道路，人们过去在所有政府的一致同意之下，已经把行动扩展到许多领域，而且并非不重要的领域：能源、环境、地区、消费者还有研究等。当然，另一些人极力反对此类迂回。在德国人维尔梅林看来，人们不能不理会国家议会掌握的批准权。

在制宪会议最后忙乱的日子里，在阿马托的灵感的启发下，以复杂的方式组成了一个广泛的联盟。对于某些事项，六分之五的国家批准应该就足够使其生效，条件是少于三分之一的国家议会对于失去权限的基础提出保留。“这是很好的主意，但是太迟了。”吉斯卡尔·德斯坦在6月12日表示政府拒绝了这个提议。① 但他还是稍微作出了一个姿态：他在寄给将要成为欧洲理事会主席的

① Valéry Giscard d'Estaing, 11 juin 2003, *in* Alain Lamassoure, *Histoire secrete de la Convention européenne*, Paris, Albin Michel, 2003, p. 424.

贝卢斯科尼(Berlusconi)的信中，附上了阿马托和欧洲议员布罗克(Brok)和达夫(Duff)所捍卫的有关方法。

在第三幕里，制宪会议在自我革新方面没有一点进步：没有多数国家批准即生效的决定，成员国保留了权力。在会议的闭幕新闻发布会上，“聪明博士”极度沮丧，有人询问他会议经历中的最大失望是什么时，阿马托回答说：修正规定的失败。用词语“条约(意大利语 Tratatto 阳性名词)”和“宪法(意大利语 costituzione 阴性名词)”揶揄，他说制宪会议不幸地生出了“一个男孩”。[①]

阿马托和其他制宪会议议员事实上没有认识到制宪会议所完成的根本过渡：这是一个通向(更大的)自我革新的道路。他们的工作不是简单地在于促成关于未来的协议。他们对于否决权的控诉和呻吟事实上表现出两个成功：一个出乎意料，另一个不引人注目。

出乎意料的成功是：阿马托/布罗克/达夫三人组投入大海的漂流瓶到达了罗马。“轻微”修正程序的想法被政府重新采纳。当条约修正只与内部政治问题有关而没有扩大联盟的权限时，可以无需通过政府间会议进行——2003 年 11 月部长们这样决定。只要由欧洲理事会一致同意作出决定，然后所有成员国批准即可。这真的有所改变吗(不管怎样改变了什么)？一些评论家哀叹：看吧，一旦这些人聚在一起，政府就保持了否决权，并且和好刺探隐私的议员们一起毁了制宪会议。[②] 发出这样的评论，其实是掉入了和 1985 年撒切尔夫人一样的观念的陷阱。集会的首脑们事实上

---

① Giuliano Amato, 10 juillet 2003, *in* Jacques Ziller, *La Nouvelle Constitution européenne*, Paris, La Découverte, 2004, p. 25.

② Bruno De Witte, *Revision*, *European Constitutional Law Review*, 1, 2005, p. 136-140.

戴的是另外一顶帽子。

这就是为什么业已通过迄今有效的“轻微”修正程序是极其重要的。第一，作为制宪权力的政府间会议和制宪会议都从第2幕中消失了；是一个机构(欧洲理事会)代替它们设计革新。这样，在米兰会议回答了“是否”问题18年之后，“怎样”问题的答案也(部分)交给了联盟。

那些对此还存有怀疑的人，可以看看这个事实：从2010年12月底开始，在《里斯本条约》生效仅仅一年之后，政府首脑们选取这条道路来发动对新条约的修正。在欧元危机的压力下——这是一个意外事件，它在2010年波及了欧洲整体的最中心，他们决定创建欧元区永久性救助基金，这在几个月前还是难以想象的事情。为了给这个降落伞一个法律基础，要把两句话加进条约之中。以传统的全体成员国谈判来通过这个很明确的修正案显得多余，而且这样做会促使每个政府产生各自的要求并相应使得批准变得复杂且增加财政危险。因此欧洲理事会决定采取捷径，让联盟的根基经受考验的第一次危机以很具体的方式显示了联盟自我革新的必不可少的重要性。

第二，把根基分解成或多或少容易修改的不同基本部分意味着欧洲政治秩序的宪法化。从形式上看，“轻微”修正不是重建。事实上，共同体从一开始的“(重新)建立/立法”这个二元结构向着“(重新)建立/(轻微)修正/立法”这个三元结构变化。由此，欧洲整体一点点在法律上与其缔造者脱离。

不引人注目的成功是：在一些制宪会议成员关于多数表决作出决定的一贯坚持之后，制宪会议强制获得了修正规则的改变。制宪会议使用了“passerelle”(天桥)一词来促成这一改变。许多会议代表(尤其是欧洲议员)对会议结果并不满意，因为条约计划并没有确定对于所有形式的决定和法律都按他们偏好的剧本进行：欧洲理事会多数表决＋议会批准。另一边，大多数政府代表还没有准备好放弃这样或那样的否决权。作为折衷，主席团在条约的两个地方架设了天桥。第一座天桥是：欧洲理事会能在几乎任何成员国持有否决权的情况中，一致同意对相关事项改由多数表决通过——唯一的例外是军事领域。另外一座天桥是：欧洲理事会能在部长理事会作为唯一立法者行动的情况下，一致同意在其决定中尊重议会立场。这两座天桥应该使得联盟在未来实现从“作出一致同意和/或特别决定”向“作出无需先进行（彻底）修正和批准的普通决定”过渡。

政府间会议考虑了“天桥”办法。意大利人把它加入了关于修正的条款中。但是“天桥”的过渡在有一点上稍显复杂：人们要求欧洲理事会向国家议会宣布它取道“天桥”的意图，后者有 6 个月时间对此提出保留意见。只要有一个议会提出反对，“天桥”就保持关闭。这就像邀请人来阻挠议事一样。不管怎样，与传统的批准方式相比，欧洲整体强化了它的地位：欧洲整体不需要等待不喜欢它的觊觎者说“是”；而议会必须及时说“不”。联盟就这样进行了从序幕到第三幕的革新。在内容方面并没有意外惊喜，条款明确规定了可行使否决权状况的列表。一旦天桥架设好，剩下的就是欧洲理事会提出的并回应了的问题：何时过桥？由缔造者共同拥有的对于修正的垄断消融了，只剩下尊重议会要求的保证。这不再为它们提供一点自信地以个体名义重弹“条约主人”老调的理由。不过还是有一个特别的事实：就算在这样的情形中，都没有发生任何向多数表决的过渡，因为所有国家议会都保留申诉的权力。

成员国不想要一个不在其控制之内进行更新的欧洲，不想要一个具有自身意愿的政治体的欧洲。这就是为什么不会有多数表决的修正。达到这样的解放的时刻事实上就是欧洲(政治体)建立的时刻,同时也是(欧洲)国家独立结束的时刻。但是国家并不打算离开舞台。为了获得顺应历史变化的政治能力,欧洲整体应该做其他的事情——而它也正是这么做的。

修正权力持久地属于集合的国家政府和国家议会,在成员国的中间领域里。因此秘诀在于把这个制宪权力作为法定权力。把顽抗者踢出局是不能实现这一点的。相反地,一个阶段一个阶段地把所有人牵连到其中则是可能的。政府以最高层次聚集为作为机构的欧洲理事会指出了道路。

一幕接一幕相继上演,直至一切都暴露在共同革新的强制力量之下。这一过程开始于 1985 年克拉克西在米兰会议上的政变——第一幕(是否打算修正的决定)。意大利总理推动政府首脑们跨过一个无形的门槛,启动革新机制。2001 年拉肯峰会和 2002—2004 年关于条约的谈判给第二幕(修正内容的决定)带来了改变。一方面,政府应该作出一些让步,以接受一个使国家议会和欧洲议会能够(在传统修正的情况中)发挥或将能发挥作用的制宪会议;另一方面,(在“轻微”修正的情况中),政府间会议应该让位给欧洲理事会。第三幕(修正生效的决定)的变化较为温和。变化与提供了“台阶上的主人”的条款相关,对于当前条约的批准被删除了,但对于未来的条约的批准则被保留。所有成员国一致批准才能生效的法律要求,作为成员国的“国寿”保险,事实上伴随着各成员国承认对既已着手的革新负有共同政治责任。

大幕一旦拉开,便有了以下问题:从什么时候开始,掌握批准权的国家议会——在此期间成为成员国在“轻微”修正情况下的最后堡垒,能分别地或整体地被视作法定权力?虽然说该问题的答案并不确定，但是“天桥”确认了欧洲整体寻找答案的与直觉相反的方向：“所有国家一致批准”这一规定的继承者，不是“多数国家批准”，而是“所有国家一致不反对”。

“天桥”在很大程度上增加了欧洲整体的强制力量。用军事术语来说，架设“天桥”等同于把压力从进攻方（欧洲整体）转给了防御方（成员国）。这样或那样的议会很可能将跨越阻碍于一时，但最后欧洲整体总能找到适合的时机强行过渡。在《论李维》中，马基雅弗利向我们提出过警告：不要在两山之间的狭道迎战，“因为敌人能很容易地向其中投入大量兵力，其意图实际上是通过该狭道而不是停在那里；而守军则无法投入大量的兵力，因为守军不知道对方何时来犯，所以必须在那里无限期地驻扎。”①

作为结语：“天桥”作为隐喻也是有意义的。首先，这个图像强调整体来经历这个类似于过渡的运动，更特别地说，是类似于跨越河流或其他水体的运动。可以比拟为“建立的河流”。然后，它显示欧洲对于向前跳跃的强烈反感和对于可靠的小步前进的偏好。最后，它完美地解读了欧洲利用时间的方式：诚然，我们还不敢着手进行，但是我们放置了一块木板以防有一天我们需要着手进行。我们可以将此与恺撒（César）在公元前 49 年在卢比孔河前的情境或者与一千八百多年后华盛顿及其同僚们的观念作比较。如果后者仅仅满足于架设一座天桥而不是向前猛冲，他们永远到不了国会大厦。

---

① Nicolas Machiavel, *Discours sur la première Décade de Tite-Live*, L. I, chap. 23, in *Oeuvres completes*, *Bibilothèque de la Pléiade*, trad. Toussaint Guiraudet, revue par Jean-Alexandre Buchon puis par Edmond Barincou, Paris, Gallimard, 1952, p. 438.

第二部分
命运的多变

由重大事件组成的世界历史并不是像火车那样以平稳的速度行进的。是的，它是以不可抵抗的力量不平稳地前进的。人所能做到的一切无非是仰望阔步行走于世界历史中的上帝，然后跳起来抓紧他的衣摆，由他带着向前走得尽可能地远。如果目的是积累有利条件、制造云雨，然后进去钓鱼，那么就是可耻的愚蠢、衰破的经纶。

——奥托·冯·俾斯麦(Otto von Bismarck)

在时间的长河中

在《君主论》(1513)书末的著名段落中，马基雅弗利提出世界既不完全屈从于命运的多变、也不完全由我们自由主宰，如果说“命运掌控我们一半的成果……它留了差不多另一半给我们自行管理”。作者接着说：“我把它和那些惯于泛滥的长河中的一条相比较，它肆虐地淹没平原四方，摧毁树木和房屋，把泥土从这儿卷到那儿；每个人遇到它都纷纷逃离，所有人都向狂暴让步，无法筑起任何防御物。尽管在某些季节它是如此的狂暴，但在平静的时节，人类不会浪费自身能够筑墙修坝来防御它的自由，以使得下一次上涨的河水或由沟渠流出，或不能如此充分的放纵也就没有如此大的破坏力。”①

这一信念，得到了与这位佛罗伦萨思想家同时代人的赞同，代表了与过去的决裂。中世纪基督教甚少关注尘世上的人与人之间的关系。压倒一切的是与永恒上帝相关的灵魂拯救。与后者的可能性相符，历史就服从于末世论。在自然灾害或政治事件（例如410年的罗马劫掠）中看见上帝之手的预言家被视作异端。至多人们能冒险地说神圣的天意降下苦难是为了考验人们的信仰。如果不信仰上帝的安排，就是接受盲目的宿命和命运之荒谬的主宰。

在马基雅弗利的时代，战争和苦难蹂躏着意大利半岛。1494年法兰西国王的入侵打破了意大利半岛各国之间的力量平衡。在1498—1512年间，佛罗伦萨的高官们可以谈论说“每天都经历过或正在经历超越人类所有猜想的大革命”②。为了试图驾驭命运，马基雅弗利在《君主论》和《论李维》的书中，通过研究许多历史和当代的情形，寻求确定最优的统治方式——专制与共和，战争与和平，创建与立法。一位评注者指出可以将这些思想系统化为建议形式以理解历史的真实性。③

时间支配我们的生活。根据马基雅弗利的理论，这里所说的时间并不是神学末世论的时间也不是物理学规律上的时间，而是

---

① Nicolas Machiavel, *Le Prince*, chap. 25, in *Œuvres complètes*, *Bibliothèque de la Pléiade*, trad. Jacques Gohory, Paris, Gallimard, 1952, p. 365.

② *Ibid.*, p. 364 - 365.

③ Robert Orr, *The Time Motif in Machiavelli* (1969), *in* Martin Fleisher (éd.), *Machiavelli and the Nature of Political Thought*, New York, Athenaeum, 1972, p. 185 - 208.

被视作命运事件之流的时间。历史没有事先构思好的计划，没有事先建立好的逻辑。事件所持有的仅是相互之间的联系：在先者与在后者，先发生的事和后发生的事。所有新事件都可以改变先前的事件，将其置于新的视角之下。这就是为什么我们说时间是"所有真相之父"①。对马基雅弗利而言，事件的大小乃是根据其所产生的后果来衡量的。

对于人们和国家来说，困难在于他们不能置身局外，而是处于潮流之中。他们勇敢地参与众多接连而至的事件并影响这些事件所呈现的态势。马基雅弗利想要知道政治家是如何通过追溯过往而达到预测或近或远的情况。如同在医科和法律学科里一样，这要求判断和前瞻的切实能力和非常的审慎。有时我们会目击到如群星般出现的事件，有时可以从中识别出某种模式。但是无法达至完全的肯定：只有事后人们才能知道是否应对得当。

对于这位佛罗伦萨的思想家来说，命运不是上帝向我们下达的一系列考验；他更多地将命运视作一群事件中的一个对手或一个伙伴。命运好似一个来访者，它的造访同时创造出新的困难和可能性。命运的车轮转得越快，事件的河流就涨得越高。马基雅弗利把我们与这位来访者商讨的能力叫作德性(virtù)。这是一个剥去了所有道德和神学内涵的、完全政治的概念，而且它联合了智慧和活力。在我们与命运的关系中，作者区分了三个阶段：在命运来到之前的时间很长的阶段，命运来临的阶段和命运离开之后的阶段。

第一阶段：预备工作。因为命运是流动的，我们就有可能事先

---

① Nicolas Machiavel, *Discours sur la première Décade de Tite-Live*, L. I, chap. 3, *op. cit.*, p. 389.

建造大堤和水坝。这样，军队首领必须得让他们的队伍纪律严明并且组织有序，因为“严明的纪律统治的地方同时也是有秩序的地方；命运极少在此之后很久才来临”[1]。对于公共事务，拥有一种能帮助缓解冲突后果的结构是很重要的。好的政治家是知道为了长期计划牺牲短期好处的政治家；另外，他应该长久戒备和时刻等待迎接命运的造访。

第二阶段：命运的到来。每种情况都要求一种独特的应对方法，有灵活性就更好。主要有三种典型范例。要么我们保持卑微的姿态，等待访问者离开后重新夺回对事物的控制。如果说让命运自由行动是危险的，如果说人们在这样的片段中完全没把握获得完美结局，这样的策略仍然在某些情况下可以收获一些成功。要么我们就尝试正确利用命运，以最好的方式应对事件并从中获利。这要求对整体局势以及对我们所能期待或忧虑的情势的深刻全面了解，最好是等待时机、在一定的距离上考虑事件，然后据此行动。要么，我们尝试在命运确立之前攻击它战胜它。所有这一切取决于我们所表现出的敏锐、大胆、坚决和能量。这不是没有危险的，不过有时当人们表现出巨大的胆量时，命运女神会作出让步。但是否认事实或逆向猛扑是行不通的。认为我们活在时间之外，会导致我们走向灾难。

第三阶段：命运离开之后。“思想的坚决性”在这里是必需的品质：“命运对伟大人物们是无能为力的”[2]。这些人知道命运无常。与之相反的是，在命运的打击下，懦弱的灵魂变化了：因为好

① Nicolas Machiavel, *Discours sur la première Décade de Tite-Live*, L. I, chap. 4, p. 390.

② *Ibid.*, L. III, chap. 31, p. 686.

的命运而骄傲，当灵魂遭受失败时就充满了自怜。

马基雅弗利正是用这些言语向我们表明我们手中拥有部分自己的命运。为了成为一个好的人和一位好的政治家，我们必须进入到时间里去，对向我们开放着的未来，则要接受意外情况和责任。因此要未雨绸缪，不要忘记我们随时会碰到意外的事情，要做好准备。

"事件，亲爱的孩子，事件。"（在被问到什么是对政治家最大的测试时，战后的英国首相哈罗德·麦克米伦是这样回答的。——译者注）在这样的政治哲学视角下，如果一个欧洲政治体拥有一种在时间中行动的能力那么它就存在。这一部分探讨欧洲整体是否进入到了时间长河中的问题，如果答案是肯定的，这又是如何进行的。有没有一个有能力回应来自外部的事件的欧洲？我们知道命运女神会以各种形式出现，那么欧洲面对出现在它大门口的命运访客，是如何反应的？战争、外交危机、货币崩溃、难民潮、恐怖袭击、经济灾难……人们如何知道欧洲是作为一个整体进入事件的潮流中的？

对于上述问题的逻辑试金石，是面对外部世界，换句话说是面对别的政治秩序时欧洲的共同介入。欧洲实际上难道不是各自关心其内部安全的国家间的联盟吗？（"国家安全仍是每个成员国的唯一责任"[①]）。尽管这有一天会改变，明确地区分政府以各自的名义行动的时刻与政府集体行动的时刻并不是一件容易的事情。原则上，表面上是一个个民族国家的欧洲能够实施经济或环境改革甚至是采取反恐措施，而这些属于内政。面对欧洲民众，掩盖代表的问题是可能的，但对其他人就不行。对于一位美国外交官、一位

---

① 《欧洲联盟条约》(TUE)，第四条，第二款(里斯本版)。

中国谈判者或一位刚果军阀而言，面对一位所有成员国的发言人和面对一位以单独国家名义说话的中间人是不一样的。

增值正是存在于这一差异之上。这就是为什么对于很多政治家来说，对外彰显的统一代表了最高目标。"欧洲必须在世界上以一个声音说话"，很久以来人们就肯定了这一点。在分析的方法中，更明智地是将这种肯定反转过来。记得霍布斯的观点："当许多人由一位人物或一个人代表时，他们就变成了唯一的一个人。"① 一个沉默的欧洲不会发出唯一和一致的声音；而只要有这样的一个唯一的声音被听见，那么正是在这个声音里，欧洲作为一个政治体而呈现。

欧洲整体不得不分两步走，以进入历史的长河中。它曾试图一步到位，但没有成功。在两步之间，有一个停顿来准备第二步。因此这个跨越运动被分为三个时间段：奠基时期(1950—1957)，共同体时期(1958—1989)和自柏林墙倒塌以来的时期(1989至今)。

最初的一步追溯到"欧洲协同"的六国决定在某些方面集体面对外部世界的时候。为了达到这个目的，它们曾三度建立共同体：矿业共同体、军事共同体和经济共同体。欧洲军队最后没有诞生，从1957年起，欧洲停留在"小政治"的水平上。由此，欧洲整体处于时间之外的意义上。但是这段观望时期并不是没有用的：在各成员国的领域里，事实上有所变化(由此一位观察家才能够将共同体比作等待变成蝴蝶、但不知道何时会蜕变的"茧"②)。

得等到1989年、等到柏林墙倒塌对欧洲所造成的一波波震撼，才能看到欧洲整体拒绝逃避历史。自那时起，欧洲整体实施第

---

① Thomas Hobbes, *Leviathan*, L. I, chap. 16.

② Edgar Morin, *Penser l'Europe*, Paris, Gallimard, 1987, p. 251.

二步,摆脱共同体而作为欧洲联盟进入历史的长河。

欧洲所经历的与外部事件有关的变化是本书第二部分的中心内容。影响不是单向的。命运女神的到访并不必然由欧洲国家的统一所表现。有时它们找到理由集体对外,但也可能其中个别国家借机有特别表现,比如利用此机会加速某个计划;也有可能是每个国家遵循各自的策略,导致全面的嘈杂。这就是为什么说,不管是因为怀着联邦的理念而为成员国之间在对外政策上的每一次争执而哀叹,还是认为由于民族国家的历史负担共同行动就无法成功,都是不恰当的。现实中所发生的事件并不符合两种先入之见。

回顾过去六十年,我们还是可以将欧洲和命运女神的关系区分为四个主要阶段。第一阶段:地缘政治关系和考量的影响在共同体建立时起到重要作用。主要的行动参与者承认相对于经济,政治是首位的,赋予了共同冒险的政治维度和经济规则同样的重要性。这是一个面向未来的政治意义。创始条约包含双重目的,其影响至今还能感受到:六国集团意图成为一个政治体并意图该政治体有一天涵盖整个欧洲大陆。欧洲除了是一个事实之外,还是一个希望。

第二阶段:欧洲整体刚开始时并没有很好地装备自己以应对命运的多变。人们没有预先准备好对外政策。对于大多数国家而言,它既不可能,又不受欢迎,也没必要。

欧洲机构主要负责低级政治(low politics)。条约给予它们的任务当然包含与外部世界的直接接触,比如贸易政策或向发展中国家提供帮助,但各成员国密切监察这些举动使其不超越欧洲机构的权限范围。对于高级政治(high politics),六国都完全信赖保护它们防御暴风雨的美国保护伞(只有法国以其不需要美国保护伞为借口经常玩双重游戏)。新的德法战争的风险貌似被避免了;

苏联人由于美国的原因(北约)而被限制在远处。人们一点都不会去想命运可以呈现出的新形式。在内部领域,一些国家甚至希望离开历史的长河,马上进入"新耶路撒冷"[①]。在没有最佳解决方式的情况下,另外一些政治家则采取观望的态度。他们把赌注押在时间上。

第三阶段:在叩响俱乐部大门时,非成员国的欧洲国家让成员国懂得,正是有这样一个大门的存在,成员国才能在面对外部世界时组成政治阵营。其中一个例子就是在1961年当英国人表现出意愿时,六国作了尝试。1989年时柏林墙的倒塌代表着更强的而且是完全没被预料到的意识觉醒:或多或少被忘记了的是,欧洲大陆东部的一半进入到了十二国的等待室。六国集团和整个欧洲的关系迫使成员国将联盟政治化。其中有一些国家是不得不这么做,因为它们逃不开。

第四阶段:成员国避免将其政治声音转向内部领域的机构以回应外部世界。它们并没有这么做。经过大量的交涉和踌躇,它们找到了其他路径来使得"以欧洲的名义"变得可能。不请自来的政府首脑们夺取了权力并使得成员国之间的中间世界成形。

在他们自己的领域里,绕开条约,他们组织了一些峰会(从1961年起有几次),将这些峰会以欧洲理事会的形式制度化(1974),然后在柏林墙倒塌之后,在因此建立的欧洲联盟里让这个论坛承担外交政策的责任(1993),之后又为欧洲理事会设立了一位常任主席(2009)。由此,国家领导者的谈判桌成为欧洲重大政

---

① Stanley Hoffmann, *Obstinate or Obsolete? The Fate of the Nation-State and the Case of Western Europe* (1966), *in* Mette Eilstrup-Sangiovanni (ed.), *Debates on European Integration. A Reader*, New York/ Basingstoke, Palgrave, 2006, p. 135.

策的拥有者。只有在这张桌子的支持下，人们才能以所有人的名义来面对白宫或克里姆林宫。

最后说一说1945年以来三个主要成员国的基本政治意图。法国在欧洲寻求自身的重新体现。德国通过欧洲寻求对其错误的救赎。而英国，从人们设立了桌子起就寻求“一个席位”。尽管这些意图众所周知，决定形势的是它们的共存，特别是欧洲政策在不同行动领域之间的分配。

是法国发起了行动。1945年以后，其世界强权的角色已属于过去，它试图利用欧洲作为杠杆。多亏了欧洲，也只有多亏了它，法国才可以“自由”，这在巴黎意味着：将我们的命运掌握在自己手中，能够发言和行动，对自己的形势承担责任——做一个行动者。在这个视角下，法国不会做美国的一艘军舰也不会受制于德意志联邦银行的货币枷锁。这些高级理念通过非常具体的巧妙计划而得以成形。巴黎通过展现其政治意图、行政纪律、长远眼光以及除了伦敦之外没有国家能够抗衡的外交理论力量，来为实现一个法国式的欧洲而努力。杠杆能够起作用，是因为强有力的欧洲一体化开端（舒曼），然后它是通过拒绝在这个大整体中消亡（戴高乐）而运作。共同体一旦建立，巴黎就已经成功地让成员国的中间领域成形，在这个领域里，历史和法律交汇、民族力量和欧洲统一交汇。在政府首脑的领奖台上，每一任法国总统都如鱼得水。

在1945年时，德国是被其他民族排斥的：国家被占领、被分裂、负有罪恶感。随着康拉德·阿登纳的到来，德国利用欧洲进行了政治和道德的赎买：这是一条重新回到自由国家协同中去的路径，同时也是为了实现更美好的世界的计划。（在这些良好的行为之外，德国以现金赎买过错，其贡献填满了欧洲的金库。）从地缘政治的角度看，波恩需要华盛顿，也需要巴黎。只有美国能为它提供支持以面对操控民主德国的苏联；它对美国的这种依赖保证了它的存在。但是只有法国能为它提供“欧洲框架”来把它从过去中救赎出来。有时在波恩被察觉到的华盛顿和巴黎之间的紧张，会由于德国对于内部领域的偏爱而消失：欧洲，更多地被想象成一个观念而不是一个联盟。必须承认，欧洲议会的出现对于（潜在地）人口最多的成员国是相当适宜的。在1990年两德统一之后，赎罪不再是主题。但是作为最大的成员国之一、在很多方面也是最强大的德国，并不热衷于强调自己的实力。奥斯威辛的记忆继续存在。

在1945年时，英国不需要欧洲来投映其自由的意愿或精神的痛苦。伦敦坚持它的格言：“我们没有朋友，只有利益。”但是，因为欧洲协同的摧毁和美国在大西洋地区的霸权，英国失去了它所钟爱的作为欧洲平衡者的外交角色。随着欧洲圆桌的诞生，而不是在此之前，英国开始怀疑人们将触动它的利益而认为因此它要捍卫利益。伦敦不能接受被排除在一边：“在桌上拥有一席之地”，这是其欧洲措施的首要目的。从1965年以来，英国生活在被很好地接受的对美国权力的从属之中。它对于内部领域的自由解放倾向于与法国一样的拒绝态度。从它加入圆桌开始，不管是哪个党执政，它都要留在座位上，而在野党有时会表现出离开的意愿以赢得自由的外部领域。

在欧洲事务方面，我们知道，运动不是来自伦敦，而是法德两国共同行动的结果。从1974年起，两者的角色分配多次是这样的：巴黎给予成员国中间领域更多的坚定，而波恩/柏林则（尤其）加强内部领域。因此，三国之中，是法国提出了最好的面对命运女神来访的准备建议。事实上命运将在哪里碰到一个政治的欧洲？不是在不存在的外部领域，也不是在被保护起来的内部领域，而是在中间领域，命运触及整个欧洲。那里发生着威胁共同体组织的炸弹袭击、货币震动和解雇大潮。政治体欧洲想要进入时间的长河，就得在这一领域展现出真正的行动能力和鲜明的责任感。

结果是欧洲理事会成为欧洲政策的主要掌控者。这是否是法国阴谋的产物？这样的推理过于简单化了。诚然，法国从戴高乐开始就不断反复强化欧洲道路在世界上的重要性，但光它自己这么做是不够的——在27个成员国的联盟中显然远远不够。巴黎获得了胜利，是因为它的方案是最优的。欧洲国家注意到其整体不能无限地逃避命运的多变。只有时间能使它们得到这一观点。成员国政府（比它们的人民更加）感到它们越来越不能单独抵抗命运。法国的角色可以这样小结：违背其伙伴的意愿，法国在过去的60年间，向成员国群体输送了一部分要成为行动者所必须具备的意愿。

第四章
六国之聚(1950—1957)

无疑我一度是这样想的：走向欧洲联邦的第一步会是两个而且是仅仅两个国家(法国和德国)的联盟——然后其他国家稍晚加入联盟。最后，晚上我在初稿里亲手加上了：高级机构"向欧洲其他国家开放加入。"

——让·莫内《回忆录》

命运访客敲响了大门，所构成的威胁在欧洲建立时刻起到了决定性的作用。对于倡导者法国，命运女神披着重振和好战的德国的外衣出现。世代为敌的这两个国家都是这样看的。某些德国领导人甚至认为得保护他们国家的人民来抵御命运女神狡黠的天性(他们因作为会议桌上不受欢迎的宾客而处在焦虑之中)。冷战以苏联共产主义这一在欧洲大陆对所有人来说都可怕的势力的形式带来另一种威胁。虽然有美国人的保护，一些欧洲领导人还是考虑加强自身以能够独自面对这一威胁而不需要美国的帮助。为了达到这个目的，必须得协同行动。这个想法在某种程度上、在某些时候是被华盛顿所鼓励的。在一个动荡的世界里，统一的欧洲有助于所有国家的安全——比如五国抗衡德国、六国联合抗衡苏联。

我们将按时间顺序依次谈及三个可以梳理得出的建立时刻。其中有两个是所有人所熟知的，因为它们获得了成果：一个产生了巴黎矿业条约(1951)，另一个产生了罗马经济条约(1957)。每一次，世界背景所施加的压力都远远大于教科书和布鲁塞尔的折叠式小册子对创建之父的恭敬叙述所要传达的那样。至于第三个时刻，六国开始着手欧洲军队的建立。这一时期，因其目的更加触及根本而在 1954 年以悲剧性的彻底失败而结束。集体意识由此消失。但是这使得我们理解为什么六国没有在 1958 年进入历史的长河，而是偏向于或是认为应该规避于“小政治”中。

1. 舒曼的声音和阿登纳的耳朵(1950 年 5 月 10 日之前)

为什么您不亲自为德国建议一个计划呢？1949 年秋天，美国外长在致法国外长的信中这样写道。次年春天，美国人再一次强调：最晚在 1950 年 5 月 10 日星期三于伦敦的下一次会面时，他要看见一份书面材料。法国被紧紧逮住了，舒曼对此比任何人都更加清楚。他必须采取行动。

在新三十年战争(指从一战开始至二战结束。——译者注)结束五年之后，欧洲的威望已与以往不同。力量平衡消失在希特勒(Hitler)自我毁灭的征服欲望之下。只有苏联和英国，两个大陆边缘的国家，部分因为美国的支持，成功地对抗了纳粹德国。其他欧洲国家，至少那些没有持中立态度的国家，要么被德国军队占领，要么和德军一起战败。在战争最后一年之初，斯大林(Staline)、罗斯福(Roosevelt)和丘吉尔在雅尔塔重新划定欧洲版图。三大国的首脑将波兰边界向西推进，并将德国分为三个占领区。在丘吉尔的恳切要求下——在罗斯福表达了撤出美军的意愿之后，他害怕独自面对苏联和德国——法国在胜利者的坐席上有了一个次要的席位，在英美的这部分蛋糕中获得了对所划分的一个占领区的控制。四个国家控制着德国，直到新秩序建立，正如同1945年7月在波茨坦决议的那样。

但是，它们在对待战败国的方式上意见并不统一。诚然，同盟国都反对重复《凡尔赛条约》，因为它产生于根深蒂固的复仇主义。即便承认了这一点，其实人们也没有非常超前。为了避免重犯过去的错误，需要比1919年表现得更为严厉还是更为宽容？大体上，法国和苏联表达出是第一种选择，而英国和美国则犹豫不决。由于这些不同意见，每个国家都以自己的方式管理它所占领的区域。

关于这个议题，1945年秋戴高乐将军在巴登-巴登休闲宫的演讲尤其给人留下强烈印象："我们在胜利以后紧接着要在这里做什么？"抵抗运动的英雄向一大群法国军官和士兵问道。这个国家领导人草拟了一个真正削弱世代敌人的计划。其论述中的两个要点不会让任何人感到惊讶。第一，在莱茵河左岸的德国国土上，也就是说萨尔、艾费尔、莱茵-帕拉蒂那以及黑森和科隆的一部分，常驻法国军队。这完全不是"兼并"，戴高乐将军保证说，而是"经济和思想的统一"。第二，法国长期控制鲁尔区，这里有法国和西欧所需要的煤炭储备。同时这一地区既作为中和德国威胁的"抵押"所，又是法国重建工业实力的"工具"。同样意味深长的是戴高乐是以"les Allemagnes"来称呼战败国，而这是在1870年俾斯麦统一德国之前所常用的复数形式，在法国人看来是所有罪恶的来源。可以说戴高乐将军是将1945年视作一个能转瞬间取消俾斯麦的遗产、实现拿破仑的梦想并从希特勒军队的消融中获得好处的理想时刻：一个被分裂的德国，国境被推到莱茵河以上，被剥夺了煤炭。[①]

尽管巴黎采取了偏向过去的恐惧和理由的立场，华盛顿和伦敦则看到命运访客开始出现在地平线上。西方的另外一位战争英雄丘吉尔指出正在进行的突变。在1946年3月的一次演讲中，这位英国前首相宣称："从波罗的海沿岸的什切青到亚得里亚海沿岸的的里雅斯特，一道横贯整个大陆的铁幕落下。在这条线后面有所有从前中欧和东欧国家的首都，华沙、柏林、布拉格、维也纳、布达佩斯、贝尔格莱德、布加勒斯特、索非亚，所有……都以这样或那样的形式受制于苏联的影响，也以很高的程度、并且在很多情况下以日益增长的水平，受控于莫斯科。"[②]用以指出新的事实的铁幕降临欧洲的强烈视图，很快就深深地刻在了人们的脑海里。

美国人要花多一点的时间来认识苏联的扩张胃口。在1945年4月去世前，富兰克林·罗斯福(Franklin Roosevelt)总统把一个和平世界的希望寄托于联合国，为了建立联合国而在雅尔塔向斯大林作出了远大于战场形势所要求的让步——这让从1917年起就反共产主义的丘吉尔十分恼怒。罗斯福的继任者哈里·S·杜鲁门(Harry S. Truman)较少受到错觉的影响。在担心共产主义者夺权的希腊政府吁求帮助之后，他决定接替因为财政原因被迫放弃其位于希腊和土耳其的军事基地的英国人。这是一个非常重大的时刻。雅尔塔的三大巨头只剩下了两个。而这两个巨头不再

---

① Charles de Gaulle, 5 octobre 1945, *in* Charles de Gaulle, *Lettres, notes et carnets, VI, 1945-1951*, Paris, Plon, 1984, p. 95-98.

② Winston Churchill, 5 mars 1946, *in* Brian MacArthur(éd.), *The Penguin Book of Twentieth-Century Speeches*, Londres, Penguin, 1999, p. 232.

是同盟，而是“冷战”中的敌人。

事情从此加速发展。1947年6月，美国将军乔治·马歇尔(George Marshall)提出了对所有欧洲国家进行大规模资金援助的计划。美国要求它们之间自己协调分配。而伦敦和巴黎把这件事揽在了手中。苏联禁止波兰、捷克斯洛伐克、匈牙利和其他在它影响范围内的国家接受这个提议。由此斯大林确认了苏联和美国之间，东欧和西欧(包括希腊以及土耳其)之间的政治分界。西方政府对苏联的最后幻想在1948年2月的布拉格事件中消失了(不过对政治现实不敏感的知识界还将很久地抱有这种幻想)。

战后欧洲关系的这一变化将德国问题置于新的背景之中。法国从俾斯麦时期开始曾三次被邻国德国踩在脚下，在作出根本改变之前，它比其他国家更难适应。

(戴高乐)在巴登-巴登的演讲里所提出的目标是无法实现的。例如法国的同盟对此表示反对、阻止它控制莱茵河流域；它只能满足于和萨尔的临时经济联盟。包含在英国占领区之内的鲁尔区也在它的影响范围之外。通过禁止泛德国的政治党派，对潜在的德国中央权力的限制具有一些实效性，但1947年美国占领区和英国占领区合并成“两区”(Bizone)，对这可没什么好处。

如何解释这些微小的结果呢？事实上法国只能对华盛顿施加很有限的压力。在经济上，它需要美国的贷款。在冷战开始后它对美国的依赖变得更为明显。不管愿不愿意，从1947年起，法国便属于西方阵营的一部分。尽管有着这样的服从关系，冷战却加强了法国的地位。如果华盛顿没有新的承诺，巴黎能以被共产党夺权相威胁——共产党当时代表了全国差不多四分之一的选票。

第一个带来惊讶的时间是1948年的5月和6月，三个占领德国的西方强国与比荷卢经济联盟在伦敦开会讨论战败国未来的问题。华盛顿将对待德国的问题从属于抵制苏联的命令之下。美国人希望结束对德国工业的摧毁、成立一个制宪大会以建立包括法国占领区在内的联邦德国。在这之前不久，它和英国一起宣布将鲁尔区的经济主权交给管理“两区”的地方政府。将矿业和冶金工业交还给德国，外加对建立联邦德国开绿灯：这对巴黎来说是噩梦般的计划。当然，法国人承担不起退出伦敦会议的代价，但它也并非不得不全盘接受。法国政府放弃反对联邦德国的建立，而获得将矿业和冶金的生产置于一个鲁尔区国际委员会之下。1948 年，在美国的压力下，巴黎接受了一个新国家的诞生，而作为交换，它得到了参与控制产矿地区的权力。

尽管法国领导人在伦敦协定中得到了一些满足，但在国内遇到了强烈的反对。这时离结束敌对才几年，公众总是将“德国鬼子”(les Boches)看作是比“红色”(les Rouges)莫斯科更大的敌人。法国公众恐惧地发现最初的关于德国的战后计划实际上什么都不存在了。戴高乐主义者指责外交部长严重叛国。联合政府对此摇摆不定，但议会以极微弱的多数赞成通过了协定。

不久以后的 7 月 14 日，政府发布了一个令人惊讶的关于消除公众疑虑的公告。以罕见的坦诚发表的公告中的两个主要内容让法国人直面其命运。第一，在欧洲有“七千万德国人”的存在，这使得让这个邻国重回民族协同之中成为无法回避的事情。第二，两大国关系的深刻变化使得德国只是次要威胁，顶多是在一个更大冲突中的小冲突；因此，人们可以将法德对决视作已经结束。①

---

① Ministère français des Affaires étrangères, 14 juillet 1948, *in* Franz Knipping, *Que faire de l'Allemagne? Die franzosische Deutschlandpolitik 1945 - 1950*, in *id.* & Ernst Weisenfeld(éd.), *Eine ungewohnliche Geschichte. Deutschland-Frankreich seit 1870*, Bonn, Europa Union Verlag, 1988, p. 153 - 154.

有两种方式来解读鲁尔区的地位。对于外交家来说，它将法国保证其自身安全的意愿具体化：对德国矿业和冶金业长久的监督，战胜国对战败国之统治的确认。对于另外一些观察家来说，这是一个中间解决办法，是在欧洲民族联邦中向平等对待德国迈出的第一步。因此，在 1948 年秋天，《南德日报》(*Süddeutsche Zeitung*)谈到了一个“关于是否有一天在欧洲会有欧洲人还是只有各个民族的根本问题”[①]的最终方案被采纳之前的“过渡方案”。

来打破法国对鲁尔地区-德国-欧洲这一错综复杂问题的政策的模糊性的，是罗伯特·舒曼。尽管一些人已经指出了他刚就职不久后的态度转变——根据《德国时代周刊》(*Die Zeit*)，“自黎塞留以来第一次”，法国为了欧洲秩序而放弃选择力量平衡[②]——新部长没有立刻实现有关转变。

在 1949 年间，支配鲁尔区地位的安全政策理由因两个意外情况而不再完整。首先，法国人认为国际委员会对采矿业和冶金业的控制还不够。在他们看来，德国人试图试探底线并获得对条款的弹性解释。在安全方面，条文没有提供足够的保障。接着，美国加大施压，以使巴黎接受德国煤炭和钢铁增产超过 1945 年规定的最大限额。随着大量的失业，对德国重工业的摧毁遇到了德国人民的强烈反对。用于抵御贫穷和失业的马歇尔计划的贷款的发放使得正在进行的进程具有一些荒谬的方面。英国政府被鲁尔地区的示威游行搞得精疲力竭，从秋天开始拒绝继续摧毁德国工业。因此，从 11 月起，舒曼在与英美的半年度会议时

① Gerhard Kleyssing, *Süddeutsche Zeitung*, 16 novembre 1948.

② *Die Zeit*, 21 octobre 1948, *in* Frank Knipping, *Que faire de l'Allemagne*, *op. cit.*, p. 155.

变成了孤家寡人。他的最后防线在于国际委员会中有法国的发言权。即便不是大学者也能猜到这最后的王牌不久也会被从手中夺走。

也是从 1949 年这一年的秋天开始,因法国对鲁尔区地位的独立倡导,一个空间得以创立。这里有三个变化值得思考。首先,在波恩,第一届联邦德国政府刚刚成立(9 月)。阿登纳总理寻求方法以规避压在其国家上的被排斥的身份。他的绝对首要任务是:在欧洲协同中作为主权行动者的德国的回归。这促使他为了达到这个目的作出一些让步,尤其是关于鲁尔区的管理问题。在 1950 年 3 月与一位美国记者的交谈中,他强调指出"法德之间的联合"能"给一个严重生病的欧洲以新的生命并赋予其强有力的势头"①。他由此建议创立经济联盟。

接着,在华盛顿,迪安·艾奇逊(Dean Acheson)国务卿得出结论说巴黎是德国政策的关键。在一封给驻欧洲的大使的信中,他为由欧洲人自己建立一个"为处理特别问题、经济问题、社会问题以及其他问题,在不要求一致同意基础上进行的超越国家的机构"②而辩护。不久之后,他对舒曼说:"我认为,我们在德国的政策,以及发展一个能使其占据一个重回西欧的位置的德国政府,都取决于您的国家在相关问题处理上对欧洲领导的担当。"③在此之前,一些法国外交官已经指出如果在所有问题上都跟从美国,他们将在德国人那里失去信誉。法国应该自己作出一些倡导。另外人

① Konrad Adenauer, *Erinnerungen*, I, Stuttgart, Deutche Verlags-Anstalt, 1965, p. 300.

② Dean Acheson, 19 octobre 1949, *in* Alan Milward, *The reconstruction of Western Europe, 1945 - 1951*, Londres, Methuen, 1984, p. 391.

③ Dean Acheson, 30 octobre 1949, in *ibid.*, p. 391 - 392.

们也欢迎它这么做。

最后，在伦敦，对法国人的问题人们理解甚少。这是1950年春天巴黎的高官们所得出的结论。他们在马歇尔计划组织(1948)和欧洲的理事会(1949)的经验让他们懂得，任何与英国人的国际合作，哪怕是最紧密的合作，也永远无法约束德国人。在1914和1940年发生过那些事之后，一个法英条约是不再令人感到有保障的了。

小结一下：波恩讨好法国人，伦敦对法国的要求装聋作哑，华盛顿鼓励这几个国家发出自己的声音。在这个自由和约束相混合的框架里，舒曼找到了一个声音，而事情显然不能再拖下去了。

接下来进行的事件曾无数次地出现在介绍欧洲的教科书或册子里。1950年4月，罗伯特·舒曼热情地接受了高官让·莫内的一个建议。在5月3日星期三的部长联席会议上，他宣布他想要在一周之后阐述一个具体问题。因为他在那个周三得到伦敦与英国人和美国人开会，就请求下一次的部长联席会议提前一天举行。5月8日星期一，迪安·艾奇逊路过巴黎。事先就该计划得到知会的美国人带来了支持。而伦敦对此一无所知。

同样在5月8日，舒曼的密使将这一信息传达给阿登纳。作为反馈，阿登纳自己(没有询问他人)"由衷地"同意法国的建议①；他毫不迟疑地抓住了这个将不会再有的机会。"这是我们的突破

① Konrad Adenauer, *Erinnerungen*, I, *op. cit.*, p. 315; Hans Jürgen Küsters, *Die Verhandlungen über das institutionnelle System zur Gründung der Europäischen Gemeinschaft für Kohle und Stahl*, *in* Klaus Schwabe (éd.), *Anfänge des Schuman-Plans 1950 – 51/Beginning of the Schuman-Plan*, Baden-Baden, Nomos, 1988, p. 76 – 77.

口”,他向顾问透露道。[1] 1945 年以来第一次,德国将能够平等地成为国际组织的成员。也就是说,重回民族协同,在西方联盟中扎根并向重新获得经济自由迈出不可逆转的一步。阿登纳还将与法国的联合视为“捍卫西欧以对抗军事上愈发紧逼的苏联的方法”[2]。在这些主要的政治目标的光芒下,分享对煤炭和钢铁的主权成为了次要利益的问题。

已经得到波恩的原则性同意,舒曼在 5 月 9 日的部长联席会议上通报了他的建议,几乎没有争论就通过了。18 点,这位外交部长走向外交部的大钟厅。在赶来的国内外记者面前以犹豫而苍白的声音公布了这一载入史册的计划:“法国政府建议将所有法国和德国煤炭及钢铁生产置于一个共同高级机构之下、置于这个向其他欧洲国家开放的组织之中。……这个建议将实现对于保障和平必不可少的欧洲联邦的最初切实基础。”[3]

部长不能向记者们对所有技术要点和经济要点提供确切的回答。他的时间很紧:他当晚就要前往伦敦。有一位记者惊愕地问道:“这是否是向未知的一跳?”——“是的,就是,向未知的一跳”,舒曼回答说,而这次他的语调是严肃的。[4] 罗伯特·舒曼的宣告有理由值得被当作孕育欧洲的时刻。这个宣告是悲伤的叫喊,也是快乐的叫喊。

---

① Konrad Adenauer, 9 mai 1950, *in* Tony Judt, *Postwar. A History of Europe since 1945*, Londres, Penguin, 2005, p. 157.

② Konrad Adenauer, aux envirous du 31 mai 1950, *in Konrad Adenauer und der Schuman-Plan. Ein Quellenzeugnis*, *in* Klaus Schwabe (éd.), *op. cit.*, p. 138.

③ Robert Schuman, Déclaration du 9 maì 1950.

④ Robert Schuman, 9 mai 1950, *in* Jean Monnet, *Mémoires*, Paris, Fayard, 1976, p. 360.

2. 没有统一制服的欧洲
（1950 年 6 月 25 日之后）

1950 年 6 月 25 日星期日凌晨，北朝鲜的军队越过了与南朝鲜的分界线。这一攻击立刻被华盛顿定性为苏联在冷战框架里的进攻。直到此事发生之前，不管两大国的（冲突）怎么升级，比如在以柏林为焦点的长时间牌局中，还没有人敢于使用武力。这次，争端则进入到了另一个层面。对手动用了武力，这是华盛顿所不能容忍的，当然要对此作出强有力的回击。

这遥远的作战舞台在其他地方并不是没有回音的。这次攻击是否相当于红色政权在全球范围的第一步进攻？西欧是否会遭受与南朝鲜一样的命运？担心是巨大的。

在德国投降之后，人们看见在西欧诞生了一个新的军事联盟系统。1948 年 3 月，法国、英国、比利时、荷兰、卢森堡签署了《布鲁塞尔条约》，条约要求在受到攻击的情况下要互相帮助。在此一个月前在布拉格发生的政变成为检验这一承诺的第一个事件。五个缔约国将苏联视作潜在的进攻者，不过也没有忘记德国。它们知道，如果没有美国这个西方唯一拥有原子弹的国家的贡献，这个条约是没有多大价值的。它们请求美国在安全问题上给予保障并成功获得了该保障。1949 年 4 月，这六个国家加上加拿大、冰岛、挪威、丹麦、葡萄牙、意大利，在华盛顿签署了《北大西洋公约》。所有国家承诺：当它们中的一个受到武力攻击时，其他国家要提供互助。从前西欧国家间的联盟系统被北大西洋公约系统代替。

联邦德国被置于这个条约之外。当然，在1950年夏天，年轻的波恩共和国还在筹备一部宪法和一个政府；它还没有对外政策、外交机构和军队。只要想想将看见德国制服的重新出现，都会在它的邻国尤其是法国引起巨大的担心。但是当红色政权入侵时，谁来保卫五千万联邦德国居民呢？这是一个在朝鲜危机爆发后人们不能推迟回答的问题。

当然，美国的核威慑可以将所有进攻者牵制在远处。但军事战略仍然要求人们至少在几周内，在没有原子弹的情况下，能在离西方首都尽可能远的防线上抵抗苏联的入侵。无论如何，詹姆斯·F·伯恩斯(James F. Byrnes)国务卿此前承诺过：从1946年起，只要在民主德国有苏联军队，美国士兵就留在联邦德国。直到北朝鲜发起进攻之前，华盛顿的军事分析家们的理论——德国军队对西欧的防卫是有用的——尚未有人听得入耳。6月25日的三周之前，艾奇逊(Acheson)国务卿还无条件捍卫德国的去军事化。6月25日的四周之后，美国在德国的首席代表则对媒体透露说，应赋予德国自我防卫的可能。但如何赋予？艾奇逊稍后写道："真正的问题并不在于将德国加入欧洲整体的防卫系统是否合适，而在于是否能在不给予它在欧洲力量平衡中的关键地位的情况下来完成这件事。"①

美国人希望订立这样一个合同：美国同意为了保卫欧洲加强其在欧洲的军事力量，条件是欧洲大幅增加国防开支、接受美国的完全领导、同意德国加入北约。最后一个条件任何一个欧洲盟国都不喜欢，对于法国来说甚至是无法接受的。

---

① Dean Acheson, *Present at the Creation. My Years in the State Department*, New York, Norton, 1970, p. 567.

在此期间，法国努力寻求别的解决方法。在北朝鲜发起进攻五天之前，与舒曼计划相关的谈判已经开始。法国代表团团长让·莫内立刻意识到朝鲜战争会使相关谈判受到质疑。事实上，只要德国因参加西方联盟而夺回军事主权，它就不会再有任何理由放任自己的采矿业和冶金业掌握在外国人手中。另外，法国也无法长时间抵抗美国的压力。莫内向他的上级们建议大幅跃进，即建议以矿业计划的模式为基础，创建一支欧洲军队。这使得法国可以避免立刻对美国的要求作出明确的“同意”或者“不同意”的回答。

1950年10月24日，法国总理勒内·普莱文(René Pleven)在国民议会发表演讲。他说：政府原来偏向于先让民众在思想上习惯于欧洲共同体观念，然后再提出共同防御这一敏感问题。但是“世界事件没给政府留出休憩的时间”。在这些世界事件的背景之下，德国的重新武装不可避免，迟早人们会看到德国军国主义的再度引发。近期历史的残酷教训，法国不想再学习一次。法国所提出的方案是：“为共同防御，创建一支隶属欧洲统一体政治机构的欧洲军队”①。唯一的欧洲防卫部长与每个国家在任的国防部长协同作出决定。普莱文(Pleven)邀请英国和欧洲大陆的自由国家，舒曼计划一经签署就来巴黎研究这个问题。

这个由法国针对美国的条件所提出的关于欧洲军队的建议开启了三幕政治大戏。首先是大西洋外交的长剧，然后是欧洲制宪的尝试，最后是法国意识形态的讨论。第三幕结束后，主人公受到了致命一击。下面让我们先从起点说起。

---

① René Pleven, 24 octobre 1950, in *Chronique de politique étrangère*, 1952, 5/6, p. 589.

第一幕(1950年10月—1952年5月)大西洋长剧

普莱文计划引起了一些温和的反响。伦敦采取了观望立场。比荷卢一点都不积极，尤其是当英国人置身事外的时候。在波恩，人们支持普莱文计划的原则但同时强烈指责歧视性的内容：按这个计划，德国实际上将成为唯一一个没有司令部和国防部的国家；它不被允许发展军事工业，不能有批量的师级建制，而只能有一些规模较小的"战斗单位"。华盛顿把法国的建议视作一个推延的方式。但是美国军事权势集团是着急的，组建欧洲军队要几个月，甚至几年。美国人和法国人都坚持自己的计划。直到1951年夏天人们都还停留在死胡同里。

不管怎样，关于欧洲军队的会议还是在1951年2月在巴黎召开了——在源于舒曼计划的矿业公约签署的两个月之前。被邀请的国家中，只有四个来参加了会议：意大利、联邦德国、比利时和卢森堡。其他的北约盟国则派出了观察员。主持会议的舒曼在开幕发言中指出：绝不能放缓大西洋的防务或将其置于危险之下。但他又接着说："尽管大西洋体系足以应对紧急和临时的要求，但是它并不足以解决欧洲问题。我们认为不管出于任何理由，不管在何处采取了任何大陆间或全球的解决方法，有一个欧洲需要组织，有一个欧洲需要由我们使它从已经过时且荒谬的分裂中走出来"①。

在6月底和让·莫内的一次午餐时，北约最高司令官、未来的美国总统艾森豪威尔(Eisenhower)对欧洲防务表示了支持，在他看

① Robert Shuman, 15 février 1951, in *ibid.*, p. 528.

来这不是军事理念，从心理的角度来看，是通向欧洲稳定的最好道路。艾森豪威尔将军因其建造欧洲的解决方法战胜了杜鲁门(Truman)总统。在华盛顿的政治界(在军界则不然)，人们认为可以深度地重新组织西欧国家。

从此美国人全力投资欧洲防务。作为人力和资金方面慷慨的捐赠者，他们向五个参与国施加压力来加速谈判的进程。同时，他们强迫荷兰加入。类比于同样由这六个国家签署的煤钢条约，人们开始谈论"欧洲防务共同体"。英国人不打算加入。事情在1951年底丘吉尔在大选获胜后没有得到改变，这令六国失望。作为在野党领袖，他对欧洲建设的主题作了一些精彩的论述(当然避免提到英国的位置)，但重回唐宁街10号后，他首要强调的是民族国家的历史作用。这是他在一次到华盛顿进行国事访问时表现出来的立场："他(丘吉尔)描绘了一个法国士官满头大汗地领导一个掺杂着希腊人、意大利人、德国人、土耳其人、荷兰人的队伍行动，所有成员对于他所给出的最基本的命令都一样惊惶失措。他希望看到的是充满活力和强有力的各国军队为捍卫自由唱着各自的国歌共同前进。他没打算只是一种声音开心地起立齐唱："前进，北约，前进！"①

人们还需要大西洋两岸非常多次的——在华盛顿、渥太华、罗马、里斯本、斯特拉斯堡、波恩、巴黎进行的——部长级会议来克服所有的军事和政治难题。1952年5月底，六国外长在巴黎签署建立欧洲防务共同体的条约。人们听到了一些兴奋的话语，例如美国国务卿艾奇逊说："(这是)一个古老梦想——西欧自由人民的统

① Dean Acheson, *Present at the Creation*, *op. cit.*, p. 765.

一——之实现的开始"①。

1950年6月命运女神在朝鲜出现与两年之后人们作出上述回应期间,错综复杂的潮流对各个主要角色提出了许多的要求。荷兰外长迪尔克·斯蒂克事后叙述了他如何受到"当时巨大的压力影响,无法逃离这些独自占满了每天24小时的压力"。这让他懂得"世界维度的事件能侵入一个欧洲小国的内部事务到何种程度"②。

六国在巴黎所签署的条款是一个锚定点,还要由六国议会批准。欧洲防务条约有重大的后果。第一条谈及一个"超越国家性质"的共同体。进攻一个成员国就是进攻所有国家——和北约规定的一样,但这次把德国作为盟友。共同体机构按煤钢共同体仿制:一个部长理事会、一个议员大会、一个专员公署(高级委员会的卑微叫法)和一个法院。成员国被允许保留国家武装来保卫各自在欧洲之外的领土和国家元首;用于其他防卫的所有军队都移交给共同体。士兵们得穿共同体的统一制服。条约有五十年的有效期。

第二幕(1952年9月—1953年3月)

欧洲制宪的经验。在签署防务条约时,在纸上,人们给德国士兵也穿上了欧洲的统一制服。这创造了一个前所未有的局面。到底,与武装群体有所区别的军队,如果不是某个政策的工具,那么

---

① Dean Acheson, 27 mai 1952, in *ibid.*, p. 825 - 826.

② Dirk Stikker, 12 août 1976 (interview), *in* Willaim Fursdon, *The European Defence Community. A History*, Londres, Macmillan, 1980, p. 3.

它是什么？进而，决定政策的如果不是一国政府，那么是谁？在目前的情况里，是由欧洲官僚机构来组建军队和提供战争的物资，士兵接受北约中的美军指挥官的命令，同时被置于防务共同体部长理事会中的各国部长的政治权威之下。

这个制度创造性地绕过了一个问题却没能解决它：欧洲军队将建立在欧洲政治秩序能为它提供一个民事或军事领导之前（人们后来将这个问题与四十年后人们采用了统一货币却没有预备约束它的经济政策的方式相比）。

防务条约承认这一临时性。在意大利总理、联邦主义者阿尔奇德·德加斯佩里（Alcide De Gasperi）的要求下，条文让未来的欧洲议会负责设计一种最终的政治形式——"联邦结构或邦联结构"①。从某种意义上来说，第38条宣告了一个欧洲制宪议会的建立。在1952年夏天，罗马和巴黎就已经提出要先实施这一条款，以使得政治和约能赶上军事条约。为了达到这一目的，人们可以利用共同体的议员大会；同样的六个成员国的煤钢共同体条约在一个月前刚刚被批准。在9月煤钢共同体第一次部长理事会上，六个部长接受了提议的计划（因此，从一开始，部长理事会就超越了简单的讨论煤钢问题的共同体会议，而呈现为整个欧洲的会议）。在斯特拉斯堡，这个任务引起了真正的热情。由保罗-亨利·斯巴克主持，制宪会议扩展到其他成员，被命名为"专门大会"，来制定欧洲政治共同体的条款。

1953年3月9日——就在斯大林去世之后几天，斯特拉斯堡的专门大会完成了宪法方案。人们在经典的宪法要点上激烈斗争，例如国家间的席位分配，行政的任命和序言的文字（"我们，人

---

① 《欧洲共同防务条约》(CED)第38条。

民……")。在向部长们所作的抒情演讲里,斯巴克重拾了乔治·华盛顿在1787年介绍美国宪法时的词句。不久前刚刚接替罗伯特·舒曼担任法国外交部长的乔治·比多(Georges Bidault)主持了理事会,他这样冷静地反驳:他援引英国女王伊丽莎白一世(Elizabeth I[re])的话说:"向寻求冒险的人致敬。"[①]

6个月后,一个政府间会议在罗马召开,但是向前推进的意愿消失了。拖拉了很久,谈判变成了闹剧。只要欧洲军队之创建与否尚不能确定,六国中的任何一个都不会感觉到需要作出涉及共同政治生活的根本决定。欧洲不能临时特设地(ad hoc)产生。

第三幕(1953年1月—1954年8月)

法国意识形态争论。在六国政府签署防务条约之后,话语权到了每个国家的议会。一开始,议会没有显示出一点儿热情。对超国家主张有共鸣的艾森豪威尔的新政府从1953年初开始施加压力。海牙是第一个作立正姿势的。卢森堡(能出一个师)偏向于等比利时批准之后再着手批准,而比利时议会需要先修改比利时宪法才能批准该条约。波恩也面临同样的问题,因为有人向德国宪法法院递交反对条约的诉讼。不过,德国、比利时、荷兰、卢森堡在1954年都通过了批准。只剩下两个国家。罗马表现出了积极意愿,只等巴黎。问题存在于法国。

在法国,人们正在经历着一些很特殊的事情。欧洲军队的计

---

① Georges Bidault, 9 mars 1953, *in* Richard T. Griffiths, *Europe's First Constitution: the European Political Community, 1952 - 1954*, Londres, The Federal Trust, 2000, p. 93.

划以罕见的激烈程度成为全国争论的焦点。这个问题分裂了政党和家庭。一方是“欧洲防务共同体支持者”(cédistes),另一方是“欧洲防务共同体反对者”(anticédistes)。(欧洲防务共同体的法文缩写是 C. E. D.,加以后缀 iste 表支持者,再加前缀 anti 表反对者。——译者注)。令民意调查员大为失望的是,关于欧洲防务共同体(C. E. D.)的民众和议会偏好不符合任何一幅选举地图。通常建立在某种利益上的考虑和每个人的立场被代之以激烈的政治情感,例如爱国主义、对战争的恐惧还有变革中的信仰。一位有名的观察家宣称:“从 1953 年 1 月到 1954 年 8 月之间,法国爆发了从德雷福斯事件之后几乎最大规模的政治和意识形态争论。”①

很多人断言争论具有不真实的方面。人们自认为处于“宗教战争”或“形而上学冲突”中。② 令人印象深刻的是,同样以这个理由却能够推导出完全对立的结论。一些人说欧洲军队使得德国的再军事化变得不可能,因为跨国家的联系会被建立;另一些人则认为欧洲军队会有利于德国的再军事化,因为一个伪装在欧洲统一制服下的德国士兵并不容易被察觉。两边的盲信者拒绝任何妥协。在一边,欧洲联邦的支持者认为除了建立共同军队之外别无他途。另一方则反驳说当法国失去自己军队的同时,德国则赢得了自己的军队。没有人提出一种军事或政治的可能替代方案,也没有人提出德国不再军事化又会有什么风险。

---

① Raymond Aron, *Esquisse historique d'une grande querelle idéologique*, *in* Raymond Aron & Daniel Lerner, *La Querelle de la C. E. D. Essai d'analyse sociologique*, Paris, Armand Colin, 1956, p. 9.

② Stanley Hoffmann, *Les oraison funèbres*, *in* Raymond Aron & Daniel Lerner, *op. cit.*, p. 60; Daniel Lerner, *La France et l'Europe dans l'arène mondiale*, in *ibid.*, p. 182.

争论陷入僵局：没有任何一个法国政府——它们一个接一个地在更短的时间内被接替——能以诉诸信任动议的方式从议会夺得条约的批准权。舒曼和普莱文的基督教民主党和"欧洲派"保持在野，而从1953年起戴高乐主义者则重新进入到联合政府。加之在斯大林去世和朝鲜战争结束后，欧洲的战争不再显得迫在眉睫；此外法国还需要在印度支那和阿尔及利亚部署大量的军队。

英国没有参加这一计划这一事实也有巨大影响。在1954年5月法国面对越南共产党在奠边府遭遇糟糕失败之后，一个新政府上台了。相对于欧洲军队有其他优先考虑的法国总理皮埃尔·孟戴斯-弗朗斯(Pierre Mendès France)打算解决难题。无论是法国还是它的盟国都不喜欢模糊的情况延续下去，他在开幕演讲中肯定了这一点，同时详细说道："在现在这个时刻，国家正被关于防务共同体的形式、方式、制度的激烈争论所撕裂，几个月以来我们国家充满着巨大而痛苦的争吵，这个争吵还可能继续持续几年，这是一个爱国者所不能接受的，这是我们以国家统一的名义所需要结束的状况。"[①]这些话虽然得到欧洲防务共同体支持者的热烈鼓掌，但是它隐藏着事件的出路。

孟戴斯-弗朗斯(Mendès France)在整个夏天都试图与他的英国及欧洲五国伙伴协商，但是因取消多数表决通过规定而削弱了超国家特性而没有任何结果。五国承诺得还不够。而且孟戴斯-弗朗斯的计划在法国同时引发了两个阵营的冷酷批评：因为它处在对法国主权的颠覆和对欧洲理念的背叛之间的正中心点上(三位戴高乐主义派的部长因为孟戴斯-弗朗斯对超国家原则的支持

① Pierre Mendès France, 18 juin 1954, *in* Raymond Aron & Daniel Lerner, *op. cit.*, p. 52.

而从他的政府中辞职，而同时罗伯特·舒曼和社会党人安德烈·菲利普(André Philip)则宣称孟戴斯-弗朗斯对超国家原则的违犯是不能接受的)。这就是1954年8月30日法国国民议会为投票表决不研究防务条约动议而召开时所沉浸其中的意识形态氛围。同意：319票；反对：264票。戴高乐主义派的议会代表当场就高唱起了马赛曲。

在普莱文计划在同样的这个国民议会上被推出的四年之后，这个关于建立欧洲军队(的计划)被困入了地牢之中。

结局

英国人毫不推迟地率先提出了一个替代方法。在接下来的一个月里，之前签署了刚刚“死亡”的防务共同体条约的六国在伦敦与英国、美国、加拿大共商局势。一个月之后，10月23日，在巴黎签署了三个协议。首先，1948年在法国、英国和荷比卢之间签订的《布鲁塞尔条约》扩展到意大利和德国。这个七国联盟被称作“西欧联盟”。接着，占领德国的西方大国承认德意志联邦共和国是主权国家并承诺结束占领体制。华盛顿、伦敦和巴黎只保留对潜在的德国统一及其边界划分的控制，这是一个人们确实要以和平条约与莫斯科达成一致来解决的问题。德国方面，联邦德国禁止自己使用核武器。最后，德意志联邦共和国受邀加入北大西洋联盟的政治和军事机构。这个邀请由包括法国在内的所有盟国发出。

此“巴黎和约”于1954年12月30日由法国议会批准。对于还记得4个月前在国民议会发生的激烈争论的人来说，这是难以琢磨的。就好像在此之前命运访客避开了所有人的眼光一般。选择并不在于在德国重新军事化或非军事化之间作出决断，而是要知道德国士兵在欧洲军队或北约军队中是否会发生变化。

1955 年 5 月 5 日，联邦德国加入北约。美国-法国-英国对德国的占领正式结束。

3. 苏伊士运河和公爵夫人谷城堡(1956 年 11 月 6 日及其前后)

在万隆会议三十多个亚非国家第一次作为“第三世界”出现的几个月后，他们的发言人贾迈勒·阿卜杜勒·纳赛尔(Gamal Abdel Nasser)将建立一个中立政治集团的想法付诸实施。1955 年 9 月，埃及总统向捷克斯洛伐克购买武器。这是莫斯科第一次向阿拉伯世界提供武器。同时，纳赛尔(Nasser)向华盛顿和伦敦寻求资金支持用来在尼罗河上建造大坝，以此将能源和繁荣带给埃及人民。1956 年夏天，美国突然拒绝给予信贷支持。为了寻求另外的收入来源来为他的豪华计划提供资金，纳赛尔玩了一把冒险。7 月 26 日，他将苏伊士运河国家化。

伦敦被激怒了。自 1869 年苏伊士运河启用以来，它将英国与其(以前的)殖民地印度、澳大利亚、新西兰以及远东连接了起来。在英国占领埃及后，它成为了一条自由通道，并被国际承认处于英国保护之下(1888)。1950 年代初，还有 80 000 名英军士兵驻扎在苏伊士附近。运河公司主要掌握在英法金融家的手中。诚然，随着时代变迁，连接红海和地中海的通路之重要性改变了性质。原先殖民帝国的战略干道现在则是运输西欧所消费石油之三分之二的商路。保留对它的控制是至关重要的。

在整个夏天里，随着纳赛尔的行动而来的，是一系列无果的外交交流。英国首相安东尼·艾登(Anthony Eden)和法国总理居伊·摩勒(Guy Mollet)把埃及领导人视作新墨索里尼；两人将其著作与《我的奋斗》相比。① 每次让步在他们看来都是绥靖策略。除了英国对于海上封锁的愤怒，还要加上法国对埃及向开启了反对宗主国内战的阿尔及利亚抵抗组织提供军事支持的气愤。而艾森豪威尔总统方面看起来是将使用武力排除在外。在准备 11 月 6 日大选的他不希望被视同于正在没落的殖民强权。任何外交手段都没能使得埃及军队撤退。极度机密地，伦敦和巴黎与以色列达成了一个协议——纳赛尔唯一禁止通行苏伊士运河的就是以色列的船只。

10 月 29 日，以色列地面部队进入埃及。和事先说好的一样，英国和法国号召参战国离开运河区。在纳赛尔(意料之内的)拒绝之后，31 日两国从英国位于塞浦路斯的基地开始对埃及目标进行空袭。如果说他们早就准备好苏联会谴责的话，美国通过艾森豪威尔公开批评这次行动的反应对他们来说则是一种挫败。对于两个欧洲国家来说，军事上的事情进行得很顺利。法英空军只用了 48 小时就打败了埃及的(防空)抵抗。不过，计划里派遣地面部队的时间是在开战一周之后。在此间的 4 天里，只有很少的战事发生。

在这期间，在苏维埃帝国的边缘发生了人民暴动。在匈牙利，刚刚爆发了一场革命：苏联坦克被烧、多党政府建立、宣布中立。这对莫斯科来说是不能接受的。11 月 4 日，红军进入布达佩斯，血

① Anthony Eden, *Full Circle*, Londres, Cassell, 1960, p. 431 et 543; Guy Mollet, *in* Christian Pineau, *1956: Suez*, Paris, Paris, Robert Laffont, 1976, p. 38–39.

腥镇压了暴动。美国和它的盟国则满足于做一个无能为力的旁观者。许多人认为他们在斯大林去世后能感受到冷战的“解冻”，现在看起来完全是错觉。西欧再一次感觉受到威胁。

在这次实力展示一天之后，苏联部长会议主席尼古拉·布尔加宁(Nikolaï Boulganine)分别向艾登、摩勒和艾森豪威尔致信。他要求结束对埃及的“掠食性”进攻。以模糊的措辞，克里姆林宫让人隐约感觉到如果军事行动不结束，它就有可能会向英国和法国实施核攻击。但给艾森豪威尔的信就写得平和许多，他请求美国人帮助苏联一起重建中东和平。

11 月 5 日周一的晚上，当莫斯科等待着对它最后通牒的回应时，法英的伞兵部队在撒依德港发动了一次进攻。伦敦操心于美国对英镑的投机；巴黎在准备摩勒和德国总理的峰会；华盛顿处在总统大选的前夜。在波恩，一队人物登上了特别租用的驶向法国首都的夜车。就在出发前，他们收到布尔加宁(Boulganine)信件的复本。在车厢里，他们惊愕地面面相觑：眼前有“大战 ”和核战争的威胁。① 这些旅客那晚有的是东西可思考了。

在布鲁塞尔以南新修缮的公爵夫人谷城堡里，煤钢联盟的六个成员国在同年(1956)夏天进行了商谈。

在欧洲防务共同体两年前胎死腹中后，法国失去了对欧洲政治的倡导地位。德国则并不拥有一个让它可以着手做任何事的地位。而捍卫联邦主义的意大利和比利时政府则灰心气馁。只有荷兰政府，按约翰·威廉·贝延部长的话来说，“不被约束地剧烈调

---

① Felix von Eckardt, *in* Mathieu Segers, *Tussen verzoening en verval. De nationale standpuntbepaling van de Bondsrepubliek Duitsland gedurende de beraadslagingen en onderhandelingen over de Verdragen van Rome*, Nimègue, thèse, 2006, p. 245.

整其关于欧洲建设的思考进程”①。海牙将它关于欧洲市场的某些计划重新提出。同时，围绕着让·莫内的煤钢共同体委员会为将行动的区域拓展到未来的能源核能而积极努力。

1955年春天，六国中最小的三个国家开启了有利于贝延市场和莫内原子联营集团的共同计划。这给予了欧洲的重新出发一个推动。不久后在西西里梅西纳举行的部长间会议上，六国加入了荷比卢计划(1955年6月)。在比利时部长斯巴克主持下，专家们被召集来撰写关于市场和核能卡特尔计划的研究。六国邀请伦敦加入。这些措施不要求任何人承诺什么。在差不多一年以后，最终报告出炉了。

在经济统一体问题上，斯巴克及其同伴主张建立海关联盟，加上在某些方面采用共同经济政策。荷比卢和意大利都从中获益。问题在于那三个大国是如何考虑的。首先对于英国人来说，斯巴克所提议的经济一体化程度太深。出于政治的原因，伦敦偏好一个地区性的自由贸易区。与一个参与者满足于取消存在于它们之间的商业壁垒的自由贸易区不同，海关联盟要求采取一个共同的对外关税。共同关税意味着：共同的商业和制度政策，对外的集体行动。1955年底，当对于这样的海关联盟形式的一致意见开始浮现时，英国代表就收拾行李走人了。六国重新回到原来的六国内部。接着，对于法国来说，贸易自由化在根本上与它们一贯的贸易保护主义政策相冲突。在1956年1月的大选后，在任的左派政府的几位代表人物希望使经济现代化。在这个小圈子之外，人们根深蒂固的想法是认为法国没有能力面对外国竞争。最后，德国内

① Johan Willem Beyen, *Het spel en de knickers. Een kroniek van vijftig jaren*, Rotterdam, Ad. Donker, 1968, p. 234.

部的意见是分化的。经济部长路德维希·埃哈德出于经济原因支持由伦敦提议的自由贸易区,而外交部长则打算付出经济代价来获得与巴黎的政治亲近。阿登纳总理没有以决定性的方式来干预。德国政府还是在一点上作出了决定:在没有获得相对应的欧洲市场时,不接受核能联营共同体。波恩怀疑法国人只想要核能联营共同体,后者将只有在获得全部或一无所获之间选择。

1956年5月,六国迈出了一步:不再只是简单地作研究报告,而是开始联结现有各方进行谈判。这些谈判开始于在夏天之后,在公爵夫人谷城堡进行。大会主席斯巴克建议每个代表团上交一份争议问题清单。9月20日,法国人介绍了他们所列的争议问题:海外领地加入(共同)市场;对于通向第二步的否决权;社会和谐化问题,包括一周40小时工作制和男女同工同酬;在支付困难及因阿尔及利亚危机所导致的情况下,对出口补助和进口关税的例外条款。在这一串列举之后,随之而来的是深深的沉寂。在一段时间内,斯巴克以为事情没什么希望了。为了从困境中走出,人们决定把事情传送到部长级层面。法国的要求没有使谈判破裂,反而成为谈判的中心焦点。一个月后,因为德国经济部长埃哈德和他的法国同仁就一周40小时工作制的激烈争执,部长们也无法更好地解决问题。于是人们把谈判又扔给了首脑们。

当法国总理邀请德国总理参加高峰商议时,后者接受了。阿登纳希望避免让其国家留下该为谈判破裂负责的负面印象。波恩和巴黎的高官把这样一个会议看作是走出在公爵夫人谷城堡开始出现的困境的唯一机会。人们准备了妥协的条文。虽然阿登纳的外交部长和最有影响力的一些议员明确建议他不要去巴黎,因为法国在苏伊士事件中在世界上失去了威信,但是阿登纳没有拒绝邀请。正是在危机的时刻,才能更好地表现团结。

11月6日星期二，德国代表团来到巴黎。在总理府，两位领导人很快谈及苏伊士和布达佩斯局势。摩勒(Mollet)对苏联向法国首都进行攻击的威胁非常关切，阿登纳则在布尔加宁给艾森豪威尔的信中看到了将世界在两大超级强权之间划分的提议。德国总理怒斥对古老大陆的兴趣日益减少的美国人，建议西欧应该联合起来，不管这个统一体是以什么样的形式。他询问法国人是否能充分确认万一形势恶化，法国能得到美国的核保护。在摩勒看来这是一个中肯的问题，于是他派法国大使向华盛顿打听消息。在午饭的时候，美国国务卿约翰·福斯特·杜勒斯(John Foster Dulles)用电报发来了非常模棱两可的回答。

临近16点的时候，法德会谈已经重启，这时电话响起。摩勒向他的部长克里斯蒂安·皮诺(Christian Pineau)做了一个听的手势，同时接起了电话。电话的另一头是英国首相艾登，他听起来被当时的严峻局势打击得筋疲力尽，他说："这(苏伊士战争)不可能再进行下去了，我们必须停下来。英镑还在下跌，我们(英国)有恐慌的危险。另外，我刚接到艾森豪威尔的电话。他给我12小时的时间下令'停火'。""向他要求延期，"摩勒说："两天内我们就能有所进展，改善局势。""我们再也坚持不了两天了"，英国人回答说。(摩勒说：)"试一试！我们和您站在一起！"这时艾登终于承认说："我已经接受了(艾森豪威尔的要求)！"①

对于法国人来说，这是沉重的打击。摩勒比其他人更沮丧。英国人没有征求他们的意见就这样违反了承诺。很明显英国人的心是向美国人倾斜的。摩勒和皮诺犹豫要不要告诉在场的德国客

---

① Guy Mollet & Anthony Eden, 6 novembre 1956, *in* Christian Pineau, *1956: Suez*, *op. cit.*, p. 176 - 177.

人他们的想法。但是,完全明白怎么回事的阿登纳打破了安静:“我要是您,我会接受。这是明智的选择。”阿登纳停了片刻,接着说道:“现在,得建立欧洲!”①

不久之后,摩勒和阿登纳连哪怕是最小的意见和批评都没有提,就通过了由他们的高官们所准备的关于共同市场的妥协提议。除了海外领土地位之外的所有争议问题都得到了解决。德国总理同时还接受:以纯粹民用为目标的未来的核共同体并不会是任何一个成员发展核武器的限制。最后两位领导人达成了关于法德军事合作的约定。在一次很有争议的访问中所取得的成功让德国总理以平静的心情回到了波恩。

11 月 6 日事件的教训不难总结。埃及宣传部长在两周后写道:“在当今的世界只有两大巨头:美国和苏联。最后通牒将英国和法国重新放在了他们应该在的位置上:不大也不强的国家。”②受到这样的羞辱以后,这两个盟国知道他们不能指望美国人无条件地支持。但是每个国家都从中得出了自己的结论。伦敦将扮演其作为忠诚的上校的角色,而这被英国人自己称作“特殊关系”。得等到四分之一个世纪后,英国才敢于在没有华盛顿支持下,在对外政策上有新的倡导。在巴黎,人们决定把目标转向大陆。人们不再指望法英联盟;甚至在军事事务里,人们都更偏向于指望德国。法国不忘加速制造自己的核武器,开启了对华盛顿更少依赖的同时保证自己相对于欧洲邻国优势的历史。

---

① Konrad Adenauer, 6 novembre 1956, *in* Christian Pineau & Christiane Rimbaud, *Le Grand Pari*, *L'Aventure du traité de Rome*, Paris, Fayard, 1991, p. 222 – 223.

② Anouar el-Sadate, 19 novembre 1956, *in* Henry Kissinger, *Diplomacy*, New York, Simon & Schuster, 1994, p. 547.

在公爵夫人谷城堡，斯巴克能够很快地重启欧洲商谈：11月6日的法德协议将主要障碍都排除了，从此人们可以开始拟定条约的条文了。关于共同对外关税、制度形式、财务规定和农业政策——一个法国在最后阶段透露的要求，六国部长在1957年1—2月达成了一致。只剩下法国和比利时希望将海外领地纳入欧洲共同市场的愿望还要讨论。德国由另三国支持，对此表示强烈反对，比如它偏爱进口南美的便宜香蕉而不是来自法属安的列斯岛的昂贵的香蕉。

谈判官员和各国部长们都没能在此问题上达成一致，只有由政府首脑来解决问题了。摩勒邀请5位同仁来参加2月18—19日在巴黎召开的峰会。康拉德·阿登纳、安东尼奥·塞尼贝（Antonio Segni）、约瑟夫·贝克（Joseph Bech）、阿希尔·范阿克（Achille van Acker）、威廉·德雷斯（Willem Drees）被迎接到总理府。这次会面可以视作第一次政府首脑峰会，或者说欧洲理事会的第一次先驱。1957年，巴黎已经预感到最高层会议的有用性：在这样的会议上，每个成员国可以就各自的国家利益与欧洲共同利益进行权衡。但是，人们还是没能走出关于海外领土加入共同市场问题的死胡同。摩勒认为国民议会是不会批准这一协议的，于是在某一时刻挽着德国总理的手臂请他到花园里走一走。这次散步是有成果的。阿登纳这个伟大的欧洲人接受吞下法国香蕉（意即接受法国将海外领地纳入欧洲共同市场的要求。——译者注）。

1957年3月25日，在罗马市政厅，人们签署了关于核能共同体和经济共同体的条约。钟声在整个城市回荡。一旦获得六国议会的批准，这两个条约就将在1958年1月1日正式生效。

第五章　共同体的期待（1958—1989）

我们将会被卡在一个敌对的（或者至少是越来越不友好的）美国与一个虚夸的、强大的——现在由法国主导而将来总会归于德国控制的——“查理曼帝国”之间吗？这是我们“加入”共同市场（如果我们可被接受）并且放弃 a）七国集团（由英国、丹麦、葡萄牙等七国组成的自由贸易联盟，详见本章第二节。——译者注），b）英国农业，c）英联邦的真正理由吗？

——哈罗德·麦克米伦

对于六国来说，集体进入历史长河的大幕在 1954 年 8 月落下。随着法国否决共同体军队计划，人们放弃了建立一个联邦的想法。借由国民议会之口，法国人民已经拒绝创立一个以整体面对外部世界的欧洲政治和军事体。所以，德国被允许拥有一支军队并加入北约。在第二次世界大战结束十年之后，六国全体躲在美国的保护伞下躲避苏联的威胁。与此相关的是，它们远离了已来到大门外的命运访客。

最终导致《罗马条约》的大幕于 1955 年 6 月在墨西拿拉开，而这个大幕拉开之后显露出了一个完全不同的欧洲舞台。由于担心又被议会否决，用一位谈判者的话来说，人们保留了“条约领域以外的‘大政治’”①。诚然，原子能共同体是服务于法国的地缘政治野心的，而德国总理和其他人一样，从中看到了欧洲的萌芽。但从西西里谈判开始，谈判的重心放在了经济动机上。而经济动机正是其他四国与德国、法国——尤其是在向它作出的所有保证之后——的利益所在。一旦条约生效，核合作就几乎不再是任何问题。从1958年开始，六国集中讨论诸如进口份额、关税率、农产品价格之类的乏味问题。

在经济领域，欧洲整体的角色虽不明显但其实很重要。它本身不是行动者，但它为经济生活的行动者——生产者、消费者、雇主、雇员——搭建了可以发展的舞台。共同体欧洲成为市场的主人和监督者，总是更多考虑客户福利的在第一线的工作者。面对外部世界，它在与其他经济势力的贸易关系中起着作用。但是在1989年之前的那些岁月里，欧洲内部领域主要以自己的节奏发展着，它会巧妙地利用条约所提供的保护（“人们给自己的时间”）。作为交换，成员国自己惊奇地发现它们一起加入了历史长河，这首先是因为它们各自在欧洲国家协同中的立场（“催促着的时间”）。

本章所述内容之特征乃是“期待”。期待始于人们将“不”听成（当作是）“还没有”。如斯巴克和阿登纳这样的重要人物对于1954年8月的“不”正是这样解释的。产生欧洲政治共同体的时间表在朝鲜战争爆发后一度大幅缩短，而这时又再次处于遥远的未来。迅速而又从容不迫，是为宗旨。而后，人们在永恒之城罗马签署了其内容显示出更多耐心的新条约。这样，在1957年以后，政治行

① Johannes Linthorst Homan, *Wat zijt ghij voor een vent. Levensherinneringen*, Asen, Van Gorcum, 1974, p. 233.

动让位于准备和期待。

尚不清楚的是：人们并不确切地知道等待的是什么。在罗马，人们拒绝明确地指出欧洲计划的最终目的——各种经济上的条约和目标，这些本身并非最终目的。1954年的创伤导致了一种禁忌，它阻碍人们思考诸如联邦或者同盟、政治企图或地理边界的问题。人们排斥所有关于欧洲最终目的的想法，这主要是为了不让民众产生忧虑。

1. 给自己的时间

在隧道里(1958—1969)

《罗马条约》提出了一个巧妙的临时机制。它的作用就像隧道那样：一旦六国一同进入该隧道(参与该体制)，它们一路上就必须完成各种各样的任务，并通过两道分隔不同阶段的门户；到了隧道末端，它们被认定还要作为一个组建好了的真正的经济共同体走出隧道。向后退将被证实是不可能的。

这个机制因为两个既定条件而得以运行：第一，时间是既定的(这确定了隧道的长度)；第二，它要求立刻的跳跃(就好像要跳火圈那样)。给各国以时间，是再自然不过的事。将六个经济体转变为一个统一市场是无法一蹴而就的。六国决定用12年时间来做这件事情，而这段时间在条约中称作“过渡时期”。企业需要时间来适应统一海关框架内的竞争的加剧。而政府也需要时间来调整它们所商定的事项——即组织统一的农产品市场和初步统一的社会保障；确定竞争规则等。过渡的隧道分成三个阶段，每四年为一个阶段，每一个阶段都要求必须完成部分义务。这样，人们预计在第一阶段结束时商业障碍将会减少 30%。而农产品市场，人们计划在过渡期结束前完成建立准备即可。各国在通过隧道的过程中执行各自的任务，并根据事先商定修订着游戏规则。尤其在接近隔离门和出口之时，人们在某些议题的表决方式上，经历了从一致同意通过向大多数同意通过的转变。

临时机制的第二个要素，即所要求的跳跃，是具有原创性的。与预期 50 年的矿业条约不同，《罗马条约》是无限期有效的。在公爵夫人谷城堡，尽管有众多法律界人士抗拒这一点，但他们并没能成功让斯巴克屈服。不过，在巴黎的要求下，人们仍然为重新考虑期限留了一扇门。一开始，法国人想要用否决权封锁从第一阶段到第二阶段的过渡，但这个想法遭到了其他五国的反对。1956 年 11 月 6 日，法国总理和德国总理达成了一个折衷：反对国（即法国）被给予了两个一年的延期；如果还不够，事情就将被提交到一个仲裁机构裁决。总之，过渡期最长不能超过 15 年。更重要的是：一旦通过第一道隔离门，六国中的任何一个都不能后退。各国确实讨论了加入一个退出条款的主意，但这个主意被否决。

因为创始条约对义务规定得很详细，而对确切的要求却描述得较为粗略，可以预料在离开隧道前，通过各种障碍时将伴随着很多纠缠和摩擦。内在的约束力量当然也会起作用，六国互相牵扯在一起。一旦走出隧道，欧洲时间就扩展至无限期。

加速——1960 年 5 月 12 日

上述由六国政府商定的、并经由六国议会各自批准的临时机制很快就又做了一些修改。普遍令人惊讶的是,遵守条约对于经济生活中的行为者来说,一点也不显得是考验。西欧的经济在全速飞升:在 1950 年代末,六国在工业生产增长的同时,汇率也相对地保持平稳,并且国家财政日益健康。看起来市场的扩大所带来的优势比竞争的增长更具有决定性。商界期待海关统一体得以实现。从 1959 年夏天起,企业界希望加速完成过渡。

问题在于以什么样的形式进行加速。比利时部长主张缩短过渡时期的总时长,但他的伙伴们模糊地感觉到这样将会遇到法律纠纷。条约不是人们随意拉缩的手风琴。法国人并不急于加速通向以大多数同意来作决定,因此反驳了比利时人的主张,并提议保留 12 年的总时长,不过可以在某些目标的实现上更迅速地行动。既然海关即将一体化,为什么不加快条约里提到的另一些事情呢?于是,每个成员国都提出了各自的意愿。争论得最激烈的议题是由巴黎和罗马所提出的,它们提议提早施行共同外部关税。共同体圈子认为这样的举措是有价值的,因为这向外部世界提供了"欧洲团结的明确证据"①。但是德国和荷兰政府对此一点都不积极。对于它们来说,共同外部关税意味着关税上涨,这个变化对它们的工业品出口是不利的,也使得进口变得更昂贵。

1960 年 5 月 12 日,人们达成了一个协议。欧洲经济共同体执行委员会祝贺了所取得的加速进展,称其为"自《罗马条约》签署以来在共同市场历史中的基石性的经济和政治事件"②。这时前方还有五分之四的隧道要走。

---

① Josef Illerhaus, mars 1960, *in* Leon N. Lindberg, *Political Dynamics of European Economic Integration*, Stanford University Press, 1963, p. 185.

② Commission CEE, *General Report 1960*, *in* Leon N. Lindberg, *op. cit.*, p. 167.

摆钟——1961年12月31日

随着由第一阶段通向第二阶段，4年之后，六国到达了一个再也不能回头的点。接着，隧道成了一个“陷阱”。这段路程需要达成一个由一致同意才能达成的“过渡决定”，对于每个成员国来说这是把额外要求放在桌上讨论的机会。事实上也是如此，各种重要议题大大增多。1961年6月，法国总理米歇尔·德勃雷（Michel Debré）宣称如果没有事先达成一个关于农业政策的协议，过渡是不可想象的。德国这时也毫不迟疑地三番五次要求制定竞争规则。所有一切得在新年来临之前得到解决。

各国的愿望是不一样的。巴黎要求由所有国家共同资助保护主义的农业政策，而德国财长对此十分不满。波恩反对法国科尔伯主义的传统，想要以严格的协议来限制政府对企业界的干预。问题多之又多，亦难以解决。但这样的双重冲突提供了政治交换的可能。为了成功，这样的交易需要某些同时性。就在圣诞节前，六国部长达成了一个符合德国人要求的关于竞争的协议。但是人们把它置于休眠状态——“大概是因为还要准备共同体四种语言中的两种语言的条文”（据一位多疑的议员说①）——直到达成关于农业问题的协议。尽管人们为了确定条文进行了多次马拉松式的会议，到了12月31日还是没有达成协议。法律空白这一威胁迫在眉睫。法国将于1月1日接替德国担任半年轮值主席国，在这个日

---

① Ivo Samkalden，1962，*in* Annette Schrauwen，*De Kunst van het pact*，*in* Menno Spiering *et alii*（éd.），*De weerspannigheid van de feiten. Opstellen over geschiedenis*，*politiek*，*recht en literatuur aangeboden aan* W. H. Roobol，Hilversum，Verloren，2000，p. 213.

子之前障碍必须被排除。

就在1962年马上就要来到之前,顾夫·德姆维尔想出了一个计策。他提议只要上述障碍还未排除,就继续在德国的主持下进行商讨。所有人都接受这一点:人们拨停了摆钟。为了形成决定所必要的时间比遵循日历时间要重要。人们把这段时间拉长了2周,只有到了这个时候,人们才达成了双重公约,理顺了错综复杂的利益关系。1月14日清早,顾夫·德姆维尔接替了德国人的主席职位,并将业已通过的措施公布于众。于是摆钟可以重新走动了。

出口——1969年12月1—2日

1969年底,六国抵达了12年隧道的末端。伴随着种种起伏,人们度过了这些年头,并出色地完成了大部分计划的协议。各国政府认为,从原则上来说,共同体可以走出迈向“最后阶段”的那一步了。只有几个斯特拉斯堡的议员不认同这一点;他们想要将这一时刻推迟,直到条约的所有承诺,包括举行直接选举,都得以实行。

为了庆祝过渡,以及会谈接下来的事情,六国领导人12月1日—2日在海牙的骑士厅会合。人们受到了前进意愿的鼓舞。在较早的几年里,六国间的关系因戴高乐多次在英国的加入问题上投否决票而严重恶化。他的继任者,1969年5月当选的乔治·蓬皮杜(Georges Pompidou)准备不再反对。法国人希望其他国家作出某些承诺以作为交换。德国人敏锐地听到了这一诉求。在波恩,同样也出现了一位新领导人:维利·勃兰特。为了获得行动自由以便很好地贯彻其对民主德国的政策,勃兰特(Brandt)乐于表现出对西欧国家联盟的忠诚。

在此之前，得先安排好一件事情：农业政策中的资助问题。在海牙峰会上，各国领导人同意为共同体贡献“各自的资源”。在六国俱乐部边界收取的进口税不再融入各国的国库，而是用来供给一个共同的财库。该措施在会议之后第二年就开始实行。这为法国人提供了这样一个保证：其他国家也会一起来资助农业。对于巴黎而言，这是始于 1955—1957 年的谈判的终点。随着这个措施的来临，共同体被认为是“完成”了。

如果欧洲只是停留于此而不再向前，从某种形式观点来看，它只不过是一个经济调节者、农渔业官僚机构和贸易体。欧洲整体将被定性为“小政治”——这并不会让任何国家不愉快。但实际发展并非如此。创始条约所提出的终极政治目标尚未达成。在海牙，六国政府首脑随后马上就走上了一条从未探索过的道路。如果我们撇开一个欧洲大学的计划不谈，两个最精彩的新目标是“经济和货币一体化”和对外政策合作。这两个创举虽然在短期内无法实现，却有着巨大的影响。人们在条约以外，一步步非正式地推进这两条举措。还是在海牙，各国领导人作出了一个不亚于真正转折点的决定：开启与英国关于其加入共同体问题的商讨。在就此问题所进行的激烈争论之后所达成的这个与英国开启商讨的协议，显示出了欧洲整体的新的自我意识。

这样，和所有的结束一样，走出隧道对六国而言，同时也是一个新的开始。它们所构成的共同体业已成为一个事实。人们达到了在 1955 年看来是不可及的目标。但现在确切地说会发生什么？走出隧道以后，接下来的时间就好像巨大的真空。对于六国来说，保持共同市场运行这一任务并未为它们面对未来提供足够的办法。于是，六国抓紧在最高层面使得统一体的基础政策生效，并且在以下几个方向上作了初步规划：青年、货币、世界。势头已经出现，只不过其发展还需要合适的形式。

迈向共同市场(1985—“1992”)

1984年夏天，(欧洲一体化进程开始了)这么久以后，内部领域(即共同体机构)的领导岗位终于首次由一位握有实权的人物来担任。法国经济和财政部长雅克·德洛尔被各国领导人任命为欧共体执委会主席。他觉察到了各方普遍希望结束欧共体不适的常态。

1970年代的状况让人们认识到欧共体还没有强大到能够面对严重挫折。面对石油危机和经济衰退，每个成员国都只能依靠自己。九国(及之后的十国)没有能力以整体来拿出什么办法以对抗威胁其福祉的外部世界。即使一直以来都是其最好方面的农业，这时看起来也变得不可控制，超乎想象的过剩，如堆积如山的黄油，淌如海洋的牛奶和红酒，即是明证。

在1985年1月1日正式就职之前，德洛尔到十个国家的首都转了一圈，以记下有可能成功的倡议。他的倡议清单共有四条设想：欧洲防务、欧洲货币、机构改革和统一市场。其中唯一得到足够支持的是最后一个计划——伦敦的撒切尔、波恩的科尔和巴黎的密特朗都支持，于是这就成了第一件要做的事情。

当然，在纸上，十国已经组成了一个“共同市场”，但是诸如向邻国出售剪毛机的禁令、在边境口岸望不到头的卡车长队、难以置信的税务管理的痛苦故事，仍然还是引起商人们共鸣的话题。在1984年，阻碍贸易的不再是关税或者配额——它们自从海关统一体出现以来就被取消了——而是过多的法规。每个成员国在安全、健康、环境等方面都有各自的条例，这些条例是有用且合法的，但它们却很容易在面对外国竞争时，成为保护本国工业的手段。欧共体官僚机构所偏好的解决办法是：统一产品生产标准。在布鲁塞尔，关于这些问题的会议一个接着一个，但是这些会议耗费了太多的时间，关于一些产品的规定甚至在实施之前就已经被技术进步超过了。1978年，欧洲法院设计了一个有新意的方法：互相承认产品生产的标准。规则不再是“所有的香蕉都必须有同样的曲度”，而是“我接受你的香蕉，你也接受我的”。欧共体执委会意识到：可以在这个法令上建立具有新的风格的欧洲市场。

雅克·德洛尔的创举在于提出了一个截止日期。他利用秋天的巡访咨询了让·莫内从前的得力助手马克斯·科恩斯塔姆(Max Kohnstamm)。后者为德洛尔回顾了四分之一个世纪前海关统一体的成功，而这个成功有赖于将12年的行动分为三个4年来进行，从而才有可能。为什么不对共同市场作类似的计划呢，比如两个4年？这个想法令撒切尔夫人派往欧共体执委会负责内部市场事务的委员十分高兴，他说：“与其说‘让我们来建造一座工厂吧’，我们还不如定下一个工厂必须开始运行的日期。”①

这个日期在12月时，在德洛尔和合作伙伴举行的一次会议上得以确定。会上所提议的期限有1990、1995和2000年，但这三个提议都被否决了。人们最终确定的期限是1992年。此后，关于对这个选择的解释，四处散布着最荒诞的理由：这是欧洲为了纪念哥伦布(Christophe Colomb)发现美洲500周年吗？德洛尔则给出了

① Arthur Cockfield, *in* Nicgolas Colchester & David Buchan, *Europe Relaunched. Truths and Illusions on the Way to 1992*, Londres, Hutchinson, 1990, p. 29.

一个很简单的理由：1992年12月31日与欧共体委员会换届时间一致——从1985年算起的四年加上下一任的四年，任期正好到这个日期。这个选择是根据官僚机构的时间逻辑作出的。

1985年6月，在一个在米兰召开的政府首脑重要峰会之前两周，内部市场委员提出了一个需要实施的措施的详细清单，并且在清单里列明了各项措施须在何时开始实行。如果各成员国想要一个"无国界的欧洲"，就必须通过这300条措施。尽管缺乏约束力量，这本"白皮书"仍然寻求获得与《罗马条约》同等的地位。它的结束语富有表达力："正如海关统一体必须先于经济一体化，经济一体化也必须先于欧洲统一。"①尽管统一市场遁入了"小政治"的范围，但它同时含有对更大的政治的向往。

1989年1月1日德洛尔如其所愿开始了他作为欧共体执委会主席的第二个任期。那年秋天，各成员国通过了白皮书中一半的规定。对规定期限的遵守看来完全可行。

2. 时间紧迫

在大门前

共同体的建立并没有结束成员国之间的政治斗争。但是斗争

---

① Commission européenne, *Completing the Internal Market. White Paper from the Commission to the European Council* (*Milan, 28 and 29 June 1985*), COM (85)310, 14 juin 1985.

当然有所缓解,力量平衡的原则已经继续(并将继续)在成员国之间发挥作用。1952年以后,六国在欧洲协同体系中都保留了各自的位置。六国中的三个国家(法国、比利时、荷兰)不得不处理其殖民帝国的痛苦解体,而联邦德国则忧虑于被铁幕分隔出去的民主德国。在大政治方面难道没有任何的变化吗?

其实,还是有一些的。1951年的创始条约提出"所有欧洲国家"都可以"要求加入此条约"①。这一可能性来源于在最后一刻进入舒曼宣言的理念,该可能性强化了煤钢共同体作为将来更大结构之胚胎的要求。这样的邀约在1957年的基本条约中再一次被重复,其中规定所有欧洲国家都可以"要求成为共同体的成员"②。这样的规定有着重要的影响,包括对成员国本身。这意味着它们得集体行动:尽管它们面对其整体以外的世界时未必任何情况下都得如此,但在面对每一个来敲门的非成员的欧洲国家时,都必须集体行动。这样的邀约给了命运女神对六国整体实施行动的可能。

入口处的大门以无法预料的方式成为了欧洲大政治的焦点——直到今天还是如此。它的功能是:既是对外的诱饵,又在内部制约成员国组成一个整体——它是只进不出的。每一次,成员国们都要自问:我们想要向谁开放?哪些是我们想要留在门外面的?被留在门外的,又有哪些是坚持要进来的?而哪些并不真的那么想进来?我们是否都同意?我们让新来者在外面等待多长时间?核心的关键事实在于:打开大门的不是共同体,而是作为整体的各成员国。在围绕大门所展开的战斗中,六个创始成员国发现它们的联盟走得比煤矿共同体和共同市场要更远得多,它们不仅

---

① 《欧洲钢铁和煤炭联盟条约》(CECA),第98条。

② 《欧洲经济共同体条约》(CEE),第237条。

仅在条约之内,甚至在条约之外,也共同组成了一个政治存在。

直到1973年,主宰这一存在的一直都是同一个问题:英国的加入。深入参与了1956—1971年间的欧洲政治的荷兰人伦斯(Joseph Luns)写道:“在我当部长的那些年里对这个大问题所付出的时间和努力,回想起来都令我惊讶。”[①]与他共事了十年的法国同仁顾夫·德姆维尔则认为有关的问题“不仅关系到稳定,而且还是欧洲共同体的本质和精神,因此也是欧洲共同体的命运。”[②]事情分两个阶段进行。首先成员国们得判断还不是成员的这个重要国家是否希望进门(1950—1961),然后再来决定是否允许后者进门(1961—1973)。

因此,对邀约作出回应的首先是伦敦。第二次世界大战刚结束时,英国绝对是西欧最强大的国家:它没有被纳粹占领过,以胜利者和解放者的身份走出战争;尽管有缓慢而明显的衰退,但它仍然还是一个帝国。1945年时,在众多观察家看来,英国有机会夺取欧洲的领导权。但是它让这个机会溜走了。而法国,唯一一个能在政治和军事能力上与英国相提并论的国家,终于在1950年抓住了机会。

5月9日晚,就在舒曼启动了煤炭共同体计划之后,英国大臣欧内斯特·贝文(Ernest Bevin)心情非常不快。特别令他感到被冒犯的是:与对待他的美国同仁艾奇逊的方式相反,人们此前什么都没告诉他。甚至更严重的是:贝文很可能立刻就明白法国很快会在深层次上改变欧洲大陆的力量均衡。总之,令他不快的不是计划里

① Joseph Luns, *Ik herinner mij*, Leyde, A. W. Sijthoff, 1971, p. 169.

② Maurice Couve de Murville, *Une politique étrangère*, 1958 - 1969, Paris, Plon, 1971, p. 398.

勾勒的联邦愿景，因为英国人对这一愿景本来就不感兴趣；计划里所提议的煤炭卡特尔，就算对他们来说不是个令人高兴的消息，也完全不构成一个噩梦：总体上，英国煤炭和钢铁产量是法德两国的总和。最令英国人不安的是该计划所显示的对联盟的颠覆。这就是为什么，根据一位知内情的人透露，舒曼宣言在伦敦产生了“小原子弹”①般的效果。法国以出乎预料的方式，选择在一个没有英国的“超国家”组织中将自己的利益和往昔誓不两立的敌人（德国）联系在一起，而不是和英国一起加入到一个更松散的框架内。这扰乱了英法协约，给欧洲大陆国家间的传统关系带来了转变。

不过伦敦并不是被排除在外的。是英国人在 1950 年时自己选择不加入其他组织；一年之后，他们又拒绝加入欧洲军队，并且在 1955 年当六国提议创建共同市场时，英国人离开了谈判桌。英国人有着很深的迟疑。贝文的继任者安东尼·艾登（Anthony Eden）在下议院说：“我们在骨子里就知道，这些是我们没有能力做到的事情。”②欧洲制度不符合英国民主的传统。（英国）与英联邦的政治和经济纽带分量很重。英国人想要的仅限于一个没有共同外部关税的欧洲自由交易区。最后，英国官僚圈子和政府部门的实用主义虽有众多优势，但也显示出了一个劣势：差不多所有政府官员每一次都将欧洲的各种倡议视作注定要失败的一堆破烂（在同样思想的影响下，在多年以后，约翰·梅杰（John Major）首相说他在欧元计划中看到了“几乎所有能在求雨舞中看到的奇怪东西，以及跟求雨舞差不多的效果”③）。

---

① John McCloy, 16 mai 1950, *in* Konrad Adenauer, Erinnerungen, I, *op. cit.*, p. 320.

② Anthony Eden, janvier 1952, *in* Tony Judt, *op. cit.*, p. 129.

③ John Major, in *The Economist*, 25 septembre 1993.

1957年伊始,当六国正要签署《罗马条约》、当它们的计划似乎向成功更接近了一步的时候,英国人为获得一个欧洲自由交易区而寻求支持。英国人希望将六国的圈子消融于一个更广泛的整体之中。在这个计划失败后,在1958年,英国与另外六个国家,其中包括丹麦和葡萄牙,建立了欧洲自由贸易联盟,这个联盟被称作"七国"。将近1960年时,大多数英国记者都喜欢一再使用"at sixes and sevens"(这里的sixes指六国,sevens指自由贸易联盟七国,而且正好at sixes and sevens是与汉语成语"乱七八糟"意思相近的习语。——译者注)这样的文字游戏来戏谑"走向失败的"欧洲。

但是这一手段还产生了附带的重要性。英国和六国的关系还是一个大问题。尤其令麦克米伦首相烦恼的是:他不知道在法、德两国所参与的谈判桌上所讨论的内容。毫无疑问,人们不会满足于仅仅讨论钢铁、谷物和香蕉。这个担心不是完全没有根据的。1959年,巴黎、波恩和罗马为了更好地协调他们的对外政策举行了会谈。罗马同意共同协调对外政策,但条件是六国的其他三个成员国也参与其中。1959年底,六国部长必须讨论这个议题。就是在这个时期,麦克米伦毫不掩饰地写了一封信给他的外交大臣:"从拿破仑时代以来,欧洲大陆的强国们第一次联合在一个建设性的经济团队中,同时涉及了广大的政治领域,这就算不是特别针对英国,也仍然会造成将我们排除在欧洲市场和有关欧洲政治的讨论之外的后果。"①的确,英国人感到被排除在外了。人们也注意到在此不久以后,约翰·F·肯尼迪(John F. Kennedy)总统对伦敦应

① Horaold Macmillan, décembre 1959, *in* Hugo Young, *This Blessed Plot, Britain and Europe from Churchill to Blair*, Londres, Greener Books, 1999, p. 118.

归附西欧阵营所表现出的坚持。据美国副国务卿说，英国加入西欧阵营将大大加重“西欧阵营在世界格局天平上的分量”①。

正是这样的地缘政治理由导致麦克米伦即便有所犹豫，也还是在 1961 年夏天改变了策略。当然经济因素在这个决定中也起到了作用，“但是最优先的考虑，”一份对此问题详尽研究的总结写道：“是英国认为：作为欧洲共同体的一员，而非作为个体，在欧洲、对美国以及在全球范围内都能够施加更大的影响力。”②英国不再想置身局外，而是希望“在谈判桌上拥有一席之地”。英国于是叩响了欧洲共同体的大门。

因此，自 1961 年起，问题的答案就在六国手里：它们是否将打开大门？很多人和从前一样仍然希望英国人来加强他们的队伍。但在过去的十年中，也有不少变化发生。由于英吉利海峡另一端的邻国的缺席，法国在很大程度上已经习惯于把内部领域的事务掌握在自己手中。尤其是由于 1958 年戴高乐的回归，这个国家不再乞求别人来让它占据六国之自然领导的位置。如果人们向欧洲的另一大强国打开大门，会失去最多东西的国家是法国。

法国的影响力很大程度上解释了为什么其他成员国支持英国加入。其他成员国对此殷切期待，尤其是比利时和荷兰。它们在这一事件中看到了命运女神的礼物，希望事情有一个好的结果。由于担心法国或法德的统治，它们的利益在于需要在欧洲大陆建立一个更好的力量平衡。有三个大国参与的牌局对它们来说更适意。

---

① George W. Ball, *The Past Has another Pattern. Memoirs*, New York/Londres, Norton, 1982, p. 218.

② Miriam Camps, *Britain and the European Community 1955 - 1963*, Londres, Oxford University Press, 1965, p. 513.

对于几个小国来说，再平衡的至关重要性在1960年以来六国关于“政治联盟”的讨论过程中体现无遗。在阿登纳的支持下，戴高乐想要在经济共同体框架之外再发展一个成员国的政治合作框架。法国需要一个框架来充分表达它在外交方面的领导地位。该框架的构想以六国领导人定期会晤为出发点。意大利总理阿明托雷·范范尼(Amintore Fanfani)认为这是一个填补欧洲政治“空白”的方法。而荷兰人在1961年2月的一次高峰会议上对该计划提出了反对：理由是英国没有被邀请参加政治合作。不过，人们仍然着手开始讨论该议题。一年之后——在此期间麦克米伦提出了他的申请——在法国外交家克里斯蒂安·富歇(Christian Fouchet)的主持下，人们拟定了一个联盟计划。

这一次，比利时也加入荷兰，一起表示反对。他们所给出的理由很别致：一方面，伦斯和斯巴克认为该计划所提议的高峰合作将不可容忍地损害共同体条约的超国家结构；另一方面，他们又表示准备在英国加入后接受该计划。这样的论证就算称不上自相矛盾，也是很奇特的。大家都知道，对于超国家原则，伦敦并没有巴黎那么热衷。欧洲共同体的理念对小国来说是高于国家利益的形式，这没有任何令人惊讶之处。但是他们说，已准备好用一个至少会使问题变多的国家的加入，来换得对这个欧洲理念的坚持，这就暴露了他们的手法。阿登纳因这个对政治团结的暗中破坏而一直对伦斯怀恨在心。斯巴克和巴黎之间的良好关系差点没法继续保持。相反，共同体圈子因为该计划之失败而感谢比利时和荷兰，很多年之后，“富歇”这个名字还能在欧盟执行委员会内引起愤怒。

这一片段为我们揭示了：所有行动者都意识到不同行动领域的存在。通过表面上自相矛盾的诉求，荷兰人和比利时人确切地表达了一个他们以模范欧洲人的角色出现时却总是正式否认的观点。这个观点就是：共同体除了是以条约为基础的法律秩序，还构成了一种政治联系，是各个国家利益间的力量平衡之所在。比利时和荷兰，在与戴高乐政府一起加入政治联盟之前，他们希望要么通过条约，要么通过英国所代表的制衡力量来保障其安全和独立。但正如同斯巴克说的那样："法国的计划否决了我们的这两条。"①回应比利时和荷兰"要么这个，要么那个"的，是"这个也不行，那个也不行"。比利时与荷兰的要求的功绩在于，它让人们看到了条约和隶属关系是与欧洲秩序截然不同的原则。

此外，这事实上也是对立各方能够很好地互相理解的原因。伦斯的拒绝一点都不令戴高乐吃惊：换作是他，他同样也会这么做。② 巴黎和波恩打算以政治联盟的形式组织成员国圈子，而海牙和布鲁塞尔拒绝了这一方法，反而提出了另一个建议：不要领导人的峰会，而是要扩大六国的圈子。而这也是另外一种组织成员国的形式。所有成员国都承认他们之间相互连接的关系无法简化为一个条约，成员国之间的关系根本地取决于成员国的数量。

在和伦敦进行谈判的过程中，六国通过种种痛苦经历，而获得了对俱乐部更好的了解。

1961 年秋天，六国召开了部长联席会议。这个会议需要确定英国加入共同体所必须满足的条件。主要的一些障碍是：英国对英联邦、欧洲自由贸易联盟和英国农民的承诺。关于关税和定额的技术讨论透露出了各方所向往对欧洲政治类型的构想。英国人

---

① Paul-Henri Spaak, *Combats inachevés. De l'espoir aux déceptions*, II, Paris, Fayard, 1969, p. 369.

② Charles de Gaulle, *in* Joseph Luns, *Ik herinner mij*, *op. cit.*, p. 145.

并不打算仅仅满足于加入六国集团,在决定之前,他们还想看看是否有可能改变某些游戏规则。为了达到这个目的,他们得到了一些国家的心照不宣的支持。但是欧洲经济共同体执行委员会和很多的共同体拥护者却要求各方严格遵守条约:只要英国人不承诺支持欧洲一体化建设,人们就不能冒险去削弱规则。坚持六国业已在条约中确立的内容,这对法国人来说也是有利的。15个月,这是这场大门两端精心编排外交舞蹈所持续的时间。

这一切停止于戴高乐将门砰地一声关上的那天。1963年1月14日,利用新年发布会的机会,法国总统详细陈述了使得六国和英国对立的经济和政治分歧,以及美国通过英国前哨对欧洲政治施加影响所暗含的危险,最后模糊地总结说:"好吧,可能会有那么一天,英国会为了成为欧洲共同体的一部分而作出足够的改变,没有限制,没有保留……在这种情况下,六国会为它开启大门,并且法国不会阻拦。"[①]有一天,但不是现在马上。令所有人吃惊的是,戴高乐将军表现得像一个驱逐捣乱者的壮汉。

不管是伦敦还是其他五个国家,都为此极度愤怒、悲观、失望。麦克米伦觉得深深地被羞辱了。尽管本来就对戴高乐的诚意有着一切可能的怀疑,在伦敦还是没有人预料到他敢于承担断绝的责任。(英国的小报纷纷这样讽刺地建议戴高乐:"带着您权力和独立的美梦,把它们贴到您的埃菲尔铁塔上面吧。"[②])戴高乐将军的方式尤其让他的五个伙伴国不满。在长时间的共同商讨之后,"砰"的一声关上了大门!没有事先通知任何伙伴,而是在面对本

---

① Charles de Gaulle, *Mémoires d'espoir; suivi d'un choix d'allocutions et messages sur la IVe et la Ve Républiques*, Paris, Plon, 1994, p. 839.

② *In* Stephen Wall, *A Stranger in Europe, Britain and the EU from Thatcher to Blair*, Oxford, Oxford University Press, 2008, p. 1.

国公众的新闻发布会上，就这样单方面宣布对他们的诉求作出了否决，这与相称于共同体的规则完全背道而驰。这对于成员国之间的信任是一个沉重的打击。海牙和罗马酝酿报复计划。用一位德国谈判者的话来说，法国人表现出了“诚意的缺乏、对权力的贪婪”以及“对于不准备和英国分享的领导权的渴望”。对英国人作了 15 个月之久的说教，向他们一再重申条约之神圣不可侵犯的规则，而如今自身却以“置身条约之外”的方式行动，这完全是不可接受的。① 醒悟了的斯巴克指出：关上这扇门的含义远远超过了英国加入问题这么简单：“这是共同体国家的对外政策的突然改变。”②对共同体国家之邻国所开放的联盟至此关闭了大门。

分裂了的俱乐部的主席直到 1 月 29 日才通知英国部长爱德华·希思(Edward Heath)停止谈判。此后有些人作了一些富含感情的演说。在斯巴克看来，戴高乐的拒绝摧毁了共同体的精神。德国部长则不像他的同仁们那么悲观，他指出总有一天我们能解决英国问题。顾夫·德姆维尔是六国领导人中最后发言的。他说应由伦敦承担责任，不过这没有说服任何人。最后，希思(Heath)用这番保证来感动听众：“我们，在英国，我们将不会与欧洲的大陆部分、与共同体国家断绝来往。地理上、传统上、历史上、文化上、文明上我们都属于欧洲。我们会继续与我们所有的欧洲朋友一起工作，来实现这个大陆的真正统一和强盛”③。就连在场的翻译都感动得流泪了。然而，英国还是在欧共体大门之外。

---

① Rolf Lahr, mémorandum, 19 janvier 1963, *in* Nicholas Piers Ludlow, *The European Community and the Crises of the 1960s: Negotiating the Gaullist Challenge*, Londres/New York, Routledge, 2006, p. 12.

② Paul-Henri Spaak, 29 janvier 1963, *in* Miriam Camps, *op. cit.*, p. 489.

③ Edward Heath, in *ibid.*, p. 492.

英国在大门之外,真的吗?

就在1月29日当晚,在布鲁塞尔斯巴克的办公室里召开了一个惊人的会议。赞同英国加入的五个成员国的部长与一位英国政府的代表对法国的拒绝共同表达了沮丧。在这个场合,他们友好地自称为“新六国”。这六个国家进行会谈以避免共同体和英国互相远离。在反戴高乐主义的言词所渲染的气氛里,荷兰部长甚至提出了一个半开玩笑的想法:建立一个以英国代替法国的新组织。其他成员国虽然和荷兰一样愤怒,但不敢过于夸张。放弃人们在共同体内业已达成的一切,这显得一点儿都不明智;继续共同的道路才是恰当的。一位参与了此次会议的德国人之后写道,并不是没有一点遗憾:“第二天,当我们离开酒店的时候,这个激动人心的夜晚里的‘新六国’什么都没有留下。”①

随着1963年1月14日的一声惊雷,戴高乐打破了内部领域,在国家公共领域里对共同体作出了一个决定。他是以国家首脑的身份来防守这六国的入口大门。在条约领域里是找不到“里面”和“外面”之间的边界的。

历史的讽刺性在于:五国也发现了这一点,但是它们是从另一个方面发现的。当它们想让伦敦成为取代巴黎的成员国时,很快就发现这一想法纯属空谈。1963年1月29日之夜所谓“新六国”的幻灭清楚地表明了:整体的限制力量比任何由诸如“政府间合作”之类的术语所表达的东西都更具决定性。如果只是涉及一个政府间协议的问题,那么在戴高乐反对后,五国可以和英国人一起设立一个会议桌而把法国人开除。但是六国的利益已经如此互相紧密连接,弃绝六国组成的共同体会导致非常严重的、极其有害的

① Alfred Müller-Armack, *in* Nicholas Piers Ludlow, *op. cit.*, p. 13.

后果。各成员国还是保持在一起，按积极的观点，人们可以说这是因为隶属同一个俱乐部的归属感以及“共同体精神”；按消极的观点来说，这是因为解散俱乐部或排除法国会产生的明显的损失。不管是“意气相投”还是“利益计算”，对共同体的隶属是具有现实而又独特限制力量的政治纽带。

四年之后，争辩重新又在大门前展开。1967 年 5 月，英国第二次要求加入欧共体；戴高乐在 11 月的一次新闻发布会上表示了反对。又过了一个月，法国正式宣布停止商谈。大门还是被关上了。

只有巴黎能让形势发生变化。人们不再会等很久：戴高乐将军虽然渡过了 1968 年 5 月的难关，但一年以后他还是失去了权力。这让许多国家政府发出了宽慰的叹息。戴高乐的继任者蓬皮杜(Pompidou)告诉大家：“原则上”他对英国的加入没有任何反对。他只要求六国这次以同一集团行事，另外伦敦必须停止散布不和，别又一会儿操纵伦斯一会儿操纵勃兰特。法国新总统向英国大使解释说：“试想英国业已加入共同体，如果您允许用比喻，那么可以说共同市场就像一个建筑了工事的城市，城墙由共同外部关税构成。要进入这个城市，必须走大门，而不是用蛮力在墙上打出缺口。永远不要忘记：六国组织是一个整体。”①

1969 年 12 月在海牙的政府首脑峰会上，六国允许英国参加此次会议。这次商谈是在“共同体与候选国之间”②进行的。通过这次会议，人们谨慎地修正了条约中的一个错误：关于候选国加入共同体的商谈，之前是由候选国与各个成员国分别进行的，也就是说

---

① Georges Pompidou, 10 octobre 1969, *in* Eric Roussel, *Georges Pompidou, 1911 – 1974*, Paris, Perrin, 2004, p. 335.

② Communiqué final du sommet de La Haye, 1er et 2 décembre 1969, in *Bulletin CEE* 1 – 1970.

成员国是分散的。另外,伦敦和以后的所有新候选国必须不仅要同意条约的规定,还要同意共同体的政治目标以及共同体从 1958 年起所采取的所有措施。加入欧共体,就是要接受欧洲整体的文书、思想、习惯。

六个月之后,又开启了商讨,一边是六国,另一边是英国、英国的邻国爱尔兰以及英国在欧洲自由贸易协会的伙伴丹麦和挪威。1972 年 1 月,这十个国家的政府达成协议。一个月之后,英国下院(309 票赞成,301 票反对),爱尔兰人民(83%),丹麦人民(63%)批准了该协议。只有挪威人民投票反对。1973 年 1 月 1 日,三个新成员国正式加入共同体。由此,六国变成了九国。共同体的大门第一次充当了进入共同体的入口。

为什么这次法国接受了英国的加入?这个问题可以从三个方面来回答。首先,抵抗由五国施加的压力变得越来越困难,固执地阻碍英国加入会损害联盟所带来的好处。蓬皮杜希望他的国家重新成为一个"普通的"成员。因为法国的反对而引起其他成员国的愤怒,并且达到了使六国破裂的极限,这再也不可能了。由于法国的国际地位取决于它在共同体内的领导角色,巴黎认为和伦敦组成一个圈子总比什么都没有来得强。

其次,英国的加入所带来的坏处变少了。1970 年,农业资助政策已经如法国所愿解决了,伦敦对此已不能作任何改变。

最后,虽然心照不宣但根本性的原因是:这时,法国自己也需要各方力量的再平衡。如同 1961—1962 年时比利时与荷兰曾试图引入英国来抗衡法德的主导,这时巴黎则希望伦敦的到来将对波恩造成制衡。没有人会忽视不断增长的联邦德国的经济实力和政治渴望。这一变化威胁着法国在六国中的领导权,其基础这时只剩下军事优势了。在 1971 年 8 月 15 日美国突然将美元与黄金脱钩之后，欧洲各国的货币关系清楚地得到了显现：强势的马克成为了包括法郎在内的其他欧洲货币的锚定货币。但勃兰特对民主德国的政策更让蓬皮杜担心。他认为德国总理在 1970 年承认 1945 年的边界是向莫斯科作出了“巨大的让步”。另外，人们不知道联邦德国和民主德国的关系会到哪一步。欧洲地缘政治的平衡处于全面的运动之中。

在这样的情况下，法国寻求以两个安排原则支撑自身（与十年前荷兰和比利时一样）。一方面，在乔治·蓬皮杜看来，欧洲能使得“德国系牢在欧洲之中，而没法脱离欧洲”[①]，这是很重要的，比如可以把货币事务放置在欧洲错综复杂的领域中来处理。此外，在 1972 年 10 月的巴黎九国峰会上，在法国总统的要求下，人们迈出了重要的具有象征意义的一步：在未来十年里，成员国将把关系建设成一个“政治联盟”[②]。另一方面，通过一个法英协约以备有朝一日需要抗衡德国势力（想象一下命运女神穿着这身旧衣服重新来访），这又不需要付出任何代价。

打开大门吧！

圆桌的方案

英国于 1973 年 1 月 1 日的加入对共同体产生了重大的影响。西欧三个最强大的国家从此都是其中的一员。大陆东半部被铁幕所遮掩强化了欧共体成员国“以欧洲的名义”发言的抱负。六国并

---

① Georges Pompidou, automne 1970, *in* Eric Roussel, *op. cit.*, p. 394.

② Communiqué final du sommet de Paris, 19 - 21 octobre 1972, in *Bulletin CEE* 10 - 1972.

没有因为代表性不足而自缚手脚，不过一位前大使还是承认："在英国人加入之前，人们还是曾犹疑是否有权以'欧洲'自称。"①

外部世界也承认了这一变化。亨利·基辛格(Henry Kissinger)称1973年为欧洲年。同时人们也把下面这一问题归于基辛格所提：如果要打电话给欧洲，我应该拨打哪个号码？这是一个相当中肯的问题。必须面对世界，这也让共同体在另一个层面思考自身。1973年，九国领导人发表了关于欧洲身份的宣言，这是一个自我定义的非凡尝试。

九国整体所具有的最大分量有助于创造自身的新形象，以及产生新的责任。正是自共同体向英国打开了大门的海牙峰会开始，各国领导人——当场，而不是通过职能人员所起草的文字——决定研究在对外政策方面进行合作的可能性。第二年，看起来所有人都认为，拥有一个讨论他们在世界中的位置和共同利益的框架是很有用的。这是戴高乐在1960年代初因为相互间的不信任和意识形态的遁词而没能做到的，而这也正是人们现在建成了的：成员国的领域。

尽管从1970年起，六国在正式场合就已经有了"欧洲政治合作"的说法，但是只有在共同体变成九国时人们才开始认真对待它。成员国之间相互允诺，发生危机期间，在表明任何立场前都要分享信息和相互磋商。

基辛格和九国——1973

但是这些探索对于九国整体与和美国的关系而言是不够的。

① Philippe de Schoutheete，2008年6月11日，与作者的访谈。

基辛格“欧洲之年”的发问以严酷的方式揭示了这一点。白宫希望制定一个“大西洋宪章”。在《北大西洋公约》签署了四分之一个世纪以后，美国和西欧可以这样严肃地重新确认它们共同未来远景中的价值和政治目标。4月，在他用以开启这个“宪章”计划的演讲中，基辛格（时任尼克松[Nixon]的安全顾问）将他自己国家的“全球利益”与其欧洲盟国们的“地区利益”对立起来。这触及了它的合作伙伴们的神经痛点。由于美国总统当时正陷于水门事件之中，欧洲领导人们与美国晤谈的热情减退得更多。但是，欧洲对基辛格(Kissinger)的倡议听而不闻的原因，还是要在欧洲本身上来寻找。

实际上谁将“以欧洲的名义”说话？人们不能再逃避这个问题。所有的行为者都意识到了这一点。德国总理是第一位因欧洲年而到华盛顿访问的。在白宫的一次晚宴中，维利·勃兰特诡辩式地说：“我们中没有人今后仅仅作为他自己国家的代表来和您会面；他同时在某种程度上是作为欧洲共同体的代表和您会面。因此，我，我在这里不是作为欧洲的发言人，但肯定是为欧洲而发言的人。”①基辛格认为这个说法很有意思，但这个说法在实践中究竟能与什么相对应呢？只要没有欧洲政治机构，他就看不到“任何与欧洲建立联系的中心点”。基辛格在他的回忆录中将探照灯瞄准了这个欧洲问题：“事实上，勃兰特让我们面临一个左右为难的困境：如果每位欧洲领导人作为欧洲的发言人却不能代表欧洲，又如果代表欧洲的人是没有谈判权力的职能人员，那么被授予行动权力的是谁呢？”②换言之，欧共体执行委员会所提出的“以欧洲的名

---

① Willy Brandt, 1er mai 1973, *in* Henry Kissinger, *Years of Upheaval*, Londres, Weidenfeld & Nicolson, 1982, p. 157.

② Henry Kissinger, *ibid*.

义”(华盛顿通过贸易关系来认识它)太弱了,成员国领域还未掌握“欧洲的名义”。

问题在1973年9月重新浮现出来。在基辛格发表谈话五个月后,九国准备了一个答案。时任欧共体部长理事会轮值主席的丹麦外交部长克努兹·伯厄·安德森(Knud Boge Andersen)公布了这个答案:他没有资格就改变问题与外部谈判,他必须先征求其他八位同事的意见。九国所写出的这些令人失望的文字让基辛格(此时已升任国务卿)尤其不快的是:大西洋两岸的对话只能在职能人员之间进行。安德森(Andersen)尴尬地回答说:“您必须理解,对于我们九国来说,成功地获得我们九国寻求实现的共识是多么困难的事。”基辛格回答道:“这对于欧洲来说当然是一个巨大的成功,但对于大西洋关系来说则不是。”①

石油和峰会——1973/1974

1973年10月6日爆发了阿以战争。一次突然袭击让埃及重新夺取了西奈山沙漠,使叙利亚重新占领了戈兰高地。以色列人立刻展开了反击,在48小时内扭转了形势。参战的阿拉伯国家联盟使用了“石油武器”。阿拉伯石油出口国从10月17日开始减少向西方的交货。当苏联威胁要参与到冲突中来支持埃及时,美国迫使各方暂时停火。和平谈判开始了。再见,战争;你好,石油危机。

在中东危机期间保持静默的欧洲这时众声喧哗。“我们被迫

---

① Knud Borge Andersen & Henry Kissinger, 25 septembre 1973, in *ibid.*, p. 704.

看到，在最近事件的背景下，战斗的停止与和谈的试图开启，是在欧洲没有以任何名义参与的情况下准备和进行的”，法国总统有点儿意外地在10月31日这样说。在蓬皮杜看来，静默为危险的美苏冲突让开了大道，并且与在地理上如此之近的欧洲和中东的历史关系完全不符。九国得找出一个共同的声音。因此，法国政府向八位伙伴建议作出一个“原则”决定：“根据具体的规定，国家元首和政府首脑定期会晤以在政治合作框架中交换和协调各自的态度”①。并且第一次这样的会议得在1973年底前召开。英国首相和德国总理悄悄地支持巴黎；他们赞同欧洲缺乏“权威焦点”②的分析。

尽管有一些责难的声音——为什么还是法国人？为什么总是法国人？轮值主席国（丹麦）还是重新拾起了这个倡议。峰会确定将于12月14—15日在哥本哈根举行。人们对此次会议抱有很高的期待。一位美国外交家宣称欧洲准备拟定“独立宣言”。在华盛顿，人们知道美国的声誉因为越南战争、水门丑闻和美元暴跌而受到了大西洋另一边的国家的严重质疑。

在10月和12月之间，每桶石油的价格翻了5倍。能源危机，造成了通货膨胀，让西欧经济面临失稳的危险。阿拉伯国家的石油杯葛（boycott一词的中文音译，意指集体抵制。——译者注）让欧共体俱乐部伙伴们的团结经受了考验。荷兰，被视作以色列的朋友，是九国中唯一遭受全面杯葛的，法国和英国，作为阿拉伯国家的“朋友”，则被正常供应石油。其他六国受到石油供应逐渐减

① Georges Pompidou, 31 octobre 1973, in *Bulletin CEE* 11 - 1973.

② Edward Heath, 16 septembre 1973, *in* Jean Monnet, *Memoires*, *op. cit.*, p. 593.

少的威胁。这样的张力显得过于极端,来自外部的压力也显得过于强大。

峰会在混乱中结束。四位阿拉伯部长完全出人意料地来到哥本哈根贝拉中心的会议上。命运女神以它最滑稽的方式之一出现。阿尔及利亚、埃及、苏丹和阿拉伯联合酋长国的代表希望与欧洲讨论石油和以色列问题。成员国不知道是否有人邀请了这些人。政府首脑们不能接见他们——外交礼仪没有把他们置于这样高的层面——人们让他们去见各国外长,但是会谈突然就停止了。阿拉伯人的出现间接地导致了每个国家都在走廊里和他们商讨石油合同。各成员国完全没有共同立场:每个国家都首先考虑自己国家的石油供应。被阿拉伯产油国全面杯葛的荷兰想要获得来自其他八国的团结的表示,但没有成功。欧洲共同能源政策流产了。

尽管(或因为)这场令人懊丧的演出,九国领导人还是(或所以)决定更频繁地碰面,以使得欧洲能“在世界性的大事件中以同一个声音说话”。与蓬皮杜所希望的相反,这些会面是不定期的,不过我们因此能在最终公告中读到:“在恰当的形势下,当需要推动或定义欧洲建设的新方向时”以及“在国际形势要求的一切时刻”[①],九国领导人将会晤商谈。

怀着期待,成员国领域冀望命运来敲响大门以使得它们组织起来。

只有一步还要迈出。人们准备在局势要求如此时组织政治峰会。但世界难道不是一直都在发生这样的情况吗?命运女神难道不是时时都出现的吗?

---

① Déclaration finale du sommet de Copenhague, 14 - 15 décembre 1973, point 3 et 4, in *Bulletin CEE* 12 - 1973.

面对依然居高的石油价格、停滞的经济、国际货币的不稳定和美军在欧洲驻军期限的不确定性，九国感到有必要拥有一个常设的政治机构。它不能来自欧洲内部领域；和其他人一样，欧洲的建立者莫内对此有着清醒的认识。(他后来写道："唯一会感到失望的是那些还认为……欧洲政府有一天会由经济共同体机构全套准备好地产生出来。"①)这些机构已经把人们带到了一个死胡同里。在不到一年的时间里，政府首脑们，有一些人其实是不大情愿地，重新承担起对于相关问题的责任。

在此之前，伦敦、波恩、巴黎的政治人选发生了迅速变化。1974年春天，在选举失败后，爱德华-希思让位于哈罗德·威尔逊(Harold Wilson)；间谍丑闻导致维利·勃兰特辞职，赫尔穆特·施密特(Helmut Schmidt)上台；乔治·蓬皮杜的去世让瓦莱里·吉斯卡尔·德斯坦登上了法国权力的最高峰。新的法国总统在欧洲政策方面立刻得出了与前两任总统相同的结论："我的目标是要让欧洲政府领导人会议定期举行。从达到了这个会议定期举行的目标之时起，就用政府首脑的权限来做剩下的事情、由政府首脑权柄之所及来巩固机构：欧洲行政权将由此开始诞生。"②

1974年8月，吉斯卡尔(Giscard)在电视讲话中发出了"关于欧洲政治组织的倡议"。他告诉电视观众，在杰拉尔德·福特(Gerald Ford)的就职演讲中，"欧洲"一词的缺席给他留下了深刻印象。③在9月(当时法国担任轮值主席国)，他在巴黎组织聚集了九国

---

① Jean Monnet, *Mémoires*, *op. cit.*, p. 598 - 599.

② Valéry Giscard d'Estaing, *Le Pouvoir et la vie*, I, Paris, Compagnie 12, 1988, p. 119.

③ Valéry Giscard d'Estaing, 27 août 1974, in Jan Werts, *The European Council*, *Amsterdam/Atlanta*, Elsevier, 1992, p. 52 - 53.

政府首脑的非正式午宴,“一个高峰餐会”。法国人请他的客人们说出想法。所有人都说已经准备好对欧洲承担更大的责任。施密特总理提议把他们的智囊团队做成一个真正的机构。这是一个并不怎么受欢迎的想法。荷兰首相约普·登厄伊尔(Joop den Uyl)坚持加强欧共体执委会的必要性。同样,作为少数派政府首脑加入这个圈子的丹麦首相波尔·哈特林(Poul Hartling)对任何制度创新都表示怀疑。得另外召开一个会议来裁决这个问题。

这样的会议在1974年12月9—10日举行。法国总统在巴黎接待八国领导人,进行了一个为时两天的峰会。主人把最敏感的议题留到了最后一天的下午来商讨。在爱丽舍宫一楼的会议厅里,当客人们毫不拘束地散乱地坐着喝着面前的茶或咖啡时,关键的问题突然被抛了出来:你们是否同意定期举行这样的会议?在讲话之前,吉斯卡尔·德斯坦取得了施密特的支持:法国和德国在同一个波段上。意大利总理阿尔多·莫罗(Aldo Moro)第一个大胆地回答说:这在他看来是个好主意。自从英国加入以来,意大利人就担心共同体被托管给三大国,此时所谈及的创新有可能阻止这一点。英国首相威尔逊(Wilson)小心地避免泄露其底牌。丹麦人则保持沉默。荷比卢代表必然地对此提议有所保留。

但是,突然,莱昂·廷德曼斯(Leo Tindemans)有了一个想法。这些会议将在哪里举行?比利时首相喜欢有些会议在布鲁塞尔举行以“保证欧洲机构的凝聚力”。吉斯卡尔·德斯坦差点克制不住他的喜悦:“从我们开始讨论会议地点的那一刻起,比赛就已经赢了!只需要稍作让步就可以了。就这样,在漫长的讨论之后——从此我以快乐的心情注意倾听,因为我觉得关键目标已经达到——人们决定每年举行三次会议,并且在上半年的两个会议中,必须有一个确定在布鲁塞尔或卢森堡举行。”①

因为丹麦和荷兰反对设立任何新的机构，九国同意不把论坛称为“欧共体首脑理事会”。会议的官方结论也避免使用这个词。这种细节问题并不会阻止吉斯卡尔·德斯坦前进。他将依靠民众建立政治事实。怎么建立呢？以胜利的口吻，他在最后的新闻发布会上用这样的话开始了他的发言：“欧洲峰会死亡了！欧共体首脑理事会万岁！”这是一个以胜利为冠冕的语义的政变。媒体的电报立刻劈劈啪啪地敲起——欧盟首脑会议诞生了。

对于在场的丹麦代表团，吉斯卡尔·德斯坦的发言是一个“突然袭击”②。

在最后的正式文告用语里，领导人们通过重申“对欧洲建设所提出内部问题和欧洲面对外部时所产生的问题进行整体研究的必要性，各国政府首脑认为应该保障共同体活动整体和政治合作工程的发展和一致”③，从而说明了建立欧共体首脑理事会的理由。双重角色是精华之所在。只有集合在一起的各国领导人既在内部领域里（在这个领域里，他们的部长组成了欧共体部长理事会，并由部长理事会任命欧共体执委会）也在成员国间的政治合作中，才具有权威。由他们所组成的会议符合国家最高代表的路线。正是在这样的会议上，所有没有找到解决方法的问题都有了着落。通过这一选择，欧洲整体终于给予了自己一个决策机构。杜鲁门对此评论说：终于不再互相推诿了。

---

① Valéry Giscard d'Estaing, *Le Pouvoir et la vie*, I, *op. cit.*, p. 120 - 121.

② Erik Holm, *Denmark's position at the birth of the European Council*，给作者的未发表的讲稿，3 février 2009。

③ Communiqué final du sommet de Paris, 9 et 10 décembre 1974, point 2, in *Bulletin CEE* 12 - 1974.

代表谜题在巴黎峰会上得以解决，这并不是偶然的，至少在纸面上写有："轮值主席履行九国发言人的职责，并在外交方面作为九国观点的表达者。"[①]欧共体首脑理事会主席并不以共同体的名义，而是以集合在一起的成员国的名义发言。当然，他还不能说很重要的事情。

① *Ibid.*, point 4.

第六章 作为联盟行动（1989 至今）

> 历史的进程有时候就是由一天甚至数个小时间发生的事情决定的。在这些特殊的时间段里，历史对每一个人来说都切实可见、触手可及。在这个人们经历的可以理解和感受历史的时段里，高度复杂的变化发展过程体现为震撼性高度集中的事件……时人立刻会感受到戏剧性的异常发展，因为这些政治事件使人们罕有的情绪振动密集地发生。这些日子就是划时代的转折点，是新的历史时期的开端。
>
> ——约施卡·菲舍尔（Joschka Fischer，1998—2005 年期间任德国外交部部长、副总理一职，1999 年 1 月 1 日—1999 年 6 月 30 日任欧盟议会主席。——译者注）
>
> 《历史的回归》

在 1969 年的著名文章里，哲学家汉斯-格奥尔格·伽达默尔（Hans-Georg Gadamer）探讨了宣告一个时代结束的事件即“划时代事件”的性质（epochemachende Ereignis 中的 epochemachende 来自意为“停止、停顿或中止”的希腊语 épochè）。伽达默尔（Gadamer）明确指出：尽管这个短语时常没有被按其本义来使用（他告诉我们很多事件只不过是为媒体开启了新的视野而已),其含义还是没有什么争议的。“划时代事件”是时间中的一个切口,它是一个用以规定什么是旧什么是新的顿挫。并不是由历史学家在事后来负责确定什么是“划时代时间”;人们无法以任何方式坚持严格建构主义的历史分期概念。是事件本身替我们决定什么是划时代的。[①]

柏林墙的倒塌便是这样的一个顿挫。在一个具体的时间:1989 年 11 月 9 日,从 21 点 30 分起,成千上万的东柏林居民在勃兰登堡门越过了将他们与西方分开的边界。当夜的画面是强有力的:被摧毁的城墙既是事实也是象征。它还是一个很有吸引力的物质:在随后的一个月里,几万名游客获得了城墙的碎片——作为世界精神影响力之纪念。

在欧洲,20 多年后,1989 年这一政治地震的余波还未散尽,当时没有多少人估计到了它真正的影响程度。该事件赋予了西欧人一个新的角色,使他们得背负起一个与大陆形势有关的责任。苏联此后很快就解体了,一些年轻的民主国家与欧盟十二国建立了联系,巴尔干陷入战争,经济全球化加速。这些都需要时间来适应。1989 年的冲击迫使成员国改变它们的基础。它们将同盟变为了欧洲联盟,新的国家加入其中,制度欧洲的边界与地理欧洲的边界越来越相近了。

当然,人们在柏林墙倒塌后马上就发现自己见证了一个时代的结束,但没有人知道新开启的时代会是什么样的。在新秩序建立起来之前,人们把新的时期称为后冷战时代,人们处于未定的“之后”中。最初的乐观主义是概括于福山(Fukuyama)“历史的终结”口号之中的美国领导下的稳定的世界秩序,但这在 12 年之后

① Hans-Georg Gadamer, *Über leere und erfüllte Zeit*, (1969), in *id.*, *Gesammelte Werke*, IV; Tübingen, J. C. B. Mohr, 1987, p. 148 – 149.

又因另一个“划时代事件”而受到挑战，还是以事件发生的日期来引述事件吧：“9 月 11 日”。这一天，全世界最强大的国家在其核心要害之处受到了打击。这一事件在全世界都引起了反响。欧洲也必须对伊斯兰恐怖主义和美国在中东和中亚的战争表明立场。

有意思的是，我们会发现：2001 年教会了我们一些关于 1989 年的东西。第二个事件让我们重新看待第一个事件，9・11 迫使欧洲人承认他们的保护者不是无懈可击的，承认世界在变大，承认历史还未终结。在 9 月 11 日不久后，历史意识凝结成了“历史的回归”这一口号。而且，人们开始以更清楚的方式看到：对于欧洲，这一“回归”事实上随着柏林墙的倒塌就开始了。历史的“终结”看来只是一个暂时的错觉。是 2001 年真正使得 1989 年成为毋庸置疑的划时代转折点，它结束了成员国们在共同体中的舒适等待，迫使它们一同进入历史的长河。

1. 柏林墙倒塌后

首先，外部领域受到了冲击。在柏林墙倒塌后，从伦敦到贝尔格莱德，所有的欧洲协同机制的根基都在颤抖，自 1945 年以来就没有这样过。必须得找到一个新的力量平衡。其次，在内部领域，此次震动被视为一个机会。在布鲁塞尔，人们从 1985 年起就打算把经济上的活力化为政治上的突破。事情也是这么发展的，但和预想的方案有所不同。第三，成员国的中间领域也感知到了震动。不管愿不愿意，十二个成员国重新面临必须承担的历史任务。它们把关系框架转变成为欧洲联盟，在许多犹豫之后，让超过十个曾经被铁幕分开的国家加入了它们的圈子。正是在这个领域里,发生了最大的革新:欧洲整体从地缘政治的沉睡中被唤醒了。

这个突然的加速让欧洲大陆的许多政治家气都喘不过来。一位政府首脑在回忆这个时期时,将“在柏林墙倒塌的夜晚”的历史比作“没有骑手驾驭的奔驰的野马”。[①] 而这匹野马后来是被这些政府首脑里最有才能的那些人用缰绳拉住的。

科尔的加速(1989年11月28日)

最先受到影响的是外部领域(即地缘政治领域)。德国的统一意味着重新勾画欧洲地图,也就是在主权国家间划分新的国界或重新确认已经存在的国界。就德国疆域而言,就要回溯到1945年的《雅尔塔协定》。参与外交游戏是战败的帝国和四个曾经的占领强国,即联邦德国、民主德国及其各自的保护国:美国、苏联,还有英国和法国。被外交家称为“2+4”的这六个国家,要完成两个德国的统一工作,重新给予德意志民族主权并为欧洲新秩序打下基础。两德即将形成的统一让其他一些国家感到担忧,比如波兰、意大利或荷兰,它们目击了这一切但被撇在一边。

头两个星期的情形有如波涛翻滚。六个月前,美国总统宣布说:“让欧洲成为一个统一而自由的欧洲吧。”这是一个前所未有的希望。布什(Bush)支持联邦德国的所有行动。民主德国领导人则推动了一个较不重要的“以条约为基础的(德意志)共同体”计划。

---

① Felipe González, in *Frankfurter Allgemeine Zeitung*, 17 octobre 2001, *in* Tilo Schabert, *Wie Weltgeschichte gemacht wird. Frankreich und die Deutsche Einheit*, Stuttgart, Klett-Cotta, 2002, p. 533.

看起来民主德国这个国家有改革的可能。还有别的一些方案在流传，比如联邦德国、民主德国这两个国家形成邦联，抑或统一为一个军事中立的德国。形成统一德国的想法一点儿也没能令英国人和法国人感到兴奋，正如德国总理在一次会晤中所指出的那样。无论如何，苏联人是不太可能赞同两德统一为一个国家的。

11 月 28 日，赫尔穆特·科尔发出了倡议。他认为：从柏林墙倒塌以来，“历史的车轮开始越转越快”①，而继续等待，就是在冒着让机会溜走的风险。在联邦议院的一次演讲中，他陈述了他的计划：“德国统一”和“重新统一”。他的计划并非模糊不清的一些意图，他还公布了详细列出的含有十个要点的路线图：从“合作伙伴”到“联盟”，再成为“联邦”。路线图没有设定日程表，但人们估计整个过程需要好些年。只有美国总统通过电话事先知会了这个计划。他对德国总理表示了赞同。

在这个讲话之后，在欧洲各国首都，惊讶和害怕的情绪占据了上风。欧洲大陆中心拥有八千万居民的强大而富裕的民族国家的复活，这在科尔讲话之前不过是流传着的方案之一，而现在成了极近的不安。人们寻思：为什么科尔没有先承认波兰和民主德国之间的奥德河—尼斯河线？如果说在 1940 年代末苏联的威胁模糊了“德国问题”，那么现在虽然苏联威胁远离了，但德国问题重新出现在了众目睽睽之下。伦敦和巴黎的反应表明：这两个国家继续坚持四十年以来所执行的那条路线。

撒切尔想要反对德国统一，对于德国和欧洲她都坚持要保持现状。用撒切尔内阁成员赫德的话来说——此人毫不犹豫地对民

---

① Helmut Kohl, *Erinnerungen*, *1982 - 1990*, Munich, Droemer, 2005, p. 966.

主德国治下几千万人闭口不谈——由铁幕确定的秩序和分裂，是“一个我们在其下相当幸福地生活了四十年的系统”①。没有引起华盛顿的任何反响，铁娘子又向密特朗寻求支持。在她看来，只有新的英法协议能重建欧洲的力量平衡，并向小国提供被保护的感觉。在她的回忆录中，她回顾了 1989 年 12 月与法国总统的会谈：“我从我的手提包里拿出了一张表明过去德国的不同轮廓的地图，从整体上看，这在未来一点都不让人放心。”②这个极端的敌人形象，尽管在伦敦很少人赞同，却在整整一年里决定了英国的立场，直到玛格丽特·撒切尔下台。

对法国来说，一个统一的德国同样一点都不代表祝福。统一的德国不再是一个与法国同样大小的国家，而是一个人口和经济实力都远远超过法国的国家。这样的未来对巴黎来说是很难接受的。完全和撒切尔一样，曾在第二次世界大战中沦为德国阶下囚的密特朗总统，重提了一些往事。在 1989 年 12 月的一次对西柏林的访问中，他拒绝和科尔一起穿过勃兰登堡门。他在私下里给出的解释是：“这是德国人之间的事，我不参与。科尔没有提前告诉我他的十点计划；他拒绝承认奥德河—尼斯河边界。而他想让我承认他控制民主德国的合法性？这太过分了！法国媒体说我什么都不理解……记者们总是准备要匍匐在胜利者的脚下，就像 1940 年时一样。”③就是在公众场合，密特朗总统也很吝啬热情的话语。

---

① Douglas Hurd, 22 décembre 1989, *in* Timothy Garton Ash, *In Europe's Name: Germany and the Divided Continent*, Londres, Jonathan Cape, 1993, p. 2.

② Margaret Thatcher, *The Downing Street Years*, New York, Harper Collins, 1993, p. 796.

③ François Mitterrand, 21 décembre 1989, *in* Jaques Attali, *Verbatim*, III, Paris, Fayard, 1995, p. 381.

得等到 1990 年 10 月才听到他的一些没什么可信度的话语:“祝德国好运!”

但是正如 1950 年时法国人不相信和英国的联盟能更好地服务于他们的安全利益,他们再一次选择将与德国的复杂关系纳入欧洲秩序来处理。另外,巴黎没有伦敦那么坚持现状:如果状况不得不变化,那么总得从中得到一些好处,不管是什么好处。密特朗尤其寻求与德国在欧洲货币统一的问题上达成一致。这一招是唯一被认为能摆脱德国马克霸权的方法。在德洛尔领导下,由十二国各自的央行以此为目标所制定的计划从 1989 年夏天就已准备就绪,但科尔对于实施该计划犹豫不决。在他发表关于德国统一讲话的前夜,他给密特朗写了一封信,该信的目的是将十二国关于货币统一的谈判推迟一年。两德加速靠拢,而欧洲计划推迟,这两个公告相继发出,让巴黎非常恼火。

随之而来的是法德关系中短暂而又富有魅力的一局游戏。波恩渴望德国人民能够自行决定德国的未来;其他事情,可以延后进行。巴黎想要的是欧洲货币,一个象征着德国附属于欧洲的白纸黑字的明确约定。在十几天时间内,两大主角都不动声色。12 月 5 日,科尔给巴黎写了一封信说他坚持推迟货币统一的谈判。第二天,密特朗到基辅会见了戈尔巴乔夫(Gorbatchev),这一行动的目的是什么呢?是像人们私下以为的那样,要酝酿对德国统一的阻止,还只是为了向科尔进一步施加压力?这局游戏在 12 月 8—9 日于斯特拉斯堡举行的欧共体十二国首脑会议上结束。科尔迈出了第一步:从午餐时开始,他同意货币统一。第二天结束的时候——尽管气氛是冰冷的,撒切尔、吕德·吕贝尔斯(Ruud Lubbers)、安德烈奥蒂(Giulio Andreotti)没有隐藏他们的不安和不快——还是由主持领导人会议的密特朗发出了波恩所期待的政治宣言。十二国通过了在 1990 年 12 月将举行关于货币统一的政府间会议的原则,并勾画出实现德国之重新统一的框架。尽管没有人高声说出这一点,这个宣言与柏林墙倒塌之间的联系对于所有人来说是显而易见的：在这一事件发生整整一个月后,人们刚刚签署了一个历史性的协议：德国人将拥有一个统一的、拥有主权的国家;法国人得到了统一的欧洲货币。

这个“物物交换”组成了外交大戏的最后一幕,这一大戏始于戴高乐(在丘吉尔的坚持下)被接受作为第二次世界大战胜利者所参与的会议。五十年来法国熟练地利用着在解决关键政治问题上的这个话语权。如同在 1951 年阿登纳接受了法国将德国煤炭变为欧洲煤炭的计划(以及不久后将德国士兵变成欧洲士兵的计划)来换取在德国以平等地位回归到国家协同中一样,在 1989 年科尔为了让法国和其他西欧伙伴放心,接受将马克转变成欧洲货币。波恩所享有的美国对统一的支持诚然能让它免于作出这样的让步,但是这样会使它面临其他国家的不信任。“我们需要朋友”,德国总理向布什总统解释说。大戏就此结束。随着德国的重新统一以及借此时机所签订的条约——在 1990 年 9 月苏联放弃反对后——巴黎失去了之前的战胜国身份这一张政治王牌。

德洛尔的鲁莽冒进(1990 年 1 月 17 日)

在布鲁塞尔,人们在 1989 年秋天这个历史性的时刻看到了一些可以把握的机会。许多人喜欢将东欧的政治活力与西欧由统一市场“1992 目标”所开启的经济活力相比较。

“历史在加速前进,我们也应该加速,”欧共体执委会主席雅克·德洛尔1989年在布鲁日的一次讲话中宣称说:“我一直以来都秉持慢步前进的政策。但今天我要稍微改变一点,因为时间紧迫。质的飞跃是必须的。”现有的决定程序与“促使我们能适应历史的加速”①是不相符的。内部领域的首脑思考着一种新的行事方法,但还没能给出一个答案。

在新的一年,德洛尔冒险向前跳跃。1990年1月17日,在斯特拉斯堡,他陈述了对事情的看法。他在欧洲议会讲话的主题是:在一个充满动荡的世界中欧洲共同体的角色。难道您不认为:与其总是跟在事件后面追赶,还不如“首先确定各成员国的主要共同利益,从而更好地照亮它们前进的道路”吗?一个欧洲对外政治是必须的,同时欧洲行政也是必要的。德洛尔坚定地主张“把欧共体执行委员会转变为一个真正的行政负责者,《罗马条约》创建者的逻辑、对效率的需要以及外部世界对我们的挑战都要求我们寄希望于这一解决方案”。当然,欧共体执委会/欧洲行政机构将向“未来联邦的民主机构”②负责——德洛尔又抛出了一个“大词儿”。一周后,他甚至在法国电视上宣布他已经制定了一个日程表:“我的目标是欧洲在新千年前成为一个真正的联邦。”③

在欧洲各国的一些首都,这些想法很难被接纳。在伦敦,撒切尔因此再次确信自己严重不信任布鲁塞尔的意图。在巴黎,当德洛尔在电视上讲话时,密特朗大声嚷道:“愚蠢啊!他在搅和什么呢?在欧洲从来没有人想要这个。他这样极端,这会把可以成功

① Jacques Delors, 17 octobre 1989, *in* Jacques Delors, *Le Nouveau Concert européen*, Paris, Odile Jacob, 1992, p. 335.

② Jacques Delors, 17 janvier 1990, in *ibid.*, p. 209.

③ Jacques Delors, 23 janvier 1990, *in* Charles Grant, *Delors. Inside the House that Jacques Built*, Londres, Nicholas Brealey, 1994, p. 135.

的那些事情搞砸的。”①

在欧共体执委会主席德洛尔的传记中，这一幕被称为德洛尔的伊卡洛斯时刻。他以为他能依托大事件的支撑而飞起来。不过，他还是在跌落后幸存了下来，因为有科尔缜密的支持作为安全网。但从 1990 年 2 月到 1991 年 11 月，他对欧洲政治的未来只作了一次大演讲。被历史长河卷入其潮流的，是欧洲整体，而且这个欧洲整体并不是作为欧洲共同体被卷入的。

“时候到了”(1990 年 4 月 19 日)

在柏林墙倒塌 9 天之后，弗朗索瓦·密特朗，作为欧共体十二国首脑会议主席，在巴黎为欧洲领导人组织了一次晚宴。这个特殊峰会的目的不是讨论德国重新统一的问题：这次论坛绝不适合讨论让所有人的脑子大为纠缠的问题。所以人们避免谈论这个主题(只有撒切尔在吃甜点的时候忍不住去批评了一下科尔)。这次峰会所谈及的议题包括中欧和东欧局势、紧急计划、可能以新的马歇尔计划的形式向匈牙利和波兰提供基本的贷款。宾客在欧洲团结和互助方面达成了一致。比利时首相维尔弗里德·马尔滕斯，从 1979 年以来就是共同体讨论的常客，他高兴地指出：“我们这是第一次像一个政府一样围坐在会议桌旁讨论一个欧洲层面的政治问题。”②这是一个非常特别的时刻。1989 年 11 月 18 日，十二国事实上接受了不管是现在还是将来都对铁幕之后的欧洲负有集体责

① François Mitterrand, 23 janvier 1990, *in* Jaques Attali, *Verbatim*, III, *op. cit.*, p. 401.

② Wilfried Martens, in *The New York Times*, 22 novembre 1989.

任。这个先发生的重要事件解释了：担负这个责任的是各国领导人组成的会议。

在让所有人担心的德国重新统一加速进行之后，十二国在1990年春天重启了关于欧洲未来的讨论。人们在1989年末所预计的货币统一似乎不再是应对柏林墙倒塌的合适答案。人们一点一点地意识到，在铁幕后生活着超过1亿认为自己是“欧洲人”的居民。似乎有必要在“政治上”加强欧洲，这是欧共体执委会和欧洲议会长期捍卫的观点，一些政府也开始支持这一观点。

但如何着手呢？像通常一样，决定事情的是法德两国的倡导。德国总理希望让合作伙伴放心：两德的统一会在一个欧洲框架内进行。波恩同时认为应该给予欧洲议会更多的权力。从2月起，科尔劝说密特朗和他一起启动一个制度上的革新。法国总统有所犹豫，他对欧洲议会并不怎么重视，且并不总是被波恩带入联邦的方向。但四手联弹总好过让科尔在钢琴上独自弹奏。于是，两人在1990年4月19日给其他十国领导人写了一封简短而富有能量的信。

“由于在欧洲所发生的深刻动荡、内部市场的完成以及经济和货币一体化的实现，”德国总理和法国总统写道：“我们认为加速十二国欧洲的政治建设是必要的。”①他们继续往下写，提到了一个过去不断被推迟的计划：“我们相信‘将成员国间的关系在整体上改变为欧洲联盟’的时刻已经到来。”②一个“政治联盟”，这是一个可

① Helmut Kohl & François Mitterand，给爱尔兰总统的信，19 avril 1990，*in* Finn Laursen & Sophie Vanhoonacker，*The Intergovernmental Conference on Political Union. Institutional Reforms*，*New Policies and International Identity of the European Community*，Maastricht，EIPA，1992，p. 276.

② *Ibid.*

以使德法双方愿景得以相交的有弹性的表达。在 1972 年巴黎峰会时,九国政府首脑表达了组成“联盟”的意愿。当时没有人知道这确切是什么,但是这一模糊性可以成为一个优势。各国领导人们多次重申了这个目标,上一次是在 1985 年,但没有任何具体结果。如今,在科尔和密特朗看来,是时候了。等待的时期已经过去。

这里有一个重要的细节:与人们通常概述这一变化的方式不同,科尔和密特朗并没有写“必须使共同体变成联盟”。他们事实上把联盟的根源定位在“欧洲十二国”,在“作为整体的成员国之间的关系”中,也就是说定位在成员国的中间领域。扩大共同体领域和将成员国领域部分形式化是有着本质区别的,这是一年半以后荷兰外交得到的教训。

至于制造这个联盟的方法,是完全开放的。法德的指示不是单义的。信件的两位作者之间的意见不统一要么为语言上的修饰所掩盖,要么引向折衷。信件的两位作者论述说:如果要成为一个联盟,那就要求加强民主合法性,要求更高效的机构(波恩的意见),要求经济行为、货币行为和政治行为的一致性(两国共同意见),要有共同对外政策(巴黎的意见)。

在这封信发出后不久,十二国决定组织关于政治联盟的政府间会议。各国一致同意政治联盟和货币统一同时从 1990 年 12 月开始。这个展望加速了思考的工作。每个成员国开始考虑它能从革新中获取的好处以及团体能获得的好处。以下仅列举几个各国的意愿:对外和防务政策(法国、德国、比利时和西班牙);欧洲公民身份(西班牙、希腊);增加欧洲议会的权力(德国、意大利、荷兰、比利时和卢森堡);加强社会福利政策(德国、意大利、荷兰、比利时、卢森堡和法国);执行更加严格的环境政策以及给予公民更多具体的好处(丹麦);给贫困地区更多的资助(地中海国家)。不管每个国家想如何定义"联盟",人们都积极参与重建与商谈,没有遗漏任何领域。

玛格丽特·撒切尔不再参与其中。在柏林墙倒塌后,她在德国问题上坚持捍卫当时的现状,如今她不得不吞下德国统一这一后果。同样地,她希望维持欧洲问题当时的现状,她被迫接受一个联盟,这个问题在德国统一三周之后也解决了。在令其十分难耐的罗马高峰会议上(1990 年 10 月 28—29 日),英国首相拒绝参与遵守十二国所确立的关于货币统一和政治联盟的目标。11 对 1,伦敦被完全孤立了。回国之后,铁娘子在下院作了关于罗马峰会的汇报。由于被反对派的问题逼入绝境,她不再小心谨慎了,她令所有人都惊讶地说:"欧共体执委会主席德洛尔先生在一次新闻发布会上宣称,他希望欧洲议会成为共同体的民主机构,欧共体执委会成为行政机构,部长理事会充当参议院。不!不!不!"①另外,她也让英国所提出的对欧洲统一货币的替代方案功亏一篑,而她的大臣一直都在努力地为这一方案寻求支持。在她发泄了愤怒之后,她的前外交大臣,忠诚的豪,辞去了副首相一职。豪在两周之后在下院所陈述的辞职理由令会场陷入了安静,他说:"首相所表现出来的对欧洲的态度越来越有危害民族未来的危险。"②执政党内部随之发生了动荡。1990 年 11 月 22 日,撒切尔放弃了竞赛。这位曾表现得如此强势和固执的女政治家,最后在对抗从 1989 年起对欧洲造成剧烈影响的历史时,几乎没能成功地坚持一年以上。

---

① Margaret Thatcher, in *Hansard*, 30 octobre 1990, col. 873.

② Geoffrey Howe, 13 novembre 1990, in *id.*, *Conflict of Loyalty*, Londres, Pan Books/Macmillan, 1995, p. 702.

黑色星期一(1991 年 9 月 30 日)

将中间领域部分地转变为一个联盟，英国人没能阻止，同样在共同体方面遇到了反对。在 1991 年的政府间会议时，共同体模式的支持者企图复制他们在此前阶段所获得的成功：避开他们眼中欧盟所代表的危险(即欧洲走向联盟在这些人看来是个危险。——译者注)。但是在 9 月 30 日，马斯特里赫特最终峰会召开十周之前，他们的努力已经注定将以失败告终。

他们低估了一个新的因素：来自外部的压力。关于有利于联盟的名称以及条约结构，有着精彩的争论——不同领域间的看不见的斗争，而在 1989 年以后对于十二国以同一个声音应对外部世界的必要性决定了这些争论的结果。当我们是十二国时如何面对世界？在对外政策方面非正式的合作显得太微不足道，所有人或者说几乎所有人都承认这一点。合作，就是要对局势作出反应(尤其是通过宣言)，就是强制成员国进行必要的信息分享(“我准备好这么做或那么做”)和相互磋商(“对此您怎么看?”)。没有任何东西迫使他们趋向一个共同立场。但是，在另一方面，把对外政策交付给共同体规定远非自然而然的事。如果这样，卢森堡的欧洲法院就可以判决某些外交行为，欧洲议会就可以讨论欧洲外交，欧共体执委会就正式成为唯一提出外交政策建议的机构——如此之多的与各成员国国家主权有所冲突的特权。困境在于：非正式的规定不够有约束力，而共同体提出的框架的约束力又过大。得找到一个中间方案。

因为这些感受上的分歧，时任轮值主席国的卢森堡在 1991 年 4 月提出了一个关于联盟的条约计划。该计划考虑了三个系列的规定：共同体事务(经济、货币、社会)；对外政策；司法问题。只需在这三个“支柱”上安装一个屋顶就能得到一座殿堂。比利时、荷兰、希腊和欧共体执委会认为这个模式是完全不适合的，因为它破坏了共同体，阻止了通向欧洲联邦的发展道路。它们更希望考虑一棵“树”状的架构：树干固定，但可以伸展出树枝。相反地，英国、法国、葡萄牙、丹麦支持有区分的“支柱”：必须让布鲁塞尔的机构在对外政策和司法方面的权力尽可能的少。其他成员对于第一种或第二种模式都满意。在1991年末卢森堡峰会时，十二国领导人决定研究支柱构想，来作为联盟创建条约的基础。

7月1日，荷兰接替卢森堡担任轮值主席国。海牙当时还是共同体正统的堡垒，人们认为可以向后退。在欧洲议会前主席、荷兰负责欧洲事务的国务秘书皮特·丹克特(Piet Dankert)的领导下，人们重写了《卢森堡条约》。投靠德洛尔的官员们提供了协助。人们建议还是用共同体的称号来代表十二国，并在共同体的模子里铸造对外政策。条文制定者对其部长所说的原话是，目标在于“尽可能谨慎地改造支柱构架，直到获得我们渴求的结构”①。从4月开始的十二国之间的争论是如此的激烈，以至于人们寻思丹克特(Dankert)及其同伴怎么能认为他们提出的改变会产生良好的效果。虔诚的祝福和不现实的想法日益增加，他们却无视自己在布鲁塞尔的外交官和合作伙伴拉响的警报信号。②

9月30日星期一，十二国部长会面讨论荷兰对共同体条约的设想。该设想引发了前所未有的批评和失望。丹麦部长第一个发

① Just de Visser, 13 août 1991, *in* Bob van den Bos, *Mirakel en debacle. De Nederlandse besluitvorming over de Politieke Unie in het Verdrag van Maastricht*, Assen, Van Gorcum, 2008, p. 177.

② Peter van Walsum, 2001, in *ibid.*, p. 193.

言：不能接受。他的大部分同仁建议回到 4 月卢森堡所提出的版本上去。只有比利时人马克·伊斯更斯(Mark Eyskens)支持荷兰人汉斯·范登布鲁克(Hans van den Broek)。10 对 2,海牙投降。

在荷兰外交圈,这次失败以“黑色星期一”留名。它具有事实上触及了欧洲整体的意义,而人们至此还没有清楚阐释该意义。这一片段实际上与内部领域想要彻彻底底地包揽制度化欧洲的企图相一致。这是一个失败的企图：某些人想对“联盟”作出第二次阻碍,这一想法用他们的话来概述就是“第二号单一欧洲法案”,但这并没有实现。[①] 荷兰归附到其他国家之中,共同体机构重新被孤立。1991 年 11 月,在马斯特里赫特峰会前不久,德洛尔威胁说：如果对外政策事务保持为成员国们所专有,他就反对建立联盟的条约。[②] 在当月末,欧洲议会也宣称要否决条文。但是从形式角度来看,欧共体执委会和欧洲议会无权对联盟条约说三道四,这是属于十二国的权限。柏林墙的倒塌突破了共同体这个茧,什么都不能阻止联盟的产生。

拥有(自主)对外政策的成员国,首先是英国和法国,不希望放弃联盟计划。为共同市场提出建议是一回事,决定战争与和平是另一回事。这样的责任不能落在布鲁塞尔或斯特拉斯堡的(欧共体)官员的肩上,各国首都的政府官员们这样认为。私下里,各国领导人用非常诋毁的语言来谈论欧共体官员的企图。1991 年夏天,荷兰首相吕德·吕贝尔斯在爱丽舍宫访问,为加强共同体机构辩护,对此密特朗反驳道:“您在那儿和我说什么？欧共体执委会,

---

① Jacques Delors,5 juin 1993, *in* Charles Grant, *op. cit.*, p. 142.

② Jacques Delors, 20 novembre 1991, *in* Finn Laursen & Sophie Vanhoonacker, *op. cit.*, p. 20.

是 0;欧洲议会,是 0;0 加 0,还是 0。”[①]对约翰·梅杰,法国总统坚持说欧洲议会“再过 100 年”[②]都不会有合法性。尽管意大利政府几十年来都支持欧洲议会,但就连意大利人安德烈奥蒂当时也似乎对这个机构的存在感到遗憾,认为欧洲议会只不过是联邦主义巧辩的一种“蛊惑人心”的特别机构。[③]

政府首脑们避免大声地说出这些想法(只有密特朗大声说了出来),但他们根据这些想法行动着。在马斯特里赫特,他们以欧共体首脑会议的方式在对外政策方面负起责任。1989 年欧洲历史的加速发展没有达成内部领域(所希望的)的完美结局,这一幕是玛格丽特·撒切尔的噩梦,而雅克·德洛尔的梦想没有变成现实。无论是整体协同的各主权国家,还是成为“欧洲联邦”的一个超级国家,都是与局势不符的过时的提法。人们实际上所经历的是另外的东西。为了在世界上担负它们的责任,十二国把它们的(非正式的)圈子部分地转变为一个(正式的)联盟。要认识到这一转变的根本性,还需要很多年。

欧洲联盟的形式

在 1991 年 12 月 9—10 日的马斯特里赫特峰会上,十二国对柏林墙的倒塌给出了它们的第一份严肃回应:一个建立欧洲联盟的

---

① François Mitterrand, 1991, Ruud Lubbers 在 Buitenhof 的 2007 年 3 月 18 日的电视节目上引述了此语。

② François Mitterrand, 1991, *in* John Major, *The Autobiography*, Londres, (Harper-Collins), 1999, p. 270.

③ Giulio Andreotti, 17 octobre 1991, *in* Hubert Védrine, *Les Mondes de François Mitterrand à l'Elysée, 1981 - 1995*, Paris, Fayard, 1996, p. 469.

条约。共同货币和共同对外政策,这是主要的革新。同时,人们改变了共同体。它可以摆脱“经济”的修饰语并获得更多的行动场地。人们远远低估了联盟和共同体之间的区别。该区别涉及欧洲整体在事件长河中对自己的定位。在这方面,关键词是:责任。联盟带来的根本革新在于成员国正式承担这个整体责任。正是在整体责任上,寻找成员国联盟的内在政治化才是适宜的。

很少人认识到这一政治化的主要后果。在共同体内部,成员国处于司法平等这一假想之中。每个国家,不管是德国还是卢森堡,都有相同的权利。由于中等国家和小国家之间的实力差距,这一假想导致了一些紧张,但按照共同体规定,成员国接受相互联合并将任务控制交给欧洲机构,一切还算正常地在进行。

在联盟中,情况却完全不同。根据定义,集合起来的成员国自己占领了舞台。与由共同体安排的经济舞台上所发生的情况相反,它们不是公平市场的主人也不是驻扎在后台的助理,而是演员、行动者。换句话说,在联盟里,成员国有自己的军队、外交、警察机器、权力和历史。如此多的属性,不可能把他们放回幕后,以支持所有国家之间司法平等的假想;相反,它们对于每个国家能够承担或想要承担的责任是决定性的。人们很快就觉察到:德国担负的责任比卢森堡大。所以,在联盟内部,成员国不是平等的——它们或大或小,或富或穷,与外部的边境线或长或短,其邻国或较敏感或较不敏感。这些都深刻地改变了它们在圈子中共存的性质。

这样的不平等在与命运女神的交易中强烈地反映出来。一开始,成员国当然有自己的地理位置。德国传统上一直都介入中欧国家的发展和经济之中。法国对地中海另一边的土地——从北非到中东——都感到负有责任,并喜欢带领其他南部的成员国参与它的措施。从彼得大帝(Pierre le Grand)开始,瑞典和波兰对俄罗斯在波罗的海附近的影响抱有相同的担忧。当瑞典对邻国挪威是否有一天能成为圈子中一员没多少兴趣时,波兰却衷心希望邻国乌克兰能被允许加入欧盟。

除了上述空间位置,还要加上时间位置。每个国家的民族历史部分来自于成员国在过去的时间里在命运女神来临时所作的决定。一个关于种族主义和奴隶制的世界峰会,在伦敦和在华沙不会有相同的反响。对于荷兰和对于塞浦路斯,印度尼西亚具有完全不同的意义。土耳其的加入对于维也纳人民和马德里人民的影响是很不一样的。希腊的新邻国选择叫马其顿,二十年来都令雅典愤怒。[马其顿国王亚历山大大帝(Alexandre le Grand)难道不是希腊人吗?]

比起一些国家沉浸在遥远过去中的那种捉摸不到、不能明确表达的感受,成员国作为成员的欧洲共同历史显得太贫乏了。如果我们算上 2012 年,它对于六国只有六十年,对于后加入的国家少于四十年,甚至对其中一半的国家少于十年。二十七国神奇地面对外部世界或根据条约规定的节奏给予推动和产生脉动,这看起来纯属奇迹。如果命运女神是不可预见的,那么德行也不是可以强行规定的。

同样从 1992 年起由欧盟建立所导致的欧洲整体的政治化更加引人注意。欧洲整体的政治化在关于对外政策的规定上特别突出。随着《马斯特里赫特条约》的签订,十二国承认了共同利益、最高决策机构的角色和思考共同防务的权利。

这三个要素中的第一个与对外政策目标有关:“保障联盟的共同价值、基本利益和独立”①。成员国圈子通过赋予自身固有的利

① 《欧洲联盟条约》(TUE)第 J. 1 条(马斯特里赫特版本)。

益和面对外部的独立,获得了相对于其成员的解放。第二个要素在于制度形式:欧盟首脑会议确立总的路线并作出战略决策[①]。这使得各国领导人的集会——实际上十年以来都是由它作出共同体最重要的决定——第一次被委以写在条约里的任务。当然,暂时只有这些任务,也只在联盟条约的框架内,但成员国共同确认了关于大政治的必要的职权不能来自共同体领域。第三个要素:成员国宣称对外政策最终可以通向"共同防务"[②]。虽然英国、丹麦、荷兰(因为这个防务可能和北大西洋公约组织产生竞争)和爱尔兰(因为中立)对这一规定有所保留,虽然美国强烈地反对这一规定,它还是被通过了。人们因此打破了从防务共同体计划(1954)失败以来所有关于欧洲军队的思考禁忌。

这次成员国团队谨慎地进入大政治的舞台让另外一个问题又突然显露出来:地理边境。这个问题在共同体的年代被规避了,但从1989年以来,因为东欧国家开始要求加入欧盟而变得越来越急迫。总之,这一问题在联盟内部,在概念层面,变得无法规避。欧洲希望面对外部亮相,在国际舞台扮演角色。虽然还处于口头阶段,但这个简单的希望本身就意味着与其他行动者的角力,对自身地理边境和影响领域的摸索研究。

必须指出联盟重要的司法特殊性。在马斯特里赫特峰会上,主持首脑会议的荷兰人吕德·吕贝尔斯,得到了雅克·德洛尔和欧共体执委会的支持,阻止欧洲联盟成为一个法人。这是另一场由共同体的捍卫者所指挥的不合时宜的战斗(诚然,这场战斗因"黑色星期一"这一政治屈辱的遮蔽而不那么醒目)。这导致了一

① 《欧洲联盟条约》(TUE)第J.3(马斯特里赫特版本)。

② 《欧洲联盟条约》(TUE)第B条和第J.7条第1款(马斯特里赫特版本)。

个颇为令人难以理解的结果：欧洲联盟，这个人们大张旗鼓搞的新联合，在法律上是不存在的。一些法学家解释说，欧洲联盟所做的一些事，比如派遣士兵去行动舞台，其实并不是由它，而是由“成员国集体”来做的。另一些人认为，在实际情况里，欧洲联盟仍然可以作为法人行动。因此，在 2001 年 4 月，欧盟首脑会议“以欧洲联盟的名义”①和南斯拉夫签订了一个协议。显然，欧洲联盟在司法模糊地带发展。

联盟的形式不是不变的，它并不总是那样的。如同欧盟创建条约是对 1989 年政治地震的回答一样，后续的条约试图对第二次政治震动所提出的问题作出回应。第二次主要政治震动是：大部分来自铁幕后的十五个新成员的到来。断断续续地，在一系列条约中，成员国调整它们的基础以适应新的形势：《马斯特里赫特条约》(1992)，紧接着是《阿姆斯特丹条约》(1997)，然后是《尼斯条约》(2001)。在新的政治震动后，是《欧盟宪法条约》(2004)和《里斯本条约》(2007)。

与这些成员国之间关系的持续司法调整并行着的，是商谈过程中大国和小国之间加剧着的紧张。许多人将此归咎于小国总是多数。开始时，大国与小国的比例是 1 比 1(法国、德国、意大利/荷兰、比利时、卢森堡)；在 2012 年，是 6 比 21。当然，成员国的增加必然导致对一开始为六国所设计的制度机制的改变。这表现为在两个问题上的非常激烈的竞争：一是欧盟首脑会议内部关于反对票和给予每个国家投票权重的问题；二是关于欧洲议会席位数量和欧洲委员数量的问题。由此引发了一些人的失望，却给另一些

---

① Conseil de l'Union européenne, Conclusion du 8 avril 2001, *in* Jean-Paul Jacqué, *Droit institutionnel de l'Union européenne*, Paris, Dalloz, 2001, p. 146.

人,比如不可胜数的社论作者们,带来了娱乐。但是这种在大国和小国间的紧张有更深层次的渊源。它来自这个联合体程度日益加深的政治化。共同体的胸衣被撑大了。欧洲整体除了是在“纸面上”平等的共同体,现在还是正式的“有血有肉的”的成员国的联盟。

在《里斯本条约》(2007)中,人们消除了共同体和联盟的法律区别。共同体消失了,联盟保留着。机构还是一样的,有点儿不同的是由各国政府首脑组成的欧盟首脑会议从此在所有政治领域负领导责任。各国领导人组成的集团还决定选出一个常任主席作为对外的代表。这个人物使得联盟成为一个政治体。这正对应于被广泛评论的、一个在条约中悄悄完成的司法革命:“欧洲联盟具有法人地位”[①]。

新成员和边境

怎么对待铁幕的另一边?尽管有关于“结束欧洲分裂”的美好宣言,在1989年后,人们在欧洲各国首都感受到的却是实际的不安。人们更希望维持原状。

不管是否头疼,从1989年11月9日开始,十二国知道它们的共同生活会发生改变。德国部长菲舍尔(Joschka Fischer)比喻说:在这个时候,是欧洲这个房子的“后墙”消失了,留下了一个大洞。[②]由于苏联在欧洲大陆东部的影响,在它解体后,代替其影响的是一片空白,只有新的秩序才能填补并且应该填补上这片空白,否则就

① 《欧洲联盟条约》(TUE)第47条(里斯本版本)。

② Joschka Fischer,2005年5月22日Buitenhof的电视节目上。

会看到国家经济和国家政权的崩塌，失业和犯罪的增加，或者甚至是内战的爆发和难民潮。事实上，命运女神具有的这些不同形式不会突然乖乖地在欧洲俱乐部边境上停止。1993 年，在几年的犹豫之后，十二国政府首脑决定原则上向年轻的中欧和东欧民主国家开放他们的圈子。作出这个选择的原因不是希望使欧洲市场额外增加一亿多消费者，更多地是为了促进欧洲东半部的稳定，让天平朝这一方向倾斜以保障大陆西半部的安全。从 1991 年起，巴尔干战争证明了民族主义的要求表现得与 1939 年以前一样有害。另一方面，1991 年夏天在莫斯科被挫败的政变提醒欧洲：克里姆林宫的客气不是天然具有的。

被冷战分裂成两部分的德国，比其他国家更加感到创建一个泛欧洲秩序的必要性。几十年以来，人们不再把两德分裂和欧洲分成两半区分开来。在 1989 年秋天，科尔总理再一次让他的合作伙伴放心，表示德国的统一和欧洲的统一是“同一块奖牌的两面”[①]。在斯特拉斯堡的议会前，他宣称：“欧洲，不再仅仅是伦敦、罗马、海牙、都柏林和巴黎，也是华沙、布达佩斯、布拉格和索非亚——当然还是柏林、莱比锡和德累斯顿。”[②]这是一个具有模糊性魅力的进攻动作。

1989 年后成员国圈子的东扩，由德国所领导，在德国首先发起。1990 年 10 月 3 日，因为两德统一，民主德国被吸收进联邦德国，原民主德国的领土从此属于共同体。这是一个没有新国家加入欧共体的地缘政治扩张。波恩承认这个欧洲维度；欧共体执委会主席德洛尔和欧洲议会主席巴龙·克雷斯波（Barón Crespo）是

---

① Helmut Kohl, *Erinnerungen*, *op. cit.*, p. 986.

② Helmut Kohl, 22 novembre 1989, in *ibid.*, p. 985.

仅有的被邀请参加德国统一庆典的外国人。尽管两德之统一是对一个特别形势的因应，它仍然是一个先例：一位《华沙条约》的前成员就此属于北大西洋公约组织和欧洲共同体。

在柏林墙倒塌后欧共体连续扩张的第二步是奥地利、瑞典和芬兰的加入。这三个军事上中立的国家在冷战时期处于一个美国和苏联之间影响不确定的地区。芬兰和苏联有 1 200 公里的边境：1945 年以后，考虑到其强大邻国对波兰或爱沙尼亚的干涉，芬兰直到苏联承认了它的独立才如释重负。直到 1991 年，苏联解体后这个斯堪的纳维亚国家才敢发展自己的对外政策。瑞典从 1814 年开始成为中立国，主要是基于其对欧共体成员国在对外政策上的互相合作的考量，它长期以来更希望待在共同体之外。奥地利，曾经是纳粹德国的盟友并因此被四个战胜国占领，在 1955 年接受成为中立国以换取苏联军队的快速撤离。如今克里姆林宫的军事阴影持续不断地褪去，并且整个欧洲大陆都能够感觉到变化，奥地利的新前景得以开启。在经济方面，这三个国家与挪威、冰岛和瑞士组成了欧洲自由贸易联盟。这个相对不重要的制度结构，在其奠基者和主要支配者英国离开以后，对那些不能或不愿意成为欧共体成员的国家是有吸引力的。在试图创建一个领导欧盟十二国和欧洲自由贸易联盟六国的组织失败后，维也纳、斯德哥尔摩、赫尔辛基离开欧洲自由贸易联盟以进入另一个俱乐部。这样，1995 年，欧盟十二国变成了欧盟十五国。

向东扩张的第三和第四步涉及在 1989 年苏联解体后浮出水面的国家。其中波兰和匈牙利是最早敲响十二国的大门的；其他一些国家随之而来。人们经历了一个在门槛上进行的很长的仪式。谈判(其中一些非常激烈)伴随着某些过渡性阶段和某些期限的确定。不过从 1993 年起人们还是知道欧盟会走向哪里。成员国真正意识到了它们在创建条约中写下的内容：原则上所有欧洲国家都可以进入它们的俱乐部。从此，问题就是加入欧盟所要满足的要求和日程期限。这些要求导致候选国在根本上进行改变：重写其宪法、修改民法和其他法律，采用欧洲市场规则，承认少数民族的权益，所有这些都是为了被允许跨过欧盟的门槛。日程表的实际执行情况看起来就好似两方之间的舞蹈：大门这边的成员国以其固有节奏可以理由不明地迟到，大门那边的候选国则希望加快事情的进度。而华盛顿则在后台敦促双方不要拖拉。2004 年 5 月 1 日，第一批 8 个之前领土属于苏联影响范围的国家和两个地中海岛国一起加入了欧洲联盟。这 10 个国家中，波兰绝对是最大的，它从此出现在有 25 个席位的欧盟会议桌上，其国土和人口数量排第六。罗马尼亚和保加利亚在改善了经济和司法领域的落后之后，于 2007 年加入欧盟。

南斯拉夫在一系列血腥的内战（1991—1999）后解体，是欧洲大陆战后最严重的灾难。命运女神化身为民族主义多头龙出现，伴随着从 1945 年以来人们无法预想的暴力冲突：超过十万人死亡，超过一百万人无家可归、流离失所，许多城市和财富被毁，许多平民被冷血地屠杀……这是一场真正的悲剧。

如果说成员国过多地讨论这发生在它们后院的恐怖情况，那么也明显表现出它们并没有能力把交战的各方分开。成员国间的不一致，事实上只起到了火上浇油的作用。在外交方面，成员国间的关系因德国单方面承认斯洛文尼亚和克罗地亚而跌落到谷底，这就发生在人们希望制定和领导一个共同对外政策的马斯特里赫特峰会的仅仅几周后。在一段时间里，欧洲似乎要回到 1914 年的决裂线上，一边是支持克罗地亚的波恩和维也纳，另一边是支持塞尔维亚的巴黎和伦敦。最后，是美国的飞机飞过还处于震惊之中的欧洲上空，于 1995 年在塞尔维亚和波斯尼亚士兵之间强行划出了一条停火线。尽管华盛顿本来认为巴尔干是属于欧洲的地区事务，但是欧盟十五国的表现并没有能够与之匹配。这，特别是对于伦敦和巴黎而言，是一次深刻的屈辱。

当科索沃显示出和发生在波斯尼亚相似的种族灭绝的轮廓时，西方，这次包括欧洲，划出了“红线”①。德国部长说：“巴尔干的灾难突然把欧洲领导人从昏睡中叫醒，并且(部分地是由于公众舆论的压力)引导他们终于作出行动了。”②法国、英国和德国在科索沃和塞尔维亚间的最后一轮外交谈判中负起了责任。当这一尝试还是徒劳无功时，它们支持美国诉诸武力。1999 年 3 月，北大西洋公约组织轰炸塞尔维亚。欧洲刚刚在地区水平上担负起责任。同一年，法国外交部长承认说：“当然，这次行动更多的是作为欧洲人而非欧洲联盟进行的。但这一点都不减少所表现出来的凝聚力。”③类似的评论同样适用于处于 2011 年“阿拉伯之春”中的利比亚，尤其当它表现出会出现班加西大屠杀的可能性后。

科索沃战争有一个事实非常突出：1945 年以来，德国第一次参与到军事冲突中。莱茵河彼岸(德国)利用其欧盟轮值主席国的身份，要求和伦敦、巴黎一起在第一方阵发挥作用——从 1999 年以来，欧盟最大的成员国重新赋予了自己站上国际舞台上的权利。赎罪的时代似乎过去了，虽然德国在利比亚事务的缺席使之有细微差别。

---

① Joschka Fischer, *Die rot-grünen Jahre. Deutsche Außenpolitik — vom Kosovo biszum11. September*, Cologne, Kiepenheuer & Witsch, 2007, p. 121.

② Joschka Fischer,2007 年 10 月 1 日与作者的访谈。

③ Hubert Védrine, 21 juin 1999, *in* Hubert Védrine, *Face à l'hyperpuissance. Textes et discours (1995 - 2003)*, Paris, Fayard, 2003, p. 152.

南斯拉夫消失了，取而代之的是七个国家。和阿尔巴尼亚一样，它们都想到达联盟的门槛。斯洛文尼亚已经属于圈子（从2004年起）；克罗地亚、马其顿和黑山还在等待室；塞尔维亚和波斯尼亚也与欧洲签订了协议。从2008年起，事实上受联盟保护的国家科索沃也拥有了一个“欧洲使命”。成员国数量将会达到34个。

这些还在进行中的、向东的地缘政治的推进，迫使联盟打破禁忌来思考它的边界。不管情形如何，欧盟对自身的重大政治意识是划出一条边界的必要条件。在关于欧洲计划的谈话的框架里，这显得特别困难。人们继续把边界的定义与以下三方面的组合相联系：国家协同、地缘政治平衡，还有人们在1950年坚持要避免的战争。

困难在于东部。在北部、西部和南部，欧洲大陆在地理上被北海海角、大西洋和地中海划定了界限。相反地，东面在几千公里的平原上延伸，越过基辅、莫斯科、乌拉尔河……如何在这边划一条线？有可能吗？根据从21世纪初起欧盟所持的言辞：划定联盟就是重新回到创建“一个新的铁幕”，换句话说就是铁幕问题的轮回。欧洲可以通过将边界（在空间上）转移来规避这个问题，这有点像是根据俄罗斯帝国凯瑟琳女皇（Catherine la Grande）的格言：唯一捍卫边境的方法就是向外推进。虽然哪怕是个小孩都能懂得欧洲不可能一直东扩到日本，但到底要止于何处是一个不能问的问题。

从2003年起，人们摆脱了这种过分的羞涩，成员国开始思考“邻国”政策。当应该在2004年加入的十国靠近目标时，人们开始关注“超越”它们的东西。尽管《里斯本条约》也没有正面回答欧盟边界在哪里的问题，但它包含有一条关于“邻国”的重要条款[①]。因

① 《欧洲联盟条约》（TUE）第8条。

此它承认欧盟存在邻国。这个条款所说的邻国不是每个成员国各自的邻国——它们一直都在那里——而是成员国整体的邻国。换言之,“邻国”条款是向定义欧盟边界所迈出的一步。该条款要在空间中对自身进行一个界定。因此,该条款是欧洲整体地缘政治成熟的一个要素。

在缺少地理上所划定的界限的情况下,便由政策来确定东部的边界。2000 年的新事实是:俄罗斯在度过了类似绝境的十年之后,重新表现出成为帝国主义强国的企图。这个国家从此应该是不太可能加入欧洲联盟的。但这促进了围绕中心问题的思考:欧洲俱乐部的区域(可能)在哪里停止?俄罗斯的势力区域从哪里开始?在落入瞄准的中间空间里,像乌克兰、摩尔多瓦和格鲁吉亚这些国家自认为(一部分)是“欧洲的”。它们的加入,或所有其他前苏联加盟共和国的加入,不再构成对 1989—1991 年社会主义阵营崩溃的回应;在欧盟-北约结构和克里姆林宫之间的地缘政治游戏中,这实际上涉及重新发牌。东线问题被搁置了。

接着,在东南部有土耳其共和国。这个广阔的国家,自称是欧亚之间的桥梁,从 1952 年以来就是北约成员,它在 1963 年与六国签署了一个协约,并在 1987 年正式敲响十二国大门;从 1995 年起,它和欧盟结成了一个关税联盟;在 1999 年,它被接受成为欧盟候选成员。土耳其加入欧盟的谈判从 2005 年起展开;这些谈判能使得欧洲越过博斯普鲁斯海峡。但是,许多成员国,其中包括法国和德国,似乎优先考虑赋予土耳其一个永久中间身份的想法。欧盟将向土耳其打开大门吗?这是欧盟各成员国必须要回答的重要问题中的一个。战略和地缘政治影响,与身份和象征影响,在各成员国考虑这个问题时是同样根本的因素。就算有可能把这个问题推后,也不能无限期地逃避。未来数年是决定性的,没有人能预言谈判的结局。

最后在地理欧洲区域的最西北部和中部，还有一些非成员国：挪威、冰岛和瑞士，欧洲自由贸易联盟的最后三个成员。它们可以换俱乐部，这也是2008年10月严重的信贷危机打击冰岛之后该国政府的希望。但是没有人强迫它们这么做。

最终，人们可能会朝向35个成员的联盟前进，也完全不能排除欧盟成员国总数会达到40个这一可能。

地理上的扩张运动改变了政治欧洲的性质。在欧盟机构的内部领域，人们就这些运动对于力量平衡的影响进行了很多讨论。此外，有趣的是：我们可以发现欧盟的领土总是日益与此前欧洲大陆国家协同的领土在整体上重合。人们越来越难在整体中区分出作为欧盟先驱而与众不同的六国集团。1950年所划出的最终目标可以说实现了；雄心勃勃的使命在1989年后变成了真正的任务，而现在这个任务差不多完成了。

这并不仅仅意味着欧洲整体只是扩大了它的行动范围。在2004年十个新成员加入欧盟前夕，德国评论家卡尔·施勒格尔(Karl Schlögel)写道："欧洲在过渡，不是像很多人试图以为的那样从A到B，而是从大家都知道的A点到我们不知道的另外一点——不是在东方也不是在西方。西欧本身也曾长时间在欧洲历史之外，在欧洲共同生活之外。同样为了联盟的欧洲，问题在于某种意义上的"回归欧洲"。"①

这段话很好地表达了这样一个意思：欧盟不再徒劳地使用"欧洲"这一值得尊敬的称号。

① Karl Schlögel, *Im Raume lessen wir die Zeit. Über Zivilisationsgeschichte und Geopolitik*, Francfort, Fischer, 2007, p. 469 - 470.

2. 纽约双子塔被撞毁后

2001年9月11日,欧盟首脑会议轮值主席、欧盟执行委员会主席和外交事务的高级代表会聚于雅尔塔的赫鲁晓夫(Khrouchtchev)的乡间别墅里。雅尔塔是一个充满历史的城市。他们是在此重演1945年重新划分欧洲地图的著名会议吗?其实不是。由居伊·费尔霍夫施塔特(Guy Verhofstadt)、罗马诺·普罗迪和哈维尔-索拉纳组成的三人组借欧洲联盟与乌克兰年度峰会的机会在克里米亚逗留。

他们一得知纽约刚刚遭到袭击就赶紧收拾行李。在把他们带回布鲁塞尔的飞机上,他们知道双子塔遇到袭击时里面有数千人,但他们不知道建筑在此期间倒塌了。图片还没有传到。在飞行中,他们以为撰写一份比较常规的声明就够了。刚过傍晚,当飞机抵达布鲁塞尔机场时,他们惊讶地发现有250名各种状态下的记者迎接他们。“他们突然意识到正在发生的是极其重大的事件。”①

这次不是“雅尔塔会议”,而是一个被改变的世界。

“历史的终结”的终结

柏林墙的倒塌如此令世人印象深刻,认为它终结了历史的想法根深蒂固。它是结束的拍板,接下来发生的一切只能是对过去

① Peter Moors,2008年8月7日和作者的访谈。

所发生事件的延续或重复。美国思想家福山在 1989 年借用黑格尔(Hegel)的哲学论题，将其观点总结为“历史的终结”。总结起来人们可以说他指出了人类的两大愿望：平等的意愿和成为最好的意愿，第一个因为自由民主而得到了满足，第二个意愿因市场经济而得到了满足。由北美、西欧和日本组成的先驱阵营都已经经历过民主和市场经济，并由此达到了最后的历史阶段。世界其他国家和地区跟随其后，一个和平的世界已经在不远的将来浮现。

这个令人满足的景象让欧洲人感到高兴。不再有意外的来访！只剩下为东欧邻居提供帮助，工作即将完成。更好的是，基于法律之上的古老大陆的国家秩序似乎是值得称颂的先驱。布什总统在 1990 年 10 月难道不是宣称说“我看见了一个以欧洲联盟的出现模式为基础的世界，不仅仅是在欧洲而是在全世界，一个自由的世界”[①]？

人们还需要一些时间才能意识到，“历史的终结”事实上对应的是美国(20 世纪 90 年代的美国霸权)治下的和平(pax americana)。在冷战结束后，美国成为一个单极世界秩序的轴心，是这个单极世界里的军事和技术霸主，它既是“无国籍的”经济全球化的促进者同时也是主要受益者。在华盛顿，帝国主义的胃口大增：国家利益被理解为普世使命，可以被视作美德一样的东西。地缘政治的核心事实是：美国所具有的军事实力。如果说从 1989 年起欧洲生活在“历史终结”之后，其实也完全是处于美国的保护伞之下。

2001 年 9 月 11 日的袭击在政治意识和西方历史中导致了突然的变化。在仅仅几天之后，美国记者卡普兰(Robert Kaplan)把

---

① George H. Bush, 1er octobre 1990, discours devant l'Assemblée générale des Nations unies.

1989—2001 年这一段时期称作"暂息的 12 年"[①]。换言之:冲突回归了,现实政治回归了,国家安全优先于普遍法律。某些评论家用"历史的回归"这一表达来总结这个转向。这可不是简单的媒体炒作。担负重大政治责任的领导人们也得到了相同的认识。四年之后,德国部长菲舍尔出版了《历史的回归——911 以后的世界和西方的重建》一书[②]:"历史的回归"这个几天里就被提炼出来的概念经受住了时间的考验。

9 月 11 日的冲击对欧洲人来说是双重的。它首先表现为对伊斯兰恐怖主义的恐惧:相似的袭击可以打击伦敦、马德里或阿姆斯特丹,而且对纽约和华盛顿的袭击部分是在欧洲准备的。其次,欧洲由此意识到了美国的脆弱性。它在欧洲比在被袭击的国家有更大的强烈对比的影响。大西洋另一边所提供的保护伞被打破了。上述情况使得"美国对欧洲的保护伞并不存在"这一观点更加难以得到支持。

紧张感压迫之下,西方表现出了无条件的团结。9 月 12 日,北约的欧洲国家的防长们决定生效这样一个条款:对一个北约成员国的袭击就是对所有北约成员国的袭击。欧洲报纸写道:"我们都是美国人。"欧洲各国领导人争着第一个与美国总统会面。(法国总统胜利了,接着是英国首相和德国外长。)人们震惊地指出:在 911 后最初的一段日子里,联盟并没找到自己合适的角色。德国总理建议从 12 日起组织一个峰会,但他所建议的峰会被推迟了。[③]时任欧盟首脑会议轮值主席的比利时首相居伊·费尔霍夫施塔特多次在媒体前承认他一直没能和布什通上话:他让接听电话的白

---

① Robert Kaplan, in *NRC Handelsblad*, 15 septembre 2001

② Cologne, Kiepenheuer & Witsch, 2005.

③ Peter Moors, 2008 年 8 月 7 日和作者的访谈;Joschka Fischer, 2007 年 10 月 1 日与作者的访谈。

宫人员转美国总统，但对方不知道他是谁。

两个月之后，一位欧洲议员不得不承认："继德洛尔之后，本·拉登(Ben Laden)可能为欧洲一体化做了最多的事。"[①]十五国在内部安全方面达成了一个毫不含糊的共识。2001 年 9 月 21 日——也就是说 9·11 事件已经过去了十天——才临时召开了欧盟首脑特别会议。欧盟各成员国政府首脑宣布：打击恐怖主义成为前所未有的首要任务。欧盟首脑会议向司法部长们就未来三个月内要准备的首要措施发出了"指示"[②]。这是一个人们并不习惯的专制语气[但有助于人们更好地理解卡尔·施密特(Carl Schmitt)的话，根据他所说的，正是在危急的情况下，主权才表现出来]。在 12 月，成员国通过了对"恐怖主义"的共同定义。这标志了一个刑事立法协作的开始，这在几个月前还是不可想象的。同时，人们达成了一个关于欧洲逮捕证的政治协议，这个问题此前也是多年来一直争论却没有结果的。对待某些严重的刑事犯罪，法官从此可以相当容易地在欧盟成员国间引渡嫌疑人。对于国家司法系统的根本改革是如此之多。

随着情绪一点点消退，当人们寻求确立面对被 9·11 严重影响的保护者美国应该采取的立场时，问题出现了。

会议桌之首席

欧洲人在美国第一次对恐怖主义的国际进攻中毫无保留地支

---

① Graham Watson, 29 novembre 2001, *in* Mareike Kleine, *Die Reaktion der EU auf den 11. September. Zu Kooperation und Nicht-Kooperation in der inneren und äußeren Sicherheit*, Münster, LIT, 2004, p. 101.

② Conseil européen, *Conclusion et plan d'action du Conseil européen extraordianire du 21 septembre 2001*, point 2.

持美国：在阿富汗推翻塔利班政权(2001年10月)。但华盛顿回应9月11日袭击的第二次出击——推翻萨达姆·侯赛因(Saddam Hussein)的伊拉克政权(给美国民众的理由是这与反恐战争密不可分)——深刻地分裂了欧洲。

英国、西班牙、意大利、丹麦、葡萄牙和候选国(捷克、波兰和匈牙利)领导人提前在《华尔街日报》上表示了对华盛顿的无条件支持。相反，法国、比利时还有德国坚决反对美国入侵伊拉克。在欧洲人之间的这场争论对于白宫和五角大楼的决定没有任何影响。2003年3月20日，美国军队入侵伊拉克；4月9日巴格达沦陷。

由于伊拉克战争对欧盟精神产生了影响，所有成员国代表和欧洲机构在布鲁塞尔就联盟的未来召开了会议。2003年春天，已经运转了一年的欧洲制宪会议对自身产生了怀疑。当各国在战争与和平问题上产生分裂的时候，怎么制定宪法条约？这很不现实。但是，伊拉克危机并不意味着这场欧洲争论的结束。

对外政策在制宪会议赋予自身的形象中具有重要的位置。对于许多制宪议会议员来说，一个在国际舞台上以“唯一声音说话”的联盟，是人们所能够希望的最具雄心壮志的结果。2002年末，在激烈讨论之后，一个工作组提出某些决定可以由多数同意作出。另外的建议有：创建一个欧洲“外交部长”职位。事实上，在伊拉克危机期间，相关条款的制定工作被停止了。这时的口号是“过段时间再说”。

接着，在欧洲制宪会议内部许多人参与附和以下观点：既然缺乏支配对外政策的“共同意愿”(这是显然的)且以法令或条约来强加是不可能的(这对于顽固的联邦主义者而言虽然很难接受但却是事实)，那么最好的打算就是放眼未来，做一些准备工作。制宪会议副主席德阿纳(Dehaene)让这个理据成为了共识。

不过，所谓“政治意愿”的提法，是具有一点儿欺骗性的。这会让人认为可以脱离它的表现形式来考虑它。两位政治学家的观察正是在于这一要点：“……某些分析家提出，各国政府在国际问题上协调政策只需要它们的‘政治意愿’就可以，这就和莫里哀(Molière)建议只要喝‘安眠药水’而不用做任何别的什么就可以消除失眠一样令人困惑。为了使‘共同意愿’具(备)形(式)，需要为它提供一个场所。”①

在欧盟内部，这个场所就是欧盟首脑会议。各国政府在它们共同的会议桌上，决定对外政策的大方针。只要有一个成员不同意，就没有确立的规定。如果所有成员都表示同意，一个规定就得以确立。他们在会议桌上一起度过的时间越久，就能确立越多的共同利益，或者至少说就能让各国的国家利益越发接近。

许多人觉得这一情况并不那么令人满意：欧洲最高级别会议桌上总有一些意见不一致的情况，而这种情况会使得欧洲陷入沉默。总的来说，有两种办法让宾客们停止争吵：树立规则或树立权威。第一个方法——让欧洲对外政策进入条约的领域——在欧洲制宪会议内部由欧洲议员、欧盟执委会、某些国家的议员和几个小国(但不包括候选国)的政府代表提出。如果采用他们的提议，就相当于扩大了欧盟执委会的权限，其中最重要的是在贸易政策和对第三世界国家的紧急救助方面的权限。但是在2003年1月至3月期间，很显然——在那些还没被说服的人看来——这个方法是不现实的。大国的代表，首先是英国和法国，不希望它们的“高级别的政策”由内部领域的规定所支配。这两个国家拥有两大最重

① Robert D. Putnam & Nicholas Bayne, *Hanging Together. The Seven-Power Summits*, Londres, Heinemann, 1984, p. 3.

要的外交手段：核力量和联合国安理会常任理事国的席位。以整体利益为名为“以多数同意表决欧洲对外政策”辩护，这对它们来说与不用付出任何代价的小国不同，因为这样一来这两个“光荣的民族”会失去一些东西。与此同时，巴黎和伦敦承认，在很多情况下欧盟还是应作为整体出现在外部世界面前。这就是为什么它们选择了一个被赋予了更大权威的会议。

不管有没有条约，每个成员国在世界上都占有一个独特的地理和历史位置。如果所有人都愿意一起强大，那就不应该把每个国家的立场、利益和关系看作令人不快的残余，而是应该把它们相互联系起来。更希望在可能的地方进行努力。

这个主意就是为欧盟首脑会议设一位常任主席。每半年轮值主席这一安排是烦恼的来源，对于大的成员国而言尤其如此，而因为未来联盟的扩大情况就更加严重。欧盟首脑会议主席是十五国、很快就会是二十五国在世界上的发言人。但是如果当一场国际危机爆发时，正好是马耳他或捷克担任轮值主席国，会发生什么呢？成员国数量的增加使得这种情况发生的可能性大大增加了。小国领导人拥有甚少必要的权威来以欧洲的名义面对其他政治势力。人们还记得 9 月 11 日费尔霍夫施塔特(Verhofstadt)打电话给白宫却没能与美国总统通话；而希腊总理西米蒂斯(Simitis)没能防止欧洲人因为美国入侵伊拉克问题产生不和，则又是一个警告信号。解决方法就是：任命一个人成为任期若干年的欧盟首脑会议主席。

在巴黎，人们抱有这个想法已经有段时间了。欧洲制宪会议主席——曾在 1974 年创立了欧共体首脑会议的吉斯卡尔·德斯坦——认为领导欧盟首脑会议常设主席这一计划是他的使命。他享有来自希拉克(Chirac)总统的可靠支持。在 2002 年里，英国和西班牙通过布莱尔和阿斯纳尔(Aznar)的声音对这个计划表示了支持。三位领导人各自姓氏的首字母让人们将他们所支持的建议称为“ABC”建议。但还缺少德国的D。德国人对欧盟首脑会议常设主席计划远没有那么热衷,他们更希望加强欧洲内部领域。像过去一样,巴黎和柏林精心起草了一份折衷方案,公布该方案的时间是2003年1月15日,即戴高乐和阿登纳签署的《法德友好条约》40周年的一周前。[①] 折衷方案的主要精神是预备一位欧盟首脑会议的常任主席以及由欧洲议会选举欧盟执委会主席。

成员国中的一些小国担心地从这个建议中模糊地看到了大国的夺权和欧盟执委会的削弱。但是战斗很快离开原则问题,而具体在被任命的欧盟首脑会议主席的“权限”上。在一开始,吉斯卡尔·德斯坦没有斤斤计较;同样,反对者尽所有能量来删减他草拟的文本。反对者不想设立主席办公室也不愿赋予主席特别的任务。最后,他们达成了一个共识,一句像咒语一样的表述:常任主席不是欧洲的主席(president),只是首脑会议的主席(chairman)。

条约文本中有两句话是重要的(这两句话在被写入2009年底生效的联盟条约之前,出现在了关于欧洲宪法的条约之中)。第一句是:“欧盟首脑会议主席,以主席的水平及主席的权力,在属于对外政策和共同安全的方面,承担对外代表联盟的职责。”[②]因此,他是以欧洲名义说话的最高级别的人。当然,从1999年以来,欧盟就拥有一个外交事务的高级代表——他的地位在2009年被重新评估(即欧盟首脑会议轮值主席。——译者注),但很难派他去见

① CONV 489/03, 16 janvier 2003, annexe: *Contribution franco-allemande à la Convention européenne sur l'architecture institutionnelle de l'Union* (Dominique de Villepin et Joschka Fischer).

② 《欧洲联盟条约》(TUE)第15条第6款(里斯本版本)。

美国或俄罗斯总统。这个空缺现在被填补了。

第二句重要的话是:“欧盟首脑会议主席不能执行国家的委托。”①在这个表达方式下隐藏着一个革命。第一位被任命的主席是第一个主持会议而且不占据一个国家席位的人。(欧盟执委会主席一直是这个情况,但他从来不主持欧盟首脑会议;相反地,他出席欧盟首脑会议是为了保证成员国领域和内部领域之间必不可少的联系。)但在之前的系统中,欧盟首脑会议(轮值)主席一贯具有双重头衔——安格拉·默克尔(Angela Merkel),以欧洲和德国的名义;赖因费尔特(Reinfeldt),以欧洲和瑞典的名义……而新的主席只有一个头衔,这使得他能在整体上更好地代表联盟,比各国政府首脑、比欧盟执委会主席或欧洲议会主席更好。他不以一个特定的首都名义说话,也不以布鲁塞尔(欧盟行政机构)或斯特拉斯堡(欧盟司法机构)的名义说话;他以欧洲整体的名义说话。另外,他不仅仅对外以欧洲整体的名义说话,对内,当他面向欧盟国家的民众时,也是如此。

2010 年 1 月 1 日,比利时前首相赫尔曼·范龙佩(Herman van Rompuy)任职欧盟首脑会议(第一任)主席。条约赋予这个联盟之化身的权限还很少。他和他的继任者们首先要依靠自己的才能——从在成员国会议上施展权威以及面对公众施展魅力开始——还要依靠限制欧洲行动的事件。在范龙佩任期刚开始时,欧元危机比外部世界的压力更加影响欧洲整体的一致性。命运女神有时会从内部敲响大门。

欧盟承认历史并未“终结”,承认对外政策的武器库并不局限于外交宣言和紧急救助,它从 2001 年起没有拖延制度的革新,在

---

① 《欧洲联盟条约》(TUE)第 15 条第 6 款(里斯本版本)。

世界很多地方行动，甚至到了让它的一位公民牺牲了的程度。

直到近期，这样的事情似乎都是无法设想的。2004年，一位德国学者不无讽刺地写道："如果欧洲联盟最终的测试是有'为索拉纳而死'（英国《时代周刊》用语）的准备，那么宪政精神的爱国主义是不够的……没有任何强大的欧洲军队能用'为哈维尔捐躯是甜美而光荣的'这样的口号来动员。"[①]（哈维尔·索拉纳，当时在欧盟外交和安全政策方面拥有最高的权限。——译者注）

欧盟没有军队，这个1954年开始的禁忌顽强地存在着。但是，人们实施了特别是基于各国军队间特定合作的共同安全政策。通过频繁的电话联系，人们能够（但还并不总是能够）把各国的军队和装备集合起来。负责这些行动的将军在他布鲁塞尔的小办公室里曾谈论"永久的无军队化"[②]，表达了欧洲的自相矛盾的真实意思。

从2003年以来，联盟在俱乐部之外部署了一些民事和军事危机任务，以保证安全和/或创造宪法结构。2011年末，数千人因此介入到世界各地的行动中。在波斯尼亚的一个军警维和任务，在科索沃的大规模的维和警察任务。还有2008年8月在俄罗斯-格鲁吉亚战争后在高加索监视停火遵守情况的任务。另外，还有由法官、警察和边境监察官所执行的在巴勒斯坦地区、伊拉克和阿富汗的任务。

2008年末，联盟派遣了一些军舰到亚丁湾打击索马里海盗。这些海盗威胁着成千上万借道苏伊士运河的船只的安全。在乍得

---

① Jan-Werner Müller, *Is Euro-Patriotism Possible?*, 52, *Dissent*, 2004, 2, p. 15.

② Henri Bentégeat, in *NRC Handelsblad*, 20 novembre 2008.

和刚果民主共和国的边境，超过3000名来自19个欧盟成员国的士兵尽力保证安全，尤其是乍得、刚果和苏丹三国交界地带的安全。

正是在这个三国交界地带，2008年3月3日，吉勒·波林(Gilles Polin)这个穿着缝有欧洲小旗帜的法国军服的中士被索马里军队射杀。他所在的军队由瑞典、爱尔兰、比利时、奥地利和法国士兵组成，由一名法国上尉领军。维和行动的负责人是一名爱尔兰少将。9天之后，萨科齐总统和法国内政部长、外交部长、国防部长，还有欧盟对外政策的高级代表哈维尔·索拉纳参加了波林中士的葬礼。

2008年夏天命运女神访问了高加索，格鲁吉亚和俄罗斯之间爆发了战争，这时，法国总统尼古拉·萨科齐(Nicolas Sarkozy)是欧盟首脑会议轮值主席。他忠于其前任们所进行的准备工作，把欧盟首脑会议作为了欧洲道德的支撑。四天之后，也就是8月12日，他和法国外交部长飞往莫斯科和第比利斯斡旋，力图促成停火。他不得不作出一些让步，但至少这次干涉阻止了俄罗斯军队占领格鲁吉亚首都。一个月后，克里姆林宫撤军。

各国在欧洲"大政治"方面相互靠拢。欧盟以调解者的角色介入战争与和平问题的事务。成员国们认为：调停一场在它们后院展开的战争属于它们的共同责任。与1999年在科索沃的介入不同，它们在俄罗斯-格鲁吉亚冲突中的调解行动是没有美国人参与的，而且事实上是与美国对抗的。实际上，格鲁吉亚的军事行动得到了华盛顿的资助和指导——这样说只是为了不说是受美国怂恿的。

人们可以反对说：就算萨科齐得到了克里姆林宫的重视，那也是作为法国人而不是作为欧洲人。的确，法国拥有上得了台面的军队，并且是安理会常任理事国。上一个半年任期里担任欧盟首脑会议轮值主席的斯洛文尼亚总理可能就没法带来莫斯科的停火。但从另一方面来说，萨科齐如果仅以法国的名义说话，他也不会处于一个如此强有力的地位。

这在实际中是怎么体现的呢？在出发的前夜，法国总统打电话给德国总理安格拉·默克尔和英国首相布朗(Brown)；通过其同事，他还与马德里、罗马和华沙取得了联系。在他回来后，人们组织了27国外交部长的会议，之后是政府首脑的特别峰会。在第二次前往莫斯科和第比利斯进行访问时，这次是在9月份，萨科齐特别由欧盟外交事务发言人索拉纳和欧盟执委会主席巴罗佐(Barroso)陪同。萨科齐以历史悠久的法国的名义、并以新的欧洲联盟的名义说话。

因此，命运女神的造访无法避免，这一特性迫使欧盟围绕“大政治”积极行动。按过去的观点来看，这是令人惊讶的。因为，欧洲士兵为了阻止危机加重而出现在中非或其他地方，这可不止是简单的外交姿态或外交言语，而联盟在1990年代似乎对这种行动持谴责态度。另外还有一种更为温和得多的外交手段，比如由某国派遣军队或炮艇到危机附近地区，以试图保护乌克兰的克里米亚不受俄罗斯的侵占。关于欧盟对外政策的现状，我们可以引述一位和这些事件关系密切的部长的话：“与不远的过去相比，这些行动意味着很多。但与必要的东西相比，这些什么都不是。”这位部长用警示性的言语总结道：“为此我们必将付出很高的代价。历史是无情的。”①

① Joschka Fischer，2007年10月1日与作者的访谈。

第三部分
寻觅公众、赢得公众

宫廷和贵族集团拥有足以支配大多数人的高贵品质，尽管哲学家们从中看不出任何东西——一个可见性问题。

——沃尔特·白芝浩《英国宪法》

对赞成的追求

“我们接受”

欧洲是真实的还是只存在于纸面上？为了裁定其真实性，要怎么做？

这个问题有一个主观的方面：真实的欧洲还是纸上的欧洲？这个区别取决于人们的心里和头脑里的所思所想。政治领导人知道他们的权力是从（公众）难以把握的心理情绪中汲取的，并且一直都担心会抓不住公众的心理情绪。比利时首相莱奥·廷德曼斯在1975年应其八位欧洲同仁的要求所撰写的报告中表达了这一担心:“我们的命运共同体是真实的,但这并不够,它还必须被认为是真实的。”[①]因此我们可以看到,对于领导人们而言,并不存在纸上的欧洲和鲜活的欧洲之间的对立,存在的是(在他们眼中毋庸置疑的)政治真实和(存在问题的)人民对政治真实的感知之间的对立。人民感知到政治真实能够使得政治真实更加“真实”。这怎么可能呢?

人们在这里遇到了关于社会现象之地位的经典问题。与自然科学相反,社会科学(包括历史、法律、哲学)应该考虑人们赋予所研究现象的涵义。金钱、政府或者婚姻只因为人们相信它们的存在而存在。不过,这些对象的性质不仅仅是品味或道德选择的问题,在这个意义上来看,它们仍然还是“客观的”。美国哲学家约翰·西尔勒(John Searle)对“天然事实”和“制度事实”的区分在这里是很有启发性的。[②] 天然事实:地球与太阳的距离是 9 300 万公里。制度事实:贝拉克·奥巴马(Barack Obama)是美国总统。不论语言对于表达天然事实而言是如何之必要,天然事实都具有在语言和认知之外的独立的存在。相反,制度事实只存在于社会现实之中。

一旦集体接受给予一个整体(人、物或事件)一个无法以另外的形式属于它的角色或功能(总统、定音槌、生日)时,制度事实就发生了。西尔勒(Searle)谈到“地位功能”。他给出了一个例子:一个部落在村庄四周建立高墙来抵御入侵者。假设这堵墙经年累月逐渐风化并且最后只剩下一小排石头还显得好像它仍然是不可逾

① Leo Tindemans, 29 décembre 1975, *Rapport sur l'Union européenne*, point 4. B, in *Bulletin-CEE* 1976 - 1, *Supplément*, 11 - 36.

② John R. Searle, *The Construction of Social Reality*, Londres, Allen Lane, 1995.

越的障碍似的，那么这一小排石头就获得了象征边境的地位功能，并诞生了一个制度事实。

大部分的制度事实——金钱、语言、国家——是我们出生的社会世界的一部分。它们变成了显而易见的事物。现代社会的内聚力来自制度事实的持久的错综复杂。因此，反过来说，我们无法从什么都没有开始建造一个社会秩序；这总是需要时间的。

制度事实的创建有着某种神奇的事情，能让我们怀疑它们的存在。它们没有质料基础。它们经常依赖于语言行为，比如婚姻因双方说"是/愿意"，通过语言的方式而得到确认。有时它们依靠非常古老的协议。终极基础通常是找不到的；人们应满足于偶然和随意的解释。金钱的运作说明了这个基础的缺位。在一个遥远的过去中，金钱只以小块（片）金银的形式存在。然后银行家发现他们能让人们把金子存入并开具相关证明。接着出现了这样的状况：稀有金属并非必不可少，拥有证书就足够了。银行发行纸币，并且只要所有人信任票面价值，它们就有效。如果人们失去这种信任，一百欧元的纸币就重新变成一张没价值的纸片。

社会秩序是不固定的，并且简单地建立在一个持久集体接受之上，这个观念是很难被接受的（至少一旦人们开始思考它，就很难接受）。此外，这个观念还暗示着一个很大的就好像系统随时都可能崩溃的脆弱性。而这是有可能的。1929 年的金融危机和 1989—1991 年苏联帝国的解体就是两个历史性的时刻，在这两个时刻，制度就像整个儿地塌陷了一样。类似地，在 2008 年次贷危机时，价值失去了它的可靠性，并且银行家们（有道理地）觉得差一点就全完蛋了。

从这个角度来看，能够更好地理解政治领导人对欧洲之真实性的担忧。廷德曼斯所谈论的欧洲命运的共同体，只从它如同它本身的那样存在的时刻开始存在。如同其他的制度事实一般，一旦人们停止相信它，它就会消失。但是这一根本的基础缺失对于欧洲来说比其他制度事实明显得多，例如一个国家，比如法国，自然地作为“天然事实”呈现，因为它享有很多个世纪的历史显在性。

根据西尔勒的分析，制度事实建立在这样的集体思想之上：“我们接受”。本书接下来将更确切地研究谁是“我们”，然后研究这个“接受”建立在什么基础之上。

谁可以组成能够对制度事实表达接受的“我们”？一个团体？在场的人？一个国家？一个语言共同体？全世界？这取决于事实的类型。

让我们来研究以下这个例子：在某些问题上，部长理事会以多数同意作出了决定。只需要查阅任何一个欧洲条约就知道是谁宣称了相应的“我们接受”。1957年的《罗马条约》这样开始：“比利时国王陛下、德意志联邦共和国总统、法兰西共和国总统、意大利共和国总统、卢森堡女大公殿下、荷兰女王陛下，确定建立一个在欧洲人民之间不断紧密团结的联盟的根基……”跟着是一张部长和其他签署者的名单，这些人“同意下面的安排”，在这句之后开始真正的条约内容。条约中的一个条款明确表示理事会通常以多数同意作出决定。

欧洲缔造条约所起作用的世界是“我们，签约各国”的世界。六国元首表示接受，十二个政府代表签署条约。相关六国的议会批准使得以多数同意表决成为制度事实。反之，只要一个国家不再接受条约内容，例如1965年戴高乐执政下的法国，就能使条约受到非常严峻的考验。由人民接受不是必须的。就算当民意调查显示在一个或几个国家中，三分之二的人反对以多数同意表决的原则，这个制度事实也还继续存在。接受作用于政治人物、官员和法官的官方世界中。

欧洲领导人还是寻求扩大这个“我们”。他们中的一些人很希望欧洲人民也有一个属于“我们欧洲”的感觉。在2007年3月25日，欧洲缔造条约签署五十周年之际，在柏林，政府首脑们所撰写的宣言中流露出了这个希望，从中人们可以读到：“欧洲联盟的公民们，对于我们来说，我们的机运是团结。”[①]这是一个值得注意的企图：产生一个“我们，公民”的世界。

制度事实随着其所具有的“我们”的不同而改变其性质，正如以下双重例证所示：如果涉及国家，事实是法律性质的，更确切地说是属于国际法的；如果涉及公民或他们的变型（比如《美国宪法》的著名措辞“我们，人民”），就是政治事实。在这个视角看来，从一个国际法律秩序向一个政治秩序的过渡与从“我们，国家”到“我们，公民”的过渡相似。

制度事实的内在脆弱性让人们合理地对于其持久性产生担忧。人们认为一些基础是必要的，不同的基础对应着不同的担心。一些政治人物满足于欧洲保持这样的状况：它建立在一个条约之上，并由“我们，政治家，官员和法官”所支撑。另一些人相反地认为欧洲应该成为一个政治事实，表达“命运的共同体”（廷德曼斯），由“我们，人民”所支撑。第二类人比第一类人有更多的理由担心。他们的特别意愿给他们造成了更多的痛苦。也许，他们是在表示见解，但无论如何，他们也要作出选择。因此，应该由哪一个“我们”来支撑欧洲这个制度事实，是国家的我们还是公民的我们，这个问题从一开始就变成一场政治斗争的焦点。

---

① Union européen, *Berliner Erklärung*, 25 mars 2007: www. bundesregierung. de.

人们知道是谁通过“我们，国家”说话，但是借助于“我们，公民”说话，则要求给出一些理由。在欧洲这个例子里，就更有必要给出理由了，因为在欧洲很多公民完全不知道人们在以他们的名义说话。“我们，（欧洲）人民”这个表达引起了一个双重疑问：谁（主语）宣称了这个“我们”？而这个“我们”又确切地包含了谁（宾语）在内？在现代国家的实践中，对于这两个问题的回答通常是同时给出的。政治代表的本义在于组成并保持（作为）人民的我们。

这里，人们遇上了制宪权力的哲学问题。能够讨论国家秩序的代表只有在相关国家被建立之后才能确定，那么一群人如何能赋予自身以国家秩序呢？这完全是一个属于创建契约范畴的政治事实的悖论，即关于“我们接受”的悖论。一个著名的例子就是：“我们接受制宪大会以我们的名义说话。”该类型的陈述会导致恶性循环，因为谁应该宣称一个这样的作为缔造者的“我们”呢？

经典的哲学解决方法是“自然状态”：假定在过去曾经由全体一致同意决定了（此后）以多数同意表决和/或将权力赋予一个或多个代表。霍布斯、洛克和卢梭就这样将起点置于时间之外来绕开代表问题。所有的个人都拥有缔造权力，但那是在历史之外（或在一开始的时候）。这个想法在理论上是美好的，但它对于这里和现在，对在时间现实中建立任何东西没有任何帮助。历史经验显示：打破恶性循环的唯一方法（总之是最不暴力的方法）是自命的代表的虚张声势。例如1787年美国宪法的制定者们或1789年法国制宪大会宣称自己是代表其人民的声音，并且既得到了同时代人的支持，又得到了后来的宪法学家们的支持。这个被找到的解决方法能在具体现实中建立一个政治体——这是史无前例的象征性行动。“自然状态”这个不具可操作性的假设被实用的民族想象所取代。（指现代民族国家建立过程中严重依赖的“民族”概念，已

被众多历史学者论证为“虚构的”或“想象的”。——译者注）

这个解决方法也有它的代价。它实际上跳过了一致同意这一要求。（虽然卢梭仍然主张为了组成“人民”，个人应该事先都同意这么做，但是在1800年后很少有人打算明确严格要求如此。）在最好的情况下，人民由全民公决决定通过由他们的代表所制定的宪法。但是恶性循环在这种情况下也没有消失，因为谁确定交付投票的问题，谁决定选民范围？嵌入时间的缔造权力不再存于个人手中，而在全体人民手中。因此，几乎自然地，制宪权力（人民，群众）从此包括某些人群。这没法回答之前非常具体的关于谁是或不是民族的一部分的问题。实际中，是由代表们来采取主动作出回答；他们发起提议，然后试图寻得支持。

1848—1849年法兰克福议会的片段显示两个关于“我们”的问题——发言人的身份和包含的标准——是紧密联系的。这个议会，渴望在1848年革命之后给统一的德国一个宪法，先让“代表们”提出。它没有等待唯一的德国人民的出现；它由代表们聚集在一起开始，然后思考它以谁的名义存在。焦点是在一个“大德意志”体或“小德意志”体之间选择，也就是说是否包括多民族的奥地利。这是一个政治选择，不是方言学，不是历史学，也不是费希特(Fichte)在《对德意志民族的讲演》中的阐释能决断的。议会1848年10月27日宣布了一个折衷方案：在“小德国”基础上纳入奥地利德语区。这样，它违背了决定退出的奥地利皇帝的意愿。在民众眼中，它没有使现有的政治制度变得不合法，尽管它作出了通过普选来实现公民权的承诺。普鲁士国王和奥地利皇帝都可以继续企图“以德意志的名义”说话。普鲁士国王弗里德里希-威廉四世(Frédéric-Guillaume Ⅳ)，在1849年3月以290票对248票当选德国皇帝，却拒绝从议会手中接过皇冠。几个月后，议会被军队驱散：虚张声势的制宪以失败告终。法兰克福的国民议会不拥有定义明确的民众；德意志人民的成形被延迟了。

如各政党在既有秩序（如西哀士 1789 年所说的“法定权力”）中争夺选民的喜爱那样，在更高的层面，也发生着为吸引这一秩序的制定者（他们的“制宪权力”）个体而产生的冲突。现代宪法的运作，使得原始缔造契约似乎一下子就导致了个人对制宪权力的放弃。这其实是个独特的想法，因为制宪权力正巧提供了政治生活中的一个反复出现的主题，尤其是当人们要求公民归附一个共同体或政治制度的时候更是如此，只需要想到这样的口号：“变成佛拉芒人并停止向比利时交税”，“变成荷兰人并把你们的摩洛哥签证还回去”，或者还有：“把你们的声音加入到对新宪法的抗议中”，就明了了。这些呼吁不是面向一个法定的“我们”，而是旨在创建或重组一个政治的“我们”。这一最终决定国家的诞生和死亡的更高层面，也就是争夺欧洲公众喜爱的战斗所展开的层面。

如果欧洲整体要从法律事实的地位转入政治事实的地位——并且欧洲整体的很多代表者都说这是他们的希望——就应该诉诸各国公民个体的制宪权力。这个举动将被戴上胜利的王冠——如果欧洲的政治代表们能企图以一个共同的“我们”的名义来说话和做决定，而没有因此被士兵驱散、被媒体嘲骂或者被选民惩罚。

这样的企图中总会包含有部分的虚张声势。所以欧洲负责人不得不维持勇敢的决定和政治家的巧辩两者之间的不稳定的平衡，这并不奇怪。人们可以嘲笑这些，但事情的本性就是如此。这样的走钢丝的行为六十年来一直持续着。“我们”尚待形成。

现在，来思考“我们接受”这神奇用语的另外一个组成部分，也就是被认为支持了制度事实的那个部分：“接受”。集体接受的来源是什么？两个最简单的回答是：权力和习惯。

以道路规则为例：为什么就算路上没有人我们也会在红灯时停车？第一个假设是：因为惩罚的威胁。强大的统治者有突然出现在每个交通信号灯后面的潜在可能，比如突然出现一个佩枪的并挥舞着违章罚单本的警察。对法律的接受建立在强制力之上。这是服从的简单模式，具有一定的解释力。但是，这个模式是有缺陷的。想想1992年洛杉矶骚乱时发生的掠夺吧：警察没法把掠夺者都抓起来，太多了。取而代之的是，警察把一名手持武器想要保卫自己商店的商人给抓了起来。对于这个人而言，教训是残酷的：规则在统治者眼中只在它被大多数人遵守的情况下存在。结论是：权力不只是从上而下树立起来的。

另外一个假设是：人们接受一个规定就是因为人们一直都是这么做的。从学习骑自行车开始，人们就在红灯时停下。首先人们让自己被说服红灯时通过路口会有被车撞的危险，但后来人们忘记了教训，红灯时停下变成了显然该做的事情，所有人都在红灯时停下。这个对集体接受的解释也是不充分的。因为习惯本身的起源还未得到解释。一个制度是从什么时候开始被接受的？哪个时间点是开始？并非像我们想要认为的那样，并非所有的制度都建立在前一个制度之上。总应有某处是不连续的。

所以权力和习惯不足以解释集体接受的机制。两者都无法回答其各自本身的起源。

英国哲学家赫伯特·哈特（Herbert Hart）引入了两个能使我们更好地理解集体接受机制的区别：一阶规则与二阶规则的区别，和规则遵守的内部视角与外部视角的区别。[①] 他的分析也让法律

① Herbert L. A. Hart, *The Concept of Law*, Oxford, Oxford University Press, 1961.

类型的制度事实和政治类型的制度事实的区别更加清楚。

一阶规则是关于个人行为的规定，例如：不在嘴里满是东西的时候说话，在红灯时停下。二阶规则是关于规定的规定，例如：是你的妈妈决定你是否好好地吃饭了；警察能开出处罚单；议会有权改变规定。而一个只有一阶规则的既成系统（例如礼仪规定）是不确定和静止的，二阶规则使得关于“有效性”、“判例”和“立法”的讨论成为可能。在哈特（Hart）看来，这样的规定之上的规定的整体之出现，标志着从一个前法律秩序过渡到了法律秩序，而向政治秩序的过渡则是其延伸。

如果谈到尊重规则而不是尊重权力或习惯的问题，哈特则倾向于从内部视角与外部视角的区别来考虑。外部视角是交通信号灯的观察者的视角，他得出结论说当红灯时有很大可能人们会停下。规定于他而言是一个可认定的事实，不包括任何的主观方面，例如害怕、道德或信仰。内部视角是驾驶者的视角——至少是大部分驾驶者的视角，对于他们而言，红灯是停下的理由。如果人们问他们为何停下，他们回答：“因为是红灯。”规定是不能被质疑的标准。两个视角的区别是这样的：它将“我们接受”（内部标准）从“人们明显地接受”（外部事实）中分离了出来。

根据哈特的观点，一阶/二阶和内部/外部这对区别为法律秩序的运作提供了条件。一阶规则应该由公民遵守，不管他们是将其内部化还是因为害怕被惩罚而这么做。二阶规则的运作则是不同的：官员、法官和其他官方世界的代表必须把它内部化。支持整个系统的最终的超级规则对于他们而言应该是一个显而易见的标准。使得在红灯前停下的公民遵守此规则的威胁并不能让人确定哪条法律是正式有效的。实际上最终掌握主权武器的是谁呢？在哈特的法条主义的观点中，存在着一个严格的分工：一边是顺从的公民,而另一边是接受体制的法官。这一构想的解释力量还是有某些弱点。它用于解释法律秩序是可接受的,但用于解释政治秩序是不能令人满意的。

政治要求人民也接受二阶规则的主要条款。因害怕惩罚而盲目顺从是不够的。最低要求很难被界定。不能要求人民了解整个宪法或刑法(律师专门从事这些),但是不应满足于所有人做同样的事情而不问为什么,就只知道说“这是法律。”宽泛地说,大多数人民认同“我们的立法者”、“我们的法官”和“我们的警察”,这看起来是必要的。如果没有这样的感情,那么人民所经历的情况就好像由外国势力统治一般。

这样的“我们”的感情是所有无论新旧的政治秩序所关切的,因此对于欧洲秩序而言也不例外。对于“布鲁塞尔规定过度”的指责就很好地显示出了欧洲规定并不被作为“我们的(规定)”(不过,这些“我们”是由什么混合而成的呢?)而得到承认。因为欧洲不是一个自然事实,对这些规定的解释也就没有提出什么重要理由。只要“布鲁塞尔”被视作外国的占领势力,所有发布的信息背后就都会有宣传的味道。

如何把握这种“我们”的感情?很多政治思想家曾经试图抓住这一难以把握的内部运动、理解这一能连接政治共同体的社会联系的秘密。根据学科和知识模式,社会科学专家们谈论着“人民”、“文化”、“民众”、“团结互助”或“民族身份”;相关议题的出版数量是巨大的。但是问题在于,以上所有术语都没有一个指出这个事实:所有这些都要回到一个内部准则那儿去。“我们”是一个内部现实,它属于对自身的(集体)代表。

一个外部观察者不能对内部准则方面说什么重要的东西,这不是他的事。对于他来说,最好是待在外部方面。人民对政治秩序的二阶规则的接受是如何在事实中可见的？让我们试试将其与体育比赛作个比较。在一场比赛里，规定得分的规则极少被明确指出。但是，它们首先被负责让它们被遵守的人实施。裁判宣布"犯规"或"得分"这类判决与法官或官员宣布"这是法律"这类有效性裁决相似。只有在使用中，不可见的内部准则才得以作为外部事实表现出来。但是二阶规则不仅仅由官方世界使用，也由人民——扮演公众角色时使用。公众做什么？他们汇集。他们发出欢乐的叫喊声。甚至在裁判吹哨宣布得分前，他们就已经从板凳上起身并喊道："得分！"这样的叫喊是公众表达认同二阶规则的一种方式——这对于所有观察者来说，是看得见和听得见的。

人们经常忘记公众这一必不可少的角色。事实上，让大家遵守主要规则的任务并不是落在他们的肩上。在红灯的例子中，公民自己就是"参赛者"，他们一旦违规就会招致一声哨响。对于二阶规则而言则是另外一回事。判例和立法是辨认、实施和修改规则的"超级游戏"的一部分。这个超级游戏一般不由公民来玩，而是由规则的实施者（法官、官员）和修改者（政治人物）来玩。尽管如此，在这一层面，公民还是必不可少的。例如，公众在法庭的长椅上出席，这并不是一个简单的细节，它表明审判不止涉及犯人，也和整个社会有关。

但是政治人物比其他所有类别的社会行动者都更需要公众的出席。一个法庭可以待在阴影之中，而一个议会则应该在完全的光亮中进行辩论。区别源于这两种工作的不同性质。法律判决原则上求助于隐含的规则（前例、宪法），而对于修改或制定一个规则的政治理由却没有任何业已存在的标准。这是合乎逻辑的，不然的话所要成立的规则事先已经存在了（那就不需要制定或修改了）。但政治家的行动并不是随意的。他们所做的——或企图做的——在于“以人民的名义”、“为了总体利益”或为了另外的大原则而修改规则。关键在于要让这个企图可信。可感知的成功的唯一标志就是公众的支持。这不只是对公众通过选举来决定和更换参赛者的代议制民主有效，更是在一般情况下都有效。无论任何政治秩序都离不开与民众的联系。没有看台，就没有竞技场。

公众是任性的。有时，他在国王通过时摇着旗帜叫好。有时，他生气、游行、罢工或暴动。公众懒懒地坐在长椅上，每天注视着政治竞技场里参赛者的情况和动作。很大程度上是受到咖啡馆中的空泛议论和报纸上栏目的影响，他关心与他相关的事务并确立了一定的想法：这就是公众舆论。公众时不时地起身投票。但有时公众会对发生的事失去所有兴趣。这会导致公众自身的消失并让公共事务成为孤儿。

尽管公众有着变化无常的心情和难以琢磨的特性，公众——这个人民通过它来表现出对于政治秩序二阶规则接受——的多形式的出现是一个不可否认的事实。所有外部观察者能看见、听见，有时甚至能感觉到或触摸到它。它所引发的巨大利益可以参照为了仔细检测和衡量它的表现所发挥的能量来估计：以百分比来分析的选举结果、对电视观众和广播听众兴趣的衡量、网站访问量的统计——公众舆论被极为精细地探测着。中心问题似乎是：公众想要什么？那些摇动旗子，给报纸写信或在部长办公室前扔掷污物的人头脑里想的是什么？重复一点：研究者们没能发现情感。人民的意愿只有通过公众事实来表达。我们最好是采取一个行动主义的视角，而不是试图对人民进行精神分析。因为，如同谚语说的那样：并没有什么爱情，只有爱情的证据。（或者说，“爱情”本身是看不到的，我们看得到的只有“爱情的证据”。——译者注）

所以说，要看到政治秩序以及政治人物的强烈希望所需要的证据。在舞台上，是政治人物们作为表演者，并且他们的游戏必须说服公众。没有报纸、没有公众舆论、没有游行示威，政治人物只不过是职能执行者。虚荣心，是他们的德行。

三种策略

一个欧洲政治竞技场需要一个欧洲公众。但后者真的存在吗？

如同专有名词“欧洲”一样，其属格“欧洲的”能让人想到地理、历史、法律和政治的交错混杂的含义，没有一个能简化成另一个。但这不意味着人们不能对它们进行排序。如果再加上对行动领域进行区分的话，分析就能更有成效。外部的、文化的和地理的领域由制度领域之外的人占据。在“欧洲伟人”的表格里，哥伦布(Colomb)和歌德(Goethe)的所处的格子与让·莫内或斯巴克是完全不同的。

从两次世界大战之间开始，“欧洲人/欧洲的”一词的用法就遇到了有趣的变化。(名词“欧洲”的属格 Européen 或英语 European 既可以表示“欧洲人”，也可以表示“欧洲的”。——译者注)这对于各民族国家牵涉其中的向欧洲的过渡有着重要意义。政治人物和作家让-弗朗索瓦·德尼奥(Jean-Francois Deniau)在 1977 年写道：“不再有‘欧洲人’了！……五十年前，人们很自然地谈到欧洲人，以把我们这一地区的居民区分于世界上其他地区的非洲人、亚洲人和美洲人。如今，这个用语过时了，并且几乎从日常使用中消失。现在，它只能用来表示欧洲‘界’，也就是围绕着让·莫内或布鲁塞尔机构的舆论运动或专家团队。在现在实际使用的分类框架中，相对于第三世界和东方国家，我们被归类为‘西方人’，或者是‘白人’或‘工业化国家’。”[①]

这个评论相当重要。用我们对不同领域进行分析的用语将其进行重述，就是：1950年以后，“欧洲人/欧洲的”一词离开了外部的、自然的和地理的领域（在这个领域里，它自然地与美洲、非洲和亚洲这些用语相关），而加入到了内部制度领域（在这个领域里，它具有对于“欧洲”的建筑师或建造者而言归纳出了身份认同的意识形态特征）。因此，在1950和1960年代，舒曼的政党是“欧洲党”，并且“欧洲人”们为英国的加入而四处奔走，而戴高乐虽然是法国人，但在任何情况下都不被看作是“欧洲人”。这是一个奇怪的悖反：在关于“欧洲”的激烈讨论的这些年里，住在欧洲的人们不再被称为“欧洲人”。“欧洲人”一词的概念从一个大陆上的居民缩减成了一个计划的倡导者。

但是，论述到这里，有一个空白对我们提出了问题：那么在成员国整体的中间领域就没有“欧洲人”了吗？上面的论述，就好像从外部的大陆的领域直接跳进了布鲁塞尔的内部领域，而没有通过成员国领域过渡。其实这恰恰是1970年代以来欧洲政治所努力填补的空白。被组织起来的“欧洲”认为需要作为公众的“欧洲人”就是各成员国的人民。不需要更多——挪威人、瑞士人和欧洲部分的俄罗斯人都没感觉这些与他们有关；但也不能少——光有布鲁塞尔内部领域的外交官、议员、官员和说客是不够的。换句话说，（在1977年，九国的时代）所要达到的目标是从官僚机构的封闭空间中一次性地提炼出“欧洲人”而（至少部分地）使德国人、比

---

① Jean-François Deniau, *L'Europe interdite*, Paris, Le Seuil, 1977, p. 237-238.

利时人、英国人、丹麦人、法国人、爱尔兰人、意大利人、卢森堡人和荷兰人的自然定义整合到“欧洲人”之中。

但如何做到呢?

现代国家利用各种策略来吸引和保持公众的注意:风中飘扬的旗帜、阅兵、议会和媒体、退休制度、维修公路或义务教育等等。这些方式可以同时使用(越多越好),但人们能区分不同的传统。有三大基本形式:我们的情感可以从“我们的人民”、“根据我们的利益”或“我们自己的决定”三个口号所概括的思想中获得可信度。纵观历史,这些面向公众的策略分别可以被称作“德国式”、“罗马式”和“希腊式”。欧洲政治依次使用这三种策略而得以形成。

“德国式”策略在于统治者和被统治者的历史和文化身份。一些人和另外一些人说相同的语言,尊敬相同的价值和相同的圣书,共有相同的习俗,或者他们的祖先参加过同一场战争。公众应该有这样的感觉:他们(领导者)和我们(被统治者)属于同一人民。借法国大革命之机,德国思想家们例如赫尔德(Herder)、施莱格尔(Schlegel)和费希特趁势让民族主义变为知识记述。他们自觉属于德意志民族,他们为德意志没有国家而痛惜。他们雄心勃勃地想通过自己的文字来创建一个民族情感,然后国家会随之而来。这个意识形态方针在整个欧洲都有追随者。从伦敦到贝尔格莱德,从巴黎到巴勒莫,人们依靠相同的技术来让民族身份得以表现或产生。已知的方法有编写民族史书、采用国旗和国歌、庆祝国庆、建立义务教育和兵役、创造共同的语言、建立荣耀的英雄纪念碑和“创造传统”等。

“罗马式”策略的基础是人民从政治运作中获得好处。统治者给予保护、创造可能性并付出金钱。他们的目标民众由当事人组成。“罗马式”这个修饰语在这里不是返回到罗马共和国,而是罗马帝国，在那时公民没有发言权，而统治者以“面包和游乐”哄骗人民。由罗马和平所提供的安全是——除了物质实现例如引水渠和公共浴室——帝国所拥有的用来让外国人民归附到政权之下的大王牌之一。

三折画的最后一幅——“希腊式”策略，其基础是对以自己的名义作决定的代表群体所进行的阶段性评估。这个方法有时候由人民对于向他们提出的问题进行直接投票来补充。目的是使得法律和决定被认为是“我们的事务”，公众对此拥有发言权。古希腊是多数同意表决原则和民主基础的摇篮。公众在希腊式策略中被赋予关键的角色，面对不确定的未来，这一角色加强了长期政治反应的能力。

欧洲成员国从这三个传统中分别汲取了思想和灵感要素，以加强整体。它们组织选举、给予补助并颁发奖励。它们设置了一面旗帜和一首盟歌、它们思考英雄、它们承诺了保护公民和很多其他事情。在一个策略失败的情况下，人们就尝试另外一个。在这种情况下，内部领域的机构，欧盟执委会和欧洲议会积极寻求公众的厚爱，这并不奇怪。在中间领域，态度则更为模糊。成员国承认“欧洲公众”的作用——是他们在这方面作出最重要的决定——但又不愿意失去本国的民众。争取公众的战斗就这样变成了欧洲整体和各成员国之间对立的舞台。

对“欧洲民众”的寻觅，以及与之相伴的内部领域的热情和成员国的不认真，是本书第七章至第九章的主题。对该主题的分析并不是以大事年表的方式，而是按照德国式、罗马式和希腊式策略依次进行的。每个方法都取得了一定的成功，但也遭遇了特殊的障碍。

但是事情从1977年以来发生了变化，正当让-弗朗索瓦·德尼奥对“欧洲人/欧洲的”这一词语的观察似乎表现出只有自我宣称的“欧洲人”还继续存在于布鲁塞尔。这个词语从那时起从封闭的官僚机构朝着中间领域方向开始移动。成员国人民也部分地变成了欧洲人，至少他们向调查机构是这样宣称的。在1970年代中开启的征服民众的策略获得了一些成功，这是我们下文将要研究的。但是也发生了其他一些无法定义和震撼人心的事情。

1989年的地缘政治冲击给“欧洲”一词加载了新的含义。被美国和苏联分割了如此长时间的大陆重新意识到了它的统一。有两个发展是显而易见的：第一，圈子的边界得到扩展，以将几乎整个大陆纳入，这增加了地缘政治和文化含义上的“欧洲”一词在政治意义上使用的可信度；第二，西方的经济方法在全世界的扩散——也就是说1989年开始的，在美国领导下的“世界化”的进步——引发了经济和政治势力的巨变。1975年时还存在的世界划分——西方、东方和第三世界的世界分化——已经完全不再贴切。作为世界强势要素的社会主义“东方阵营”的消失，使得以前显然应有的“西方的”跨大西洋的团结互助受到了质疑。“第三世界”或多或少简化成了非洲——如今中国和印度的兴起让亚洲重拾起自身意识，而南美也要求赋予它一个位置。换句话说，如今几乎全是联盟的公民的古老大陆的居民们，如果有一天感觉在自己身上出现了作为“欧洲人”的情感，那么世界历史的进程对于他们的聚集是有贡献的。

第七章　德国式策略：建构“欧罗巴民族”

欧洲将不会是一个简单的、经济甚至政治转型的果实，它只有在这些条件下才真正存在：当它采用了一个既定的价值、伦理和审美体系；当它激情振奋于某种思想和感受方式，而耻于另一种；当它以某些历史英雄为荣耀，而将其他人物妖魔化……塑造了德意志的，并非是“关税联盟”(Zollverein)，而是费希特的《论德意志民族》及其制造的道德教员。

——朱利安·班达(Julien Benda)，《论欧洲民族》

在《罗马条约》的头几行里，六个创始成员国确认它们向往一个欧洲人民之间的“愈加紧密的联盟”。这个在今天仍然有效的表述，是模糊的。它建立了一个持久的运动，但却没有确定任何目标。这一开放的结局成为了国家间难分胜负的争论的对象。人们是追求建立一个“联邦”、“邦联”还是“联盟”？而这一联合对人民来说意味着什么，则很少得到讨论。(条约里只说了)他们应该持续地相互靠近。这意味着什么呢：他们是应该融合为一个更广泛的整体，还是尽管已靠近多年但还是保持各自的存在？这是两种不同的选择：选择单数还是复数？(“欧洲各国的人民”还是“欧洲

人民”。——译者注）

共同体机构的内部领域，创建欧洲身份的意愿是最为强烈的。一些在其中工作的负责人致力于催生欧洲的任务，他们把民族的多元性视作一个问题，并把“欧洲人”身份的创立视作解决方案。因此自然而然地必须要有一个文化和身份的政策。由一位英国人类学家进行的田野调查显示出了这一“联邦的使命感”是多么深刻地结合进了欧共体/欧盟执委会和欧洲议会对自身的看法之中，以及它们的思考方式和组织之中。① 在这个领域，心照不宣的中心问题是：要怎样做才能成为一体？

各成员国对推动泛欧身份政策保持缄默。有些人甚至在“欧洲日”这个 1950 年 5 月 9 日《舒曼宣言》的纪念日和欧洲官员的节日中看到了塑造民族的企图：已经通知过你们，欧洲会一点一点地取消所有我们的国家节日！在这些反应中只看见无谓的和不合时宜的紧张状况将是一个错误。双方都意识到：它们与公众的关系决定了它们的存在。

虽然成员国领域得益于多元性而活跃，值得注意的是它也不能摆脱某些促进身份认同的义务。不过，它所希望看到的由欧洲整体肩负的“我们”的情感，还是与在内部领域所被期望的那种具有完全不同的性质。成员国们并不寻求“成为一体”，而仅仅是寻求“是整体”。（请注意两个对立：“整体”对“一体”，“是”对“成为”。）成员国们不希望自我摧毁，这限制了它们对有朝一日如何达到统一这个问题的兴趣。但它们仍然还是要长久地面对这个问题：我们为什么要在一起？把我们和非成员国区分开的是什么？

---

① Cris Shore, *Building Europe: The Cultural Politics of European Integration*, Londres/New York, Routledge, 2000.

它们对其余世界和欧洲人民本身的影响取决于它们对这些疑问的回答。因为欧洲人民也好奇地想知道他们将和谁结伴。由各成员国组成的团体的自我定义一直都是政治战斗的焦点。

1. 如何成为一体？

在德国式策略中，应作为政治秩序基础的“我们欧洲人”的情感，是一种享有共同身份的情感。但在如今的欧洲，这尤其困难。

关键并不在于这样一个集体身份的原则的问题。为了打造一个集体身份，可能的原料清单是相对开放的：语言、文化、宗教、敌人、共同经历的考验等。所以完全有可能找到能连接欧洲人的东西，或至少能将他们与邻居区分开来。但是一个人类学、社会学或语言学定义对于政治人物并没有很大的帮助。对于政治，重要的问题事实是与此相关的人是否把自己视作欧洲人。隶属于共同文化的情感不是，或不再是一个可以强加的东西，而是自我代表的表达。人们能做的最多是吸引公众，通过图像、象征或陈述来引导他们。

因此，问题更多地在于实际的和历史的性质。欧洲各国从19世纪开始努力给予它们的人民一个身份。人们熟知意大利议员马西莫·达阿泽里奥(Massimo d'Azeglio)在1860年意大利统一后不久所说的一句名言：“我们造就了意大利，现在只剩下要造就意大利人。”①根据开始时的情况，要么把重点放在人民的历史先前性

① Massimo d'Azeglio, 1870, *in* Eric J. Hobsbawm, *Nations and Nationalism since 1780. Programme, Myth, Reality*, Cambridge University Press, 1992, p. 44.

上,这些人民应可以在一个国家里表达其意愿(这是德国民族主义者例如费希特等人的理想);要么放在国家的形成力量上,把群众转变为公民社群的任务就落在其肩上(例如在法国或西班牙)。总体上,人们可以认为大多数国家很好地达到了目标。义务教育、兵役、国家新闻机构、民族历史编纂、国庆节,这些都处处在为每个国家的内部文化统一作出贡献。人们在强硬手段前并不后退。于是少数派被压制,地方反抗(例如对排除地方语言的反对)被压碎。就像厄让·韦伯(Eugen Weber)关于法国的这一变化过程的著名研究的英文题目所指出的那样,为了把"农民变成法国人",实施了一切手段(英文书名即《农民变成法国人》。——译者注)——该书法语译本以《乡土的终结》(*La Fin des terroirs*)为题出版。无论给译本起个什么样的题目——富含教化韵味的咄咄逼人的题目还是文化同化式的题目——这一政策的结果都是 1815 年的欧洲协同在 100 多年后让位于一个牢固的民族国家社会。最能强行树立内部统一的国家也表现为最稳定的国家(多种族的奥地利和奥斯曼帝国在 1914 年崩塌了)。这些国家并非生来就倾向于放弃或与一个竞争者分享它们好不容易建立起来的它们存在的基石,这是可以理解的。

事情的这个方面很大地限制了泛欧洲身份政策的可能空间。现今的政府领导人有时会响应意大利名言说:"我们造就了欧洲,现在只剩下要造就欧洲人。"[①]如果说这句话所表达的是想找到一个"欧洲公众"的希望,在这个范围里,这句话是站得住的。但如果将其与 19 世纪民族主义计划平行对照,那么就是骗人的。民族国家的操作是不可复制的。首先,民族国家所涉及的人民在当时拥

① Bronislaw Geremek, in *Le Monde*, 18 février 2004.

有一个牢固的文化身份：它们分别组成了受过(民族)教育的民族，对于这些民族，所有异于民族国家的存在形式都变得不可想象。“如今哪儿有自愿或被迫‘被欧洲化’的乡下文盲?”[①]一位德国学者思考了这样的问题。其次，强迫手段不再是现代欧洲社会可以接受的同化技巧。不仅以语言统一的力量来强行树立变得不再可能，而且隶属文明民族先驱的那些国家还必须要承认在它们领土上的少数民族语言。

20世纪50年代的欧洲缔造者们回答说，他们的目标与制造一个欧洲民族完全不一样。相反地，他们所设想的建设，是指向反对19世纪的民族国家。在他们看来民族主义是一种毁灭性的力量，近期世界冲突所导致的破坏足够使之失去信誉。在第二次世界大战后的头些年里，欧洲思想所得到的威望与民族国家所失去的信誉成正比。

缔造者们所瞄准的目标仍然包括一个暗含的紧张。欧洲的统一是一个“和平计划”还是一个“强权计划”？和平计划是：取消民族、打破国家主权，以在欧洲迈出全世界走向和平的第一步。强权计划是：把各民族合并成一个更广泛的整体、集合各国的力量，以使欧洲更好地在世界背景下捍卫共同利益。这两个计划在很长时间里都共同存在。前者的支持者大体上是在海牙、布鲁塞尔和围绕着让·莫内转的圈子，而后者的支持者则活跃在巴黎，最初是在波恩。

这两种观点所需要的公众是不同的。在和平计划的框架中，欧洲是“完美的合乎道德的行动”[②]，由和解的意愿和理想主义所支

① Jan-Werner Müller, *Europäische Verfassungspatriotismus — eine Europäische Verbindlichkeit?*, *Transit*[(hiver) 2004/2005], 28, p. 175.

② Julien Benda, *Discours à la nation européenne*, Paris, Gallimard, 1979, p. 124.

持。在强权计划的框架里,欧洲一体化则是一个政治行动,建立在判断之上,并意味着对于参与者自身利益的再定义。在第一种情况中,各民族的国民应该变成无国籍世界的公民(或不受政治影响的消费者);在第二种情况中,参与的欧洲人甚至对于他们的身份感到自豪。换句话说,和平计划要求为了所谓的普世价值而牺牲民族身份;强权计划则要求发展一个欧洲的身份认同。

1973 年可以被认为是两个计划之间突然转变的时刻。和平计划随着新的法德战争越来越不可能而变得不再紧急。相反地,欧洲对世界之影响的衰落随着冷战和去殖民化而变得愈加明显。这使得强权计划越来越切合时局。1973 年英国的加入标志着这两个缓慢变化的大方向的交汇点。成员国们从此能"以欧洲名义"与以外的世界对话。九国领导人在同年 12 月聚集在哥本哈根讨论它们的国家俱乐部在世界中的地位,这不是一个偶然。这个会晤的结果是"关于欧洲身份的宣言":这不是学者们的思考,而是在最高政治层面所表达的一个自我定义的尝试。

欧洲政府领导人从 1973 年起在很多方面再次推动对共同民众的寻觅,这股干劲是很明显的,尽管它很少被提及。"哥本哈根宣言"使得德国式策略合法化,这一发展欧洲文化政策的机会在内部领域被热情地接受了。一年之后,行政领导们建立了欧洲议会的直接选举,这又复活了希腊式策略。再下一年,趁着 1975 年廷德曼斯报告的势头,他们又讨论了对于他们的公民们能有切实可见的好处的政策,这就明确表达了罗马式策略。

通过这些行动,九国领导人事实上决定了:在 1952 年成为法律事实的成员国整体也应该成为一个政治事实。创始条约的政治终极目的,之前被简化成了没有限制效果的序言,现在则获得了在事实中得以表达的机会。这是一个根本的转折点。尽管各成员国如今还在组成公众的方式上相对立，但是它们在 1973 年后不久回答了欧洲公众存在的必要性问题。从各成员国在世界舞台集体前进（虽然是踮着脚的）开始，它们不得不需要一个为它们所特有的公众。

文化政策

九国政府首脑提出欧洲有一个身份，这一宣言开启了内部领域的许多创举。内部领域自认为有充分理由来提出介绍、重新发现或加强这一身份的计划。在欧共体执委会和欧洲议会中，人们很自然地找到了 19 世纪民族主义的政治技巧：它将欧洲的过去视同现今的“我们”的镜子，掸去它的蒙尘，开动起叙述和图像机器。人们希望通过这些行动，在人民的意识中开辟一条道路。

欧共体执委会在 1977 年提出了一整套促进文化产品和服务自由流通的措施。因为缔造条约没有给予该委员会任何关于文化政策的权限，它被迫给这些措施套上了一个经济外罩。许多倡议还是充满象征性的，例如在博物馆布置“欧洲厅”来展出“属于欧洲遗产”的物件的想法、建立共同体的文化机构的想法，或者还有拍摄“每集至少 5 分钟的介绍过去和现在的大欧洲”①的 365 集电视节目的建议。部长理事会拒绝讨论这个报告。英国和丹麦在法国和德国的暗中支持下反对该计划。如果说对于共同文化遗产

---

① Commission européenne, *Community Action in the Cultural Sector. Communication to the Council*, 22 novembre 1977, *in* Tobias Theiler, *Political Symbolism and European Integration*, Manchester/New York, Manchester University Press, 2005, p. 58.

的保护还是可以设想的话，那么开放带有英雄画廊的欧洲博物馆的想法则有过于强烈的国家构建的味道。这不是成员国们想要的。

欧共体执委会想要引入到教育中的“欧洲维度”也招致了反对。布鲁塞尔欧洲机构里负责教育的领导提出这种倡议并不奇怪。政府首脑难道没有表明欧洲身份的存在吗？难道历史和地理课程不能在加强欧洲身份方面创造奇迹吗？

最痛苦的片段发生在这个时候：执委会对一本面向大众的关于欧洲历史的书的出版发生了兴趣，这本书就是让-巴普蒂斯特·迪罗塞勒(Jean Baptiste Duroselle)的《欧洲：人民的历史》(1990)。该作品呈现为一个道德伦理的“成功故事”，庆祝欧洲统一战胜了分裂的负面力量。叙述从宙斯拐走欧罗巴公主开始，经过罗马和查理曼帝国，穿过民族主义的灾难时期，以 1945 年后精神的重生结尾。该作品受到了严厉的批评。英国报纸把该书与“为意识形态服务的”①苏联历史编撰学相提并论。执委会取消了出版计划。一本相同主题的教科书的编写引发了一些滑稽的事件。计划是由十二国历史学家每人写一个章节，然后他们就用词问题发生了争吵。在关于法国的章节中所使用的“蛮族入侵”的表达被改成“日耳曼入侵”。西班牙人被迫放弃把英国人的海上英雄弗朗西斯·德雷克(Francis Drake)爵士定性为“海盗”。这些争论显示了把历史事件统一为中性的“欧洲的”版本之困难。

从这些惨败中吸取的教训是痛苦的：那些想通过创建一个“我们”欧洲的情感来寻求将共同秩序合法化的人，有可能看见它们的举动像回旋镖一样打回到自己脸上。人们会指责他们进行宣传。

---

① Adam Zamoyski, *in* Tobias Theiler, *ibid.*, p. 123 et 185.

依靠文化政策来组成一个公众，显然是一个危险的举动。

布鲁塞尔的机构还是作出了英勇的尝试，以渗透进民族身份教育的堡垒之中，也就是渗透到媒体和电影产业之中。所有革命者都知道，如今夺取权力是通过对于电视摄影棚的控制来完成的。欧洲议会在1982年的一份（没有限制力的）决议中明确提出了这一点：“欧洲只有在欧洲人愿意的情况下才能统一。欧洲人只有在存在一些像欧洲身份的东西的情况下才希望统一。一个欧洲身份只有在欧洲人被正确地告知的情况下才能发展。当今，由媒体发布的信息是在国家层面被管理的。”①结论就是：必须创建欧洲电视频道。对于电影产业也有类似的分析。

欧共体执委会也谴责国家媒体的垄断。在欧洲议会的推动下，由经济层面的理由所激励，执委会倡议打破这一垄断。“无国界电视”的指示经过多年谈判于1989年被通过。这一条文迫使成员国接受共同体整体的广播和电视节目的传播，协调广告市场并且由此创建一个电视节目市场。执委会希望可以促进视觉主题和共同历史的产生。结果，与期待的不同，建立了英语节目尤其是美国节目的统治：人们想要发展一个“我们”欧洲的情感，收获的却到处都是美国连续剧。

因为朝着欧洲身份的直接前进没有发生，只得尝试与其他身份对照的迂回（以显示欧洲身份）。美国在娱乐市场的统治给了为本土文化产业的保护提供了辩护的理由。在社会民主党人雅克·德洛尔到达布鲁塞尔后，这个在法国久已有之的想法被极力地强

① Parlement européen, Rapport Hahn (1982), *in* Richard Collins, *Unity in Diversity? The European Single Market in Broadcasting and the Audiovisual, 1982 - 92*, *Journal of Common Market Studies*, 1994, 1, p. 95.

调。文化产业应该在反对知识帝国主义的运动中为捍卫欧洲文明而服务。然而这样的辞令却不是更为大西洋主义的民众和成员国例如英国、丹麦和荷兰的看法。这不是一个关于国家整体的召集者的主题。迂回方法还是有问题：与美国的关系并不能定义欧洲，而是把它分成了两半。

然后就是寻觅欧洲身份的第三步。既然"自身"是难以琢磨的，而"其他"又不提供方位标，那么只剩下一个后退的办法：设想一个作为多样性综合体的"自身"。委员会在此基础上发展受到成员国赞同的媒体和电影政策。比如说，不是资助电影的制作以希望合作能产生一种欧洲风格，而是通过资助字幕和发行网络来支持某一个国家的电影在其他成员国的发行。在教育政策方面也可察觉到相同的变化，在欧洲教育内容的想法引发了抗议之后，落实学生交换项目、教师语言实习以及相互承认文凭的义务受到了热烈欢迎。

如果从对统一公众的政治寻找的角度来看，强调多样性其实是一种后退的手段。但是由当时的学者所提出的为多样性或多文化主义的辩护使得欧洲身份的建构者还是能以成功者的姿态撤退。从文化上构建出一个自身的目的，轻易地被替换为使民众发现其他(欧洲)人。这一手段是有价的。欧洲文化政策——每年耗资几百万欧元——如今还在"文化多样性"和"跨文化对话"的制度下运行着。

这一结论也出现于条约的文本之中。历史的讽刺是：在长久地为给予文化政策一个制度基础而战斗之后，欧盟执委会和欧洲议会最终仅仅满足于 1992 年的《马斯特里赫特条约》里作为备案的条文，即联盟不拥有一个单一的文化。相关条款更看重多样性而非统一，并且避免"欧洲文化"的表达，而且还承认属于国家甚至地区所特有的文化的存在。诚然，它承认支持“在文学和艺术领域创造的作品”的可能性，但这只是一个微小的安慰。实际上很清楚，这一可能性也就在于颁发奖项、发放资助和撰写报告。①

用统一的欧洲文化对共同政治秩序提供支持的想法遭遇了过于强大的反对。各成员国不希望其公民只视自己为欧洲人。面对这一封锁，关于文化政策的布鲁塞尔行动主义从1980年代末起不得已地选择了交流的实践和多样性的叙述。内部领域由此找到了它适度的角色：它加强各成员国人民之间的联系，而没有因此把它们建成一个统一的民族。

“德国式”策略还是保留了一些用处。在由19世纪民族主义遗留下的工具箱中，很多东西还能适用。当任何特定的文化内容都激起反对，那也总还是可能传播一些所谓的以普世价值、自涉机制或空洞符号为基础的图像或陈述，其中第三种方法（即建立在空洞符号之上的图像或陈述）能赢得最大的成功。

旗帜

1986年5月29日在布鲁塞尔举行了一个特别的仪式。人们在欧共体执委会驻所为共同体的新旗帜举行揭幕仪式。小学生们摇动着一些小旗子；桑德拉·金（Sandrakim）出现在一小撮官员和几个不明所以的路人的视线里。意大利裔比利时歌手演唱了几个月前她在欧洲电视台歌曲竞赛中夺冠的歌曲：《我爱生活》。然后12颗星的蓝色旗帜伴随着合唱团唱起的欧洲颂歌第一次作为其新的功能被升起（原来只是欧共体部长理事会的旗帜，现在成为欧共

---

① 《欧洲共同体条约》（CE），第151条。

体的旗帜，详见下文。——译者注)。欧共体执委会主席雅克·德洛尔和欧洲议会主席皮埃尔·弗林姆兰(Pierre Pflimlin)随后发言。两人都表达了希望这面旗帜成为为欧洲和平所作努力的象征。

这一事件是共同体机构多年游说的结果。严格意义上说，升起的不是“旗帜”，而是“标志”。这是各成员国大使一致同意的表达。这个“标志”从此以后能印在不同的材料上。例如，印在一小块长方形的布上。

一面旗帜是一个符号。它不意味着什么，但是“代表”着其他东西。不像一张卡片代表一种风景或一张照片代表一个人，而是通过或多或少有些随意的约定的方式，如同一个字母代表一个音或一个十字架代表教堂，在象征和被象征者之间不存在任何内在的联系。为了创建一个符号，要点在于达到公众视其联系自然而然的目的。就像汉娜·皮特金(Hannah Pitkin)撰写的，要做的工作关涉的更是“应该接受该符号的人们的思想，而不是符号本身。并且由于在符号联系方面不存在任何为什么接受这个符号而不是其他符号的理性论证，所以符号的创建不是一个理性的说服过程，而是对情感反应和习惯进行反复教育的操纵”①。在一个十字架前下跪或庄严地升起一面旗帜的人养成了这样的习惯。通过他完成的行为，他接受被象征者的存在。

第一次升起欧洲旗帜是一个决定性的前进。它让共同体联系变得明显。欧洲旗帜没有对它所象征的身份给出任何信息；它不反映起源或过去；它满足于表现被象征者存在。这是德国式策略的“最低限度”：一种没有内容的形式，一种纯粹的对关注的骗取。

① Hannah F. Pitkin, *The Concept of Representation*, Berkeley, University of California Press, 1972, p. 101.

因为旗帜的可见性，它反向地向公众提供了一种表现如何接受旗帜所象征的对象的方式。很多关心欧洲合法性的民主党人很可能会因看见舞动蓝色旗帜的人群而感到振奋，尽管这很可能是违背其本意的。

1986年的前进是几十年来上演着的连续剧集中的一个篇章。12颗星的蓝色旗帜本来属于欧共体部长理事会，该机构在斯特拉斯堡有固定场所。欧洲议会希望为欧共体装备一面自己的旗帜。最初考虑的样本是近1950年时的欧洲运动中尤其在比利时和法国流行的白底上印有绿色字母E的旗帜。人们花了一些时间讨论这个事情，但在一次竞赛、多次的纹章学和礼仪学研究，以及激烈的谈判之后，十五个成员国最后作出决定：旗帜将为蓝色并且刻印12颗星。而这面旗帜在1955年12月就被第一次正式升起了。

在斯特拉斯堡的欧共体部长理事会的邀请下，共同体在30年之后采用了这面旗帜，还有赞歌：贝多芬第9交响曲结尾的《欢乐颂》。欧洲用该赞歌确认了其普遍主义的倾向（"四海之内皆兄弟"，所有人都成为兄弟）。随着选择这面旗帜，它选择了一个独立于成员国数量的身份：星的数量是12颗，并将一直是12颗。

1984年的欧洲选举是这个政治-符号决定的缘起。政府首脑为参与人数太少而感到担忧。公众显然没有充分意识到共同体的重要性。几周后，在枫丹白露的峰会上，欧洲各国的领导人们决定让人们研究"关于加强和促进'共同体'身份及欧共体各国公民和世界各国眼中的该身份的形象"①。在最终的研究报告中，人们可

① Conseil européen, *Conclusion du Conseil européen de Fontainebleau* (*25 et 26 juin 1984*), point 6.

以读到以下的几行："无论是出于实际的还是象征的原因，在要吸引公众注意到共同体之存在的各种场合，比如在盛大活动、国家和国际展出以及其他一些场合，显然有必要使用旗帜和徽章。"[①]政府首脑在 1985 年 6 月的峰会上采纳了这个建议。

创建和使用欧洲旗帜的想法很谨慎地被推进。报告明确指出：在合适的地点和场合使用该旗帜"当然不限制各国国旗的使用"[②]。为了使采用欧盟旗帜显得正当合理，报告提出的理由是要在公民日常生活中加强共同体的可见性。对政府首脑的原则决定给出一个法律解读也是必要的。欧共体执委会 1985 年底公布的厚达四十页的关于"欧洲旗帜地位的理事会规定"的提议考虑到了一切，甚至连正式庆典要遵守的礼仪和反对滥用的保护措施——这让某些成员国咬牙切齿——也考虑到了。"你们可以想象一下当这份材料送达唐宁街 10 号的门垫上发出巨大的啪嗒声时玛格丽特的反应！"英国大使向一位同事低声吐露了他的抱怨。[③] 计划的支持者也倾向于避免关乎主权的讨论。他们知道，如果以"民族建构"的方式来表达，那么任何旗帜都不会诞生。会议的主席以图标身份这一理由绕开了障碍。这样，他就创造了一个能解除计划反对者缄默的空间。附属于"旗帜"的政治含义被放弃，共同体被赋予了一个"标志"。这个外交家的精妙手段避开了普通公民，德洛尔和它的同仁们只得满足于这一政治-符号行动。此前还从来没人见过一个在风中沙沙作响的"标志"。

---

① Comité-Adonnino, *Report Submitted to the Milan European Council* (Milan, 28 – 29 juin 1985), point 9.

② *Ibid.*

③ Charles Rutten, *Aan de wieg van Europa en andere Buitenlandse Zaken. Herinneringen van een diplomaat*, Amsterdam, Boom, 2005, p. 175.

所有旗帜都要和其他旗帜争夺领地。尽管共同体和联盟机构能在成员国里利用这面旗帜，人们也很少看见它独自飘扬，而最常见到的是它在国旗旁边。这样的信号很好地指明了：一栋楼属于欧洲领域或一个会议处于欧洲领域。不同的成员国对旗帜的使用各有不同。萨科齐总统所选择的是，在所有法国学校和官方大楼里悬挂正式徽标时，同时出现法国国旗和欧盟旗。相反地，英国是比较坚持的：英国政府长时间拒绝在国家汽车牌照上装备 12 颗星的蓝色标志。

在 2008 年 10 月一次关于信贷危机的峰会上，不同的旗帜完美地指示了在谈判领域每个参与者的立场。会晤由轮值主席尼古拉·萨科齐提议召开。三位其他政府元首出席：安格拉·默克尔、戈登·布朗(Gordon Brown)和西尔维奥·贝卢斯科尼(Silvio Berlusconi)，还有三位欧洲机构的代表：执委会主席若泽·曼努埃尔·巴罗佐(José Manuel Barroso)，央行行长让-克劳德·特里谢(Jean-Claude Trichet)和欧元集团主席让-克洛德·容克(Jean-Claude Juncker)。如何才能让两类与会者的身份有所区别并显而易见呢？在最后的新闻发布会时，前四位坐在一面国旗加一面欧盟旗后面，而后三位则坐在欧盟旗后面。

在 2004 年，欧盟旗帜和赞歌的地位几乎获得了提升。宪法条约赋予它们“联盟之象征”的地位。在批准失败后，关于它们的讨论重新开启。海牙、伦敦和布拉格尤其认为旗帜过于容易让人联想到一个建造中的国家。这必然会让(各国)民众担心。在这三个国家的挑动下，《里斯本条约》里删去了将欧盟旗帜和赞歌作为联盟之象征的条款。其他十六个成员国表达了它们的愤怒，在一份声明中，它们强调旗帜和赞歌“对于它们，(继续)是各国公民共同隶属于欧洲联盟以及各国公民与欧洲联盟之联系的象征”①。

欧洲旗帜目前保留一个模糊的法律地位。一方面,这一“空洞的”图标身份为整体创造与公众的联系提供了良好支持。另一方面,近期反对欧洲旗帜的国家蕴味的抗议再一次显示出:一个这样的合法化企图是多么地适得其反。这个二元性是公共存在的特性。当暴露在公众的目光之下时,要么收获掌声要么收获嘘声。

共同体在可见性方面的任何倒退都是不可能的。四分之一个世纪以来,象征物和被象征者的精神联系是如此之成功,以至于向批评让步和放弃旗帜就等于欧洲整体的自我解散。

先贤祠

先贤祠是埋葬国家英雄的真实的或象征性的地方。对于一个社群,是创建共同过去的方法。因此,法国政府在 1789 年大革命后不久就决定把刚建成的圣-吉纳维芙教堂改名为先贤祠,并把它作为法国英雄们的陵寝。法兰西民族,变成了法国主权的新支撑,它需要一个能与多个世纪的皇权相匹敌的历史合法性。米拉波(Mirabeau)是第一位安葬于此的(1791),紧接着就是伏尔泰和卢

---

① Acte final de la conférence intergouvermentale, 13 décembre 2007, *Déclaration du Royaume de Belgique, de la République de Bulgarie, de la République fédérale d'Allemagne, de la République hellénique, du Royaume d'Espagne, de la République italienne, de la République de Chypre, de la République de Lituanie, du Grand-Duché de Luxembourg, de la République de Hongrie, de la République de Malte, de la République d'Autriche, de la République portugaise, de la Roumanie, de la République de Slovénie et de la République slovaque relative aux symboles de l'Union européenne* (Déclaration 52), in *Journal officiel*, 17/ 12/2007 C 306/02.

梭。但这个由“民族”特别给予其伟人的敬意也是一种行为，通过这一行为，民族利用历史伟人想象出自己。重要的是在信息的接收者中引起“这是我的人物，我的人民，我的国家”的情感。

不言而喻的是，当多个政治社群的自豪投射向同一个人时，这一对于身份认定的邀请会变得复杂。克里斯托弗·哥伦布(Christophe Columb)是西班牙人还是热那亚人？历史学家在争论。弗兰兹·卡夫卡(Franz Kafka)是捷克人还是德国人？不同的书籍给出了不同的选择。希特勒是德国人还是奥地利人？拿去吧，别感到特别为难。

民族国家不支持抢夺先贤的纷争。成员国反对布鲁塞尔“伟大的欧洲人”系列电视节目的提议，这一点儿也不奇怪。少数英雄还是成功地被树立为“伟大的欧洲人”，这一事实只是使人们对这些英雄印象更为深刻而已。对此不需要布置博物馆展厅或竖立雕像。窍门在于利用某些历史人物作为名称。

这样占为己有的最显著的例子是伊拉斯谟(Erasmus)，鹿特丹的博学者。以他的名字命名从此超过200万大学生受益的交流奖学金项目，这个举动是完美成功的。“伊拉斯谟”概念现在可以反射出“欧洲”的回响。伊拉斯谟很适合这一角色。在两次大战期间，一位法国学者已经在这位旅行人文主义思想家和伟大的和解者身上看到了“欧洲公民的完美象征”①。

被这一成功所鼓舞，欧盟机构教育领域的领导之后为一些项目选择了能够反射“欧洲”回想的名称，尤其是苏格拉底(Socrate)、列奥纳多·达·芬奇(Léonard de Vinci)、夸美纽斯(Comenius)和格伦特维(Grundtvig)等等。这些名人欧洲化的企图遭遇了失败。

---

① Julien Benda, *op. cit.*, p. 47.

以伽利略(Galiléo)的美名在2002年开启的一项著名的技术计划看起来有更多的机会。这是一颗可以打破美国垄断的定位卫星。但是只要系统不投入运转,对于公众而言,伽利略的名字更多地令人想起的是在比萨斜塔进行的重力加速度实验,而不是欧洲在宇宙空间的势力。

为了填满欧洲先贤祠,布鲁塞尔的内部领域显然偏好那些普世的、不会由一个民族国家要求(独占)的学者和艺术家。夸美纽斯在欧盟执委会官网上的介绍方式是非常有意义的:他没有国籍,但是他"出生在现在的捷克共和国";他被描写成现代教育的缔造者,但不仅如此,他还被描述为具有"为人权、为民族间的和平、为社会和平和人类统一不断斗争的世界性和普遍性的精神"①;一位世界公民,和平计划的先驱和英雄。

这样就为摆脱各民族国家的羁绊来定义共同身份这个困难的任务提供了一个具体的手段。欧洲,不呈现为一个促进多样性和对话的"多元体",而是呈现为一个肩负普世价值的开明整体。

使用国家领导人或政治人物的名字来代表欧洲几乎是不可能的。在欧洲历史中,一个民族的荣耀通常是另一个民族的灾难。拿破仑(Napoléon)是一位欧洲伟人吗?关于他的欧洲使命,他自认为"是查理曼(Charlemagne)而不是路易十四(Louis XIV)的继承者"②。但奥斯特里茨的英雄也是马德里的刽子手。不是所有人都能认同这个人物:他的合理性无法跨越所有边界。

历史参考越是微妙,自我参照就越吸引人。为共同体和联盟

---

① http://ec.europa.eu/education/programmes/llp/comenius/moreaubou_en.html

② Napoléon Bonaparte, *in* Julien Benda, *op. cit.*, p. 39.

的创立和建造作出过贡献的政治人物是不受约束的。在布鲁塞尔、斯特拉斯堡和卢森堡，欧盟执委会和欧洲议会的大楼里往往能看到这类人物的名字，尤其是阿登纳、莫内、舒曼、斯巴克和斯皮内利等。让·莫内特别受到高度评价：大量的大学讲席、研究中心、基金会用他的名字来装饰，不要忘了还有一些以之命名的学校。与前一个策略相反，这个策略是参引自身。它不创造任何新的合理性来源，而是确认了一个特有的身份。

以上列举的五位政治人物都属于“缔造之父”这一非常封闭的范畴。“缔造之父”这一表达是对自身的意识形态规划，受的是美国缔造之父的启发。20 世纪末的政治人物，例如德洛尔、哈维尔(Havel)或科尔，未来很可能会也会被供入欧洲先贤祠，但对“缔造之父”的认可具有先贤祠所不能提供的修辞增值。当联盟怀疑它自身的存在时，“缔造之父”能提供一种确信。

货币

引入欧元在荷兰引发了这样的美学反对：“我们漂亮的纸币”——灯塔、向日葵和山鹬消失了，这多么可惜！但在欧洲纸币既令人失望又让人讨厌的设计背后，隐藏着归属感政治的令人眩晕的历史。对公民的欧洲的寻觅从来没有如此戏剧性地体现在关于这几平方厘米纸面的战斗中。

新货币的引入——暂且不考虑一切关于其实际和金融的方面(这些在那时是很多评论的对象)——是头等重要的象征举措。关于这个话题的公众讨论非常少。货币只有在信任的恩典下才存在。收到一个硬币或一张纸币的人要能够相信他手中的东西代表了票面价值。问题不在于这钱是真的还是伪造的，而在于这是不是钱。很久以来这一保障都由国家提供。如果对于国家的信任消失了，其货币便失去所有价值并堕落为一小块金属或纸片。国家以赋予货币一个“标识”的方式来作为其担保者。这解释了选择(欧元)样貌的重要性。欧洲货币的创造，其焦点在于确定创造信任的共同标识。

名称本身可以是保障的第一标识。很多外币的名字反映了由硬币代表的贵金属的重量(镑、里拉、比索)，另外的则标识有发行货币的君王(克朗、里亚尔、杜卡托)或国家(法郎、弗罗林)，这后一种方法建立了货币和权力之间的联系。当欧洲领导人在马斯特里赫特决定采用共同货币时，他们还没有给它起名。旧货币系统的计量单位叫“ecu”。这个名称是“欧洲通货单位”(Eueropean currency unit)英文的首字母缩写，但这是吉斯卡尔·德斯坦的计谋——它必然要让人联想到埃居，一种法国古币。拥有最强劲货币的德国对这种同音异义的做法提出了异议，他们不愿意因存在法文谐音的货币而使德国民众对新货币失去信心。这一两难境地最后由最高政治层面解决。在1995年12月的马德里峰会上，政府首脑们选定了“欧元”(euro)这个名称。这个名称是德国财政部长特奥多尔·魏格尔(Theodor Waigel)提议的。这一名称在历史维度上是中立的，并且很接近“欧洲”一词的发音。所有人对此都感到满意。

关于硬币，各国部长们决定它们都拥有“国家的一面”和“共同的一面”①，以使得向新货币的过渡在公众心理层面更加容易。国家一面的图案由各国自己决定，条件是要出现标识欧洲的12颗星。对于欧洲一面，政府首脑们在1997年选择了成员国全体的领

① Conclusions du conseil informel ECOFIN du 12 et 13 avril 1996 à Vérone.

土作为代表图案。考虑到欧盟边境可能发生变化，地理并不提供一个固定的标识，但是身份认同的博弈更加微妙，最后胜出的设想包含三个变型：1 分、2 分和 5 分硬币上显示的是地球，表现了欧洲在世界上的位置；在 10 分、20 分和 50 分硬币上显示的是一张每个成员国作为一块拼图一个个地铺开所组成的地图；同样的地图出现在 1 欧元和 2 欧元硬币上，但这次国家间没有空隙。三种图案，代表了三个意思。欧洲首先从外部看作为统一体出现，然后从内部看是多元体，最后是作为自身的统一：分别对应大陆、成员国、成员国圈子。

关于纸币的争论令人印象深刻。基本的想法是为从 5 欧元到 500 欧元的七种币值制作统一形式的纸币。它们也要带有作为“我们的货币”的标志（为了便于鉴别假币，人们放弃了在票面上留有国家设计的空间）。对于硬币，传统上一般会使用君王的头像或象征人民的图案，而纸币则通常由一个民族所认同的历史人物、建筑或植物来装饰。欧盟当时有十五个国家，其中十四个因此倾向于使用历史肖像这种设计。对于共同货币，如果要坚持这一传统，那就要求选择值得成为欧洲之代表的七个伟人——在这个过程中，更微妙的是如何排除比这个数量还要多得多的备选人物。

选择图案的责任落到了各国央行总裁们的肩上，他们聚集在欧洲央行的预备机构中讨论这个问题。1994 年末，他们开始求助于专家。由历史学家、艺术史学家、心理学家和纸币设计专家们所组成的团队被委托了一个任务：确定三个“图案主题”。

什么样的图案是合适的呢？专家们从确立标准开始其工作。图案主题应该“象征欧洲，带有欧洲统一的信息”。纸币应该满足一些技术要求，例如可读性和安全性，而且还要“可被公众接受”。还是以拿破仑为例：一张印有拿破仑肖像的纸币并不是在所有国家都能被很好地接受的。咨询团队希望：除了上述标准，无论如何都要在纸币上加入欧洲旗帜。“撇开其作为图样的确切含义不谈，它真正的价值在于作为‘共同身份’的标志而被接受。”①全新的纸币可能非常需要这样的支持，以使得它被承认和接受。

咨询团队选择了 18 种图案主题制订了第一个清单，涉及城市、风景、名胜、诗歌作品、地图、学者头像和动植物群的图像。大多数的主题难免带有国家倾向：当人们只能有七种纸币图案时，不可能通过一个人物、一个名胜或一个诗歌作品给十五个成员国的每一个都带来荣誉。不过，一组头像系列的设计还是以“继承”为题被列在清单的第二位。该系列纸币的一面印有著名人物的肖像，而另一面则表明他们在相关领域的贡献。例如：“贝多芬和音乐；伦勃朗（Rembrandt）和绘画；夏洛蒂・勃朗特（Charlotte Brontë）和文学；玛丽・居里（Marie Curie）和医学。”然而民族身份仍是一个阻碍：“名人永远和他们各自的国家联系在一起。”②

人们会担心图案的意义仅被一个国家占有，这种担心也涉及植物和动物图案，“在大多数国家都有某种植物或动物作为国家象征的情况下”尤其如此。动物群的主题引致了一个不无挖苦意味的揭露式意见：“在其他大陆获得独立的国家通常在它们的纸币上印上动物，这是因为——即便这不是唯一的原因——它们没有其他伟大的东西可以加入到图案主题中。”③这种对去殖民地化的动

---

① Theme Selection Advisory Group, *Interim Report to the European Monetary Institute's Working Group on Printing and Issuing a European Banknote on the Selection of a Theme for the Banknote Series*, mai 1995, p. 3 - 4: www. ecb. int/bc/pdf/preparation/Theme_report. pdf.

② *Ibid.*, p. 18 et 30.

③ *Ibid.*, p. 28.

物主题的蔑视，也暗含了欧洲之自我意识的证据：欧洲由来已久。

自我参照可以成为克服民族身份这一阻碍的绝佳办法。有两个提议采用了这个办法，而它们之间又存在竞争。第一个提议是使用缔造之父们的肖像，包含阿登纳、德加斯佩里（De Gasperi）、莫内、舒曼、斯巴克五人。这一“共同历史的确认”被认为具有“很强的象征价值”。但这个提议有一个缺陷：大众不认识这些人物。这个反对理由诚然是恰当的，而且对于任何一个希望建构一个欧洲先贤祠的人来说，这个提议是一种自动实现的妥协。这个提议在十八种图案主题中排在第十七位。另一个自我参照的提议是位列第四的“联盟的目标、理想和渴望”。根据这个提议，在条约中被确认的一些价值，例如“共同公民性、多样性、商业发展”①，可以获得一个位置。该提议的诸条缺陷之一是：这些并不是典型的欧洲理念。自我参照在该情况下没能抵挡普遍性的问题。

另外一个可以克服民族身份之障碍的方法是使用彻底与过去无联系的图形。即货币上只装饰未来主义的、抽象的图形，这样可以避免让人感到它代表了某种文化。这一提议光荣地排在第三位。

最终获胜的主题是“欧洲的各个时代和建筑风格”。纸币正面将呈现欧洲人像，这些人像必须取自画作、图案或草图，而且必须是匿名的普通人，并且年龄和性别要平均。纸币反面的图案将提供对相关时代建筑风格的解读，“清楚地表达欧洲建筑的丰富和统一，但并不特别参考一个已存在的建筑”。咨询团队认为这一主题

---

① Theme Selection Advisory Group, *Interim Report to the European Monetary Institute's Working Group on Printing and Issuing a European Banknote on the Selection of a Theme for the Banknote Series*, mai 1995, p. 41 et 13.

完美地符合欧洲在世界其余地方人们眼中的形象。“对于几乎全体世界人民而言，欧洲以其造型艺术的品质而闻名。”而且，“美国和日本游客没法例举一位欧洲领导人的名字，但他们通常知道欧洲最著名的博物馆的名字”①。历史这一内部分裂的来源最终还是作为旅游吸引力在共同身份中被赋予了一席之地。

各国央行总裁遵循了这个意见。1995 年 6 月，他们排除了排在前三位提议中的“历史人物图案主题”：贝多芬、伦勃朗、勃朗特。此时可供选择的还有“时代和建筑风格”主题和未来主义系列。第二个没有问题，但是欧洲文化政策的困境在第一个主题中又重新出现。

人们又一次向专家们求助。这次专家们为纸币的反面选择了七个历史风格，每种面值对应一个：古代、罗马、哥特、文艺复兴、巴洛克、洛可可、新材料（钢铁和玻璃）、现代。任务本来是要求使用建筑风格的艺术解读图案，但大部分专家觉得使用艺术解读并不“切实”，因此他们倾向于采用“真实的建筑物”②。专家们选取了两个系列的存世名胜古迹：5 欧元纸币上印有代表古代风格的尼姆方形屋和尼姆城附近的嘉德水道桥；10 欧元纸币上印有代表罗马式风格的隆德大教堂和圣-米歇尔山修道院；这样一对对地继续，直到 500 欧元纸币，人们在其上赋予代表现代建筑风格的芬兰大会堂和里特韦尔设计的施罗德住宅。所有这些风格从欧洲大部分

---

① Theme Selection Advisory Group, *Interim Report to the European Monetary Institute's Working Group on Printing and Issuing a European Banknote on the Selection of a Theme for the Banknote Series*, mai 1995, p. 16 - 17.

② Feature Selection Advisory Group, *Selection of Design Features. Report to the European Monetary Institute's Working Group on Printing and Issuing a European Banknote*, novembre 1995, p. 7.

地区取材。通过使用这些真实建筑的图案，欧洲联盟将能够立足于欧洲文化的历史之中。

针对用来装饰纸币正面的匿名人像出现了另外一个微妙的问题。怀疑还是在于：基于风格特征或位置所选择的作品，是否具有民族解读的可能性。于是，两个人像系列被选作正面图案，同时希望其艺术品质能够平息上述怀疑：代表古代风格的，是利西普斯学校的运动员的头像，以及某位名叫安提凯希拉（Anticythère）的青年男子像，以此类推，直到系列结束：代表20世纪的是一张奥古斯特·桑德尔（August Sander）拍摄的年轻妇女的照片以及约瑟夫·库特（Joseph Kutter）自画像。

1996年初，央行总裁们发起了一个竞赛。他们收到了40多个参赛设计，要么以“时代和风格”为主题，要么以非象形图案为主题。它们中的10个被提交给一项在参与的成员国中进行的民意调查。1996年12月，总裁们在所有这些数据的基础上选择了奥地利美术图案设计者罗伯特·卡利纳（Robert Kalina）设计的纸币。是他设计的图案现在装满了超过3亿欧洲人的钱包。

获奖者较为自由地诠释了竞赛指南。卡利纳除去了匿名肖像而选择在纸币的正反两面都使用建筑元素插图。他还拒绝使用真实建筑的图案，从而回到了原来的对建筑风格作出艺术诠释的提议。他设计的图案系列，在所有面值的纸币正面都绘有一座桥，背面都绘有一扇窗或门。这些建筑元素象征着“欧洲开放和合作的精神，以及人民之间的交流”①。欧洲由它的旗帜（符合竞赛的规则），也由其地理所代表。纸币“有桥的一面”包含一张欧洲地图，为了回避欧洲边界的问题，将其部分选入了亚洲和非洲。

---

① Banque nationale de Belgique, *Les Billets en euros*: www. bnb. be.

筛选的过程显示了定义欧洲身份的困难。人们害怕民族身份强于欧洲身份，这一恐惧从头至尾主导了筛选过程。在这一背景下，有必要割断通常由著名历史人物装饰的大多数国家的纸币图案的传统。依靠匿名肖像似乎是个好方法，但人们发现这些中立的面孔终究有可能泄露他们的名字和国籍。央行的总裁们作出了英明的决定，他们选择了并不完全遵守竞赛指南的、不带有任何人像的纸币。匿名人像的想法是两个选择之间的并不理想的折衷：它寻求部分地继承欧洲纸币图案的传统，而没有考虑到，在该传统中，当图像是人像时，其首要功能是代表一个特定的政治共同体。一张印有匿名面孔的纸币与一张印有例如乔治·华盛顿头像的纸币是完全不同的东西。事实上，一个匿名肖像只代表某个时期或某种风格，而乔治·华盛顿的肖像，无论其艺术风格如何，总是代表美利坚民族。

在图像不是人像而是建筑的情况下，人民在这面历史的镜子中所看到的不再是他们的政治共同体中的一个成员。不过，决策者们认为现存于世的建筑的民族涵义还是过于强烈了。假如根据原先的提议，用嘉德水道桥装饰 5 欧元纸币，那么会发生什么呢？设计的目的是让公众们认为："是的，这是我们的桥，一座欧洲桥。"但银行家们还是不敢冒这样的风险，公众可能会认为："不，这是他们的桥，一座法国桥。"试想如果因为这个原因，纸币没有作为"我们的货币"被接受，那么会发生什么？那么它就不是钱了。

整个设计过程中，在这一环节之后的所有阶段，一切历史辨别的可能性都被排除了。这些担忧是杞人忧天吗？的确不应该轻率地处理民族的敏感性和易怒性。人们会以难以想象的速度面临政治抵制的纠缠。负责作决定的央行总裁们感到对新货币负有责任，他们不愿意承受风险。但是，欧盟是因超越民族敏感性的富有政治勇气的行动而得以造就的，这也是千真万确的。统一货币的引入本身就是一个例证。如果是由政治人物们来选择纸币的图案，那么现在装饰人们钱包的也许就是“真实的建筑”了。

银行家们排除了所有历史参照。但是，他们希望保留一些东西以避免完全的割断，避免无形象表现的纸币。在连续的匿名化抉择的最后，还是有一些精华的东西得以留存，那就是时间和连续变化的想法。这个时间还喻示了一个开端。纸币向我们讲述的欧洲，诞生在古代；它拥有悠久的历史并且将其历史变化珍视为财富。

这足以创立欧洲货币和权力之间的联系吗？这个联系足以让公众想起在每次支付时确保其货币价值的政治秩序了吗？一个可见的细节为混乱埋下了种子。在纸币上，欧洲由它的名称、历史遗产、旗帜和领土所代表，但还有第五种代表方式：货币的发行机构。欧洲中央银行在纸币上印有其首字母（五种语言的）缩写，以及行长的签名。这些应能确保公众信任这七小块纸并把它们视作银行纸币。然而欧洲银行的地位还是不太确定。这是一个没有国家的银行。由于并不是所有欧盟成员国都加入了欧元区，它也不是欧洲联盟整体的化身。支撑其政治秩序的是所谓的“欧元区”。在目前这种情况下，由于其缺乏公众，“欧元区”很难称之为一个实体，就算一些人特别是法国人正在寻求这一问题的解决方法。银行本身也强化了这一不确定性，因为它在首字母缩写前增加了国际版权符号。这一附加的保障是奇怪而又产生相反效果的。银行如同一个希望保护其知识产权的公司一样行事，但印制伪钞应该——而且总是——被视作比工业仿冒严重得多的犯罪。货币并不是多亏印上了版权符号而变成真的，而是因为它代表了一个政治共同体的意志而具有价值。版权符号暗示了银行没有让这个意志使人信服的能力。这是一个令人担心的过失。

2. 我们为什么要成为一体?

对于欧洲内部领域而言,重要的问题是"如何成为一体?"而对于成员国中间领域而言,重要的问题则是这样表述的:"我们为什么要成为一体?"后面这一个问题与要完成的文化或秩序关系甚少,它并不导致强烈的行动主义。不过,通过促进内省,它还是带来了一些重要的政治后果。

可以把这个成员国们思考了六十年的问题比作营火晚会:加入了圈子的、平等的参与者们讲述各自的历史,勾起了一些回忆,在社群里留下了自己位置的痕迹。圈子的身份更多地是由其成员而非规则所确定的。经常有新成员的(可能的)到来打断了谈话,这时圈子就被打开、新的亲密关系就被构造,并且造成了修改历史叙事的后果。一直扩大着的这个圈子的自我定义并不是无足轻重的,成员们其实很重视对圈子的定义。从 1951 年的《巴黎条约》开始,直到 2007 年的《里斯本条约》,每次对圈子基础进行重新定义时,外交官们都可能就这个议题争吵不休:使用什么语汇来在历史和世界中赋予欧洲整体一个位置。欧洲很久以来就一直被其所肩负的大陆承诺和成员数量不定之间的张力拉扯着。

这一张力从其建立之时就已出现。六国只能代表欧洲国家的一小部分。它们并不能利用欧洲全体的文化价值或由欧洲大陆整体所共享的历史经验。但是它们对此怀有很大的愿望。

在 1951 年的缔造条约中,六国承认它们的过去被"数百年的敌对"和"血腥的分离"打上了烙印。而这段历史正是它们希望结束的。签署条约的这些国家怀有着“在长久对立的人民之间建立一个更广泛和深入的共同体的第一批基石的决心”①。一个对新的开始的承诺比合并其他欧洲国家的意愿要更加强烈。因此缔造者们宣称，它们的联合向“所有其他欧洲国家”②开放。在1957年的条约中，它们又重申了这一邀请。

关于文化政策的措施同样重要。它包含一个承诺：今天，我们是六国；在遥远的未来，我们将是整个欧洲。大陆文化和历史对其整体的附加值还是能用这个目的论的方法调动起来的；“欧洲共同体”的称呼多亏了以部分代整体的修辞方法而没有任何困扰地得以接受。但是面向非成员国的邀请同时使得此时此刻已真实存在的圈子的身份之发展变得复杂起来。设想存在能让六国与它们的公众相亲近的令人信服的历史叙述，那么当六国变成七、八、九、十国甚至更多国时，这样的叙述还能继续存在吗？随着时间推移，成员国们觉察到：开放的大门所引起的活力更多的是改变了欧洲整体的公众，而非将这些公众与欧洲整体相连接。开放的大门不断产生新的任意性，而这些任意的可能很难融合为一个叙述。

如果人们观察共同体的连续扩展，直至二十七国的欧盟，唯一拥有历史基础的团体是六个初始成员国。然而这个历史基础与第一眼看上去的那样并不相同。成员国们并不是由一片共同的天空而团结在一起，而是因同一块土地。

在最初的那些年里，共同体的营火晚会有着强烈的天主教氛围。主要的缔造者们是天主教民主党人：法国的舒曼、德国的阿登纳、意大利的德加斯佩里。这三位政治人物特别在战后大陆的物

---

① 《煤钢经济共同体条约》(CECA)序言。

② 《煤钢经济共同体条约》(CECA)第98条。

质和精神重建中让信仰发挥了重要作用。一些外部人士因此在"欧洲"中看到了梵蒂冈的阴谋。反天主教的偏见对英国工党政府决定不参加煤钢共同体计划起到了一些作用。外交副大臣在日记中写道：舒曼是一个从事基督教活动的信徒而且是单身，他生活在神甫的阴影下，他的计划"只不过是加强天主教'国际黑暗'的手段"①。瑞典首相塔格·埃兰德(Tage Erlander)也不看好其国家加入一个主要是天主教国家构成的共同体。他的荷兰社会民主党同仁威廉·德里斯对此也不热情，不过他的国家最终还是加入了。天主教是几位缔造之父意气相投的因素，并因其普世宗教的特性而起到了民族主义毒药之解毒剂的作用；在这个意义上，它符合战后的和平主义，符合将欧洲视作新的、纯粹的开始的观点。但是它不能提供一个共同身份的基底。一个成员国自认为是新教民族；而另一个成员国的人民中天主教和新教人数一样多。六国既不能也不愿意成为一个"天主教俱乐部"。

成员国们还是找到了难以想象的历史基础：六国领土或多或少符合中世纪查理曼帝国的领土，查理曼大帝原来是法兰克王国国王，在亚琛建立了他的王庭，后来将其领土扩大到比利牛斯山，在东边打败了萨克森人并让他们改信了基督教，查理曼于公元800年在罗马加冕为皇帝。在一些古老的手稿中，这位君主被称作"欧洲之父"。这一事实将(查理曼帝国作为新六国的共同历史基础)这一新主意抬升到了天才想法之列。因此六国被赐予了一个共同的英雄祖先以使得它们可以围着营火进行讨论。

---

① Kenneth Younger, 14 mai 1950, *in* Hugo Young, *This Blessed Plot. Britain and Europe from Churchill to Blair*, Londres, Macmillan, 1999, p. 50 - 51.

查理曼这个人物在战后不久的联邦德国的保守党圈子里是很流行的。纳粹政权对日耳曼和德意志血统的用法已经使得日耳曼和德意志血统声誉扫地。而中世纪初的法兰克帝国，作为德意志和法兰西两个民族的起源，则提供了一个备用的解决方法。直到1800年的所有日耳曼皇帝，都在我们今天还能在亚琛看到的查理曼的大理石宝座上加冕。在巴黎圣母院附近的一座骑士雕像也赞美着“长满胡子的皇帝”的荣耀。在查理曼治下，法国人和德国人还没分开，因此这恰是在六国想要结束的数百年“血腥分裂”之前。是他的3个孙子通过《凡尔登条约》(843)将他的帝国分成了三部分，因此开启了一个冲突的舞台。而开始于1916年的可怕战斗也同样带有凡尔登的名称，这具备着一定的象征意义。这让查理曼成为了符合法德和解的象征。此外，天主教和保守派圈子还很欣赏查理曼捍卫了教皇的世俗权力，并且彻底粉碎了其帝国东面的异教蛮族——莫斯科共产主义无神论的遥远的先驱。这一时期发生了一件特征十足的事件：1949年12月，亚琛这个古老王国首都所在地的一些名人创立了查理曼奖，以表彰为欧洲一体化作出了贡献的人。用迪尔克·许默(Dirk Schümer)的话来说，这一政治荣誉从此成为一种“泛欧洲的授予骑士称号的仪式”(gesamteuropäischer Ritterschlag)。对查理曼的象征性使用如此之多，以至于联邦德国的社会党领袖兼一位煤钢共同体的反对者在20世纪50年代初写道：“我们不想要查理曼帝国的原则作为20世纪欧洲建设的基础。”①

在撼动德国的论战结束之后，查理曼的形象仍然存在。当部

① Kurt Schumacher, *in* Dirk Schümer, *Das Gesicht Europas. Ein Kontinent wächst zusammen*, Munich, Deutscher Taschenbuch, 2004, p. 64.

长理事会在布鲁塞尔开建其办公大楼时(1967),他们把大楼命名为“查理曼楼”。六国因此成功地赋予自己一个巧妙的政治身份,如果要说有什么不足的话,那就是它来得迟了一些。当四年后正式启用时,它们已经几乎是九国,而连辉煌的骑士君王查尔曼本人都未登陆过爱尔兰、英格兰或丹麦海岸。

因此,1973 年 1 月 1 日,成员国们又一次面对是什么将它们统一在一起这个问题。三个新成员的到来使得加洛林王朝这个历史基础对于新整体而言不复存在,引发了一定的政治偶然性。共同基础的缺乏远未达到引发共同体陷入“自由落体”状态的地步,反而是更多地给欧洲政治体装配了羽翼。

成员国们这次决定由自己来说它们为何要在一起。九国政府领导人 12 月聚集在哥本哈根,发布了他们的“关于欧洲身份的宣言”,以向世界及九国人民说明他们是谁。原则仍然与 20 年前相同:九国共有跨越旧的敌对关系的意愿,并共有这样一个信念——欧洲统一对于“共同文明的存续”是必要的。共同文明的具体内容是很难定义的。人们坚持“在同一个欧洲文明框架中的文化多样性”、一些“共同价值和原则”以及“生活观念的接近”。为了让外部世界放心,宣言明确指出欧洲的统一并不“导向反对任何人,也不是由任何权力意愿所鼓动”①。欧洲身份似乎被简化成了在内部多元性和外部温和的普遍主义之间的难以察觉的薄膜。九国在对这些普遍性的政治解读中找到了一块更坚实的土地。它们希望捍卫“代议制民主、法制国家、(以经济进步为目的的)社会公平和尊重人权这些原则”。宣言的另一个特征元素是成员国们把“欧洲建

① Conseil européen de Copenhague, *Déclaration sur l'identité européenne*, 14 décembre 1973.

设”本身视作欧洲身份的一部分。在 1950 年时与过去所作的决裂至此获得了其自身的历史。

尽管这些话语甚为空洞，九国的自我定义实践仍标志着一个政治文化的双重转折点。第一，关于欧洲价值、身份和文化的话语被最高政治权力机构合法化了。从这个视角来看，宣言的内容并没有宣言本身的存在来得重要。德国式策略在这里找到了其正式起点：上文引用的几行文字表现了它如何能够从 1973 年起在共同体圈子里成为被引用的要点。第二，成员国在哥本哈根比先前更为明确地自我定义为议会民主团体。这个导向也许部分地可以由英国和丹麦国家议会来到成员国的领域来解释，这两国都肩负着历史并意识到它们的权力。

这个自身形象持续了 20 年。九国的确在外部世界中以一个民主圈子出现。在 1970 年代中期，当希腊、西班牙和葡萄牙由专制变为议会民主时，这一点再一次得到了确认。这几个国家的新政府敲响了九国的大门。无疑，它们希望利用共同市场和欧洲资助的好处，但在当年的目击者们看来，加入一个民主环境的愿望是它们主要的动机之一，这一点只要想一想 1981 年发生在西班牙的未遂政变就可以明了。欧共体成员国集团毫不费力地从九国变成了十二国。

哥本哈根恰巧也是 1993 年 6 月欧洲再一次决定其基本身份的所在地。当时国际气氛甚为紧张，集合在营火周围的成员被来自下层社区的一伙年轻人打扰了它们的安静，而成员们当时本来是刻意避免进行历史思考的。这一突发变化，事实上强迫成员国们作出了比自己所愿意的更快的让步。十二国三年以来一直都在与 1989 年从铁幕后突然出现的、寻求被它们的西方邻居所接受的中、东欧国家争论。成员国们三年以来一直都让要求加入者在三不管地带等待。各成员国的政府首脑们一点儿都不想接纳 10 个甚至更多的贫穷、弱小、甚至连首都的名称都不知名的国家加入它们的行列。但是它们感到没法不这么做：缔造条约事实上包含接受一切欧洲国家加入的承诺(而且美国人也坚持要求它们接受)。候选国加入联盟的迫切要求确认了圈子的身份——它们比过去任何时候都更加欣赏和渴求这个身份，但它们同时也迫使成员国们再一次进行自我审视。

迟疑而又必须接受，正是这两者之混合催生了“哥本哈根标准”。该标准提出了一个国家加入联盟的三个条件：候选者要拥有一些稳定的民主机构、有实际运作着的市场经济并吸纳 8 万页的欧洲法规。当提出这些要求的时候，欧洲的领导人们在 20 年前划出的道路上继续前进了，同时远离了另一条道路。

一方面，十二国事实上把“我们是一个民主国家的俱乐部”这个它们在 1973 年给自己塑造的形象明确化了。原来仅仅是对民主原则的简单概括，此时被一张可以解读为候选国的准备作业的详细要求清单所代替。缔造条约里(向所有其他“共享相同理念的欧洲民族”)开放的邀请因此带有了明确的要求。一个国家的欧洲性被设定为取决于它的发展程度，并成为(评估)报告的目标对象。从 1993 年起，是由欧洲首脑会议决定谁、什么时候可以成为欧洲人。

另一方面，十二国通过上述要求，实际上摒弃了 20 年前赞成的关于欧洲身份的稿本。由领导人们向欧洲文化政策开启的、并且已经被涉足的领域再一次被关闭。这样，关于共享的过去或共同文明的修辞就被摒弃了，这同样撤销了对联盟的政治合法性的潜在来源的支撑，总之，德国式策略被阻塞了。结果是：欧洲政治必须由它自身来支撑。这一步可以被视为力量和自信的标志。

（不妨参照一下：上帝向摩西是这样宣称自己的：“我就是我所是者。”[①]（《旧约·出埃及记》较为通行的法语译文为“Je suis celui qui suis”；英语译文为“I am that I am”或“I am who I am”；较为通行的汉译多取上述英、法译文之诠释表述，如“和合本”译作“我是自有永有的”，“新译本”译作“我是‘自有永有者’”。——译者注）但是，这个戏剧性决定所将导致的后果是否被深思熟虑过呢？这一点很令人怀疑。

1993年，在哥本哈根，成员国们震惊于政治秩序变化之可能性。它们对要求加入联盟的候选国说，也（不情不愿地？）对自己说：“欧洲，它是像我们这样。”

不言而喻，在此次表明立场之后，尽管争议纷扰，给予摇摆的秩序一个文化或历史基础的企图总算没有被突然中断。欧洲整体每一次修改其基础，问题就会再次出现。

当成员国们在2002—2004年间草拟一个新条约时，就加入序言中的文化和历史参照发生了争论。要在导言中提及基督教主义、人文主义、殖民主义和世界大战吗？最激烈的冲突是：希望在文字中提及基督教基础甚或是上帝的国家（西班牙、波兰）和希望强调欧洲公共空间的世俗特征的国家的对立。欧洲是否是基督教的俱乐部？比起当时所讨论的其他制度革新，这个问题吸引了更多媒体和民众的注意。成员国们找到了一个折衷的表述：“如果说受到一些欧洲文化、宗教和人文遗产的启发，从这些遗产中发展出了构成人类不可违背和不可剥夺的权利的普遍价值，以及自由、民主、平等和法制国家……”[②]没有被直接提及的基督教主义仅仅是

① Exode, III-14.

② 《欧盟宪法条约》序言。

被放进了宗教传统行列，其唯一的贡献是作为启发了民主政治价值的来源。这一段话在《里斯本条约》中得到了复述，在《宪法条约》的片段中幸存下来，它是5年外交冲突的结果。聚集在一起的各国政府保持着各自的立场：它们不是一个天主教、基督教抑或是后基督教的俱乐部，而是一个欧洲议会民主政体的俱乐部。

一个新的关于新成员国加入欧盟的问题将在接下来数年中决定欧洲自身的形象。这一次，拷问欧盟整体身份的国家是土耳其，一个伊斯兰教的民主国家。在1963年人们就已经隐约看到过其加入的前景，并且从1999年起它就正式在等候室中耐心等待着。人们是否真的不用明说地想要作为一个民主俱乐部而存在？其实是很犹豫的，就像在1989年后人们让来自前社会主义阵营的候选国家等待了多年。相比机构内部领域的吹毛求疵，这个问题本身更是让从奥地利到荷兰、从法国到波兰的公众舆论动荡不安。人民想要知道，在哪个欧洲里他们会有在自己家里的感觉。

历史的讽刺在于：对土耳其加入欧盟的最强烈反对来自捍卫欧洲整体世俗定义的法国政府。一些基督教民主政党和一些政府可以毫不困难地以宗教原因论证它们对于土耳其入盟的反对，而巴黎则在意识形态上处于一个困难的境地。为了捍卫其立场，法国外交部门将反对理由简化为划分一个地理边界的必要性。这个理由还是有一些被赞同的机会的。

不管是包含还是不包含土耳其，欧洲都几乎已经达到了其边界。全部国家整体和成员国专属的圈子之间关于欧洲之基础的既有分歧得到了填补。在六国时代谈论“欧洲”还显得有些奇怪，而如今四分之三的欧洲国家已经加入了联盟，并且尚未加入的国家中的一半将会在未来十年里也加入联盟。

这必然将会改变营火晚会的交谈特性。当成员国专属的圈子与欧洲国家的圈子合而为一时，亦即当最后的候选者被接受或被彻底拒绝时，欧洲基础的任意可能性就将不复存在。欧洲的地理边境就将获得一个历史必然性的外表，而这个历史必然性建立在自六个成员国的“加洛林欧洲”以来最好的历史叙述之上。谁是欧洲的和谁不是欧洲的，这样的政治问题将就此脱离作为官方标准记载这一过渡时期，而重新获得欧洲大陆历史和人类学经历的记载。“德国式”策略届时将能够从阴影处重新浮现，并且为“欧洲身份”提供空间更广阔和历史更丰富的镜子。

“就算蒙上眼，我也能判断我是否身处欧洲。”一位作家断言道。在他看来，欧洲能被感觉到、能被听到：狗叫声、教堂的大钟、户外的儿童玩耍的声音。① 对另一位作家而言，欧洲的特征尤其包括其风景的人文尺度，以过去的国家人物、学者、画家和作家的名字命名的咖啡馆、小路和广场刻画的欧洲的固有特征。②

在还有一位作家看来，欧洲还拥有“只有在欧洲人生活的地方才能碰到的独一无二的视听景观”③。其特征元素是在某些大楼和墓地出现的十字架；城市地图和公共大楼的建筑设计；清楚地区别于中文表意文字、阿拉伯字母以及其他文字的文字（尽管有 3 种变体）；公共场所和私人住所的多种多样的图像；大量的人物形象的表现，包括很多的裸体男女；还有钟声。

这些知识分子认为，欧洲在整体上与相邻的非洲、中东、亚洲

---

① Hans Magnus Enzensberger, *in* Dirk Schümer, *op. cit.*, p. 306.

② George Steiner, *Une certain idée de l'Europe*, Arles, Actes Sud, 2005, p. 23 -33.

③ Krzysztof Pomian, *De Europese identiteit: een historische feit en een politiek problem*, *in* Leonard Ornstein & Lo Breemer (éd.), *Paleis Europa. Grote Denkers over Europa*, Amsterdam, De Bezige Bij, 2007, p. 30 - 31.

和美洲区分开来。前往别的大洲旅游的欧洲人确认了这一直觉。从北京或洛杉矶回来，只需要一两天的时间他们就意识到自己是欧洲人。但这一短暂而不可触知的情感，在面对炫目的、在其领土上共存着和重叠着的语言、国家、民族和宗教的多样性时，就快速地消失了。

为了解开这一难解之谜，扩大历史观察的领域或许是有用的。欧洲历史的二十五个世纪可以被构想为一个多种力量构成的力场，这些力量趋向于统一、趋向于政治一致和文化一致（罗马化、基督教化、启蒙运动），它反对制造分裂和多样性的力量（大入侵、宗教改革、民族主义）。现代历史是上述趋同力量之间之互动的不可预料的结果。印刷术的发明在整个欧洲都伴随着不利于拉丁语的民族语言的进步。君王之间和国家之间的竞争导致了一些战争和斗争，但也催生了一些交流和模仿。当一个国家征服海外殖民地，另一个国家就想要征服一样多的殖民地；一旦某个国家建造了它的国家大剧院，另一个国家就赶紧建造自己的。所以，只在民族主义中看见分裂是不公正的。各国对其民族获得承认的需要既分裂了欧洲，也统一了欧洲。

营火晚会上的讨论将能够在这个共同的空间和过去展开。当不再有任何非成员国围绕着这个圈子打转的时候，当不再需要漫不经心地留意谁还在寻找一个位置的时候，人们就可以忘记时间的流逝，并让自己的目光在西方的火光中游移。一个过渡将就此完成。只有在那时，全体聚集在一起的成员国们，才能令人信服地面对其民众，用政治、地理和历史都发出回响的措辞宣称："我们是欧洲人。"

第八章 罗马式策略：关照“被保护者”

“罗马人为我们做过什么？”

“水渠。”

……

“好吧，那么除了卫生体系、医疗、教育、酿酒、公共秩序、灌溉、道路、净水系统、公众健康，罗马人还为我们做过什么？”

“为我们带来了和平。”

“哦？和平？闭嘴吧！”

——蒙提·派森《布莱恩的一生》

（Monty Python，1960年代后期风靡英国的六人喜剧团体。——译者注）

吸引公众的罗马式策略基于在公共秩序方面为人民提供好处：安全、服务、机遇、金钱等。一方面，这些供给必须是真实的，换句话说，必须是有效的输出。另一方面，这些好处必须要得到承认、必须是可见的，或者说必须能引起公众对于这些好处的注意。在公众未能自发地为一些政治决定鼓掌叫好的情况下，可以做一些提供信息的工作和“公关”工作。

由政治带来的基本好处是安全。国家从一种保护的存在中汲取其权利：面对敌人、武装团伙或杀人犯，它向我们提供了保护；一些政治哲学家，例如霍布斯和孟德斯鸠，已经肯定了这一点。由欧洲共同体（及后来的欧盟）向它的居民所提供的主要好处，难道不是在1914—1945"三十年战争"后，在成员国之间占据了主导地位的和平吗？虽然成员国之间发生过纠纷，虽然有些成员国介入过欧洲之外的战争，但是从创始条约签署以来，就不再有任何一个成员国向另一个成员国开过火。在树林中游荡的狼群中，最危险的那只好像已经被驯服了。

为什么"欧洲治下的和平"（pax europeana）几乎没有得到任何承认？这至少可以用三个原因来解释：美国和俄罗斯的军队，欧洲会议桌的不可见性，以及时间。先来看看第一个原因：初始的地缘政治状况。1945年之后，欧洲大陆被两个超级大国分裂为各自的势力影响范围，并且不允许在它们的势力影响范围内发生任何战争。欧洲内部的和平并不是欧洲自身所行的好事，而只是西半部分"美国治下的和平"与东半部分"苏联治下的和平"的总和。在欧洲西半部分，人民对华盛顿表达出某种感谢之情。而在东半部分，莫斯科把它的附庸国们变成了强加国内恐惧的警察国家，直到1989年。

再来看看第二个原因：欧洲会议桌的不可见性。1951年的创始条约，如果说其部分来源在于法德和平的意愿，却并没有建立任何预防战争的可见的权力机构。诀窍恰恰就在这里。在缔造者们看来，逐渐交错的民族利益、经济，可能还有货币，将会让法德战争"实际上变得不可能"[①]。这个任务成功了，但是所使用的方法是有

① Robert Schuman, Déclaration du 9 mai 1950.

代价的。政府间持久谈判的场所是在人民视线之外的。因此当政治人物试图以“再也不会有战争”为理由之一来让人们相信一个新条约的好处时，人们当然会有怀疑的反应。人们实际上清楚地知道，既不是条约中的某一条也不是卢森堡的法院，防止了德国、法国或其他国家的相互侵略。但他们对欧洲会议桌向战争所实施的限制没有任何直接体会。

最后看看第三个原因，也是最明显的原因：时间的流逝。欧洲内部的最后一次战争（如果不算上巴尔干冲突）已经从集体记忆中消失了。痛苦业已停止。普遍的和平已经成为显然的事情。这一“罗马式”合法性的形式，当时对于创始条约的形象是有利的，但它不会再有什么用，除非人们怀有会发生新的战争这样的灾难性假设。

欧洲的领导人们在20世纪70年代中期感到公众对统一的支持削弱了。比利时首相莱奥·廷德曼斯在1975年底所撰写的报告体现了他们的忧虑：“欧洲理念部分地成为了其自身之成功的受害者：不久前还互为敌人的国家之间所达成的和解、由扩大了的市场所带来的经济繁荣……所有这些好像都已获得……今天的欧洲是日常的欧洲，它好像失去了冒险的滋味。”①

和平计划的吸引力量不再起作用；必须找到新的要旨。比利时首相深思熟虑之后选择了实用主义。

廷德曼斯的报告标志着欧洲寻觅罗马式公众的明确开端。在这个报告里，人们第一次读到欧洲应该“接近公民”，而这一表述自此以后真是成为了一再被重弹的老调。欧共体所提供的好处必须是实际的、与公众日常生活密切相关的。廷德曼斯想到了改善司

① Leo Tindemans, *op. cit.*, point 1. A.

法保护、在共同体内自由流动、降低国际电话费用(这一点如今已经实现),甚至还可以简化在另一个成员国申报住院费用的行政手续。他还注重交流和沟通,因为一个没有人知道的欧洲规则并无法带来任何进步的可能。报告还提出要继续对产品质量进行监督,尤其是要解释其重要性:“要让欧洲消费者理解,这是为他们提供的切实保护,以对抗永远可能发生的滥用和真正的危险。”[①]共同体应该保护人们,同时被人们承认为勇敢的保护者。这符合上文提到过的共同体格言:“我们命运的共同体是真实存在的,但这是不够的:它还必须被感觉到是真实存在的。”[②]

1. 权利和自由

两千年前,当使徒保罗在巴勒斯坦被地方当局扣留时,他辩称:“Civis romanus sum”[③](我是罗马公民)。这个法律手段使他得以接受罗马法官的调查,并避免蒙受对于囚犯的折磨。正是出于作为自由人的自豪,他才能援引他的罗马公民资格。

欧洲秩序也赋予了人民一些权利。煤炭共同体为工人们,特别是矿工们设置了一些权利。之后,学生、消费者或病人,也成为欧洲整体的个人权利的主体。某些政治权利也被创立,例如投票权。不过,在依法行使的“民事”权利和作为选民的、依照该权利本

---

① Leo Tindemans, *op. cit.*, point 4. A. 2.

② *Ibid.*, point 4. B.

③ Actes des Apôtres, XXII, 23 - 29.

身制定法律的“政治”权利（关于这个权利，详见第九章）之间，即“权利主体”和公民之间，还是存在着根本区别的。

人们是如何获得这些权利的？这不是来自底层的要求所获得的令人满意的胜利，而是由上层所赐予的优待。欧洲的公民权利运动组织从来没有组织过任何针对布鲁塞尔或卢森堡的游行。在国家间运作的机制是以礼相待：“如果你为我的侨民做了一些事情，我也为你的侨民做一些。”因此，国家——至少是大部分国家——并不寻求欧洲秩序的罗马式合法性，而只寻求为其本国人民谋利益。但是一旦这些欧洲权利业已存在，（欧洲国家）整体就利用这些利益作为与全体欧洲人民加强联系的方式。这样的过程发生过两次，第一次是在欧洲共同体创立后（1951 和 1957），第二次是在欧洲联盟创立后（1992）。

由这些权利所创造出来的合法性，与其说依赖于其适用范围，还不如说依赖于给予它们这些合法性的机构。从这个视角来看，可以将成员国公民的权利划分为三种：相对于本国的权利，相对于另一个国家的权利和相对于欧洲整体的权利。后两种权利尤其能够反映整体和民众之间的关系。一位比利时政治学家将这后两种权利与在古希腊城邦国家中所使用的两种宪法实践相比较：“isopolitie”与“sympolitie”。前一种建立了城邦之间的横向联系，例如军事联盟，这种实践使得各城邦的公民互相享有其他城邦的公民权利。后一种则是众城邦设置联邦机构来施行联盟之实，其中最重要的联邦机构是集合了所有加盟城邦的公民的民主大会。①

欧洲法律秩序也表现出这两种现象。在《罗马条约》中明确指

① Paul Magnette, *La Citoyenneté européenne. Droits, politiques, institutions*, Bruxelles, Editions de l'université de Bruxelles, 1999, p. 18 - 19.

出的反国籍歧视原则就完全属于“isopolitie”性质。这一基本准则要求每个成员国以对待自己公民的同样方式对待其他签约国之公民。相较之下，向布鲁塞尔请求资助的权利或选举欧洲议会代表的权利则属于“sympolitie”性质。成员国的联盟对于它们的公民既体现为相互开放（已有的）国家权利，也体现为发展（新的）共同权利。

在实践中，“isopolitie”是明显占主导地位的原则。欧洲权利首先是劳动权、学习权、创立公司的权利、居住权、消费权和在其他成员国接受治疗的权利。人们马上注意到留在“自己国家”的个人只获得了较少的切实的好处。但是，考虑到欧洲的劳动力流动极少，留在本国的人是占绝大多数的。相关权利甚至会因为允许市场上的新竞争对手的到来而对当地居民产生不利，比如波兰工人就是著名的例证。（欧盟劳动权导致大量波兰工人涌入西欧，他们临时集体住在路边停靠的野营车里，抢了许多本地传统工匠的活儿，比如管道、建筑等。——译者注）想要享受欧洲法律秩序的好处，就得乐于走动。

还有，初始的历史背景有着决定性作用。1950—1951 年，五国政府的谈判聚焦于权力分配、煤炭价格和钢铁份额，只有一个社会政策被放到桌面上来讨论。意大利代表团坚持要求合作伙伴们在条约中承认矿工的权利。这么做，既是出于理想主义又是为了经济利益。意大利的抗争催生了联邦的倾向，这一倾向对党派和工会素有影响。从 1943 年起，斯皮内利的联邦运动就捍卫着与本国公民身份互补的欧洲公民身份的想法。这尤其是因为意大利有大量失业者。从宏观经济学的角度来看，意大利在劳动力市场上有过剩的劳动力可以出口。意大利政府寻求为它的人民改善就业情况的同时，也把权利扩展到了已经移民的意大利人的身上。

意大利的攻势获得了成功。荷兰和德国这两个也为失业问题所苦的国家，没有对劳动力要素的自由流动提出异议。相反地，法国和比利时（有5万意大利人在它们的煤矿工作）害怕来自亚平宁半岛的新劳工大量汇集到它们的国家。这两个国家的首要目标是使“舒曼计划”获得成功。不过，最终结果还是让意大利人满意的：有资质的矿工可以在所有成员国寻找工作，各国的移民和本国居民都拿一样的工资，并且煤钢共同体高级机构还对此进行监督，以确保没有人实施任何不正当的减薪。

这一国家利益冲突的结果是创造了一个有限的欧洲权利，只有有资质的矿工才能行使。事情是令人惊讶的。如果各国坚持双边移民的通常配额，那么这个几乎具备联邦性质的权利就不会出现。意大利人的特殊利益在巴黎谈判中获得了突破，这是因为它所持的是欧洲缔造时刻的论调。

1957年，在创造共同市场时，六国把这个赋予劳动者的权利扩展到了所有领域，无论他们是否具备相关职业资质。斯巴克报告撰写过程中所咨询过的专家们在1956年肯定地说：与物质财富、资本和服务一样，劳动力要素（在当时包括雇员和自由劳动者）应当可以在六国经济区域中自由流动。在谈判中，意大利再一次坚持要求各国保持缔造时刻的理念。某些国家希望减少这一流动自由，但是罗马表示决不妥协，并威胁说，如果劳动力不能像资本那样自由流动的话，意大利就将阻止资本的自由流动（而资本自由流动对于金融强国例如德国和荷兰而言是投资机会）。各方最后达成了一致：两项自由流动都列入了《罗马条约》之中。

在一个过渡时期之后，雇员的自由流动在1968年成为现实。“得益于欧洲的一体化”，劳动者在另一个成员国工作的许可不再会被随意地拒绝。

这一社会经济权利的初样在这之后继续发展。游戏场地的边界一旦确定，欧洲整体的其他代表也应邀加入到游戏中：一方面是欧洲法院和其他共同体机构；另一方面是欧洲首脑会议。它们的目标不是捍卫某国人民的单个利益，而是加强欧洲秩序和民众之间的联系。

1963 年 2 月，欧洲法院在著名的范根德 & 洛斯案判决中指出：根据欧洲共同体的法律制度，“其主体不仅是各成员国，也是各成员国之国民”①。个人可以行使共同体权利。不过他们不能自己去卢森堡向欧洲法院起诉，而是应该向有权限判决争端的成员国法院提起诉讼。欧洲法院在一系列各国法官向它进行咨询的事件中，加强了反国籍歧视原则。它把这一原则扩展到了条约中所列举的其他类型的劳动者身上，例如服务提供者、自由职业者或接近这两种情况的劳动者。某种解读认为：成员国能以卫生或公共秩序为理由来限制其他国家居民的权利。而欧洲法院减少了这种解读方式所能够发挥的余地。欧洲法院的法官们这么做，一方面是对事件本身进行研判，但另一方面也同时关注着他们的判决对于欧洲整体所带来的后果。他们援引条约的“精神”来推广条约的措施，但没有离开功能游戏的场地。平等对待，这也适用于作为市场行动者的个人。

很显然，欧洲法院和各国政府首脑在欧洲法律中看到了欧洲整体的合法性来源。在 1974 年的巴黎峰会上，他们委托欧共体执委会清点可以赋予各成员国居民的“特别权利”，并研究取消欧共体内部边境检查的可能性，也就是说研究一个“护照联盟”的可能性。欧共体执委会在 1975 年就人员自由流动向欧洲法院和首脑

① Cour européenne de justice, arrêt Van Gend & Loos, 5 février 1963.

峰会提交了一个议案。

部长理事会把相关计划在抽屉里一直藏到了1989年。英国和丹麦认为：（也向非常住居民实施的）人员自由流动的权利要求必须实施某种形式的移民政策，这就要求对创始条约进行修正，而这两国并不愿意。另一些国家对给予其他成员国的“外国人”以自由流动权利表示不满。1979年经济危机之后的衰退、高失业率以及在老的成员国中存在大量来自候选国（希腊、西班牙、葡萄牙）的移民团体，也对计划的推进造成了诸多阻碍。

新成员国的到来还是改变了游戏的场地。就像意大利在1950年所作的那样，三个来自地中海沿岸的新成员国实际上认为它们的侨民将可以从欧洲权利中获取很大的好处。由于害怕大量来自西班牙和葡萄牙的移民涌入北方的更富裕的国家，欧共体强加给这两个国家一个期限，在这个期限之后这两个国家的劳动力才可以自由流动到其他成员国（该策略在二十年后当面临中欧国家的加入时，又重复了一次）。马德里没有忘记这个屈辱。

在1989年秋天之后，在西班牙看来，形势的变化对它有利。丹麦和英国所持的认为人员自由流动则需要对条约进行修正的观点，在柏林墙倒塌后不再打动人。虽然（以比利时、意大利、希腊为首的）其他成员国也捍卫政治性的欧洲公民身份的原则，但起决定性作用的还是西班牙的倡议。1990年5月，菲利普·冈萨雷斯（Felipe González）首相在致其他政府领导人的信中鼓吹建立欧洲公民身份。过去的马德里的愿望，如今以新的形式展现了出来；随着建立欧洲政治公民身份所取得的进展，经济公民的自由流动将同时成为现实。菲利普·冈萨雷斯之后向西班牙的民众解释说：“居住在其他共同体国家里的西班牙人有623 965人，而居住在西班牙的共同体公民只有158 243人。这些措施显然是对西班牙公民有利的。”①罗马式的策略在这里被正大光明地实施了；欧洲给你们提供了一些好处——这是西班牙首相传达给西班牙公民的信息。

地中海国家和联邦主义国家的坚持得到了回报：一份“欧洲公民身份”草案在1991年4月被提交。这个想法得到了法国和德国的支持。英国和丹麦这两个公认的反对者有着其他的优先考虑。英国政府的主要精力用在了两件事情上：削弱关于共同对外政策的协议；摆脱加入欧元区的义务。公民身份的象征性影响在英国看来不必非常重视。至于丹麦政府，则在以丹麦调查官模式任命了一位欧洲调解员后表现得更加通融。但以下两个方面是无法调和的：一方面满足哥本哈根的旧要求、将斯堪的纳维亚宪法理论注入欧盟；另一方面反对欧洲公民存在的原则。丹麦政府是如此强烈地希望开设一个调节部门，以至于它同时接受了那些诉求者的新身份。

1993年11月1日星期一，《马斯特里赫特条约》的生效日，3亿个人成为“联盟的公民”。而在他们当中，很少有人意识到了这一点。

一开始，这一改变没有任何实质性的东西。条约以“联盟公民身份”为名列举了四组权利：在联盟领土上流动和居住的权利；在另一个成员国居住的公民在地方选举和欧洲选举中的投票权和被选举权；由成员国向其他成员国公民提供的外交和领事保护（当该公民国籍所在国在第三国未设代表处的情况下）；向欧洲议会请愿，向欧洲调解员抗议和用本国语言与欧洲机构沟通的权利。这些权利整体上几乎全部是“isopolitie”性质的。四组中的三组涉及

① Felipe González Márquez, *La Europa que quiere España*, *Política Exterior*, 1992 - 1993, n°30, volume VI, p. 7 - 20.

相互开放已有的国家权利。而请愿权则是"sympolitie"性质的，但它事实上是为了获得"isopolitie"式权利的诉求权利。条约还规定只有成员国的国民才被承认具有欧洲公民身份，而成员国的国籍标准则完全是由成员国自己决定的。没有一个签署国政府赞成以美国模式由一个中央权力机构赋予联邦公民权。

条约的最终文本又一次显示了成员国的动机。在缔造会议上，不管是1950—1951、1956—1957，还是1990—1991，为了共同体权利向其他成员国施加最多压力的政府，是那些捍卫自己移居国外的侨民之利益的政府——首先是意大利，然后是西班牙。欧洲为它的人民提供了一次机会。罗马和马德里对此问题的优先对待程度高于它们的对手，并在对它们有利的时刻，即确立欧洲之目标的时刻来捍卫自己的观点，这解释了它们所获得的成功。尽管这一权利最初被认为是对于某一特定国家民众的"罗马式"的好处，它后来仍将所有成员国的人民都转变成了这一好处的潜在受众。

成员国们没有创立任何新的在公众与联盟之间建立联系的权利，而是创立了这样一种权利：它可以替代它们的国民因移居国外而不能享有的、原来在本国所能享有的权利。成员国之间进行了一种交换，这种交换要求每个成员国必须以对待自己的公民一样的方式对待其他国家的公民。

另外，除了欧共体(或欧盟)边界会发生变化，也有新的游戏场地开启。如同从1960年以来就扩展了反国籍歧视原则的实施领域，欧洲法院从1993年起扩大了欧洲公民身份的实质内容。居住权由此与禁止歧视联系在了一起。一个法国学生在英国的助学贷款权利得到了承认，这个案件被大肆宣扬。在2005年作出的相关判决中，法官严肃地确认："联盟公民这一身份，有作为成员国侨民本国公民身份的使命”①(即联盟公民身份意味着一国公民在整个联盟的所有其他国家里都享有其在本国作为该国公民所享有的权利。——译者注),这一表述此后在多个判决中被复述。这样,平等对待所有欧洲公民的实施领域就被扩大了。

各国政府首脑们为了取悦各国被合在一起看待的公众,也扩大了欧洲公民身份的概念。他们在 2004 年签署了《宪法条约》,跨出了新的一步。一些政府首脑仍然以其所在国民众的名义提出怀疑。他们各自的人民真的从欧洲权利中得到了好处吗?在 2005 年,奥地利总理沃尔夫冈·许塞尔(Wolfgang Schüssel)以奥地利大学录取德国学生为借口来抱怨欧洲法院越过了它的权限。他得到了丹麦同仁的支持。这些评论显示,并不是所有成员国都以同样的方式从交换的不同方面受益。

人员自由流动权利的模糊性质,限制了这些权利所制造的“罗马式”的合法性。它们为侨居于本国之外的个人提供了机会:法国的波兰铅工,德国的法国饮料零售商,奥地利的德国大学生,卢森堡的葡萄牙选民等。虽然原则上这对于所有成员国居民都是有效的,但欧洲公众整体对于从这些权利和自由中获取的好处却无动于衷。他们有时甚至是反对。罗马式策略面临搬起石头砸自己脚的情形。好处因为相应的坏处而被大大抵消。流动区域的扩大与入侵有着相同的韵律:法国的法国铅工,奥地利的奥地利大学生,卢森堡的卢森堡选民都真实地感受到这一入侵。而在各个国家里,本国居民比来自欧盟其他国家的居民要多得多,这是自然的事。因为这个原因,由成员国们为它们的公民所达成的交换没有被大多数的民众认为是件好买卖。相互开放国家权利对于一些人

---

① Cour européenne de justice, affaire C－184/99 (Grzelczyk), point 31.

来说是一个机会，但对于大多数人来说意味着威胁。

以市场为例，入侵(新市场)本身就是根本目的：市场的一体化加强了公司间的竞争，增进了繁荣。这一非常具体的好处表现为诸如价格降低等现象，但这个好处并不能归功到某个(欧洲)施恩者身上。人们并不会为亚当·斯密(Adam Smith)的“看不见的手”鼓掌。或者正如德洛尔说过的那样：“人们不会爱上一个市场。”让人们知道统一市场每年为欧洲人带来“超过每人500欧元”和“300万就业机会”①有什么用？这些好处是不可触知的。

在就医、获得奖学金或其他福利国家性质的服务等方面，反伤自身的效果就更大了。这种平等对待的模式要求明确的团结互助——在瑞典人和西班牙人之间，或比利时人和保加利亚人之间。这是一种并非事先就确保存在的团结。人们在这里陷入了一个恶性循环，因为这个团结正好是寻找欧洲公众的理念和行动所瞄准的目标。赋予欧洲公民权利的罗马式策略想要促成一个“我们”，但是这个策略本身就非常需要这个“我们”(事先存在)。该策略所追求的公众反应是：“太棒了！‘我们欧洲人’有在27个国家工作的权利。”但实际上获得的反应却是：“因为布鲁塞尔的错误，波兰工人来抢‘我们的饭碗’。”令欧洲整体本身的组织发生变质的这些负面影响，完全被内部领域所低估了。权利的扩展这一策略对联盟合法性的侵蚀比它对联盟合法性的加强更甚。

受益的公众几乎毫不心怀感激。不需要在边境停下的旅行、在法国乡下自由地露营、在巴塞罗那学习一年、在邻国让母亲接受手术治疗——利用这些自由和权利的、享有特权的公众以一种礼貌的冷漠做着这些事情。事情这个样子，让观者觉得好像只有集体受到

---

① José Manuel Durão Barroso, *in* de Volkskrant, 21 novembre 2007.

冷遇的人们，才知道承认和欣赏这些权利。事实上，在2004年，波兰人和其他中欧和东欧国家居民一起觉得受到了冒犯，当时他们被拒绝进入西欧劳动力市场。所有人都嚷道："我们被当作'二等公民'来对待!"这些抗议声没有引起什么注意，但其中蕴含着这样的表达："Civis europaeus sum"。（拉丁文，意为"我是欧洲公民"，呼应章首的使徒保罗的名言"Civis romanus sum"我是罗马人。——译者注）

但是，使徒保罗所援引的罗马公民特权使他得以被地方权力机构转移给罗马权力机构，而"我是欧洲公民"的法律咒语却打不开欧洲保护者的大门。最好的情况也只不过是：也许在欧洲法院审查情况之后，说话者所受到的对待不比相关国家人民更差。

2. 保 护

物质安全

生于尼禄（Néron）皇帝统治下的拉丁语诗人尤维纳利斯（Juvénal）在他的一首讽刺诗中写道："从前被赋予了军事指挥权、崇高责任、军团……事实上是被赋予了所有东西的人民，如今不再有雄心，只想要两样东西：面包和竞技"[①]。被神圣化了的皇帝得去一些地方寻找分发给首都平民的面包，或更准确地说，是寻找粮食。它主要来自西西里和埃及。

对于物质安全的保障是当代国家的主要任务之一。西欧国家

---

① Juvénal, *Satires X*, 77-81.

发展了面向穷人、失业者、病人、老人和其他穷苦人的一个重要的社会保障体系。在第二次世界大战之后，国家，尤其是最富有的那些国家，逐渐提高了它们重新分配为集体保障的财富在国民财富中的占比，直到五分之一之多，以这样的节奏逐渐成熟起来，这是相当了不起的。诚然，在不同的福利国家之间，例如在丹麦和意大利之间、在爱尔兰和奥地利之间，其保护程度、资助和补助的权利存在着很大的区别。公众接受福利系统的基础是：一方面每个纳税人都意识到他有朝一日有可能要依靠其国家获得收入，另一方面是团结互助的意识形态。这样就在欧洲人民和它们的“国家-保护者”之间创立了牢固的联系。这个联系一方面是财务上的，另一方面是心理上的。而这在1945年还是不可想象的。

与西欧福利国家所遍施的意外礼物相比，由欧洲内部领域所发放的补助、基金和其他信贷，称不上“面包”，只是面包屑。在公民与它们国家之间的资金联系是如此之紧密而没有给欧洲整体留出任何缝隙。以下可以让读者有个确切的感受：联盟的财力相当于各国国民收入总和的2%。因此，在某些人看来，欧洲与民众的联系更多地是被福利国家所削弱（“罗马式”的竞争），而不是被民族身份所削弱（“德国式”竞争）。解决方法（其有用与否还是存疑的）是：一个统一的欧洲福利国家。政治学家菲利普·施米特（Philippe Schmitter）建议创立一个“欧洲定期生活津贴”，用以向所有收入低于收入中位数三分之一的公民发放每月的津贴，如果取消农业补助基金和贫困地区补助基金的话，就有资金来实施这项生活津贴。[①] 大概在法国和比利时的某些社会主义党人圈子之外，

① Philippe C. Schmitter, *How to Democratize the European Union ... and Why Bother?*, Lanham MD., Rowman & Littlefield, 2000, p. 44.

欧洲津贴的想法既不被政治领导人重视，也不被选民重视。这样的补助安排会扰乱各国国民经济，严重颠覆人民的期待所在。

一个欧洲福利国家，这是令人无法想象的。欧洲整体难以承担庇护者的角色、难以承担饥民之保护者的角色，正如同它难以自夸存在“欧洲治下的和平”一样。欧洲无法以提供了集体安全和个人物质安全来公开为其存在之正当性和合理性辩护。

有一个例外：共同农业政策。这个著名的进口关税以及生产补助和援助系统，实际上是对于特定职业领域即农业而言的欧洲层面的“国家福利”。这不是偶然的，因为农业生产者几十年以来都知道如何找到前往布鲁塞尔的道路——他们在那里组织聚集了很多拖拉机的喧扰的示威。如果欧洲要寻找到一个属于它的公众，就不应该害怕它。即便农业生产者责怪政治欧洲，那也意味着一个前提业已成立：对他们而言，欧洲千真万确地存在。

农业生产者这个欧洲的被保护者，并非欧洲缔造者的明确目标，而是谈判所产生的、意料之外的副产品，它接着占据了巨大的分量。第二次世界大战刚刚结束的时候，在丹麦、德国、法国、爱尔兰、意大利和奥地利占25%—40%就业人口的农民是贫穷的，西欧国家为此感到忧心。因为在两次大战之间，有许多不满的农民很快地就归附了墨索里尼(Mussolini)和希特勒。在战争期间所发生的饥荒导致了粮食自给自足的状况，民主政府在1945年后对此也担心不已。它们将农民作为公共产品的提供者来对待。农民组织对政治决定的过程，通过各任农业部长以及通常超过人口比例的来自农村地区的议员，掌握了不成比例的影响。

为了避免农业生产者致贫，政府有两个主要的干预手段：可以关闭竞争的大门(进口关税和份额)，或者建立收入保障(农业补助、价格保障、公赎、出口补贴)。各国在国家层面都利用了所有此类手段。但共同市场的想法从1955年起开始被接受，农业是讨论的主题之一。国家保护要被转移到欧洲层面，该原则被写入创始条约，并且从1960年代初开始实施。在著名的马拉松式的会议过程中，由理事会在荷兰委员西科・曼斯霍尔特（Sicco Mansholt）的激励之下，决定设置一个非常具有干涉主义性质的系统。欧洲各国的农业部长们从此每年决定各类产品——例如谷物、鸡肉、猪肉、牛奶、鸡蛋、水果、蔬菜和酒——的价格和产量。

每个成员国都想保护自己国家的农业生产者，并帮助他们实现现代化，但是结果是这一“被保护者”产生了对欧洲整体的“罗马式”依附。（这里作者明显是将其所描述的关系比附为一种在法语学术界经常被用来描述罗马政治经济关系的“patron-clientèle”理论，国内通常译作“恩庇-侍从”理论。但是本书译者主张取另一种亦不少见的译法，将patron译作庇护者或保护者，将clientèle译作被保护者。——译者注）有一个时刻可以让我们清楚地看到这样创立起来的联系。在1965年的法国总统大选时，寻求连任的总统由于他引发了空椅子危机（戴高乐总统，详见本书第一章。——译者注）而受到了农村阶层（也就是差不多五分之一的选民）的惩罚。害怕失去欧洲补助这一好处的法国农民阻止了戴高乐，使其无法在第一轮就当选。在这次意想不到的屈辱后，戴高乐总统被迫重新回到欧洲谈判桌上就坐。这样，农民这一“被保护者”证明了他们对欧洲整体的认同。

然而，欧洲整体的标志形象还是变得更坏。所有庇护主义政策事实上都有不利的一面。在埃及和西西里麦仓里干活的奴隶可以向受优待的罗马平民解释说：分发给一些人的东西是从另一些人那里抢来的。用经济学家的格言来说就是：没有免费的面包。随着农业生产者在就业人口和选民人数中的比例之下降，农业补助却没有相应减少，在这种情况下，该政策不利的一面越来越明显。农业政策的舆论形象开始变坏：人们揭露了荒唐的盈余、揭露了向最富有的农场主发放补助和掠夺第三世界的农民这些事实。农产品不再被承认为公共产品。这正是所有困境之所在：内部领域能把来自农业领域的“被保护者”拉拢在“罗马式”的模式中，但是它又有因此失去全体纳税人支持的危险。

此外人们还注意到：对于上述补助系统的批评尚未引起该系统的解体。农业利益既得者显然懂得如何捍卫自己的既得利益。农业生产者本来看起来根本不可能成功地将这些经济资助利益保留得如此之久，因为在各自的国家里，他们的人数在选民中的占比是不断减少着的。① 这一事实足以使我们注意到欧洲公共领域的弱点：各种特殊利益一旦交错起来，它们就会以一种几乎无法分离开来的复杂程度聚集在一起。为了将错综复杂的利益条分缕析出来，必须所有的成员国和所有的机构在同一时刻达成一致意见。这种联结不大可能产生，这一方面是因为利益之错综复杂有作为“欧洲计划”之象征的价值，这让任何批评都无法进行；另一方面是因为不存在能实施相反压力的代表跨国总体利益的议会机构。

重新分配和团结互助

在另一个欧洲资助的流入领域，即地区补贴政策上，这些困难更为明显。相对贫困地区是仅次于农业生产者的欧洲资助的最大受益者。这些资助不是直接发给个人（或家庭小公司）的，而是发

① Alan Milward, *The European Rescue of the Nation-State*, Londres, Routledge, 1992, p. 317.

给国家之下的行政单位：市镇、省、大区、联邦州等。2007—2013年的贫困地区补助总额相当于联盟总财政开支的三分之一，即大约3 500亿欧元。这一重新分配机制也是在各成员国倡议之下诞生的，不过内部领域不仅仅利用了农业领域，也利用了它来建立联盟的合法性。

地区补贴政策是英国加入共同体的直接结果。从19世纪起，英国的粮食供应就是以廉价进口为基础的，它的农业人口比六国少得多。如果不改变游戏规则，它就只能获得欧洲补助中微不足道的一部分。尽管长期以来，在共同体圈子里大肆算计每个成员国从它的贡献(它们所缴款的欧洲资金)中拿回了多少是个禁忌，每个国家当然还是都默默关注着自己的差额。英国人的到来促成了共同体也可以向有困难的工业城市和地区发放资金的想法。这样的城市和地区在英国比在其他合作伙伴那里要多。预算这样就或多或少地平衡了。英国首相玛格丽特·撒切尔还是甚为急切地表达了不满，并且打破了共同体关于净贡献计算的禁忌。如同她的一句名言所说的：“我们只是要回我们的钱。”主有形容词“我们的”当然意味着对其合作伙伴的冒犯，因为它与“我们欧洲”的理念粗暴地背道而驰。

这一重新分配机制一旦实行，它就开始“过自己的生活”。最贫困的成员国善于使用自己的方法来自卫。西班牙首先站出来，在1991年成功地把“加强经济和社会团结”①的目标塞入联盟的条约之中，这样就为富国和穷国之间的团结互助赋予了宪法基础。欧盟执委会和欧洲议会也利用它们的影响来支持这一倡议。它们也希望给予欧洲一个“社会的维度”(雅克·德洛尔语)。共同体机

① 《欧洲联盟条约》(TUE)，第B条(马斯特里赫特版本)。

构还把作为资助金受益者的各地区视为同盟者，来反对其眼中的竞争者——民族国家。由欧共体机构直接拨给加利西亚或威尔士的、不经过马德里或伦敦的款项，会创造出新的忠诚。这些主要是战略性质的考虑，同时涉及一些更为根本的东西。除了让穷人受益，“欧洲团结互助”这一概念本身就是有利于欧洲整体的一个工具。

其证明如下：根据罗马式的逻辑，“欧洲-恩主”当然关心其善行的可见性。旅行者可以在西班牙、葡萄牙或希腊的道路指示牌上很清楚地看到、并了解到布鲁塞尔对各种建设计划所资助的金额（如果说这些标注的目的是引起一些人的感谢，那么当然也会激起另一些人的嫉妒：“看！为何他们有，而我们没有？”）这些指示牌要按详细的规定制造：其面积的四分之一要被欧洲旗帜和相关的基金名称所占据。这可不是一件可以掉以轻心的事情。一位负责地区政策的欧洲委员有一天以达观的心情说：“说真的，当人们去到相对远离首都的地区时，这项政策有时是政治欧洲之存在的唯一证明。”①一位在外省参观的欧洲议员对此表示同意：“金钱让政治欧洲对于居民来说变得可见”并且是“创建欧洲意识的完美方式”。② 可见他们多么担心政治欧洲不被人们所见。

地区重新分配的政策基础是较穷的成员国与内部制度领域的结盟。前者接受金钱，而后者（免费地）收获民众对它的认可。富裕的成员国则支付金钱，尽管不痛快。这个三角关系值得人们注意。当然，有一些人反对一切形式的成员国之间的重新分配。一

① Danuta Hübner, in *The Economist*, 28 juillet 2007.

② Ieke van den Burg, *Europa is eenbetere partner voor regio's dan Den Haag*, *Eurowerk*, 2004, 2, p. 5.

位对欧洲一体化持怀疑态度的英国人用下面这个问题很好地概括了这一反对：“在伦敦的公共服务设施还有毁坏危险的情况下，为何要用我们的钱来资助建设布达佩斯的新下水管道或者华沙的新地铁呢？”[①]但富裕的支付者和贫穷的受益者要考虑到：游戏中还有第三个行动者。这正是自解除关于“净贡献”的禁忌以来，所表现出来的对待例如德国、荷兰、英国和瑞典等国家的更为微妙立场的反应。这些政府认为向联盟支付资金用于各国最贫困的地区是无效能的，因为它们所支付的资金中，有一部分又返回投向了它们自己国家里相对贫困的地区。让它们自己来管理贡献的金钱，而不是由布鲁塞尔强加迂回，难道不是更好吗？因此，这些国家主张把某种地区补助基金（和农业补助基金）中的一部分“重新国家化”。

实际上，“重新国家化”的会计操作并不导致任何对最贫困成员国里的落后地区的净支持的减少。但这一提议还是触碰了一个敏感点。重新国家化究其本质清除了欧洲团结互助的理念，对资金受益者和象征性的受益者造成了巨大的伤害。“不！”内部领域的人们齐声叫道，他们认为地区政策不只是“一个简单的重新分配的工具”，它是“联盟的可见性和合法性的一个主要因素”。[②] 这一反应显示了：资金流在联盟里不是简单地为了装满最穷的人们的钱包，它也服务于为欧洲整体寻求其公民。由“团结互助”概念所带来的地区政策的意识形态增值，使一些听命于内部领域的利益也加入了错综复杂的利益纠缠——与农业政策的情况类似——它

① Nigel Farage, in *The Economist*, 28 juillet 2007.

② Danuta Hübner, *Future of Cohesion Policy*, discours du 23 novembre 2007, COM speech/07/742.

比一个简单的贫富平衡游戏所能制造的团结要大得多。

这一征服公众的罗马式策略会产生出将联盟包含为整体的“我们”的情感吗？这还是令人怀疑的。地区重新分配并不将特定的“被保护者”（例如农业生产者和渔民）与纳税人总体相对立，但是，它以非常明显的方式，将富裕成员国和贫困成员国相对立。这使得欧洲会议桌上的关系变得更加复杂。

以每七年为预算周期的、协商决定的财政支付转移，总是导致激烈的外交斗争。简单来说，贫富边界长久以来就把欧洲分为北方支付者和南方受益者（意大利、希腊、西班牙、葡萄牙，另外还有爱尔兰）。只要紧张只限于对“温暖国家”居民的工作热情开开含糊的玩笑，那也就没有什么真正严重的事情了。自2004年一些中欧和东欧国家加入欧盟以来，繁荣差异的内部边界大致就与原来的铁幕重合。重新分配政策因此担负了一层精神的和历史的不公与“负罪感”。不同情感的混合似乎有着一触即发的矛盾意味：在“东边”是对西方冷漠和自私的深深失望；而在“西边”则是对以无法医治的痛苦为名所施的精神敲诈的怀疑。从来没有任何一个聪明的官员想出的分配解决方案能够掩盖谈判的深刻结构是来自这样一个隔阂：“请更大方点！——不，首先请更有感激之情！”[①]没有任何财政解决方案能摆脱这样的纠纷。

重新分配甚至在一个国家内部也可能是一个麻烦的问题，如同1989年以后的德国所显示的那样。大量的财政转移（高达联邦德国国内生产总值的6%）以东西德团结互助的名义发生，但是民主德国

① Janos Matyas Kovacs, *Between Resentment and Indifference. Narratives of Solidarity in the Enlarging Union*, in Krzysztof Michalski (éd.), *What Holds Europe Together? Conditions of European Solidarity*, Budapest, Central Europe University Press, 2006, p. 54 - 85.

人和联邦德国人之间的猜疑和误会并没有减弱。人们无法确信联邦德国的财政努力(撇开经济功绩不说)加强了“我们，德国人”的情感。基督教民主党人库尔特·比登科普夫(Kurt Biedenkopf)来自联邦德国，但在民主德国当选萨克森州州长，他对此有过痛苦的经验。因此，他不愿意向公民援引欧洲团结互助来加强欧洲联盟的凝聚力，他还指出：社会凝聚本身反而是让团结互助在一个国家内运作的必要条件：“由法律所规定的团结一致并没有在一个共同体中创造任何的凝聚力，而只是事先假设了它。出于这个原因，当联盟以欧洲团结一致为名求助于公民时，应当特别谨慎。”①这一提醒，并不着眼于支付者和受益者的尾欠，而是关注欧洲整体的凝聚力，它值得人们思考。在内部领域的可见性之上，还有更高的追求。比如在人民之间建立的脆弱的命运共同体，它对于保持与公众的联系是更为重要的。要小心呵护它，而不是对它作过多的要求。

最近的欧元危机更加直截了当地显示了团结互助的限度。当希腊在2010年春天威胁要脱离欧元区时，整个欧元区的财政稳定性都受到了质疑，并且其他国家被迫拨给希腊超过1 000亿欧元的贷款。之后不久，类似事态在爱尔兰和葡萄牙身上重演。拨放贷款的一方并非满心欢喜地接受这一团结互助的义务。德国报纸呼吁希腊人出售雅典卫城，引起了轰动，而希腊人则以纳粹暴行作为提醒进行反驳。类似地，对葡萄牙进行援助的计划在2011年的芬兰大选中占有中心位置(顺便可以注意到南北之间传统的财政分裂线的重新出现)。欧元危机在救援资金的提供者和受益者之间

① Kurt Biedenkopf, *In Vielfalt geeint. Was hält Europa zusammen?*, *Transit* (hiver 2003/2004), 26, p. 46.

激起了各民族的不满，而欧元恰恰又应该象征着各民族一起生活的意愿。来自欧元区国家的、货币和财政上的、错综复杂的“事实上的团结互助”，并非自然具有情感上的团结互助的色彩。由此产生的国家间的紧张潜在地比关于联盟预算的讨价还价所引起的紧张更为激烈。这里面有两个原因：一方面，相关数额巨大得多（给予希腊的财政支持——诚然以借款的方式——相当于以团结互助的名义向联盟落后地区给予的转移之总额的 4 倍）；另一方面，是因为它与每七年谈判一轮、然后交由内部领域管理的联盟预算不同，不存在这样的能够抑制紧张的谈判轮回。骚动能在任何时候发生，尤其是只要各国的议会保留着对基金解冻的控制权。然而，有发生更剧烈动荡的潜在可能。

结果

为了征服民众，可以实施罗马式策略的一种表现“我们是如此有用”的轻微变型。这一变型并没有提供个人安全或物质安全那么大的雄心壮志，但是在罗马式（或希腊式，或德国式）策略所建造的坚实基础的支撑范围之外，可以提供一种备用解决方案。莱奥·廷德曼斯在 1975 年用“人们的欧洲”这一表达来指出了该方式。如今，政治人物经常谈论“成果的欧洲”或“计划的欧洲”。这一方法所导致的去政治化既有优点也有缺点。

一切都可以被视作一个“成果”。一个市场符合规则地运作；一个好的环境规定；奖学金；对边界所实施的最好的监管；就业；在外国自动取款机上免手续费取款；跨国界的公交线路……政治人物们热情高涨地把各个领域的事情混在一起来谈。当好处具体而又实用时，代价和利益分歧就没了声音，比如：一个人获得的补助是由另一个人付出的；一个人的就业机会构成了对另一个人的就业机会的威胁竞争；某项保护的产生对另一个规定造成了压力。正如所有人都知道的那样，每一个决定都是既产生胜利者又产生失败者的一个仲裁。罗马式策略的门徒通常低估了公众。

英国看起来是成员国中唯一一个接受了功能主义的合法化的。从玛格丽特·撒切尔以来，所有英国政府首脑，不管是保守党还是工党，都向欧洲伙伴国们要求一个"供给的欧洲"。这在欧洲会议桌上给他们招来了很多批评：我们在这儿难道不是为了谈论一个更广泛的目标、一个共同的命运吗？一旦"罗马式"副歌被许多成员国唱起，人们就可以肯定必然是发生了一些事情。

2005 年夏天的情况就是如此。法国-荷兰两国人民对《欧盟宪法条约》的否决对于所有政府都是一个严酷的冲击。联盟犹豫了。由投票箱带来民主赞同的"希腊式"策略悲惨地失败了：选民们说不。共同身份的"德国式"策略也遭遇到了抵抗，例如荷兰选民对欧洲旗帜的宪法性质感到动摇。情形如此不确定，那么还是转向，回到对"罗马式"策略的成果进行适度宣传吧。

欧盟执委会很快地改变了方向。若泽·曼努埃尔·巴罗佐主席在 2006 年 5 月 10 日推出了他对《欧盟宪法条约》遭遇惨败的回应："一个为了公民的计划：为欧洲制造一些成果。"[①]一年之后，一个导向性措施随之实施。电话公司被迫在欧洲内部大幅降低（移动电话在另一个成员国接入服务时的）漫游费用。为了让这一措施在暑假之前实施，在暑假来临之时一切都准备就绪了。在暑假里，上百万欧洲人变成了旅游者，他们从遥远的海滩给家里人打电

① José Manuel Durão Barroso, *A Citizens' Agenda: Delivering Results for Europe*, 10 mai 2006, Commission européenne, SPEECH/06/286.

话，这很明显地显示出这一措施是一个“公关”行动。

欧洲整体不能把自己打扮成有威信的“罗马式”保护者的样子，因为它不构成一个对抗战争和饥荒的可信的防御者。不过至少它保留了面对人民将自己呈现为“好处分发者”的可能性。但是，也会出现未曾预料到的问题。当潜在的好处——例如在市场上行使的权利和自由——看起来使所有人都受益的时候，一些人却并不想要。当一些好处——例如各种形式的资金重新分配——只让某一个团体得益的时候，则（总是）在内部领域产生官僚庇护并且（经常）在成员国领域导致紧张。加强与受益公众——农业生产者、渔民、贫困地区、大学、欧洲内部移民——的联系，并不能自动抵消大多数留在本国并交税的公众的怀疑。在罗马式策略中，欧洲整体向一些人分发好处，但总是牺牲其他很多人的利益。它忘记了它的意图就是创立欧洲的团结互助，而只有这些行动真的创造了团结互助，那么才可以以团结互助为名义为这些行动进行辩护。事实上欧洲整体反而被自己的武器所伤。

欧洲整体所犯的错误不仅是低估了集中于成果的策略所带来的附带影响、实际的坏处和代价。其另一个严重的错误就是拒绝承认象征性挫折，而象征性挫折通常具有更强的情感影响。由欧洲带来的实际好处（罗马式益处）有时并无法匹配国家身份的丧失（德国式代价）或民主主权的丧失（希腊式代价）。在2005年就《欧盟宪法条约》进行全民公决之前不久，荷兰政府所分发的小册子中强调指出：“因为欧洲一体化……，你们在国外的取款机上取钱时，不用支付手续费”①。反对者们尖刻地回应说：“在国外取款机取钱

① 荷兰政府，在关于《欧盟宪法条约》进行全民公决时出版的小册子，2005年5月。

不用手续费！好哇！为此，我牺牲掉了建立了四百多年的主权。”①

对公众的罗马式寻觅损害了“民族国家的‘我们’”（难道最后不是“我们”为“他们”支付，为“他们”让出一席之地并与“他们”分享？），而没有成功地让一个包含全体欧洲人的“我们”出现。它将其信心依托于机构的工具化和欧洲计划的语言中，但自身并没有创立在欧洲圈子里被所有人分享的、对于政治和历史现实的意识。这一根本弱点是与将公众视为一个被保护者或受益者整体的观点内在地联系在一起的。与分享共同命运或公民身份相反，“享受同一项好处的被保护者”这种身份并不创造任何“我们”的情感。它制造的是糟糕的拥挤：人们都拥向钱箱。

一切都如同本章题铭中引述的蒙提·派森（Monty Python）六人小组的短幕喜剧里所描述的：罗马统治者为国家带来大量有用的东西，但却是徒劳，对于犹太地区的解放人民阵线而言，他们仍然还是外来侵略者，犹太人拒绝成为罗马公民。

3. 民意调查

公元前44年，在一个充满痛苦的共和国里，达到其权力顶峰的朱利叶斯·恺撒（Jules César）正在出席一个宗教庆祝会。与会者人数众多。其中有一项庆祝活动是有马克·安东尼（Marc Antoine）参加的裸体青年男子赛跑。这刻，在民众的欢呼声中，马

① *Willem de Zwijger*, 23 mai 2005, *Gratis pinnen!*: dezwijger. blogspot. com.

克·安东尼递给恺撒一个象征王权的桂冠。恺撒回以拒绝的手势，这让人群热情高涨。马克·安东尼向他第二次、第三次送出桂冠，但恺撒一次又一次地拒绝。每一次，促使他接受桂冠的叫喊声，都被由他的拒绝所引发的欢腾所掩盖。

这一构成莎士比亚的《朱利叶斯·恺撒》开场背景的场景，已经得到了其同时代者以及历史学家的广泛讨论。一些人认为马克·安东尼真的向恺撒提议王权，而恺撒因听到人群的反应而退却。另一些人则认为这是为了熄灭由恺撒的雄心壮志所引发的怀疑而导演的一幕。另外还有一些人主张："这是民意调查的初级形式。恺撒对于向皇帝的身份迈出的一步尚存犹豫，于是决定在一次民众集会时以这样的实验来测试他的民望。"①

一个(部分地)从自身所提供的好处中汲取合法性的政治体，它如何能够知道人们想要什么呢？这个问题在"德国式"身份策略中不存在；而"希腊式"民主策略建立在选举磋商的周期管理之上。但在"罗马式"方法的框架里，要借用其他办法来知道民众想要的东西，例如向民众进行询问。

执委会拥有一个专门负责民意调查的部门。令人印象深刻的是，这个部门创建于1973年。这一创新属于一个"大历史"的一部分：同一年，英国加入欧共体，也标志着在欧洲对公众的寻觅中的转折点。不过当年也有一个"小历史"：1973年1月1日，三个新成员国的到来导致了执委会的行政重组，这让法国失去了总领导者的位置。命运落到了让·莫内办公室前主任，让-雅克·拉比耶(Jean-Jacques Rabier)的头上。拉比耶(Rabier)建议自己作为负责

① Mary Beard, *Crusing with Caesar*, in *New York Review of Books*, 18 décembre 2008, p. 48.

发展民意调查系统的“特别顾问”留在执委会。这样，“欧洲（民意）气象表”①就诞生了。

这个欧洲民意气象表每半年在成员国中测量关于欧洲一体化的民意压力。欧洲的形象是什么？欧共体机构有多大的信心？有多少人认识欧洲旗帜？欧洲应该做什么？由各国办公室收集的统计数据按成员国分列。由此人们在2008年12月的欧洲民意气象表中读到了“对于欧洲联盟的支持占民意多数（53%，比上期数据增加了一个百分点），而只有15%的欧洲人认为他们的国家隶属于联盟是一件坏事（比上期数据增加了一个百分点）”。被问及柏林墙倒塌的后果时，“四分之一多一点儿的（欧洲人）宣称他们个人从中受益（26%）”。不过，读者要自己查询图表才能知道总体上有63%的人认为“没有真正受益”或“一点儿都没有受益”。②

总是被质疑的数字和表达方式不是重点所在。基本要点在于，通过使欧洲民意气象表成为一个建制化的事实，创造了一个欧洲民意。严格地说，欧洲民意在1973年之前不存在。像“大多数欧洲人期待委员会这样或那样”的断言，只有在调查中和由调查作出才有真正的意义。执委会由此为以“欧洲人民”的名义说话取得了有力武器。执委会当然完全意识到了这一点。从1958到1987年一直担任执委会秘书长的埃米尔·诺埃尔（Emile Noël），为执委会注入了欧洲使命精神和法国行政文化的混合，他表示：“很久以来，尽管有负面影响，欧洲民意气象表的调查已经帮助共同体机构和忠于欧洲一体化使命的积极分子保持信心、对抗大风和浪潮、坚

① Jacques-René Rabier, 8 février 2002: www. ena. lu.

② Commission européenne, *Eurobaromètre 70*, *premiers resultats*. *L'opinion publique dans l'Union*: ec. europa. eu/public_opinion/archives/eb/en70/eb70_first_fr. pdf.

持方向，帮助他们无论发生什么都保护已获得的成果，为这些成果继续存在提供基础。”[①]内部领域意识的代表人物，用这些话语，表达对民意调查的政治意义感到满意。在建立“以欧洲名义”说话之权力的斗争中，欧洲民意气象表是一个杰作。

这一斗争的结果是不确定的。“民意是万众欢呼的现代形式，”德国法学家卡尔·施密特分析道，“这可能是一种传播形式，并且它所导致的问题既不能由社会学解决，也不能由公法解决。但正是将其解读为欢呼的可能性，给它带来了政治实质和政治重要性。”[②]

---

① Emile Noël, *The Political Prospects for Europe in the Wake of the Single European Act: a Response to Public Expectations*, *in* Karlheinz Reif & Ronald Inglehart (éd.), *Eurobarometer. The Dynamics of European Public Opinion: Essays in Honour of Jacques-René Rabier*, Basingstoke/Londres, 1991, p. 63.

② Carl Schmitt, *Théorie de la constitution*, trad. Lilyane Deroche, Paris, PUF, 1993, p. 85.

第九章　希腊式策略：吸引“合唱团”

在古希腊语词汇 polis（城邦）的意义上来使用 political（政治）这个词，既非随意也不牵强。这个词在所有欧洲语言里仍然源自历史上独一无二的古希腊城邦，它不仅仅在词源意义上，也不仅仅是对于知识分子而言，回响着最先揭示了政治的本质和领域的那些经验。……那么，如果我们以 polis 的意义来理解 political，它的目的或者说其“存在之理由”（raison d'être）就会是建立并保存一个作为美德的自由所能出现的空间。在这个领域里，自由是一个世界性的现实，可以通过听得见的词汇、看得到的事迹被感知，而且通过这样的事件被感知：这些事件被谈论、被记忆，并且被变成故事，最终被纳入人类历史的大书之中。

——汉娜·阿伦特（Hannah Arendt）《什么是自由？》

按照“希腊式”策略来赢得公众，意即既非寻求用“我们的人民”（德国式策略中的身份认同），也非寻求用“我们的好处”（罗马式策略中的保护和权利），而是寻求用“我们的事务”来激发“我们”的情感。这是很困难的。实际上，公众会自己决定某件事情是不是“他们的事务”。他们不会让别人来决定这一点。恰恰是通过“公共事务”，公众发现了自身之存在。公众看、听、感知一些东西——某种缺乏、某个事件、某个不可接受的情况，并思忖：“这和我们有关。”然后他们想到：“必须做些事情。”他们于是提高声音、示威、向报纸写信、改选其他人作为其代表，简而言之，他们组成了公众。但就其行为而言，需要靠政治来进行。

这一希腊式的公众既是观众又是参与者。没有他们，什么都不会发生。他们出现在舞台上，不过与演员相反，他们是躲在暗处的。他们类似于希腊悲剧里的合唱团。表面上看，他们所做的只有评论行动，但行动事实上是他们所发起的。（尼采（Nietzsche）对此写道：“像我们这种至今都习惯于现代舞台上的合唱团的作用的人……绝对不能理解古希腊悲剧里的合唱怎么会比‘情节’本身还要更在先、更原始和更重要——尽管可以清楚地从传统中得出这一点[①]。”）合唱的主要特质是声音。

概括来说，寻觅希腊式公众的政治体拥有两种行动模式。第一种是，政治可以给公众一个声音，也就是说，让其在决定过程扮演一个角色；第二种是，政治可以为公众上演一出戏剧，作出一系列的行动来俘获公众。雅典城邦已经天才地懂得把这两方面结合起来：雅典同时创建了民主自由和公共空间。其中任何一个没有另一个就不行。没有公众声音的政治行动会退化成空洞的表演。而没有政治戏剧的公众声音也完全没有意义：它会以沉默结束，而合唱团最终会抛弃舞台。

---

① Friedrich Nietzsche, *La Naissance de la tragédie, ou Hellénisme et pessimisme*, trad. Michel Haar, Philippe Lacoue-Labarthe & Jean-Luc Nancy, Paris, Gallimard, *Folio essais*, 1989, p. 61.

哲学家汉娜·阿伦特将对于命运之无常的政治反应能力(马基雅弗利所说的 virtù)与“virtuosité”联系了起来。“virtuosité”这个词表示一种“执行艺术”才能，所谓“执行艺术”，指戏剧、舞蹈或音乐等艺术(区别于制造物品的“创造性艺术”，例如雕塑)。执行才能是由表演而不是由剧本表现出来的。阿伦特指出，古代希腊人喜欢将政治活动与长笛表演、舞蹈、医术或航海技艺相提并论。在她看来，政治并不是如同在工作室里秘密地制造一件作品那样的一个产生国家的艺术。相反地，这是一个在公众面前行动的艺术实践，在行动的同一瞬间获得力量和自由：“政治体制，不管设计得好还是坏，其永恒之存在依赖于行动着的人。”①

1. 单　声

为了让人民能够在决定过程中发出声音，欧洲整体花了很大力气，这并不奇怪。在成员国中，民主被认为高于其他的合法性来源。大体上从 1789 到 1945 年期间，非民主的权力形式变得越来越不被接受。政治人物们，至少那些将欧洲视为既有的或未来的政治强权的人们，希望赋予它一个民主的形式。

此外，经验显示，其权力机构建立在自由选举基础之上的政治体比其他类型的政治体更持久。马基雅弗利在《君主论》中指出：“懂得顺应时代潮流的，就能顺利地施政，不顺应时代潮流的，则寸

① Hannah Arendt, *What is Freedom?*, in *Between Past and Future. Eight Exercises in Political Thought*, Londres, Penguin, 1993, p. 153.

步难行。”[①]这一对于个体领导人的建议，适用于民主政治中几乎所有的政治人士。在民主制度中，实际上不需要领导人们让他们的性格去适应形势，因为公众可以和平地通过选举游戏来更换领导人。“相反地，要维持共和国的稳定和安全，对于会造成国家混乱的任性情绪，除了用法律来疏导，没有别的任何方法。”[②]在民主条件下，民众中的个人成员甚至能决定把事情掌握在手中，决定“参与政治”——这一表达确认了合唱团和演员的分工。

以下是关于民主与时间之特别关系的三个初步意见。

第一，一旦公众在实施权力中获得话语权，他们就能够让一个不一致的声音被听到。当公众批准人们向其提议的法律和决定，他们与这些法律和决定就牢系在一起并要对此负责。但如果没有拒绝的可能性，批准赞同就意义有限。民主的无法预见性是统治者为了满足他们政治牢固的愿望而付出的代价。

第二，议会是公众和政治权力机构之间的调和机构。议员在人民的声音和政府的政令之间往返。他们向国家传递民间的要求、意愿、利益和情感。但他们也通过利用集体、长期性、地缘政治情况来向民众解释政府所作的决定。议会的功用就像是政治之急促性的缓冲器。它能扮演这一角色，是因为其特有的由选举决定了其节奏的时间（“委任期”，“立法会任期”等）。

第三，民主的基本原则是多数表决选举，一人一票。对于少数派而言，每次选举它们都有可能变回成多数，这让他们可以接受其所反对的决定得以生效。正是这种可能性，缓和了“多数派的专

① Nicolas Machiavel, *Le Prince*, chap. 23, *Oeuvres complètes*, *Bibliothèque de la Pléiade*, traduction de Gohory, Paris, Gallimard, 1952, p. 365.

② Nicolas Machiavel, *Discours sur la première décade de Tite-Live*, in *op. cit.*, L. I, chap. 7, p. 399.

制”。换句话说，民主之合法性的最后基础并不是多数表决原则本身，而是未来是开放的这一特性（蕴含在议会代表之间的对立之中），因此其合法性的最后基础就是政治共同体在时间中的持续存在。

一个民主政体就是一个言语共同体，在其中各种声音交替：支持和反对，高声和低声，多数和少数，基本音调和不协调和弦。只要每次肯定之后都有反驳，它就保持凝聚力。

一个议会的创立并不自动导致公众和政治权力机构之间联系的加强。为了完成调和的职责，议会必须既与人民又与政府建立同样令人满意的关系。在欧洲，这两种关系都是复杂的。事实上，人们是否清楚地知道欧洲议会是哪两者之间的调和机构呢？

议会-人民的关系已被广泛地讨论。许多政治人物和理论家认为，所有的民主都以人民（希腊语 dêmos）的事先存在为前提。（用上文使用过的语汇，可以说：没有“德国式的”身份认同基础就没有“希腊式的”合法性。）以这一原则的名义，法国和英国政府领导人，还有德国宪法法院，都反对扩大共同体议会的权限。其他一些人则认为人民与议会的关系是更开放的。欧洲机构自身能不能为共同命运这种情感的产生作出贡献？这场兼具哲学性和政治性的重要辩论还没有了结。然而，议会自建立之日起就能让天平向一种或另一种观念倾斜。

第二种复杂性在于议会-政府的关系。人们知道作出决定的是哪个机构吗？而议会所要对话的对象，恰恰是作出决定的那个结构。选举能够允许产生轮替上台的结果吗？这是为了让少数派能接受由其选举失败所产生的决定而要满足的条件。但对于欧盟而言，这些问题不存在任何清楚的答案。

自 1950 年以来，为了把民众牵连进欧洲政治的内部领域中去，人们发起了不少行动。其基本设想是创造一个以同一个声音说话的新的欧洲公众。这是自上而下的民主化。并没有来自底层的或来自人民会议的倡议，来要求参与到欧洲决定中：民主化运动由政治人物们发起，因为他们觉得飘浮在空中，要寻找一个稳定的根基。民主化运动由创建议员大会(1952)开始；然后它自己命名为议会(1958/1962)；接着这个议会有了它的选民(1979)；这些选民又晋升为公民(1992)；然后人们试图赋予这些公民制宪权，但没有成功(2004)。由屋顶开始，到地基结束：对于布鲁塞尔的欧洲机构而言，这显然是减少民主"赤字"的唯一办法。

每次，人们都对未来打赌，如同"民主赤字"这一表述所显示的那样。这一表述几乎所有讨论欧洲民主的学术文章里都在用，简直就是生日宴会上涂脸的奶油蛋糕。这个乍看之下完全是分析性的术语事实上隐含着政治计划。这个术语通过一本出版于1979年这个第一次欧洲选举的年份的书而广泛流传，这一点儿也不偶然。这个术语的发明者不是政治分析家，而是负责与议会之关系的欧共体执委会官员，他很清楚地说出了他的意图："此书具有一个比起描述性而言更是规定性的使命；此书是专论，更是宣传册。"[①]这一强有力的隐喻引发了什么影响呢？"赤字"比喻着一个会计计算：权力之实施(支出)不足以由公民之影响(收入)所抵消。一旦这个原则被接受，以增加议会权限来纠正这一不平衡，看起来就很自然了。但为何代价总是超过收益呢？减少政治"支出"，减少决定的数量，不也是可能的吗？我们难道找不到其他民主"收入"的来源吗？此类问题不再有存在的理由，因为答案已经给出：

① David Marquand, *Parliament for Europe*, Londres, Jonathan Cape, 1979, p. 64.

加强欧洲议会的权力。

之后人们才发觉，这个内部领域的因欧洲议会选举所产生的公众，由它所给予欧洲整体的支持比人们所希望的更为吝啬。人们继续追赶着“赤字”。这样人们就理解了，为何欧洲政治人物越来越明确地诉诸其本国议会选举所对应的民众，即越来越诉诸以各国议会为首的成员国领域的民主方式。而这些公众不是一元的，而是多元的，所以更难把握。

一个“议会”

1950 年 5 月 9 日的宣言表明舒曼和莫内为保障其煤炭计划的合法性而依靠了政治和司法监督的传统形式。未来的条约应提交给“各国议会”进行“批准”，反对未来的高级委员会所作出之决定的“上诉的道路”得到了保证。他们还没有打算创立一个欧洲议会。

回应法国邀请的各国政府希望把高级委员会置于一个严格的政治监督之下。荷兰和比利时在首次回应中就已经把国家政府放在首要位置(为未来的部长理事会准备场地)，而德国则提出国家议会应有发挥功用的价值。让·莫内在谈判开始之前对于德国的主张作出了让步。议会论坛在巴黎会议的第二天，即 1950 年 6 月 21 日起，就被命名为“共同大会”(Assemblée commune)①。

① Hans Jürgen Küsters, *Die Verhandlungen über das institutionelle System zur Gründung der Europäischen Gemeinschaft für Kohleund Stahl*, *in* Klaus Schwabe (éd.), *Anfänge des Schuman-Plans 1950 - 51/Beginning of the Schuman-Plan*, Baden-Baden, Nomos, 1988, p. 79; Jean Monnet, *Mémoires*, Paris, Fayard, 1976, p. 379.

“共同大会”有一个先例：即其不久之前建立于斯特拉斯堡的欧洲民主和人权理事会议员大会。这个议员大会的诞生代表了战后联邦主义运动的伟大胜利。十国代表(很快就变成十五国)在这个机构里就欧洲政策进行辩论。而且，代表们并非不重要的人物：在开幕式上发言的人包括温斯顿·丘吉尔(Winston Churchill)、哈罗德·麦克米伦、居伊·摩勒、保罗-亨利·斯巴克、保罗·雷诺(Paul Reynaud)和米歇尔·德勃雷。

六国的欧共体以这一模式具备了由间接选举产生的、由“聚集在共同体内的各国的人民代表”即各国议员组成的议会。① 德国、法国和意大利议会派出 18 名议员，比利时和荷兰 10 名，卢森堡 4 名。他们的任务是监督煤钢共同体的高级委员会。

大会在 1952 年 9 月召开。六国的议员如何能作为唯一的欧洲声音的代言人呢？他们马上决定按字母顺序就坐，以打破同一成员国代表聚集在一起的本能趋势。六国代表还组成了“超国家”的政治团体：基督教-民主派，社会-民主派和自由派。很快，习惯形成，在开始全体大会党派之间的讨论前，先在每个团体内部寻求一致。这是欧洲政治领域的开始。人们在关于这第一次议会的研究中可以读到：“没有政治团体，大会甚至具备专家团的特征。”②但是，让公众对例如煤炭价格或钢铁产量这样的技术性议题感兴趣是很难的。大会的困境在于它仿佛感觉超前于国家的意见。它本可以选择作为国家情感和利益的传声器，然而它在大多数情况下克制了这一点。“事实上，在某种程度上，由大会代表的欧洲人是

① 《煤钢经济共同体条约》(CECA)，第 20 条。

② Paul J. G. Kapteyn, *L'Assemblée commune de la Communauté européenne du charbon et de l'acier: un essai de parlementarisme européen*, Leyde, A. W. Sijthoff, 1962, p. 115.

一个抽象体，如同18和19世纪政治著作里的‘公民’……由‘理性’启发的欧洲公民，摆脱严格意义上的国家关切与偏见，并准备好在共同体内部以他们内在的品德来看待各种利益。”[①]斯特拉斯堡人（指上文所说设于斯特拉斯堡的欧洲民主和人权理事会议员大会的代表们。——译者注）以尚不存在的、但他们期待出现的理想公民的名义说话，扮演着有利于理想公民出现的教官角色。

大会和行政机构维持着更具建设性的关系：在它和由让·莫内主持的高级权力机构之间发展着有成效的对话。议会监督赋予了权力机构的成员们一个使其高于技术官僚身份的政治使命。大会在权力机构中找到了与之相称的决定者。它感到肩负着加强脆弱的欧洲政治的内部领域，以面对来自成员国的威胁的任务。“大会代表与高级权力机构代表一起，把自己视作欧洲统一的先锋，他们认为自应尽可能地组成一个共同阵线，来面对实施共同体目标而激起的反抗。”内部纠纷是有害的：“大会越表现得一致，就越能影响高级权力机构的政策，欧洲行政机构也就越能抵御在六国中无疑很强大的传统本位主义。”[②]夸张的话，人们可以说，如同一个处于战争之中的国家的议会会像一个人那样在政府后面提供支持，斯特拉斯堡大会一致支持煤钢共同体高级权力机构。其首要的关切是共同体之存在本身。

上述经验既显示了其力量又暴露了其弱点。议会，牵扯在人民和决定者之间的中间人，更靠近决定者。在欧洲内部领域，议会的声音具有重要性，但被代表的人民的声音一点儿都没有引起回

---

① Paul J. G. Kapteyn, *L'Assemblée commune de la Communauté européenne du charbon et de l'acier: un essai de parlementarisme européen*, *op. cit.*, p. 117.

② *Ibid.*, p. 219.

响。它没有成功让欧洲变成一个公共事物。

1957年《罗马条约》保持了这样的角色分配和任务概念。但是议会经历了一个双重变化：其实际权力削弱了，但是它作为欧洲计划之承载者的身份增值了。在事实和愿望之间的张力变大了。

第一个变化，是议会权力的减少。谈判者知道，与一起管理煤矿相比，建立一个共同市场是更为勇敢的。建立共同市场的计划要求成员国之间有一个更好的政治底座。在新的结构中，决定权不再被授予一个与部长理事会协同行事的高级权力机构。相反地，欧共体执委会（这是高级权力机构的新名称）只能提出建议，而决定则由部长理事会作出。部长会议现在占据了中心位置。

这一制度转变对于议会不是没有产生后果的。它所面对的欧共体执委会不再负责作决定。它的对话者的权力的丧失，减少了它可以提出异议这一功能的重要性。议员们的这一损失只获得了很少的补偿。人们向他们出让了在立法过程中的咨询角色和修正预算的权限。而反过来，就算部长理事会拒绝考虑议员们的建议或修正案，议员们也没有要求理事会遵守秩序的权力。就像一位观察家在1965年所指出的："此前的共同大会还能向高级权力机构询问'为何你们作出这样的决定？'然而从此议会只能向执委会询问'你们怎么会没能说服理事会？'"[①]这并不令人满意。

面对成员国，执委会和议会两者都处于劣势，它们互相就显得很亲近了。前者有成为欧洲行政机关的无声的使命，后者是它的立法者和监督者。只要它们继续是政府和议会的雏形，它们就有

---

① H. H. Maas, *Parlementaire democratie in de Europese Gemeenschappen*, *International spectator*, 1965, p. 88, *in* Schelto Patijn, *De uitbreiding van de bevoegdheden van het Europees Parlment*, Rotterdam, Universitaire Pers, 1973, p. 22.

相互帮助的好处，双方都差不多地增强对方的地位。这样一个乐观的共识文化得到了强化。带着些许的良好意愿，人们能从下述可能性中模糊地看到一个议会信任关系的开始：共同大会能够以执委会年报为基础将其解职。最信服联邦主义的那些人自己也承认这是一个“尚‘欠发达’的民主。”①

第二个变化，《罗马条约》在削弱议会实质权力之同时，潜在地使它增值。这一前景是由下述新措施所开启的：“共同大会将制订一些计划，其目的是在所有成员国按统一的程序进行（欧洲层面的）直接普选。”②这一理念构成了一个象征性的革命。按照联邦主义的逻辑，欧洲议会所代表的是统一的全体选民，而非 6 个分开的选民体的总和。正是在这一点上，唯一的欧洲公共声音有得以表达的机会。意大利、荷兰和比利时对此表示赞同，法国反对。据一位见证者说，1956 年在公爵夫人谷城堡，意大利部长加埃塔诺·马蒂诺（Gaetano Martino）和法国国务秘书莫里斯·富尔“几乎每天早上”都就条约是否应该规定第一次选举要在某个期限内就得以举行这一问题激烈争吵。意大利人想确立一个举行选举的最晚时间，最好是在 10 年内，“以使人们明确地知道欧洲人民将被号召在今天和一个确定的时间之间选举它自己的议会。”③加埃塔诺·马蒂诺提出了各种各样的方案。收到巴黎严格指令的法国部长推回了各种进攻。像经常发生的情况那样，人们用推迟期限的办法达

---

① Walter Hallstein, *Die EuropäischeGemeinschaft*, *Düsseldorf/Vienne*, Econ, 1974, p. 73.

② 《欧洲共同体条约》(CE)，第 138 条第 3 款(罗马版本)。

③ G. Martino, 1956, par Roberto Ducci, 22 octobre 1984, *in* Maria Grazia Melchionni & Roberto Ducci, *La Genèse des traités de Rome*, Paris, Economica, 2007, p. 395.

成了一个折衷：部长理事会将在未来某个日期以一致同意的方式“确立组织选举的模式”。① 没有确切的日期，但这是一个以承诺为形式的契约。

象征性被《罗马条约》加强了，共同大会自己命名为“议会”。它以此名称表达对承诺得以实现的预期。在制订内部规定时，荷兰代表卡普坦(Paul Kapteyn)已经让大家知道“大会”(Assemblée)这一正式名称对他国家的人民而言，不是那么能说明问题。在荷兰语版本中为何不用“议会”(Parlement)一词来代替它呢？这一提议，对于不是说荷兰语的人来说看上去无足轻重，于是被接受了。一位德国代表也采用了这个窍门，称其为欧洲议会(Europäisches Parlament)。而法文和意大利文版本则保留着正式的名称：大会(Assemblée，Assemblea)②。这是一个自己宣称的议会，而且暂时只在两种语言里是这么称呼的，但还是有两种语言称“议会”了，这是一个真正的象征性的“政变”！新条约一生效，议会就将获得一些东西：就算它届时仍然还是没有选民，对于它而言，将会有一个(欧洲)全体选民的承诺使其具备比国家议会和普通会议更高的地位。文字的战斗开始了。

对这个术语的激烈的、有敌意的抵制，显示出这一焦点的重要性。抵制在很长时间里来自法国，然后传递给了英国。抵制者所提出的理由是：谈论一个“欧洲议会”就是承认欧洲人民的存在。然而欧洲人民并不存在，也不应该存在(这种批评混合了事实和原则)。所有政治体建立举动的循环特征又出现了：先有国家还是先有人民？在争取欧洲选举的斗争中，意大利人表现出了对于他们

① 《欧洲共同体条约》(CE)，第138条第3款(罗马版本)。

② *Journal official* 6/1958；Schelto Patijn，*op. cit.*，p. 177(note 1).

的意大利复兴格言的忠诚：“意大利已经建立，只剩下‘建立’意大利人。”一个民族，还有其他类似的东西，能诞生于一个选举的结果，这个理念与意大利人的观念并不冲突。相反，对于法国人和英国人，这样的事情是不可想象的，因为他们的民族从远古时期就组成了。

在法国，从1958年起担任总统的戴高乐执拗地拒绝称斯特拉斯堡的大会为“议会”。这个名称在他看来是可笑的，而且是误会的来源。由斯特拉斯堡的议员们在1962年3月20日通过的、把这一名称的使用扩展到法语和意大利语中去的决定，引起了戴高乐将军的愤怒。此后不久，在一次新闻发布会时，他讽刺地评论说：“虽然已经有六国各自的国家议会，加上欧洲议员大会，加上欧洲理事会议员大会……还要再加选一个被视作全体欧洲人的议会，然后由其向国家发号施令。”[①]让他不高兴的，当然是最后这一点。只要斯特拉斯堡的机构简化为一个讨论问题的俱乐部，它那带有自命不凡意味的名字是不会导致什么后果的。作为优秀的政治人物，戴高乐还是知道，这样的虚荣心同时也暗暗包含着夺权的危险。对于他来说，一个国家的人民要服从于由外国代表通过的法律，这是不可想象的。这一政治路线构成了他的意识形态遗产之一：他的继任者乔治·蓬皮杜对斯特拉斯堡的机构继续使用“大会”这个名称。

玛格丽特·撒切尔在1979年接过了火炬，她也一直都只把斯特拉斯堡的机构称为“大会”。她的一位外交官是这样转述的，英

---

① Charles de Gaulle, conference de presse du 15 mai 1962, *in* Charles de Gaulle, *Mémoires d'espoir, suivi d'un choix d'allocutions et messages sur la IVe et la Ve Républiques*, Paris, Plon, 1994, p. 793.

国首相希望告知她的公众:"这不是一个真正的和我们的议会一样的议会。"①直到1986年,包括英国和法国在内的欧共体国家整体才接受了斯特拉斯堡议员自我任命所选择的术语;随着这一步,各国也加强了议员在立法过程中的参与。改变并非大张旗鼓地发生,只有一句简单的话认可:"欧洲经济共同体条约第7条第2款,'在大会磋商后'被'在欧洲议会的合作下'②所代替。"撒切尔光明正大地接受了她的失败。

随着新条约1978年7月1日起生效,"欧洲议会"的存在被"我们,欧洲各国"接受了。

选举

条约中的直接选举承诺对于斯特拉斯堡的重要性怎么估计都不为过。一个这样的选举是给官僚机构的闭塞气氛带来一股新鲜空气的"有益的冲击"(根据比利时代表费尔南·德乌斯(Fernand Dehousse)的措辞)。没有比这更好的吸引公众对欧洲感兴趣的方法了。如同一位雄辩家在20世纪60年代初所说的:"可以肯定的是,欧洲议会不会获得与理事会相近的地位,除非能依靠直接选举的坚固基础。"③这样一个选举委任会给予欧洲内部领域一个自己的基础。

---

① Stephen Wall, *A Stranger in Europe*, Oxford, Oxford University Press, 2008, p. 69.

② Acte unique européen, artide 6, paragraphe 2, in *Journal officiel*, 29 juin 1987.

③ Hugh Beeoley, *Direct Elections to the European Parliament*, in *Limits and Problems of European Integration*, Ernst B. Haas*et alii*, La Haye, Martinus Nijhoff, p. 83.

一个议员工作组从1960年起就提出了选举计划。五个国家表示支持，但在与戴高乐主义统治法国的时间一样长的时期里，这一想法遭到法国不可改变的反对。

这一情况随着一位新人物的掌权而瓦解了，他就是吉斯卡尔·德斯坦总统。他极想使国家或政府首脑峰会制度化。由于荷比卢国家坚持反对，他没能获得满意的结果。吉斯卡尔·德斯坦在1974年12月的峰会上向他们提出了一个交易。比利时和荷兰支持欧盟首脑会议的创立，作为交换，巴黎接受议会直接选举。这一相互破冰带来了一个双重的前进。这是欧洲寻觅其希腊式民众过程中的关键时刻。政府首脑同时在欧洲整体和公众之间开启了两条交流线：内部领域的直接声音和成员国中间领域的常设舞台。

第一次欧洲直接选举在1979年6月举行。从此每5年举行一次。斯特拉斯堡的希望部分得到了满足，部分令人失望。以对等的权限，直接选举事实上加强了欧洲议会相对于理事会的权力和权威。1979年12月，议员们就否决了由理事会提出的共同体关于1980年的预算。尽管这会让共同体陷入财政政治危机之中，他们也并未犹豫，人们可以说，这是为了提出他们存在的证据。这是一个自我意识的信号：权力从来不是被提供的，而是被赢得的。从此，每次修改条约，议会都不停地因为对其友好的政府的推动和其（有限）权力的加强而多积攒一小部分权限。它从一开始还是对各方都无虞的顾问起步，逐渐登上了几乎所有政策的共同立法者的行列。在布鲁塞尔，想绕开它行事是不可能的。

与之相反，它在另一方面却没有达到期望的高度。议会并没有吸引到选民的好感。投票率就说明了情况。它在不断下降，对于所有成员国平均从1979年的63%下降到2009年的43%。投票率的下降也同样在国家层面上被察觉，但这一现象在欧洲整体的投票率上表现得更为明显，它已经比一开始时要低很多。研究还表明，选民们并不根据欧洲主题来投票，而是在国家标准基础上进行欧洲层面的投票。政治学者用“第二等的选举”一词来谈论这一现象。

因此就存在这样一个矛盾：选民 30 年来对于欧洲议会表现出越来越少的兴趣，而欧洲议会在此期间的正式权力却大幅增加。对于希腊式合法性的寻觅，其结果是令人失望的。议会在机构之间的力量平衡中扮演着重要的角色，但并没有提供欧洲整体所希望的民主基础。议会成为了内部领域的一个主要行动者，但并没有因此成为欧洲人民的代言人。

自上而下进行的合法性寻觅必然会撞上一些限制。议会权力之所以被加强，是希望在此之后，选民们就会蜂拥而来使这些权力合法化。在这么做的时候，人们忘记了民主合法性并非自动来自正式的议会权限。全体选民或多或少地认同被认为代表了他们的机构，并将其视作“我们的议会”，这也是必要的。这是一个并不能简单地用投票率来量化的情感，欧洲议会这样自我安慰，美国国会中期选举的投票率与欧洲议会选举的投票率“大致类似”[①]，却忽略了美国人比欧洲人清楚得多地知道谁是他们的代表。

直接选举的失败(从 1984 年第二次选举以来就很明显了)表明议会自己创造这一唯一公众的声音是不够的。有益的冲击并没有发生。但也许一个具备行政权的对话者能够促进欧洲是“我们的事情”这一情感。

竞争这个对话者身份的候选者有两个：一个是执委会，另一个

① Richard Corbett et *alii*, *The European Parliament*, Londres, John Harper, 2007, p. 10.

是首脑会议。议会一直以来都试图尽可能使执委会政治化。议会把它最强有力的王牌放到桌面上讨论：选举结果。执委会主席的选择须取决于大多数议员，这样的话选举的重要性就很清楚了。其前提是执委会主席对委员会成员组成和席位分配也有更大影响。

最近的条约修改在这两个方向都小心翼翼地迈出了步伐。《里斯本条约》规定由欧洲议会"选举"欧盟执委会主席，但后者必须由欧洲首脑会议提名。① 欧洲人民党取得了在 2004 年和 2009 年的选举胜利后，从它的阵营里任命了一位主席，葡萄牙人若泽·曼努埃尔·杜朗·巴罗佐。虽然一些人仍忠于执委会应是一个技术性的中立机构的想法，大部分委员热烈地拥护这一政治化。但是这个方向的发展还是有限的，因为执委会还是由 27 国政府各自提名的 27 位委员组成，而这样一来委员们的政治色彩就很难相同。

议会有整体性地弹劾执委会的权利。在 1999 年，这样的事情差点儿就发生了，但雅克·桑特主席和他的团队倾向于自己递交辞呈。这一插曲被视作欧洲议会历史上最令人印象深刻的事件之一。这次事件的原因不是政治冲突，而是一次舞弊——一个官僚机构错误。相反地，五年之后，执委会任命巴罗佐的时候所发生的冲突则是政治性质的。由于疑虑被提名的委员之一的罗科·布蒂廖内(Rocco Buttiglione)的关于婚姻和同性恋的观点，议会威胁拒绝批准整个委员会。各成员国让步了，把委员会成员作了一点儿修改。在这一插曲中，执委会不是议会的首要对话对象，而特别地成为了议会与成员国整体之政治冲突的赌注。问题在于谁拥

① 《欧洲联盟条约》(TUE)，第 17 条第 7 款(里斯本版本)。

有任命的权力。以胜利者的身份走出这场冲突的议会借此机会树立了自信。尤其是它还要与另一个更具政治性的对话者进行较量。

这另一个潜在的对话者就是欧洲首脑会议。四分之一个世纪以来，在联盟内部，是由政府首脑们来作最重要的决定。议会的高级机构宪法委员会认为这样的情况是完全令人失望的。它一点儿都不欣赏共同体整体的政治从此由“议会所无法进入的政治平流层”[①]所决定。让它更不快的是欧洲首脑会议刚刚干扰了对未来的某种看法。根据布鲁塞尔的正统想法，议会和理事会被要求发展成为立法机构，一个以公民的名义，而另一个则是以国家的名义，来与拥有行政权的欧盟执委会进行对话。这一理论与事实一点儿都不一致，因为理事会和执委会相比，拥有更多的执行权限。但人们可以这样看待这一事实：把它简化为一个临时的例外——根据历经考验的“还没有”这一诀窍(详见上文。——译者注)。相反地，这一方法对于摆脱欧洲首脑会议来说，运行得远没有那么好。这一强大的政治机构在1974年来到欧洲政治生活之中，扰乱了欧洲议会自身的形象。欧洲议会从此不能再完全指望执委会。它一点点地重新定向，从官僚机构世界中离开。

每位欧洲首脑会议主席在其六个月的任期内要在斯特拉斯堡发表演讲，之后有一场提问，这从1981年起成为惯例。他还要向欧洲议会作一个欧洲首脑会议的报告。议会的合作对于一个主席在其任期内的政治承诺得以坚持逐渐变得必不可少，因此一个个

---

① Parlement européen, *Antoniozzi Report. Opinion from the Legal Affairs Committee*, in Jan Werts, *The European Council*, Londres, John Harper, 2008, p. 154.

担任欧洲首脑会议轮值主席的国家总理都继续在议会那里介绍他的立法计划。尽管从2010年起，主持欧洲首脑会议的不再是轮值主席，只要是有点儿喜欢雄辩的大成员国的政府首脑，就仍然把欧洲议会当作一个确认其欧洲国家首脑高度的论坛，一个他面向欧洲公民的地方。弗朗索瓦·密特朗(1984)和托尼·布莱尔(Tony Blair)(2005)是那些懂得如何燃起听众热情的人。

这一对话要达到各国政府首脑要向欧洲议会负政治责任这样的关系，是很困难的。各国政府首脑因其国家选举而获得的地位，并不能被斯特拉斯堡弹劾。换句话说，欧洲议会在这个事情上无法利用它最强有力的王牌：选举的结果。这一情况从欧洲首脑会议有它自己的常任主席以来就没有改变；常任主席由政府首脑们任命，并且他唯一正式的义务是向欧洲议会通报首脑会议的内容。两方各自依赖的代表宪法的逻辑是不同的。欧洲议会以公民之欧洲人特性的名义说话，而欧洲首脑会议以各国政府名义说话，并依靠公民的多种民族国家特性。在两个机构冲突的情况下，选民们没法解决。他们自己，归根结底，在两个合法性之间左右为难。

欧洲议会为了悄悄插足欧洲首脑会议作着努力，从这一事实来看，在两个机构之间的权力不平衡是残酷的现实。所有接任的议会主席都为了在政府首脑会议桌上占有一席之地、为了被邀请参加晚宴、甚至为了出现在传统的集体照中而斗争。这一为了被接受而进行的斗争开始于1987年的议会主席亨利·普拉姆(Henry Plumb)。欧洲首脑会议的比利时轮值主席，与议会相处融洽，安排普拉姆(Plumb)在1987年6月首脑峰会的开始阶段向政府首脑们发表简短演说。大多数成员国没有提出异议。但是事先不知情的玛格丽特·撒切尔碰到她的同胞时非常吃惊：“亨利，你来这里干什么?"[①]普拉姆聪明地以简短的例行寒暄式的谈话作为回应:在这个情况下,他在会议上拥有席位这一事实,比起任何争论所能树立的东西都要多得多。他的继任者或多或少成功地尝试扩展到与政府首脑进行简短的交流。但是,欧洲首脑会议如今还是在欧洲议会主席离开后才正式开始——这是各国对闯入者的一个礼节方面的刁难处罚。

一位前斯特拉斯堡的官员这样分析"为了被欧洲首脑会议所接受的战斗":"欧洲议会在30年间为了以显见的方式出席欧洲联盟的高级会议而开展攻势。它的顽强和对礼节的敏感通常是一个造成不快的原因,尤其造成成员国代表和其他方面的代表的不快。有些时候,这一举动被认为过分自私和固执。作为这场运动之先锋的议会主席们毕竟是受到这样完全符合人性的意愿所推动的政治人物:他们想出席晚宴、引人瞩目、出现在集体照中。这些可以理解的个人的雄心壮志同时与欧洲议会希望被人们看到的需要重合。"[②]这是一个中肯而敏锐的见解。议会试图利用其他机构的公众可见度。因为欧洲选民向其提供的基础不够坚固,所以它向各国领导人之集体寻求一个支撑点。这个情况并不是民权保卫者因民间的支持而挑战领导人,而更类似于一个宫廷音乐家努力吸引君王的注意——因为是在他后面坐着观众。

政治公民性

在欧洲议会和欧洲选举之后,1993年创立的政治公民性构成

---

① Margaret Thatcher, *in* Julian Priestley, *Six Battles That Shaped Europe's Parliament*, Londres; John Harper, 2008, p. 27.

② Julian Priestley, *op. cit.*, p. 44.

了自上而下树立希腊式合法性的第三步。这样建立的欧洲整体和它民众间的直接政治联系，在象征性方面是非常紧密的。虽然政治公民性可以表现为欧洲法院所宣告的个人与整体之间的司法联系（在第8章讨论过）的简单延伸，但这两个概念不是等价的。约瑟夫·韦勒就这一点指出：“在成为公民之前很久，妇女和犹太人就已经享有（法律的）直接作用。”①一个法律主体不过是一个主体，而一个公民却可以参与到政治决定的过程中去。

这一创新是对1989年秋天革命的回应之一，另外两个回应是欧元的启用，以及将欧洲政治的中间领域部分地重铸成一个联盟。许多成员国希望加强欧洲整体的民主合法性。比利时在1990年3月要求取消边境检查以及给予（侨居另一个欧共体国家的欧洲人）以地方和欧洲选举的投票权。意大利人要求制定一个符合下述情况的“法律框架”：“在成员国们赋予一体化欧洲以一个形式之前，欧洲公民就已经出现了”。希腊希望通过加强“欧洲公民属于同一个司法共同体”的情感来促使一种宪法爱国主义的诞生。西班牙政府在1990年5月作出了“欧洲公民性”的表达。过了一个夏天，它又对此解释说：“向一个政治联盟的过渡，根本地改变了情况，并且要求创建一个欧洲公民在其中扮演中心角色和根本角色的共同整体空间。”②西班牙人知道，各成员国在这一公民性应该由哪些权利、自由和义务所构成的问题上并没有达成一致。因此他们也提

① Joseph H. H. Weiler, *To Be a European Citizen: Eros and Civilization* (1995), in *The Constitution of Europe*, Cambridge, Cambridge University Press, 1999, p. 337.

② Mémorandum du gouvernement espagnol, *The Road to European Citizenship*, Document du Conseil SN 3940/90 du 24 septembre 1990, in Finn Laursen & Sophie Vanhoonacker, *The Intergovernmental Conference on Political Union*, Maastricht, EIPA, 1992, p. 329.

议先创立公民性——先走出象征性的第一步，然后才讨论它的内容，而内容还可以随着时间的发展而变化。（这一外交攻势尤其受到“罗马式”好处的激励，即马德里希望为它的海外侨民从中获得好处。尽管如此，一个“希腊式”的宪法辩护对于它的成功是不可缺少的。）

公民性一旦被明确提出，为了它的合法性，需要公民的政治联盟。这种想法显得那么自然而然，只引起很少的反对。当德国和法国政府首脑在1990年12月作出对公民性有利的表态时，这局就已经赢了。之后为了确定内容的谈判，除了一国在另一国之侨民可参与当地选举投票以及就地参与欧洲选举投票之外，没有产生其他重要的东西。高涨的民主动机此后就远远地消散在天际之外了。《马斯特里赫特条约》里面就公民性这个事情只是简单地写道：“特此建立联盟公民这一身份。具有成员国国籍的每一个人都是联盟的公民。”①

这一简要的定义却在其中一个国家中引发了许多问题。丹麦人民被号召通过全民公决对此表态，但1992年的公决否决了条约。欧洲公民性以及货币联盟和防御政策引起了很多担心。② 丹麦人民只是在其政府附加了特殊协议后的第二次全民公决才接受了条约。欧洲公民性可以与丹麦国家公民性相比拟的暗示被哥本哈根强烈地击退了。其他成员国也理解澄清两者区别的用处。于是人们在5年后在条约中加了一小句话：“联盟公民这一身份是对国家公民身份的补充，但不能代替它。”③

---

① 《欧洲联盟条约》(TUE)第8条(马斯特里赫特版本)。

② Mémorandum du gouvernement danois, *Denmark in Europe*, 30 octobre 1992.

③ 《欧洲联盟条约》(TUE)第17.1条(阿姆斯特丹版本)。

丹麦人所反对的潜在坏处并没有因为这一对人民的保证而消失。欧洲整体首次权衡了寻觅希腊式合法性所隐含的内在危险。人们向公众提供了一个公民身份，但公众却几乎拒绝了。在民主公众的两个身份之间，在新的欧洲公民和国家公民的集合之间，在介入内部领域的个人与在成员国领域无法预料的、老是低声抱怨的个人之间，出现了裂缝。

一些观察家把公民性的建立比作一次市场营销。公民性的建立既不伴随新权利的创立也不伴随任何政治影响的增加，它只不过是一个骗人的陷阱。这个欧洲"产品"在 1995 年引起一位杰出法律工作者和理论家的如下评论："公民性和与之联系的权利之目的在于给产品一个新形象（因为具体来说，它们只加入了很少的东西），以提高其对消费者的吸引力，让消费者恢复对所青睐的品牌的喜爱。"在他看来，政府首脑们表现得就像"担心顾客疏远、忙于发展一个品牌的管理者"①。这一观点有其可取之处，不过忽略了时间因素。在 1992 年丹麦反对之前，这一分析还没有做，政府领导人们的欺骗还没有被猜中，他们所使用的手段，是巧妙的、对于未来的政治赌博；在 1990 年代末之后，当欧洲法院开始为公民性的"空泛"形式赋予一个法律内容时，上述批评就不再贴切了。那样的指责，在最初政治行为的失败之后是有效的，而一旦政治行为被改正后就变弱了。

一个宪法

由政府首脑们在 2004 年 10 月所签署的"制定欧洲宪法的条

① Joseph H. H. Weiler, *To Be a European Citizen*, *op. cit.*, p. 333.

约”从来没有生效过。但所有没有成功的为了找到一个公众的尝试，不管是尝试本身，还是它的失败，都是有意义的。

我们对于这个时期的回忆，包括由“宪法”这个词所概括的重要政治转折。一个欧洲宪法意味用一个欧洲公民间的契约代替一个欧洲各国间的条约。欧洲整体可以由此找到它一直热切寻找着的稳固基座。政府首脑们曾经委托一个大会来调研关于欧洲宪法的问题，特别是欧盟条约的简化是否能“最终导致一个宪法文本的通过”①。毫不令人惊讶地，这个大会表现得就好像一个制宪大会一样，而它的某些成员开始梦想一个和1787年费城类似的欧洲缔造时刻。

我们应以宪法的观点来解读这样的希望。在《美国宪法》序言中的大胆的单数，“我们人民”(We the people)，标志从多数到单个的转变。在欧洲，从来没有人打算制定一个以“我们欧洲人民”(We the people of Europe)为名义的条约。“单一的人民”是禁忌。欧洲共同体和欧洲联盟是由“签约方的高级方面”，也就是各个国家所建立的。制宪会议也没有打破这一禁忌。第一个文本计划里有这样的表述：“由欧洲各国人民和各个国家的意愿指引……”这一民族的复数性让一些制宪会议成员感到不快。许多代表团——包括德国、西班牙和希腊——建议用“公民”这个词来涵盖欧洲多元化的人民。② 这三个国家在对宪法用词的同一个主张里包含着各自不同的动机：人口最多的国家德国把人数力量放在首要地位；西班牙中央政府想要删除“pueblos”这个表示其特殊的分离主义地区

---

① Conclusions du Conseil européen des 14 et 15 décembre 2001, Annexe I (*Déclaration de Laeke*)

② CONV 574/03 du 26 février 2003.

“人口/人民”的用词；希腊寻求捍卫它移居海外的侨民的权利。在下一个版本中，联盟简洁地建立在三个支柱上，然后“人民”消失了，最后定稿的开篇词是这样表述的：建立联盟的宪法“受意于欧洲公民和欧洲各国的意愿”①。

这是一个巨大的推进。欧洲公民被赋予了制宪权力。联盟将不再如同在之前的条约中那样只建立在国家的意愿之上，将也建立在公民的意愿之上。公民将对制度负责。公民从简单的外观点缀被提升为缔造的要素。比起被广泛讨论的“欧盟国旗”和“欧盟国歌”这些符号，比起具备国家性质的那些词汇（“部长”、“法律”），这一提升更加赋予2004年的条约以宪法的特征。但只是特征而已，因为欧洲各个国家继续存在；欧洲公民并没有他们单独的制宪领域。

欧洲公民与欧洲各国之间的张力在条约文本的一些地方表现得非常强烈。瓦勒里·吉斯卡尔·德斯坦(Valéry Giscard d'Estaing)曾巧妙地让一句伯里克利(Périclès)赞美雅典制度的名言出现在宪法计划的题铭上：“我们的宪法被称作民主，因为权力不是在少数人手中，而是在全体人民手中。”②这一引文在谈判过程中消失。人们指出是芬兰和爱尔兰要求取消的。它们诚然是两个小成员国，但爱尔兰在最终谈判时是轮值主席国，它处在一个对论战获胜有利的好位置上。人们可以试图猜测赫尔辛基和都柏林的动机。这两个首都地理上离雅典都太远？它们担心多数派的权力对人口少的国家不利？或者它们怀疑“dêmos”这个小小的单词里所暗含着的无法直接提及的基础？删除这段话是意味深长的。以国家、人

① 《欧盟宪法条约》第1-1条。

② Thucydide, *Histoire de la guerre du Péloponnèse*, II. 37.

民和公民名义进行表达的论坛，开启了关于民主的希腊式创造的历史前景，但是欧洲各国集体地在最后一分钟将其重新关闭。

《欧盟宪法条约》在 2005 年春天被四个应该以全民公决批准该条约的国家中的两个否决：法国和荷兰。在法国，相关争论显示，人们想要“一个不一样的宪法”，想要一个对经济自由有更多限制的欧洲宪法；荷兰民众给人们的印象是他们什么欧洲宪法都不想要，从而保留民族国家的身份。荷兰的反对是民族主义性质的。同样地，在其他成员国，人们也对于“欧洲宪法”这个提议感到担心。这是国家宪法的终结？人们将走向一个超级欧洲国家？政治人物们不知道如何回答。

经过一段时间的艰难思考，政府首脑们在 2007 年决定结束各国议会批准条约这一流程。必须后退。一个欧洲宪法没有形成，最终收获的是对两个既有条约（欧共体条约和欧盟条约）的传统方式的修正。修正后的条约不具备“宪法的特征”；国家性质的术语将被修正；欧洲“国旗”和欧洲“国歌”将从条约文本中消失。欧盟首脑会议直接地了结了问题：“下述宪制观念业已被放弃：废止所有现有条约，并以一个叫作‘宪法’的唯一文本来代替。”[1]除了文本内容的重新组织，还应指出：修改后的条约如同以前的条约一样，是以各个国家的名义缔结的；欧洲公民失去了制宪权力。宪法实验就此结束。民主基础没有达成。内部领域继续在空中飘浮，如同被各成员国用线缆吊着一般。

许多评论家和政治人物趋向于把由“宪法”一词引发的惨败视作公共关系操作的受挫。诽谤者把这一词语的选择归咎于制宪会议主席瓦勒里·吉斯卡尔·德斯坦的自负，认为他想要被视作欧

① Conseil européen de Bruxelles，21 - 22 juin 2007，annexe I，point I. 1.

洲的乔治·华盛顿载入史册。“坦率地说，”美国政治学家安德鲁·莫劳夫奇克在2006年6月写道：“宪法计划，首先是一个公共关系的操作。”①这位作者从一开始就是持这个观点，但是某些人只是在《宪法条约》批准步骤的失败之后才加入其中。当各国代表在里斯本签署修订后的条约时，一份德国报纸写道：“如今比过去更为清楚，制宪的浮华盛况只是施行一个公共关系策略的工具而已。”②

但是，把宪法简单地看作广告谎言，这也太过容易了。这一解读忽略了制宪这一历史片断是六十年之久的对“希腊式”合法性之寻觅的最终阶段。这一解读忽略了最终确实诞生了的欧洲议会、欧洲选举和欧洲政治公民性也能被降级到修辞操纵或广告活动的行列（比如建立公民性的情况里就是如此）。更具一般性地，这一解读忘记了所有政治体的本性都是使用一切它所能使用的办法去寻觅一个公众。如果这一寻觅失败了，那么这不是广告的失败，而是政治的失败。在本节所探讨的这个例子中，这一惨败意味着欧洲整体必须寻找另外的、与现实结合得更好的选民体。

2. 和　声

欧洲联盟是一个议会制民主政体的俱乐部。民主不仅仅是欧

① Andrew Moravcsik, *What Can We Learn from the Collapse of the European Constitutional Project?*, *Politische Vierteljahresschrift*, 2006, 2, p. 220.

② Alexander Somek, *Postconstitutional Treaty*, *German Law Journal*, 2007, 12, p. 1126.

盟面对外部时对自身的标签和候选国所要达到的要求，而且是欧盟政治生活本身的一个主要特征。没有 27 个声音的民主国家系统，欧盟就将崩塌。联盟是以其各国民众之集体为根基的。

在很长时间内，这一点都没有被清楚地意识到。内部领域的观念学者希望创建一个新的选民体而绕过原先就存在的各个选民体，绕过在他们看来笨重的民族国家选民体。成员国领域的观念学家认为各国公众只与其自己的国家有关：德国选民只涉及德国，瑞典选民只涉及瑞典等等。两者都不对。欧洲整体的政治不能不需要德国、瑞典和其他国家的选民。各国公众所构成的集体直接或间接地通过各国议会执行极其重要的任务。该集体选择和监督出席欧洲会议的最有权势的成员（即各国首脑）、对共同基本规则作出表态、决定（自身和其他国家的）隶属关系，以及评价欧洲政治提议的必要性。

这一既存的公众有一个被许多人抱怨的缺陷：它不是单一性的，而是一个复数。但作为补偿，它有一个大优势：它存在。它不需要被创造：它已经在那里了。欧洲整体必须让这一长久以来就存在的公众的声音——首先是各国议会的声音，然后是它们后面的各国选民的声音——在欧洲民主中被听到。这个事情不简单，但成员国没有多少选择的余地。

欧洲首脑会议和部长理事会的选举

各国政府在最近的条约中承认，各国的民主构成了联盟的基础。各国政府在条约的第一段条款中的一条里宣称：“联盟的运作建立在代议制民主之上。在联盟层面，公民在欧洲议会被直接代表。在欧洲首脑会议上，各成员国被它们的国家元首或政府首脑代表；在理事会上，各成员国被它们的政府代表，各国政府要么对其国家的议会，要么对其公民，民主地负责。"①

国家选举确定了欧盟首脑会议的组成。每个国家的选民向欧洲最高级别会议派送一位代表并且只能派送一位，而这个派送的人选建立在直接总统选举或立法机构选举结果的基础上。诚然，这是国家选举的次级后果，因为国家选举的功能首先在于指定国家议会和政府的成员。但是不断增长的欧洲首脑会议的权力，还是提高了国家选举在欧洲层面的政治的重要性。谁将成为新的德国总理？新的英国首相？由国家选举所导致的中断对于欧洲政治生活是有关键影响的。在 2005 年法国和荷兰人民否决《欧盟宪法条约》之后的"思考"时期，更少地被用于思考，而是更多地被用于等待法国新总统的选举。各国公众好像在权衡向欧洲最高级别会议选择派送哪位政治人物的重要性。那些把欧洲政治简化为内部制度领域、简化为一个行政机器的人，可能会下结论说：从 1952 年以来，只有一次国家选举的结果取决于欧洲层面的问题。② 欧洲议题太令人昏昏欲睡了，用行话来说，"不够醒目"。相反地，那些把欧洲看作一个主权国家所组成的圈子的人，注意到国家在联盟中的位置和身份通常是在国家选举框架中被激烈讨论的对象。

以 2007 年 10 月波兰立法选举为例。卡钦斯基(Kaczyński)的政府，被认为是民族主义和排外的，由于其反欧洲一体化的态度而受到了选民的惩罚。这一失败的原因是参与选举的青年、城市居民和移居海外的侨民比预计的人数要多。很多选民宣称希望波兰

① 《欧洲联盟条约》(TUE)，第 10 条。

② Andrew Moravcsik, *What Can We Learn*, *op. cit.*, p. 223.

是“在一个正常欧洲中的一个正常国家”①。

在2004年3月的西班牙立法选举中，保守党以出乎意料的方式被社会党击败。造成其失败的原因是他们对于选举开始之前三天在马德里一个火车站里发生爆炸袭击的责任人的身份撒了谎：他们指责巴斯克分离主义者，而不是指控伊斯兰恐怖主义者为罪犯。在选战中，社会党人承诺从伊拉克撤出军队，并取消西班牙对《欧盟宪法条约》的反对。在爆炸袭击之后的悲惨情况下，这一重新定位——远离美国并靠近法国和德国——回应了人民的安全要求，这是一个“醒目的”议题。

所有当权的政府首脑也在其国家实际执行欧洲的最高职责。他们所肩负的责任是双重的：作为政府首脑，他们在欧洲代表各自的国家；作为欧洲首脑会议的成员，他们又在自己国家代表欧洲。以德国为例：每次与26位同仁开会前，默克尔总理都要在德国联邦议院解释政府的立场并了解议会的希望和要求。回到德国后，她要作一个汇报。她解释自己作为政府首脑所进行的谈判：“以德国的名义，我经过努力在X点上获得了满意的结果；相反，在Y点上，我因为这样或那样原因没能获得胜利。”作为欧洲首脑会议的成员，她对会议的决议承担责任：“以联盟的名义，我们作出了某一项决定。”总理可以这样让大多数议员以多数表决来接受联盟的一个决定。

这样的对话并不只是礼节性的。甚至会出现这样的情况：某位政府首脑在议会指责他在欧洲层面的行动后被迫辞职。第一次是在1990年，而且主角并非是位不重要的人物：玛格丽特·撒切

① *Poland's Generational Shift*，5 novembre 2007，*in* Krzysztof Bobinski，*Open Democracy*：euractiv. com.

尔。事件发生在欧共体首脑罗马会议之后，政府首脑们在这次会议上决定建立一个货币联盟。首相向下院解释说她一点儿都不支持这一集体决定（她连续说了三个“不”字）。她曾经的忠诚盟友、前外交大臣杰弗里·豪，从副首相的位置辞职。他之后不久在议会发表的为了解释其辞职原因的尖刻演讲引起了爆炸性的效果。他指责撒切尔使英国孤立于欧洲之外，而且采取了一种“可能越来越严重地损害国家未来”①的态度。这一突然发出的巨响在保守党行列中鸣响了反抗的开始之声。在不到两周之后，铁娘子下台。2011 年，斯洛伐克总理伊维塔·拉迪乔娃（Iveta Radičová）在议会反对的压力下被迫放弃了她的政府。欧元危机事实上在最近许多政府（爱尔兰、葡萄牙、希腊、意大利）的更替中扮演了决定性角色。而在斯洛伐克所发生之变化的原因是多数派拒绝支持总理帮助这些有困难的国家：拉迪乔娃（Radiõová）为了实现她在 2011 年 7 月 21 日欧元峰会时所作的承诺，接受了反对派所“开出的价码”——反对派在欧元议题上给予她支持，而她则还之以提前选举作为交换。

欧盟部长理事会的成员，即相关领域有权限的部长，同样是以在两个方面履行责任这样的关系与国家议会相连。各国部长，可能带着议会的指示，在部长理事会商议时捍卫本国的目标。但一旦理事会作出了决定，部长就在他的国家变成了联盟的代表。条约是这样说的：“理事会由每个成员国在部长级别上的一位代表组成，该代表有资格使该成员国政府受理事会决议的约束。”②

---

① Geoffrey Howe, discours du 13 novembre 1990, *in* Geoffrey Howe, *Conflict of Loyalty*, Londres, Pan Books/Macmillan, 1995, p. 667.

② 《欧洲联盟条约》（TUE）第 16 条第 2 款（里斯本版本）。

各国民众通过其议会、而各国议会又通过其政府，卷入欧洲层面的谈判。多数表决的决定是体现这一过程的最好证据。就算某位部长由于理事会的投票结果而不得不接受一个决定，那么他也要面对议会、归根结底是面对其国家民众担负相应的责任。

寻求逃避这种责任的部长是很多的。他们用很大的努力去企图吹嘘自己的成功而把失败的错误都扔给“布鲁塞尔”方面。国家议会当然可以迫使一位没有说服力的部长辞职，但经验显示双方更有兴趣打愤怒牌或怀疑联盟的相关权限：“欧洲没有权力决定这个。”这样，人们所追求的“希腊式”合法性可能会由于国家议会的调解而转向其反面。人们所希望收获的对“我们欧洲人民的决定”的认同就被把布鲁塞尔看作一个国外势力的情感所取代了。

不同成员国的议会文化之间存在很大区别。一些议会以一个非常严格的委任状委托一位派去布鲁塞尔的部长。他们就像快递员一样，必须完完全全地带回国人们所要求的东西。比如留给丹麦政府的操作余地就很少，丹麦议会希望避免部长在理事会上接受没有经丹麦议会事先批准的决定。这一保护措施并没有产生使欧洲政治不能接近国家议会的后果。相反，这些措施甚至能强力地把国家议会吸纳进欧洲政治中去。每当丹麦政府出席布鲁塞尔的谈判时，丹麦国会的精神就飘动在会议桌上。这个国家议会由此表现出一个完美的欧洲机构的样子。

全民公决和隶属基础

各国的公众所组成的集体在共同体每次更新其基础时，都占据最强有力的地位。没有每个成员国的同意，任何一个新成员国都不能加入圈子、任何根本规定都不能被修改。这一许可权牢固地根植于条约文本之中。条约提出：各国政府必须“根据各自的宪法规定”使共同体根本性的决定得到批准。即每个成员国政府都要让其人民或议会批准这些决定。

所有“欧洲的”全民公决都是对于一个欧洲问题的国家全民公决。人们经常解释说：欧洲基础的修改与国家宪法的修正相似。在一些成员国里，必须咨询人民这个修正权的拥有者。在任何情况下，欧洲全民公决都是由国家政治的行为者，例如爱尔兰的宪法法院、法国的共和国总统或荷兰的议会多数所命令进行的。

第一个问题是关于自己的国家是否加入联盟的问题。在 27 个成员国中有 14 个是在全民公决通过后加入联盟的。另外，有一个国家（英国）在它加入联盟后不久组织了全民公决，是为了知道是否更应该离开。在一个候选国中（挪威），进行了两次全民公决，公众每次都反对加入。15 个国家的选民直接表态支持一个欧洲存在。所有这些全民公决的利害关系之所在，明显就是杰弗里·豪所忧心的：国家的未来、国家在欧洲的政治位置。每位选民都深信人们要求他所作出之选择的历史重要性。赞成，是一个跳跃；而反对，则是一堵任何政治人物都不敢绕过的墙。

对于已经加入的成员，新成员的到来不是那么重要。对新成员国的接受，通常是由原成员国的议会来批准的。不过有一次，接纳一个候选国导致了一次全民公决的组织：1972 年在法国，就是否接受英国的加入进行了全民公决（蓬皮杜总统由此通过选民得以取消了由其前任戴高乐所宣称的反对英国加入的否决决定）。目前许多国家打算使用这样的全民公决，尤其是用来决定是否接受土耳其的加入。这以宪法的观点来看，是完全站得住脚的。完全就像对条约的修正一样，一个新成员的加入涉及共同体圈子所赖以建立的基础。

第二种类型的全民公决是关于根本规定的更新。这种投票的利害关系不那么清楚。反对运动通常吸引了大量对有争议条款的注意，而赞成运动则通过阐释从整体来考虑的欧洲秩序所能带来的好处来反驳。一方装备的是大粒霰弹；另一方则以炸弹来威胁。问题本身就包含着模糊性。一次赞成的胜利同时相当于肯定新的规定和再次肯定缔造条约。这后一方面并不是非常清晰。当一个国家的民众在关于一个条约的全民公决中投反对票，因为只发生过5次，很难说它是拒绝新的规则还是拒绝联盟本身。这一模糊性不是由选民造成的，而是因为在之前的阶段，特别是在关于欧洲的问题上，没有咨询过他们。

直到现在，各国政府所组成的整体利用两种策略来引导固执的人民改变。防守策略是由议会批准一个一样的或相似的条约。巴黎和海牙，在其合作伙伴的指使下，以这种方式解决了由2005年全民公决的反对结果所开启的危机。进攻策略是把关于一个条约的全民公决转变为关于是否继续隶属联盟（暗含地或明确地表达）的全民表决。对于相关政府来说，进行这种操作是痛苦的，但是哥本哈根（1993）和都柏林（2002、2009）迫于合作伙伴的压力这么做了。这不“公平”，但这很好地表现出了圈子整体相对于成员国个体的权力在增加。

制宪权力对于人们试图使之诞生的新的欧洲公众所代表的涵义，与隶属问题对于既有的国家公众所代表的涵义是一样的：在这两种情况里，都是圈子的基础受到了怀疑。在一个关于隶属问题的全民公决里，公民必须选择：他想继续作为合唱团的一分子来支持共同政治游戏，还是更倾向于离开舞台？因为共同基础的缺乏，欧洲的民主合法性建立在一个国家公民离开联盟的可能性上。

包含在《里斯本条约》中的脱离条款，是对该问题的一个真正的澄清（“所有成员国可以根据本国的宪法规则决定从联盟中离开。”①）。这一创新在2002—2003年得到了讨论。最具代表性的几个缔造国，“资深的六国”，非常犹豫。它们认为这一安排与共同体精神相悖。欧洲共同体里难道不存在有“组织公司之意思”吗？（affectio societatis，意指几个法人或法人实体结为一个实体的共同意愿。这是法国法律管辖下的公司的一个关键特征。该原则意味着结成实体的各方确有在平等的基础上结为一体的共同意愿，并具有共同的目标、利益和义务。用在此处是将共同体比拟为此类公司，因此有共同目标、利益、义务和意愿，那么为什么还需要脱离条款呢？——译者注）它们这样抗议。联盟是否只是一个可以随意进出的火车站大厅？这一新的条款难道不是被对欧洲一体化持怀疑态度的人钻了空子？② 该条款的支持者反驳说：正好相反，这一安排不会被轻率使用，不应该低估你们的民众。③ 后者赢得了论战。脱离条款是为公众设计的。国际法已经给予成员国退出的可能性，各国政府完全知道这一点。但它们还是在条约中加入了这一条款。各成员国这样向各自国家的民众宣称：“你们能够脱离共同体圈子。”

对于脱离条款的怀疑和担心很好地表现出了各国政府对于寻求其公众之同意并不热衷。如果某国人民真的以多数决定离开欧洲联盟，那么将会发生什么？这就是他们所害怕的。好吧，但如果人民真的希望有这个脱离条款，也是由他们来承担后果。希腊式策略的实施让欧洲整体面对严峻的事实：人们不能在给予民众一个发言权的同时又在民众使用这个权力时装出要晕倒的样子。一

① 《欧洲联盟条约》（TUE），第50条。

② Convention européenne, séance du 25 avril 2003, *verbatim* (orateurs: Hubert Haenel, Gijs de Vries, Jürgen Meyer).

③ *Ibid.* (orateurs: Gisela Stuart, Helle Thorning-Schmidt, Caspar Einem).

旦反对被禁止，赞成就没有任何价值。

一个参议院

自从以欧洲选举为欧洲议会提供基础这样的希望失去了光彩，欧洲整体就明确地在国家选举中寻找支撑。既有的手段提供了一些支撑，即由每个国家议会在一些问题上分别实施监督：关于它的国家在欧洲首脑会议和部长理事会的代表，关于更新一体化基础的全民公决。但这些支撑显然是不够的。

有两个用于弥补这一状况的办法被提出，它们引出了两个宪制形式："国会"(Congrès)和"参议院"(Sénat)。"国会"式的办法就是规定国家议员和欧洲议员之间的定期会议(所用术语借用了美国和法国立法两院会议的称号)。自1989年以来，存在一个每两年一次的会议，简称"Cosac"，会议成员由每个国家议会各派六个代表组成。但与民主联邦国家的国会会议相比，它更像一个立法委员会的专家会议。瓦勒里·吉斯卡尔·德斯坦主持2002—2003年的制宪大会的时候，鼓吹创建一个欧洲大会，每年一次，聚集受尊敬的国家议员和欧洲议员，来听取由欧洲首脑会议主席宣读的关于"联盟状况"的发言。这个想法遇到了强烈的反抗。吉斯卡尔·德斯坦所鼓吹的大会与一个鼓掌机器过于相似，让人想起第五共和国的议会模式。该建议没有被采纳。

"参议院"式的办法考虑创建由各国议会议员所组成的常设议院。它更少强调(执行)权力的合法化，更多地着眼于对强有力的不同意见声音的组织。一个欧洲参议院能以各国人民的名义阻止布鲁塞尔的中央集权。"控制"和"民主监督"是对它有利的关于创建理由的关键词。英国政治人物尤其捍卫这一想法，例如时任内阁大臣的迈克尔·赫尔塞廷(Michael Heseltine)在1989年、或者时任首相的托尼·布莱尔在2000年，都有相关表态，这一想法同样出现在法国和英国的议会报告中。

相反地，欧盟执委会、欧洲议会和许多成员国(例如比利时)一直反对创建一个由各国议会参与的常设欧洲论坛。它们认为潜在的第二议院已经存在，那不是别的机构，就是部长理事会。在超国家的观点看来，欧洲议会代表公民，作为各国化身的部长理事会要转变为参议院(这将导致部长理事会把行政权放弃给执委会)。

这一论证忽视了一点：处于中间领域的复数性质的国家民众，与内部领域的一体的欧洲公民，虽然是同样的这些人，但并没有相同的利益、期待和担忧。禁止斗牛？赞成，因为这是对动物的残暴对待，欧洲议会和许多国家议会这样说。反对，因为这是我们的文化，西班牙议会会这样说。颁布关于离婚的欧洲规定？赞成，因为这关乎司法平等的进步，欧洲公民有此期待。反对，因为这是对我们的专门民法的干涉，国家公民如此认为。病人的自由流动？好主意！富裕的、经常旅行的、会说多国语言的欧洲人这样认为。但我们将不再能被最近的医院接收，国家公民由此担心。无论欧洲议会或国家政府都不能让所有这些观点都被听取。从国家公民的角度出发的观点不能不需要在欧洲层面的直接代表。

2007年的《里斯本条约》以较为弱化的方式重新提出了建立一个参议院的计划。实质上说，它没有创立任何新的欧洲制度，但它预期了国家议会在欧洲立法中的直接参与。国家议会从此能就欧洲层面的某项立法是否合适这一原则问题进行表态。当执委会作出一项立法提议，国家议会拥有八周时间来决定执委会所提议的措施是否不应该在一个内部决定层面处理。在三分之一的议会提出这样意见的情况下，执委会应该重新考虑它的提议：这相当于被出示了一张“黄牌”。执委会在这种情况下可以撤销提议、修改提议或不修改提议并再一次递交。上述可能中的最后一种令主张出示“红牌”的支持者不快。但是在实践中，这一点并不重要：执委会没法反对9个或10个议会参与的民主阵线。国家议会不通过部长理事会或欧洲首脑会议代为陈情，而直接参与欧洲决定过程的通道，创建了公众和欧洲整体之间的一个新的联系。

公众舆论至少迫使了一个国家政府修改其立场，使之有利于国家议会与欧洲决定直接关联。一开始，相关建议受到荷兰政府不冷不热、非常敷衍地对待，理由是它“可能减缓决定过程”①。海牙遭遇了2005年全民公决反对其立场的耻辱，从此表示拥护国家议会的这一权力。在2007年讨论宪法条约之替代条约的峰会上，比利时首相和荷兰首相出乎意料地在这一点上强烈对立——那是凌晨3点，大部分决定已经作出。荷兰首相扬·彼得·巴尔克嫩德(Jan Peter Balkenende)希望加强由国家议会所施行的控制，而比利时人居伊·费尔霍夫施塔特将此视作对欧洲计划的背叛。这绝对不是比荷卢集团内部的小剧，而是真正关于民主合法化道路该走哪个方向的意见分歧。

关键在于各国议会的集体参与。三分之一国家的议会反对就会导致阻碍，这一可能性意味着每个国家的议会都必须给出意见，并且当结果是赞成时都要对此负责。人们可以认为国家政治体系参与欧洲秩序的第三个阶段已经完成了。现在各国议会所发生的情况就是早先各国的部长和政府首脑所遇到的情况：1950年，多

① Ministère néerlandais des Affaires étrangères, 26 septembre 2002, *Europa in de steigers. De Nederlandse inbreng in de volgende fase van de Conventie over de toekomst van Europa*.

亏了比利时、荷兰和卢森堡的介入，部长们获得了“以集体行动为条件”(让·莫内说)的共同决定权，于是部长会议(集体地)变成了一个欧洲机构；而政府首脑们在1974年终于整体投入欧洲事件中之后，成为了欧洲最高政治机构。如同这前两个阶段，第三阶段将加强整体的一致性，各国议会从此也扮演起双重角色。

“是否由欧洲来做这个?”这就是界定“希腊式”选民公众和联盟之关系的问题，各国议会所集体监督的界限。这一问题会导致如今尚属官僚文书事务议题的政治化。游行和行动不仅会在布鲁塞尔和斯特拉斯堡发生，也会在各国首都出现。人民的声音可以被各国议会记下，然后不通过政府过滤地直接到达布鲁塞尔的执委会。对于联盟，这是一个必不可少的基础。

国家议会现在事实上在欧洲层面扮演一个角色，适应这一想法可能还需要一点时间。不过这一现象进入了一个缓慢发展的线路，该线路导致对它的正式承认以及成员国中间领域的解放。所有优秀的观察家都可以发现所有国家的宪法秩序在欧洲压力的影响下发生着改变。但决定性的前进有时还隐藏在细节之中。

举一个荷兰的例子，荷兰长时间反抗欧洲政府首脑会议的制度化，对于了解这一点的人来说，下面这个例子是意味深长的。从1961年的外交大臣约瑟夫·伦斯(“我反对戴高乐”①)到2003年的首相扬·彼得·巴尔克嫩德(“在一艘船上不应有两个船长”②)，荷兰的立场都没有变化：海牙把欧洲首脑会议视作法国的危险玩具和对执委会的威胁。当权的党派联盟还说教式地提醒注意：与法国总统或德国总理不同，根据荷兰宪法，荷兰首相不是政府首脑，

---

① Joseph Luns, *Ik herinner mij*, Leyde, A. W. Sijthoff, 1971, p. 139.

② Jan Peter Balkenende, in *de Volkskrant*, 4 février 2003.

而只是同事中居首位者。好吧，但2006年11月发生了什么？荷兰内阁的内部规程被修改，荷兰首相从此可以让所有他希望讨论的议题被列入内阁会议日程中。其理由是：考虑到他在欧洲首脑会议的角色，不是总有可能让他等待负责的大臣处理相关议题。这次修改的结果是荷兰首相的地位正式高于他的荷兰内阁同事，并且他同时也成为和他的大部分欧洲同事一样的政府首脑。

正是这样的细节精彩地显示出欧洲整体的压力是如何实施，直达成员国宪制的中心。

3. 戏　剧

欧洲整体希望人们开始把欧洲一体化视为“公共事务”，以各种方式把他们牵连到决定过程之中。欧洲公民获得了在内部领域的个人投票权，并发现他们在本国的发言权部分地决定着欧洲政治。尽管如此，欧洲民主一直以来，而且现在也还是有强烈的不安全感的。欧洲语言多种多样，在联盟内部用这么多种语言展开针锋相对的政治辩论，是会有一些影响的。这样的论据经常被提出，而且是可接受的。民众之间相互不理解。但首先民众对于欧洲政治只表现出很少的兴趣。欧洲政治缺少行动和重要的事实。如果要用一句话来总结这两项指责的话，就是批评共同体就像一个“纸做的巴别塔”①。所操语言多种多样而又对欧洲政治麻木的各族民

① Jean-Marie Benoist, *Pavane pour une Europe défunte. L'adieu aux technocrates*, Paris, Haillier, 1977, p. 27.

众不但不满意空乏的议论(和翻译)，他还想要观看戏剧。

语言的丰富多样性是欧洲公众的主要特征之一。1957 年的 6 个创始成员国就有 4 种语言：法语、德语、意大利语和荷兰语。之后，每个新成员都带来自己的语言，除了奥地利和塞浦路斯。如今联盟 27 个成员国有 23 种语言。这让它成为世界上最大的翻译工厂。

多语现象是宪政准则。在公共事件中，它因其象征价值而被遵守——同样因象征价值被遵守的是，在这些场合飘扬着的所有成员国的国旗。直接涉及公民的立法决定以所有语言制定。所有公民都可以用本国语言向欧洲机构致信并收到用其本国语言作出的回复。在欧洲议会的公开辩论中，所有代表都用本国语言发言：同样在理事会会议时各国部长也是如此。在法官、议员和官员的内部会议上，语言范围被简化为“工作语言”英语、法语和德语。关于语言使用的决定是由全体成员一致同意作出的，这一事实证明了多语现象的宪政特征。这是一个基本的、不可更改的准则。

多语现象对于一个“欧洲公共领域”的出现构成了一个明显的障碍，所谓欧洲共同领域，指的是一个这样的讨论空间：所有欧洲国家或语言群体在该空间内同时谈论同样的事情。研究人员不再认为：一个新的国家之外的公共领域——包括例如欧洲新闻电视频道(Euronews)、布鲁塞尔报纸《欧洲之声》(European Voice)或一些欧洲杂志这类载体——对于欧洲辩论是必要条件。对于欧洲，一个内部声音是不够的。如今的研究更多地把重点放在通过扩展国家公共领域来实现“欧洲一体化”。公共关系的研究人员研究例如在国家级报纸中讨论联盟的文章数量或在不同国家的这些报纸谈论时事的方式中的许多相似性。

还是有一个原因让我们不能把多语现象视为欧洲对话游戏中

无法逾越的障碍。公共空间不只是由讨论造就的。如同汉娜·阿伦特(回答尤尔根·哈贝马斯)的观点,最好说:公共空间依靠叙述、事件和行动而存活。在她看来,公共空间来自希腊式的对于不朽的渴望,这可由例如特洛伊战争的英雄留下其功绩和话语纪念的愿望来证明。"对城邦(polis)的组织是一种被组织起来的记忆,它使得死去的行动者令其短暂的存在和瞬间的伟大将永存于现实,这一现实被看见和听见,并且通常来说出现在作为其同胞的民众面前……"[①]正是多亏了公共空间,那些否则就随着时间而消逝的小的叙述能够被纳入一个更广泛的叙述、即历史的叙述之中。

但是,哪些叙述能被纳入历史叙述呢?这不单单取决于渴望一个主要角色的政治行动者。以叙述为职业的人也要发表意见。政治和公众之间的联系由媒体所铸造。而众所周知的是,媒体不是中立的"中间人",不是事件与观众之间的玻璃板。恰恰相反,正是叙述者选择事实并制造形象。一个优秀新闻的必要条件就是戏剧性。

布狄里奥内(Buttiglione)事件就是一个叙述的好例子,欧盟执委会意大利委员候选人因其个人关于同性恋的观点而引起公愤,该事件就以他的名字命名。在由他的观点所引发的喧闹中,各国政府首脑和欧洲议会参加了一场力量的考验,来知道哪个机构有权任命欧盟执委会。媒体从中大获其利。2010年春天爆发的希腊信贷危机是另一个迷人的叙述。这个国家将因财务舞弊而被惩罚还是将获得其他国家的资金帮助?决定在德国总理的手中,几周的时间里人们都在猜测"Angela"会在什么时候决定行动(Angela,

① Hannah Arendt, *Condition de l'homme moderne*, trad. Georges Fradier, Paris, Calmann-Lévy, *Pocket Agora*, 2011, p. 257.

德国总理默克尔的名字，这里称其名 Angela 是双关修辞，因为 Angela 这个名字的本义是（女）信使/天使。——译者注）。

公然违反游戏规则或违抗欧洲禁忌也会制造出影响很大的戏剧。戴高乐当着英国人的面把门关上；撒切尔不顾任何礼仪而要求“让我的钱回来”；捷克总统瓦茨拉夫·克劳斯（Václav Klaus）拒绝在布拉格的宫殿升起欧洲旗帜。这么多年里，人们难道没有不时谈论这些冒失的行为？滥用职权和机能障碍也是叙述的材料：落入欧洲议员腰包的过度的每日津贴，由检举者揭发的行政丑闻，发放给拥有王室血统的百万富翁的农业补助……大成员国和小成员国受到不平等的对待，例如关于预算的规定，一直是小国愤怒的理由。相反，一个小国，例如丹麦或荷兰对“布鲁塞尔”的反抗，有时会博得同情。

政治冲突的出现是很重要的——在成员国之间；在理事会、执委会和议会之间；在利益、计划和想法之间。只有当对手为胜负互殴时，公众才作为合唱团被纳入游戏之中。人们不会因研究比赛规则而成为狂热的足球迷；同样，法律条文、程序和法典本身并不引起人们的兴趣。令人激动的是游戏。

在这个游戏中，欧洲政治是其过于追求一致同意这个特征的受害者。在左派和右派之间、在富人和穷人之间、在北方和南方之间的思想和政治裂痕由技术手段和折衷而中和。国家间的联盟不断变化。理事会很少以多数表决决定。不是由“胜利者”和“失败者”区分，部长们更偏好继续会议直到获得一致同意，当所有人可以带着一个像样的故事回到各自国家的时候，每人都赶紧在个人的新闻发布会上用本国语言讲述。

欧洲政治的“去戏剧性”是共同体的成功之一，其重要性不应被低估。欧洲在 1914—1945 年间上演了一整套戏剧。逃离历史，躲进莫内及其同仁在1950年所设想的官僚机制中去，在那时是一个卓越的计划，因为该计划打算用一个条约和适度的利益交错来取代不可预料性和过于感伤的国家间关系。这一工作大部分在公众视线之外完成。这一谨慎是有意识的选择，考虑到人民的民族主义情感，这也许是唯一的选择。对于这一选择的最后的一点点怀疑，也被1953—1954年在创建一个欧洲军队问题上，撕裂了法国公众舆论的“宗教战争”所清扫。① 从1955年起，人们把事情限制在经济和“小政治”领域。欧洲不是舞台上的一个演员，它在由规定和监督所构成的后台运行，可以不需要观众。

这一遗产的痕迹保留得最明显的地方就是欧洲内部领域。但最初的优点逐渐变成弱点。关于欧洲政治的刻板印象在1970年代被确立：不露真面目的官僚，无止境的通道，堆积成山的文件和无法梳理的程序。公众的冷淡是这些所导致的最小的坏处。更令人担忧的是对于一个被感觉是无形且匿名的权力的不信任。政治自由要求权力的可见度，要求个人公开承担他们的决定所带来的责任。只有独裁者害怕自己出现在公众面前，并把自己关闭在宫殿或后宫里，如同孟德斯鸠笔下的专制君主。② 把布鲁塞尔的无形权力看作和“官僚专制”相似，这样的夸张言辞正是在孟德斯鸠那里找到了它的解释。带着1974年12月达成的协议（成立一个由政府首脑组成的欧洲首脑会议，欧洲议会将由直接选举产生），欧洲整体的目的在于让更多的公共光线从两个方面照进办公室。如果说这一决定的日期正是九国寻求作为整体在世界舞台上行事的时

---

① Stanley Hoffmann, *Les Oraisons funèbres*, in Raymond Aron & Daniel Lerner, *La Querelle de la C. E. D. Essai d'analyse sociologique*, Paris, Armand Colin, 1956, p. 60.

② Montesquieu, *De l'esprit des lois*, L. II, chap. 5 et L. III, chap. 9.

刻，这并不是偶然。

在所有欧洲机构中，获得最大可见度的是欧洲首脑会议。首脑峰会一般吸引超过 2 000 名记者和 100 多个电视频道。欧洲首脑会议把这一成功归功于露面的人物的名望。几乎所有公民至少认识一位正在表演的演员：自己国家的政府首脑。很多人还认识英国、法国和德国领导人，还有一个或许多个（其他）邻国的领导人。行动者不是不知名的官员，而是知名的首脑。第二点，峰会还伴随着一个有趣的戏剧性程序：大人物们聚集在一张会议桌周围，并要在会议期间获得一些结果，下一次再开会就在分开 2 到 3 个月之后了。在事件（峰会）的结尾，他们要面对公共舆论的巨大压力：主要行动者不想在面对镜头的时候没有成功可以宣布。但就算在峰会失败的情况下，媒体也有一个好的话题可以报道。

对抗是游戏的一部分。问题通常在下一次或再下一次峰会解决。但是（经验本应该已经教会媒体的是）新闻报道偏好忘记政治协议是需要时间来达成的，利益和情感不会使得一个协议一下子被铸造出来，行动者有时会把事件的结论推迟公布（例如因为他们在竞选期间）。一位大使在一封给他部长的公开信中这样分析 1985 年民众的不理解：“观点和利益的冲撞不是根本不和的信号，而是同时证实了欧洲前进的宽阔前景和前进过程中的活力，如何能说服人们这一点呢？好像只有一个静止的欧洲才是安静而团结似的。”[①]马基雅弗利在《论李维》中说道：争执是公共自由的一个条件。

有关各方承认欧洲政治的戏剧特质过于微小。就像在足球比

---

① Sir Michael Butler, *in* Stephen Wall, *A Stranger in Europe*, *op. cit.*, p. 65 - 66.

赛中人们禁止老是倒脚给守门员那样的让人昏昏欲睡的传球一样，欧洲政治努力通过修改某些规定来使自己变得更有吸引力。多年以来，领导人们都渴望决定体系“最大程度地可见”。例如议会在2008年决定增加组成政治团组所必需的最少代表数：这会导致辩论的论坛结构得到改善。一再犹豫之后，理事会在2007年决定将立法性质的会议（也仅限于这类性质的会议）公之于众（它们在互联网上被转播）。但这一可见性的后果就是（真正的）谈判转移到私下里去了。将所有成员国留在同一张会议桌上的必要性比起吸引欧洲公众的兴趣，是更紧要的。折衷的义务战胜了戏剧的诱惑。

尽管欧洲政治施行了三大策略——共有的身份；保护、自由和好处；政治意见的发表和戏剧的开始——公众还是继续犹豫。他们怀疑布鲁塞尔是一个自我驱动的、对于他们所习惯的政治形式而言有害的机器。欧洲只有在被公众认为是对于与“我们”相关的重大历史的共同回答时，才（再一次）令公众着迷。

但是，希腊式的民主合唱团，如何能同时作为参与者和观众，如何能既是政治的起源又是政治的接受者呢？公众与政治、合唱团与演员、权力接受与权力实施，一切又围绕着每一对概念的出现顺序问题而打转。

顺序的性质决定着权力的合法性。作为优秀的当代民主人士，我们喜欢先由人民批准一个政治体的创立，然后权力才被实施。首先有合唱团的声音，然后是戏剧的演员出场。合法性的现代观念建立在这一顺序上，使得选举和全民公决作为合法权力的必要来源。人们可以把这称为“投票箱顺序”。

“投票箱顺序”在业已存在的政治体系内部完美运行。通常，人们忘记了选举并非总是给出一个没有争议的结果（想想2000年美国总统大选布什对阵戈尔的结果吧）。但“投票箱顺序”没有解释单个民主政体如何在某一天就具备了带有选举和议会的形式。在实践中，任何民主政体的建立时刻都意味着有一个建立发言——而作此发言的，是还没有被任命为发言人的发言人。任何投票箱都不能自己建立自己。

这就解释了：历史地看，最常见的顺序是与上述建立顺序相反的：首先是演员出场，然后（可能）有一个合唱团。这第二种可能性，我们直接称之为“政变顺序”。所有王朝或皇朝的起源，都有一次叛乱。所有缔造者都是篡位者。也许，在多年以后，有时是几个世纪之后，人们投入了巨大的政治、法律和象征能量来和平地组织代际继位、来获得与保留公众对于相关王室的偏好，但——如同麦克白（Macbeth）夫人的手所昭示的那样——人们将永远不能真正洗刷玷污缔造行动的鲜血。君主制最多只能“被时间修正，被习惯缓和”①（本杰明·康斯坦特[Benjamin Constant]语）。

就算公众在第二时间出现，该事实也没法一定就赋予权力以合法性。“政变顺序”可以向政治行动者逐渐提供“投票箱顺序”一下子就向其提供的东西。公众的出现只是成功的信号。朝代从随着时间产生的尽人皆知的特征中获得它的合法性。民主也利用习惯的力量。美国宪法的主要作者之一，詹姆斯·麦迪逊，已经谈到过“时间赋予每件事的这一威望”，“没有了它，即便是最智慧和自由的政府也不会拥有不可缺少的稳定”②。

---

① Benjamin Constant, *De l'esprit de conquête et de l'usurpation* (1814), Ephraïm Harpaz(éd.), Paris, Flammarion, 1986, p. 39.

② James Madison, *in* Alexander Hamilton, James Madison & John Jay, *The Federalist Papers* (1788), Charles R. Kesler & Clinton Rossiter (éd.), New York, Mentor, 1999, n°49, p. 282.

顺序，并没有人们惯常认为的那么大的决定性。这一事实当然不意味着所有权力都是合法的，或都会逐渐变为合法。当然存在不合法的权力。政治合法性取决于公众公开表达的接受，这样的命题并不是一个套套逻辑(重言式)。它事实上包含了：任何缺乏民众的政府或政治秩序，其合法性都是缺失的。但如何知道什么时候公众是“真正的公众”呢？

公众的伟大之处，就是它自发地来观看——不管是足球、戏剧还是政治。只要公众是自由的，并且有东西可看，就足够了。第一个条件是显然的，一个自由的国家首先是一个保障其公民言论、新闻、机会、组成政治党派，总之所有能让公民作为公民来表现的公共自由的国家。公民在报纸的各个栏目中，就如同政治党派在议会的论坛上一样。相反地，对公共自由的不尊重，是权力之非法实施的特征。独裁者趋于强迫人民作为公众出现，对立地证明了公众的行动具有使权力具备合法性的效力，只需要想想舞弊的选举。这一空间的虚假公众只创造出一个波坦金式的合法性。被奴役的公众是不存在的事物。

一旦自由，公众在他感兴趣时自己就会出现，因为发生了他想经历的一些事：情感、悬念、事件、戏剧。当没有任何这样事情的发生，体育场、剧院和舆论的版面是空白的。

“公众先于政治存在”这个论题也是可以获得支持的。我们不妨把这第三种顺序称作“提问-回答顺序”：公众提出一个问题(question)，政治对此负责或不负责给出一个答案。

美国哲学家约翰·杜威(John Dewey)在《公众及其问题(problem)》中解释说：公众是随着对集体涉及人们的东西所作出的反应而出现的。它可以涉及外部事件，也可以是人类行动的间接后果，只要这些人类行为也涉及了第三方。两个朋友相约去钓鱼是一个私人事件；两个阴谋家之间的约会，两个商人瓜分一个市场的约定，就能涉及他们之外的其他人。杜威(Dewey)主张一旦人们观察到这样的间接后果，公众就存在了。这样的公众一开始是没有形式和组织的。但只要它自我组织并试图阻挠或促进这样的后果，以这样或那样的方式作出反应，那么“某种具备国家特征的东西就开始存在了”①。因此，是公众，看着世界，要求政治行动。

公众的需求是不断改变的。杜威不否认这一点。但它怎么个变法，就没有什么可说的：因为导致公共问题的，事实上就是那些无法预料的事件和发展。另外，对公共事务的管理也会有其后果。错误、审判失误、立法不健全和权力滥用是多发之事。面对一个持久变化的情况，公共问题自身也在转变：公共讨论恰恰就是关乎此节。杜威清楚地看到了在对应一个新的历史情况的“新公众”与当权的政治机构之间可能出现的紧张。“为了构成自身，(新)公众应该打破已有的政治形式。这是困难的，因为这些形式本身就是进行改变的常规方法。”②公众可以利用定期的选举来表达自己的渴望，并让政治转向。但它本身离不开选举。

“问题-回答顺序”，关于合唱团和演员之出现顺序的第三种可能观点，以责任来解释合法性。一个新的历史情况提出一个问题，公众要一个答案，政治负责或不负责作出回答，也就是说担负或不担负一个责任。将“责任”(responsabilité)的概念接近“回答”(réponse)的想法并不是文字游戏。语源学提醒我们：责任(responsabilité)，尽管其具备创造的特征，总是要在一些事情之后，

① John Dewey，*Le Public et ses problèmes*，trad. Joëlle Zask，Paris，Gallimard，*Folio essais*，2010，p. 91.

② *Ibid.*，p. 112.

在一个从现实中出现的问题之后，才能来到（在问题没有得到回答的时候，这是再清楚不过的了）。

希腊式的合唱团是自由的。恰恰正是当它能在"观点相互冲击"的自由中表达的时候，它能让它的政治代表自由地行事。公众表达希望，演员在上台前作出承诺，但不能具体地全都事先安排好。命运之无常使得他们无法作出这些事前一切全都安排好的承诺，而他们也必须在给予他们的游戏时间内提供答案。在选举（或重选）的时候，合唱团和演员两者都知道真正的判决以后才会来到。在舞台上的演员预先期待着有追溯效力的判决。合唱团意识到它的反对比赞成更有力量，它的惩罚比信任的要求更能强制遵守。在选举和判决两个时刻之间，它可以让它的声音被听到，甚至能让它的力量被感受到。[①]

正是 1945 年的历史情况和事件的进程引导了一些欧洲政治行动者发展出一个公共空间。六国在没有任何公众提出要求的情况下，从 1950 年起担负了这一责任。一开始，他们的工作，主要是经济方面的，尽可能地被条约的固定规则保护，以防止命运的任意无常。因此，他们选择在后台工作。被历史的进程所驱使，各国的领导人们获得了这样一个信念：欧洲国家应当在世界上承担集体责任——1973 年第一次前进，1989 年过渡为联盟。他们寻求自己的圈子在世界舞台上扮演一个积极角色。情况发生了改变：人们不再谈论建立在条约之上的权限，他们必须面对一个共同公众承担责任。只有这样他们才有信誉来"以欧洲名义"与世界的其他部分对话。

---

① Bernard Manin, *Principes du gouvernement représentatif*, Paris, Flammarion, *Champs*, 1996, p. 223.

成员国整体逐渐建立的、面向成员国整体的合唱团，其单声部齐唱的声音还不是很强。这个合唱团开始表达自己的希望并指出方向，但还在寻找惩罚主要行动者的行为和疏忽的办法。各国民众的多声部合唱，由于拥有否决的权利，虽然甚少在表达欧洲的要求和期待方面受到训练，反而拥有限制的手段。这并不能一下子解散全部的演员，但肯定可以单个地把演员赶下台。在对关于成员国圈子基础的问题发表意见的时候，他的反对还是比赞成更有分量。欧洲政治空间由此满怀期待推动事情加速发展的齐唱，和限制或减缓事情发展的多个声音的宣叙调的回响。

所有这些声音和拍子的连接在成员国整体的中间领域中进行。欧洲政府首脑会议，是中间领域最杰出的表达，它听到了内部领域的召唤，但它首先承认由事件压力所强加的共同责任这一日益增加的重担。同时，它很好地感觉到了欧洲人民对于共同行动的犹豫。该中间领域的所有行动者所必须担负的双重角色，要求许多的政治才干。一方面，共同会议桌对他们有所限制、不测（事件）的风云变幻要求他们作出回应；另一方面，各国选民发出不同的声音。两者之间的紧张会变得无法承受。关于欧洲政治，精湛的技艺恰恰在于懂得如何同时使作为集体的欧洲公众和分开来看的各国公众都喜爱，这是比一般要高得多的要求。对于内部领域抱怨着惰性和缺陷的单一声音（政治行动者最后可以选择忽略它），中间领域以指责仓促和均一的批评性合唱作出回应（政治行动者个体则不得不被这些评论所影响）。此外，内部领域的齐唱合唱团和中间领域的多重合唱团有时好像相互争夺话语权。“以欧洲名义”说话，这仍然还是一场赌博。

欧洲政治体既不是必需、不是前提条件，也不是本身的目标。它存在于通过话语或行动吸引了公众的时刻之中。长期被忽视的力量来自于一点点的、半旧半新的自治着的中间状态。这样它建立了来自外部的事件与事件所引发的共同答案之间的联系。它不再只求助于一个未来联盟的前景，而是在当时事件的约束下并且由于这些约束，自己发明了一个在戏剧、冲突和行动中向多样性开放的形式。这一变化需要经过很长的时间来进行。

欧洲政治归根结底建立在多元的国家公众之上。尽管任何一个国家公众体都没有离开欧洲圈子，各国公众仍然很少视欧洲圈子为“我们的事情”。只有当不仅演员，而且合唱团成员也意识到他们个人的双重角色时，欧洲的一体化才能完成。

后　记

任何一位作者，都和任何一位政治家以及任何一位个人一样，是处于时间的长河之中的。我是否应该签署这个和平条约？我要不要娶这个女人？我是否应该得出这样的结论？这些开放性问题要求作出判断和决定：时间不等人。在被察觉之前，一场新的战争已经爆发、未婚妻已经逃跑，或者写的书已经过时。人们可以允许犹豫，但必须作出决断的时刻还是会到来。正是通过自由地作出此类决定，我们进入时间并且创造世界。

我试图勾勒出欧洲一体化之开端的历史，觉得与这样的一些传记作者或历史学家甚少意气相投：他们焦急地等待能揭露有用信息的档案的公开，期望以“定论”的方式处理一个明确的主题。而让我着迷的，是正在进行的、没有完成的历史，对于这样的历史，可以这么说吧：我们能在当时去理解它。

驯服未来，是人类个体地和集体地对时间长河拥有一定控制的唯一手段。在最好的那些时刻，政治成功地把严峻的现实转变为新的事实。这从来不是自然而然的。这涉及使用规则、协议、法律,涉及给出承诺,涉及运用所拥有的权力。就欧洲政策而言,人们从1950年起就开始打条约牌。那些被通过的条约,其目的是在国家的相互关系中赋予签约国家一些定位点,以及提供对于未预料之事的某种保险。人们所开启的条约如同“不确定性的大洋中的一个确定的小岛”——请允许我借用汉娜·阿伦特在不同的语境下所说过的这句话。人们希望随着时间的推移逐渐扩展这个小岛直到覆盖整个大洋。这就是对欧洲之期待的开始。

一个政治体的出现是铭刻在时长之中的,它不会自己一蹴而就。一体化欧洲的缔造者们完美地理解了这一点,他们利用了时间来推进他们的事业。他们利用一个诀窍使得漫长的等待变得可以忍受,这个诀窍让人想起使徒保罗所作的选择,这个诀窍把当下变为过渡时期。古老的犹太先知预言弥赛亚会在未来某个不确定的时刻到来,与之相反,保罗说的是一个已然发生的事件,即耶稣的复活。同时,他断言灵魂得救(永福)的历史不是就此确定。依照他的说法,在耶稣复活的时刻与最终时刻来临之间,有一个脱离普通历史时间的特别的“现在”,用以等待耶稣再临人间和最终的救赎。这个包含“已经”和“还没有”的时期,为基督教的时间经验提供了框架。正是以相似的模式,布鲁塞尔的正统观念提出了欧洲之建立这个在条约中不可否认和隐藏的事实,同时宣称欧洲的终极目标还没达到。这一建设中的欧洲也具有“已经”和“还没有”的双重性质。共同体的观念学者在第一块基石和远未完成的工地之间划了一条类似于圣徒保罗所设定的时间线。他们赋予未来一个含义：它是一个诺言的承担者。为了看到未来来临的迹象而认真眺望天际，由此变成了一件可能之事。

但是这一看待时间的方式含有欺骗性的方面。当诺言没有兑现的时候，圣保罗式的“现在”可能引发永久的拖延，一个建立在等待之上的存在。烦闷窥伺着。本应是一个过渡时期，却显出了一个永久延期的面目。目标从天际消失。人们在不只一次革命中一再看到这个矛盾：“看！曙光开始显露了！”——但太阳却从没出现。

每一次，都是大事件和大危机把封闭的等待打开缺口，扫清烦闷。同时，它们扰乱了人们对于自己认为的将会发展出来的未来的幻想。这并不令人吃惊：没有人能预料历史的充分的创造力。一些行为的意外后果、一系列意料之外的反应、未经思考的决定——这样的一些因素究其定义就是让未来变得偶然。当人们指责一位德国部长说1989年的时候当局在抽屉里找不到任何准备德国之统一的计划时，他回答道：“幸好没有计划任何东西！如果计划了，那么想想看什么样愚蠢的东西在计划里会没有呢！”①

当下的金融风暴对于扎根在条约之中的确定性之开始构成了新的真实考验。事实上，当喧嚣过于强烈、当风把你们的船推向外海的时候，比起锚来，最好拥有一个好的指南

① WolgangSchäuble, *in* Tilo Schabert, *Wie Weltgeschichte gemacht wird. Frankreich und die Deutsche Einheit*, Stuttgart, Klett-Cotta, 2002, p. 533.

针；比起固定的规则，最好相信自己的方向感。正因如此，欧元危机，如同它之前的其他危机一样，迫使整体政治化：从而具备一个更大的行动能力和承担更大责任的能力。欧洲终极目标的强大力量在于每次危机都将它复兴：在混乱中，救赎的希望让位于更根本的渴望，也就是进一步共同对抗未来的渴望。尽管如此，这样的一个对于新经验的开放，还是要求人们拒绝驶入任何明确的港口，要求人们不再只以"终极目的"的观点来解读共同命运。人们将永远不再航行在一个确定性的大洋上。

"在这个世界上充满纷乱事件的情形中，一个普遍的准则所能起到的作用最多就是对类似情况的记忆，因为像苍白的记忆这样的东西在面对'现在'的活力和自由时，是无力的。"[①]在内部，是统一货币的动摇；在外部，有世界诸强之力量对比的变化：如此之多的冲击，推动着欧洲整体被创造、被再造。

① G. W. F. Hegel, *Leçons sur la philosophie de l'Histoire*, trad. J. Gibelin, Paris, Vrin, 1963, p. 20.